普通高等学校管理类精品教材

人力资源开发与管理

（第三版）

Human Resource Development and Management

胡 蓓　王通讯　主编

华中科技大学出版社
http://www.hustp.com
中国·武汉

内 容 简 介

本书是在总结国内外人力资源开发与管理研究、实践的基础上编写而成的。第一章至第九章为人力资源管理的基础知识,阐述了人力资源规划、组织设计与工作分析、人员招聘与测评、人力资源配置与用人艺术、员工绩效考评与管理、激励与薪酬管理、员工培训与开发、员工关系管理等基本职能活动的理论与操作;第十章和第十一章为探索性研究内容,基于知识经济的特征,探索了知识经济时代人力资源管理与开发的特点,研究了该领域的前沿问题。

本书在第二版的基础上,对人力资源管理的理论和研究文献进行充实和更新,并结合当前中国人力资源管理实际对教学案例进行修改,更加注重理论性和应用性相结合。本书系统、深入地探讨了人力资源管理的理论和实践问题,可作为工商管理类专业特别是人力资源管理专业本科、研究生的教学用书,也可作为企业、事业单位及政府机关人力资源管理者的培训教材。

图书在版编目(CIP)数据

人力资源开发与管理/胡蓓,王通讯主编. —3版. —武汉:华中科技大学出版社,2015.7(2023.8重印)
ISBN 978-7-5680-1025-2

Ⅰ.①人… Ⅱ.①胡… ②王… Ⅲ.①人力资源管理 Ⅳ.①F241

中国版本图书馆 CIP 数据核字(2015)第 157647 号

人力资源开发与管理(第三版)　　　　　　　　　　　　　　　　胡　蓓　王通讯　主编
Renli Ziyuan Kaifa Yu Guanli

策划编辑:陈培斌
责任编辑:陈培斌
封面设计:原色设计
责任校对:刘　竣
责任监印:周治超
出版发行:华中科技大学出版社(中国•武汉)　　电话:(027)81321913
　　　　　武汉市东湖新技术开发区华工科技园　　邮编:430223
录　　排:武汉正风天下文化发展有限公司
印　　刷:武汉邮科印务有限公司
开　　本:787mm×1092mm　1/16
印　　张:21.25　插页:1
字　　数:543千字
版　　次:2010年7月第2版　2023年8月第3版第7次印刷
定　　价:49.80元

本书若有印装质量问题,请向出版社营销中心调换
全国免费服务热线:400-6679-118　　竭诚为您服务
版权所有　侵权必究

总序

新中国成立后,特别是改革开放以来,中国的现代管理教育获得了广阔的发展空间,在管理实践、理论创新及人才培养等方面,都有了长足的发展。随着我国改革开放的不断深入和社会经济的迅速发展,急需大批拥有广博的知识基础,懂得市场经济一般规律并熟悉其运行规则,掌握必要的管理技能,了解中国实情,具有决策能力、创新意识和开拓精神的管理人才,培养足够数量的这类人才,是我国管理教育界面临的紧迫任务。

"普通高等学校管理类精品教材"正是出于此类培养优秀管理人才的目的而编写的。华中科技大学管理学院在总结三十多年教学科研、培养优秀管理人才的经验的基础上,借鉴国外管理院校的成功做法,学习国内兄弟院校的长处,对管理学科人才培养模式、课程体系、教学内容和教学方法进行了系统研究,并不断加以改进和完善,编写了这套教材。

这套教材具有以下特点。

(1)理论与实践相结合。本套教材兼收并蓄中外管理科学的优秀理论和方法,作者都是从事一线教学和科研工作的教师,了解学生的特点和需求,大多数作者又有从事企业管理和企业管理咨询的经验,了解管理实际对管理专业人才的需求。因此,在编写过程中作者们能注意理论与实践的联系,通过引入适当的案例和实验,加深学生对理论知识的理解和掌握,具有可操作性。

(2)管理基本原理与最新研究成果相结合。本套教材着重于讲解管理科学的相关基本原理,不是简单地分门别类讲解管理学科知识,而是结合当前经济全球化,以及信息技术的快速发展的背景,对新环境下的管理问题进行系统阐述。

(3)注重基础知识与创新能力的结合。本套教材在选题、体系组织上充分考虑了对管理类本科生和研究生的知识结构、知识背景及其后续发展的要求,从管理学科的基本原理出发,着重于培养学生分析问题、解决问题的能力。

(4)注意系统性与每门课程的独立性。本套教材覆盖了管理类专业培养方案中的主干课程,并考虑了这些课程的独立性及课程之间的相互衔接和整体上的协调。为保证本套教材的体系完整性和内容系统性,编委会在广泛征求国内外管理领域专家和企业高层管理者的意见的基础上,注意发挥各门教材编写者的独立性和创造性。

本套教材主要由华中科技大学管理学院的部分优秀教师编写,他们大多著述丰厚,有丰厚的科研成果和丰富的教学经验。在华中科技大学出版社的鼎力支持下,此套教材无疑将是管理学院多年来学术成就及教学成果的经典之作,同时期望为中国管理类人才培养特别是教学工作的开展作出我们应有的贡献。

2005 年 6 月 28 日

第三版前言

随着世界经济高速发展,人才作为推动社会进步的第一资源越来越受到各国政府的高度重视。党的十七大提出了"实施人才强国战略",标志着我国人才资源开发和人才队伍建设进入了新的战略发展阶段,为人力资源开发与管理的研究和发展带来新的契机。本书从我国科技、经济体制的变革和时代背景的特点出发,系统地阐述了人力资源开发与管理的理论知识、技术和方法,对从事人力资源管理研究与实践的读者具有重要的指导和借鉴作用。

本书在《人力资源开发与管理》(第二版)的基础上进行修订,保持了第二版的思想体系和主要内容框架,但突出了以下特点:

(1) 理论体系更加系统、全面。本书注重理论与实践相结合,系统性和针对性相结合,理论体系更加系统、全面。此次修订,针对《中华人民共和国劳动合同法》的实施,以及《国家中长期人才发展规划纲要(2009—2020年)》的出台,对第二版书中部分人力资源管理理论和概念进行了增补和更新,使读者更全面了解人力资源开发与管理的背景及其发展,系统掌握人力资源管理各职能活动的研究方法,丰富人力资源管理的知识脉络与体系。

(2) 更加注重从管理实践中提炼、编写案例。本书注重理论教学与科学研究相结合,增加了大量根据企业一线改革与管理实践编写而成的案例,每章均以引例对该章核心内容进行画龙点睛,结尾均附有耐人寻味、鲜活生动的案例及其讨论题以启发读者深入思考,培养其分析问题和解决问题的能力。

(3) 更加强化管理技能的开发。人力资源管理技能的开发对理论知识的应用越来越重要。本书在理论讲授与案例研究的基础上,突出了人力资源开发与管理实用技能的研究,便于学生掌握人力资源管理理论并在实践操作中灵活运用,为学生从事人力资源管理研究和实践工作奠定坚实的专业基础,对其职业生涯规划和发展具有积极的指导作用。

本书自2005年出版发行以来,已再版两次,期间受到了广大读者的热心支持,提出了许多宝贵的意见和建议。结合广大读者的意见以及当前人力资源管理实践中的新情况、新问题和人力资源管理研究的新进展,本书第三版在保留前两版总体结构和主要内容的基础上,对部分文献和案例进行了更新,并在"人力资源开发与管理的发展趋势"部分增添了"互联网环境下的人力资源管理"和"服务环境下的人力资源管理"的新内容,以适应时代发展对人力资源开发与管理提出的新要求。

本书由胡蓓、王通讯主编。陈建安、古家军、翁清雄、周均旭、孙跃、张文辉、陈芳、王聪颖、田楙、刘立、黄蕾等参与了修订工作。

胡 蓓
2015年5月于华中科技大学

第一版前言

人力资源已经成为生产要素中最活跃、最重要的因素。科学技术、社会经济和政治文化的蓬勃发展,使得企业之间的竞争成了一场没有硝烟的人才资源争夺战,而且这场战争愈演愈烈。谁拥有一流的管理人才,谁就能发展得更快,谁就能获得竞争优势。发达国家的经济活动和生产实践证明,高质量的人才资源是经济持续发展的首要条件。

21世纪是人力资源开发与管理的世纪。党的十五大报告指出,经济建设要真正转到依靠科技进步和提高劳动者的素质上来;党的十六大提出了全面建设小康社会的奋斗目标;党的十六届五中全会指出,发展科技教育和壮大人才队伍,是提升国家竞争力的决定性因素。要深入实施科教兴国战略和人才强国战略,加强人力资源能力建设,实施人才培养工程,加强党政人才、企业经营管理人才和专业技术人才三支队伍建设。人力资源是第一宝贵资源。企业必须高度重视人力资源的管理,尤其要重视人的潜能的开发。

加入世贸组织对我国的经济建设而言,既是挑战,也是机遇,对于人力资源的开发与管理来说,更是一个严峻的挑战。市场经济的高速发展,为我国企业对高级人才的大量需求提供了广阔的空间并形成了前所未有的机遇;外国企业对人才的高薪吸引和激烈争夺,对我国企业的人才资源的开发和管理形成了巨大的压力。面对这些机遇和压力,本书旨在探索如何进行有效的人力资源开发与管理的理论、方法和技巧。

全书由人力资源管理概论、人力资源管理职能活动和人力资源管理理论发展三大部分12章组成。第一章导论,属于人力资源管理概论部分,系统地阐述了人力资源开发与管理的背景、基本概念和发展历程;第二章人力资源规划、第三章组织设计与工作分析、第四章人员招聘与测评、第五章人力资源配置与用人艺术、第六章员工绩效考评与管理、第七章激励与薪酬管理、第八章员工培训与开发、第九章劳动关系,以及第十章员工保障与安全,属于人力资源管理职能活动,系统地阐述了各职能活动的理论基础知识和实践操作技巧;第十一章知识经济与人力资源管理及开发、第十二章人力资源开发与管理的发展趋势,属于人力资源管理理论发展部分。其中,第十一章重点阐述了知识经济思想的发展与特征、知识经济时代的人力资源管理和人才资源开发的特点,第十二章着重阐述了人力资源开发与管理领域的前沿问题和发展趋势。书中内容兼备理论深度和系统性,而且不乏新颖性和创造性。

本书有如下特点:

(1) 内容系统、全面。本书系统地阐述了人力资源开发与管理的背景、发展历程和各职能活动的理论基础和实践操作技巧,并对人力资源开发与管理的理论发展进行了探索,有利于读者系统学习。

(2) 注重案例研究。本书编写了丰富的案例,每章均以引例对本章核心内容进行画龙点睛的说明,每章结尾均附有耐人寻味的案例及其讨论题,便于读者思考。

(3) 实用性强。书中注重人力资源开发与管理的实用方法和技巧,便于读者掌握理论在实践操作中的灵活运用。

本书由胡蓓、王通讯主编。第一、二、四、五、八章由胡蓓编写,第十一章由王通讯编写,第三章由张建林编写,第六章由杨顺生、胡蓓编写,第七章由杨顺生、张西奎编写,第九、十章由胡杨编写,第十二章由陈建安编写。张建林、陈建安、李毅、龚华蕾和张西奎等参与了资料的收集与整理工作。

本书部分内容尚处于探索阶段,难免有不完善的地方,敬请读者不吝指正。

本书在编写过程中,参考了国内外相关学者的部分研究成果,在此向这些学者致以深深的谢意!

胡 蓓

2005 年 11 月于华中科技大学

目录

第一章　导论 …………………………………………………………………… (1)
　　第一节　人力资源开发与管理的背景 ……………………………………… (4)
　　第二节　人力资源的基本概念 ……………………………………………… (9)
　　第三节　人力资源开发与管理的内涵 ……………………………………… (12)
　　第四节　人力资源管理的发展 ……………………………………………… (17)

第二章　人力资源规划 ………………………………………………………… (23)
　　第一节　人力资源规划概述 ………………………………………………… (26)
　　第二节　人力资源需求预测 ………………………………………………… (31)
　　第三节　人力资源供给预测 ………………………………………………… (36)
　　第四节　人力资源规划的制订和实施 ……………………………………… (39)

第三章　组织设计与工作分析 ………………………………………………… (43)
　　第一节　组织设计 …………………………………………………………… (45)
　　第二节　工作分析的基本概念 ……………………………………………… (56)
　　第三节　工作分析的方法与程序 …………………………………………… (62)
　　第四节　能力、气质、个性与职业匹配 …………………………………… (70)
　　第五节　工作分析的结果及应用 …………………………………………… (75)

第四章　人员招聘与测评 ……………………………………………………… (87)
　　第一节　人员招聘概述 ……………………………………………………… (89)
　　第二节　人员招聘流程 ……………………………………………………… (97)
　　第三节　招聘管理 …………………………………………………………… (110)
　　第四节　人员测评 …………………………………………………………… (114)

第五章　人力资源配置与用人艺术 …………………………………………… (129)
　　第一节　人力资源配置概述 ………………………………………………… (131)
　　第二节　用人艺术 …………………………………………………………… (133)
　　第三节　管理者应具备的用人素质 ………………………………………… (143)

第六章　员工绩效考评与管理 ………………………………………………… (153)
　　第一节　绩效考评的理论基础 ……………………………………………… (155)
　　第二节　绩效考评的方法 …………………………………………………… (162)
　　第三节　绩效考评的指标体系 ……………………………………………… (169)
　　第四节　绩效考评的实施与反馈 …………………………………………… (178)

第五节　绩效考评中的问题………………………………………………………(185)
第七章　激励与薪酬管理……………………………………………………………(191)
　　　第一节　激励的基本概念和基本理论……………………………………………(194)
　　　第二节　激励机制的设计与运行…………………………………………………(198)
　　　第三节　工资……………………………………………………………………(202)
　　　第四节　奖金与津贴……………………………………………………………(207)
　　　第五节　员工福利………………………………………………………………(211)
第八章　员工培训与开发……………………………………………………………(217)
　　　第一节　培训的相关概念………………………………………………………(219)
　　　第二节　培训理论与方法………………………………………………………(225)
　　　第三节　培训实施………………………………………………………………(235)
　　　第四节　培训管理………………………………………………………………(247)
　　　第五节　培训机制………………………………………………………………(253)
第九章　员工关系管理………………………………………………………………(261)
　　　第一节　员工关系管理的基本理论……………………………………………(265)
　　　第二节　劳动合同管理…………………………………………………………(272)
　　　第三节　劳动争议管理…………………………………………………………(281)
　　　第四节　员工援助计划…………………………………………………………(286)
第十章　知识经济与人力资源管理及开发…………………………………………(293)
　　　第一节　知识经济思想的发展及其特征………………………………………(296)
　　　第二节　知识经济时代的人力资源管理………………………………………(300)
　　　第三节　知识经济时代的人才开发……………………………………………(304)
第十一章　人力资源开发与管理的发展趋势………………………………………(313)
　　　第一节　超组织员工忠诚度管理………………………………………………(316)
　　　第二节　培训新思维：准时培训与即时学习…………………………………(318)
　　　第三节　电子化人力资源管理…………………………………………………(321)
　　　第四节　人力资源营销与外包…………………………………………………(323)
　　　第五节　跨文化的人力资源管理………………………………………………(324)
　　　第六节　人力资源管理的新挑战………………………………………………(327)

第一章

导 论

第一节 人力资源开发与管理的背景

第二节 人力资源的基本概念

第三节 人力资源开发与管理的内涵

第四节 人力资源管理的发展

第一章 导 论

学完本章后,你应当能够:
(1) 了解人力资源管理与开发的背景;
(2) 掌握人力资源的基本概念和特性;
(3) 理解人力资源管理与开发的基本内涵、企业战略与人力资源的战略关系以及人力资源的管理观点;
(4) 了解人力资源管理的理论基础和发展历程。

海尔集团人力资源管理理念的独到之处

海尔集团总裁张瑞敏认为,企业领导者的主要任务不是发现人才,而是建立可以出人才的机制,并且保障机制健康持久地运行。作为中国家电行业排头兵的海尔集团在市场经济形势下,明确提出"用亦疑"和"人人是人才,赛马不相马"的人力资源管理理念。在"人人是人才,赛马不相马"和"用亦疑"的人力资源管理理念指导下,海尔集团建立了一系列的赛马机制和监控制度。

1. 赛马机制

对于管理人员,海尔集团实行"上岗靠竞争,届满要轮流,末位要淘汰"的制度。正如张瑞敏所说:"你能翻多大的跟头,我就给你搭多大的舞台。"海尔集团内部采用竞争上岗制度,空缺的职务都在公告栏统一贴出来,任何员工都可以参加应聘。届满轮流制度,即在一定的岗位上任期满后,由集团根据总体目标并结合个人发展需要,调到其他岗位上任职。在轮岗时,不管你原先职位有多高,都采用从基层做起的海豚式轮岗升迁机制。海尔集团对管理干部还实行末位淘汰制,干部每年都有调整,能上能下。

对于普通员工,海尔集团实行"三工并存,动态转换"的竞争制度。具体来说,就是在全员合同制基础上把员工的身份分为优秀员工、合格员工、试用员工(临时工)三种,每月根据工作绩效,在三种身份之间进行动态转化,并与个人报酬挂钩。

2. 监督控制

古人曰:"用人不疑,疑人不用。"海尔集团提出"用亦疑"的用人理念,通过"赛马"方式"赛"出来的人就用,但对用了的人不等于不需要监督。在"用亦疑"的用人理念指导下,海尔集团提出:一是干部主观上要能够自我控制,自我约束,有自律意识;二是集团要建立控制体系,控制工作方向、工作目标,避免犯方向性错误,控制财务,避免违法违纪。

为了实现在位监控,海尔集团建立了较为严格的监督控制机制,任何在职人员都要接受三种监督,即自检(自我约束)、互检(班组内互相监督)、专检(业绩考核部门监督)。一般来说,海尔集团干部的考核指标分为五项:自清管理,创新意识及发现、解决问题的能力,市场的美誉度,个人的财务控制能力,所负责企业的经营状况。对这五项指标分别赋予不同的权重系数,根据评分情况进行计算得出评价总分数,最后,根据评分情况分为三个等级。每月考评一次,工作没有失误但也没有起色的干部也被归入批评之列,从而使在职干部随时都有压力。

海尔集团经过十多年的努力,从一个濒临倒闭的集体小厂发展成为中国家电行业排头兵,在国内外市场上享有很高的声誉,其管理经验被美国哈佛大学列为成功管理案例。本案例介绍了海尔集团在人力资源开发与管理方面"用亦疑"和"人人是人才,赛马不相马"的独特理念。正是这些独特的管理理念、模式创造了海尔集团今天的辉煌。通过对本案例的学习,我们可以得到如下启示:人力资源是需要不断开发的,人力资源开发与管理是每一位管理人员的一项十分艰巨的任务。只有建立起有效的人力资源开发与管理机制,才能使员工的潜能得到充分发挥,从而确保一个组织达到预期的目标。

本章首先阐述人力资源开发与管理的背景;然后,介绍人力资源的基本概念和特性;接着,阐述人力资源开发的内涵、目标和层次,人力资源管理、战略性人力资源管理的内涵和管理观点;最后,介绍人力资源管理的理论基础和发展历程。

第一节　人力资源开发与管理的背景

一、科技发展引起工作方式的变化

纵观人类文明史,我们不难发现,有什么样的生产工具,就有什么样的生产力水平。正如马克思所说:"各种经济时代的区别,不在于生产什么,而在于怎样生产,用什么劳动资料生产。"以锄头、镰刀、犁耙为代表的人力工具,使游牧社会进入农业社会;以蒸汽机和电力机车、车床为代表的动力工具,使农业社会进入工业社会;以当代微电子技术、电脑、多媒体为代表的智能化生产工具,使工业社会进入知识社会。生产工具是生产力发展水平的客观标志。

在工业经济时代,基本的生产要素是资本和能源,与此相适应的是,工业经济时代的生产工具以机器和机器体系为核心,由机械化逐渐向半自动化过渡,并已出现某种自动化的生产线、自动化工厂,并且有了庞大的基础设施。能源利用装置,包括各种形式的动力机器、动力传送设施,起着越来越重要的作用。

机器自动化程度的提高,对操作技能要求更少,但要求人具备更多的知识。随着信息技术突飞猛进的发展和普及,劳动者通过电脑控制机器工作。电脑是人脑的延伸。控制机、电脑、按钮可以取代人力实现对整个生产过程的控制,甚至出现了无人车间、无人工厂。

科技发展改变了人们的工作方式,自动化和高速运转的流水线生产使组织的工作效率大大提高,组织的经济效益也因此得到提高。但是,它给员工带来了什么呢?员工感到工作内容单调、乏味,工作过程没意思。如果工作内容变得单调、乏味,劳动者的才能就会退化。人事部门的一个重要责任,就是要使每一个员工的工作内容丰富化。工作内容丰富化的理论基础是"用进废退"原理,这包括两层含义:一方面,人的才能只有在使用过程中才能不断得到提高;另一方面,人的才能如果闲置不用就会逐渐退化。

根据"用进废退"原理,西方学者提出了"工作内容丰富化"的五条衡量标准:

(1) 员工感觉所从事的工作有意义、很重要;

(2) 员工感觉领导对他是重视的;

(3) 员工在其岗位能施展多种才华、多种本领;

(4) 员工所做的工作有反馈;

(5) 员工能够看到工作成果的整体。

人力资源管理人员可以用以上五条标准进行判断,以确定员工是否有这种感觉。如果缺少这种感觉,员工会因此而缺乏工作积极性,其才能也就不能得到提高。如何消除单调工作带来的工作压力,使员工在工作岗位上不断增长才能,成为人力资源部门需要面对的新问题。

二、经济发展促进管理观念的变革

随着经济和科学技术的迅猛发展,人们的生活水平不断得到提高,员工的思想观念、生活观念和工作观念也相应发生了转变。人们对劳动性质和工作意义认识的改变,以及国际经济逐步走向一体化的趋势,使企业管理发生了重大的变革,主要表现为以下七个方面的趋势。

(一) 从管理科学到管理艺术

20世纪初,泰勒(Taylor)首先提出了科学管理的概念,将科学方法运用到管理实践中,使管理开始从经验走向科学。管理科学在合理组织生产力方面发挥了很大作用。一项大型工程,通过网络计划方法,可使工期缩短、成本降低。运用管理科学的方法,一不要增加设备,二不要增加人员,就可以提高效率、降低成本、改进质量。管理科学在管理中发挥了重大作用。

虽然管理科学的应用范围日益扩大,管理科学的发展十分迅速,但管理科学的作用仍然是有限的。人的认识受时间和空间的约束,现实情况也难以彻底弄清楚,规律不能完全被掌握,加上人的行为的多样性,使很多管理问题具有不确定性。在解决这些管理问题时,需要人的悟性和判断能力。从这个意义上讲,管理又是艺术。成都武侯祠有一副对联:"能攻心则反侧自消,从古知兵非好战;不审势即宽严皆误,后来治蜀要深思。"审时度势就体现了管理的艺术。低层管理的科学成分较多,高层管理的艺术成分较多;生产管理需要较多管理科学,人力资源管理需要较多管理艺术;例行管理需要较多管理科学,例外管理需要较多管理艺术。领导水平的差别主要体现在领导艺术上,艺术是管理的最高境界。[①]

(二) 从硬管理到软管理

所谓"硬管理",即计划严密、结构合理、规章细致。在"硬管理"的管理模式下,管理者只需要监督执行工作计划,维持组织机构运转,保证遵守规章制度。那么,为什么组织结构大致相同,规章制度如出一辙,计划工具同样先进,计划体系同样严密,而不同的企业却产生不同的甚至截然相反的经营效果呢? 通过研究,人们发现,在新形势和新环境中"软管理"因素越来越重要。日本企业成功的奥秘就在于其管理"软件"的优越性,即领导方式的灵活、对人的重视和集体决策,这些特点帮助一些结构、制度、计划与竞争对手相差无几的企业取得了更好的经营效果。于是,"软管理"的方式越来越被管理者所重视。

(三) 从"手段人"到"目的人"

20世纪20年代以前,泰勒的科学管理原理认为应把员工看做经济人、理性人;到20年代,梅奥(Mayo)通过"霍桑试验"提出了心理人、社会人的人性假设,即工人劳动生产率的提高,不仅受到劳动条件、技术水平、体力状况和分配制度的影响,而且与劳动过程中人的情绪、态度和士气有关;麦克雷戈(Douglas McGregor)提出XY理论,施恩(E. Schein)提出"复杂人"、"自我实现人"等人性假设。这些观点都有一个共同特点:把人视为企业经营的手段。

---

① 陈荣秋.管理的基本原则[J].管理科学,2004,1(1):13-17.

毫无疑问，人是企业需要投入的资源之一，但这是一种特殊的资源，这种资源能主动参与企业经营活动。因此，现代管理中的人不仅仅是手段，同时也是目的，注重个人的发展和调动人的积极性是管理的最终目的。

从"手段人"到"目的人"是企业管理中对人的认识的第二次转变，这些转变主要表现为以下几方面：

（1）注重员工的个人发展，例如鼓励员工在职进修、使工作内容丰富化、实行岗位轮换制等；

（2）改善劳动组织，例如实行弹性工作制、岗位分担制；

（3）组织员工参与管理；

（4）提倡员工自我控制，实行自主管理。

（四）从强调个人之间竞争到重视组织成员之间的合作

在日常管理中不应把员工当作孤立的个人来看待，而要将他们视为群体的一分子来激励。在过分强调个人竞争的激励机制下，容易导致部门之间以及个人之间的相互保密、封锁和不合作的态度。所以，不仅需要通过内部个人之间的竞争来刺激员工的工作热情，而且需要通过强调群体的协作精神来提高组织的工作效率。

（五）从集权到分权

随着需求的日益增长，消费者越来越强调时间的重要性，对产品质量和服务的期望在不断提高，期望个人的需要得到满足，并且得到合理的价格以及及时的服务。企业之间竞争的焦点开始转向时间，时间成为竞争优势的一个重要来源。起决定作用的不再是企业的规模大小和成本，而是对瞬息万变的市场的反应速度。组织管理的核心是决策，以提高组织柔性和组织应变能力为目的，其研究的一个基本出发点是组织的快速决策。

在集权管理中，一般是上层决策，中层传达，基层执行。多层次的缓慢决策过程已经远远不能适应基于时间竞争的经营环境，企业组织更加需要注重决策权向基层员工的分散。管理心理学的研究表明：每个人都有强烈的自我表现欲和领导欲。这种欲望只有在自主权充分、规模不大的群体中才能得到充分的表现。从集权管理到分权管理的目的是更广泛地调动人的积极性。哈佛大学著名教授戴维·珀金斯（David Perkins）用圆桌比喻揭示了有效协作和沟通对于智慧型组织的重要性，传统的高低分明的等级制度和部门各自为政的状况无法应对现代企业的复杂性，决策过程必须向所有可能提供远见卓识的建议的人开放。

（六）从强调理性管理到重视直觉

尽管计量学和数学模型日益精密，但是，没有任何一个数学模型能事先说出事物的最终结果。管理者越来越发现数学方法的局限性。所以，管理人员不得不重新依靠他们的直觉，虽然这些直觉是难以证实和难以描述的，但往往是正确和有效的。管理人员以此来判断环境的变化，制订行动方案，决定某种技术是否立即开发、某项产品是否立即投放市场。

（七）从外延式管理到内涵式管理

外延式管理是指通过联合与兼并扩大经营规模来提高市场占有率的管理模式；内涵式管理是指利用内部条件来进行技术创新，提高内部生产能力，调动人的积极性，增强企业竞争力。在知识经济时代，最重大的经济发展乃是一个新体制的兴起，新体制下财富的创造不再靠体力而是靠知识。日本政界、企业界和新闻媒介的决策者们一致认为：知识是21世纪经济增长的关键。

知识是学无止境、取之不尽和用之不竭的可不断再生的资源，是可以通过互联网跨越时空、跨越国界和实时实地共享的资源。因此，可以把企业的知识系统定义为：企业知识组织的网络系统，以生产、创造、存储、整理、传播、转让、学习、获取、吸收、共享、利用、组织、激励、测度和评估知识为己任，其宗旨是促进企业经济的知识化、高效化和高值化。从这个意义上来说，企业的知识存量是推动企业经济可持续发展的原动力和源泉。因此，随着知识经济的来临，知识产业和知识工人逐渐增加，组织的管理模式也需要相应地从外延式管理过渡到内涵式管理。

三、"人才资源是第一资源"科学论断的提出

马克思的经济理论认为，生产力取决于劳动者、劳动资料和劳动对象三要素，即生产力＝劳动者＋劳动资料＋劳动对象。有学者认为，这个公式经历了不同社会历史发展阶段，已经发生了如下变化。

（1）在工业经济初期，科学技术产生和数效应：

$$生产力＝劳动者＋劳动资料＋劳动对象＋科学技术$$

（2）在工业经济鼎盛期，科学技术产生倍数效应：

$$生产力＝（劳动者＋劳动资料＋劳动对象）\times 科学技术$$

（3）在知识经济时代，高科技产生指数效应：

$$生产力＝（劳动者＋劳动资料＋劳动对象）^{高科技}$$

1978年，在全国科学大会上，邓小平同志着重阐述了"科学技术是生产力"的马克思主义观点。1985年，在全国科技工作会议上，邓小平同志进一步肯定了"科学技术是生产力"的论述。1988年，他说："马克思说过，科学技术是生产力，事实证明这话讲得很对。依我看，科学技术是第一生产力。"1992年春，他在南方谈话中又说："经济发展得快一点，必须依靠科技和教育。""科学技术是第一生产力。"包含高科技在内的科学技术的载体是人力资源。人是生产力中最活跃的因素，自然资源和物质资源只有通过人的能动创造，才能形成社会财富。随着历史的发展，人力资源在生产力构成中的作用方式不断变化，重要性不断升级，已经成为最具战略意义的"第一资源"。

美国著名经济学家、诺贝尔奖获得者舒尔茨（T. W. Schultz）指出："人类的未来并不完全取决于空间、能源和耕地，而是更多地依靠人类智慧的开发。"

从人力资源对经济增长的贡献来看，舒尔茨指出：人力资本与物质资本相比，对经济发展的贡献越来越大。物质资源投资增加4.5倍，收益增加3.5倍；人力资源投资增加3.5倍，收益却增加了17.5倍。

继舒尔茨之后，经济学家萨卡洛普洛斯（George Psacharopoulous）分析了61个国家的人力资本投资状况，研究发现：对于发展中国家来说，在20世纪60年代，物质资本投资收益率为15%，人力资本投资收益率为20%；在70年代，这两个数据分别为13%和15%。

我国经济学家利用1978—1996年教育投资与健康投资的数据作为人力资本总投资，同时利用全社会固定资产投资作为物质资本总投资，计算出每增加1亿元人力资本投资，可带来次年近6亿元的GDP（国内生产总值）增加额；每增加1亿元的物质资本投资，仅能带来次年2

人力资源开发与管理(第三版)

亿元的 GDP 增加额。

在当今社会,人力资源管理和开发对一个国家或地区的社会进步、经济发展都具有举足轻重的作用。舒尔茨深刻指出:"土地本身不是造成贫穷的一个关键因素,而人是一个关键因素;改善人口质量的投资,能显著提高穷人的经济前途和福利。"

江泽民同志曾指出:"当今世界,人才和人的能力建设,在综合国力竞争中越来越具有决定性的意义。"并进一步提出了"人才资源是第一资源"的科学论断。

四、世界科学活动中心的转移导致全球性人才竞争

众所周知,近代世界科学活动中心曾发生过几次较大的转移,主要是在英、法、德、美之间的转移。世界科学活动中心的思想始现于英国学者贝尔纳(J. D. Bernal)1954 年出版的著作《历史上的科学》。1962 年,日本学者汤浅光朝在贝尔纳工作的基础上,对近现代科学成果作了统计分析,用定量化的指标确定了 16—20 世纪世界科学活动中心及其科学兴隆期,描述了近现代世界科学活动中心转移的轨迹:

1540—1610 年,世界科学活动中心在意大利;

1660—1730 年,世界科学活动中心转移到英国;

1770—1830 年,世界科学活动中心转移到法国;

1810—1920 年,世界科学活动中心转移到德国;

1920 年至今,美国占据世界科学活动中心的地位。

所谓世界科学活动中心,就是指科技人才大量聚集于一国或一地区,该国(地区)的重大科学成果数超过了那个年代全世界重大科学成果总数的四分之一。例如,1660—1730 年的 70 年间,英国拥有 60 多名杰出科学家,占全世界杰出科学家总数的 36% 以上,重大科技成果数占世界重大科技成果总数的 40%。

沿着世界科学活动中心转移的历史轨迹,出现了以下规律性的现象。

1. 杰出科学家平均年龄相对比较年轻

形成世界科学活动中心的前期,英国杰出科学家的平均年龄在 35~45 岁;法国杰出科学家的平均年龄在 43~50 岁;德国杰出科学家的平均年龄则在 41~45 岁;美国杰出科学家的平均年龄也没有超过 50 岁。

2. 政府普遍重视人才

1662 年,英国成立了皇家学会,云集了大批科学家。第一次工业革命使英国成为世界工厂,英国产业革命影响了法国和德国。1792 年,法国创办了欧洲最早的技术专科学校,各国留学生汇集巴黎,出现了一大批职业科学家和工程师。后来,在法国大革命的推动下,法国的自然科学水平超过了英国。德国虽然起步比法国晚,但在 1810 年创办了柏林大学,进一步把一批中等技术学校改为大学,建立了自己的科技教育体系,特别是 1873 年建立了国立物理研究所,1879 年建立了国立机械研究所,开创了国家组织科学与研究的先河,推动了工业技术的进步。1895 年,德国各行各业的科技发展都超过了英国和法国,德国取代法国成为世界科学活动中心。20 世纪初,美国后来居上,仅用 100 多年时间就赶超德国成为世界科学活动中心,一是靠学习欧洲技术,二是靠自己发明创造,三是靠大力引进人才。

人才资源成为跨越式发展的第一资源,人才资源的加速积累是国家、地区和企业跨越式发展的先导。随着世界科学活动中心的转移,科技和经济逐步实现全球化。科技全球化自然引

起其载体——人才资源——的全球化。

从国内各地区对人才的需求情况来看,我国人才仍是非常紧缺。越来越多的国际企业将地区总部迁至上海,并创造更多高级职位。目前,中国互联网金融的发展速度很快,已超越发达国家。相关专家预测,到2015年,上海对高管人才的需求将有所提升,对中国市场监管有深入了解的风险管理人才将供不应求,同时,企业对金融产品设计人才特别是金融产品数字化设计人才的需求也将上升。上海浦东新区的人才总量也已由2000年的23万人发展到如今的100多万人,年均增长17.7%,总量占上海市人才总量的1/4;人才密度为18.65%,高于上海市平均水平。2009年上海浦东新区第三产业人才数为805 545人,第二产业人才数为340 944人,第一产业人才数为零。到2015年,第二产业人才需求量为54.36万人,第三产业人才需求量达到176.88万人,并以金融业为核心,以现代物流、信息服务、商业贸易和会展旅游业为重点。

近年来我国在大力发展智慧城市,近60%的城市在"十二五"规划中提出"智慧"或"智能城市"发展战略。截止到2012年2月底,我国提出智慧城市建设的总数量已经达到了154个,计划投资规模超过1.1万亿元。美国思科公司的报告显示:未来5—10年,我国在智能电网与新能源电力产业的人才需求将达到100多万人;3-D打印产业需要大量新型复合型人才,要求其熟悉计算机、材料学、加工工艺、创意产业等多个领域,其需求缺口约为800万人;我国的智能工业专业的人才培养速度远远落后于劳动力市场的人才需求。我国每年培养的相关人才不到5 000人,而智能工业领域的人才需求量则高达50万人。

从世界各国对人才的需求来看,世界性人才争夺异常激烈。据美国国家科学基金会统计,截至2006年底,美国化学、生物、物理等学科的科学家和工程师缺少67万人。美国政府还出台了《加强21世纪美国竞争力法》,其核心就是要吸纳世界各国的优秀科技人才,并计划在3年内,每年从国外吸收19.5万名技术人员。因此,美国政府特别批准,每年可有6 000名外国著名科学家和高级科技人员直接到美国合法定居。

欧盟国家的失业率虽然高达10%左右,但专业人才却严重供不应求。法国高等学府全国委员会认为,在未来的20年中,法国对工程师一级的技术人才需求,将从目前的16万名增至40万人,而法国的学校每年只能输送1.6万名这方面的人才。英国、德国也都面临同样的困境。英国对高级专门人才的需求每年达24万人,而其国内每年只能培养16万人。据有关资料报道,目前德国总共短缺各类专业人才150万人,信息技术专业人员缺少7.5万人。

从上述国内外人才紧缺情况来看,全世界出现了人才特别是高科技人才紧缺的危机。人才紧缺的问题已引起世界各国和企业的高度重视。为了解决人才紧缺的燃眉之急,不少国家和企业采取了培养或引进人才的措施,由此引发的全球人才竞争更趋激烈。

第二节 人力资源的基本概念

一、人力资源的内涵

(一)人力资源的界定

"人力资源"一词的出现,可以追溯到1919年由约翰·R.康芒斯(J. R. Commons)撰写的《产业信誉》。① 后来,沃尔什(Walsh,1935)、麦尔斯(Miles,1965)都使用了"人力资源"的概念。关于人力资源的界定,存在不同的观点,概而言之,具有代表性的定义主要有以下几种。

1. 人力资源是指一个国家或地区具有劳动能力的人口的总和

我国劳动法规定,招收员工一般要求年满 16 周岁,退休年龄规定男性为 60 岁,女性为 55 岁,即我国劳动年龄区间为男性 16～60 岁,女性 16～55 岁。因此,确切地说,人力资源是 16 岁以上具有劳动能力的人口总和。

张德(2007)提出,人力资源是指能够推动整个经济和社会发展的劳动者的能力,即处在劳动年龄的已直接投入建设或尚未直接投入建设的人的能力。②

萧鸣政(2004)认为,人力资源是在一定区域范围内可以被管理者运用以产生经济效益和实现管理目标的体力、智能和心力等人力因素的总和及其形成基础,包括知识、技能、能力与品性素质等。③

2. 人力资源是指能够为社会创造物质和精神财富的劳动人口的总和

李京文(1995)把人力资源定义为:能够作为生产要素投入社会经济活动的劳动人口。它包括年龄在 16 岁以上正在从事劳动的人口,也包括失业或待业人口,但不包括那些由于种种原因不能或不愿从事社会劳动的人,例如青年学生、家庭妇女、现役军人等。

归纳上述关于人力资源的定义可见,人力资源是指一定范围内的人口中具有劳动能力的人的总和,是能够推动经济和社会发展的、具有智力劳动和体力劳动能力的人的总称。它是包含在人体内的一种生产能力,表现在劳动者身上并以数量和质量来表示的资源。

人力资源是由数量和质量两个方面构成的。其中,人力资源数量是构成人力资源总量的一个基础部分,它反映了人力资源量的特征;人力资源质量通常是指劳动者在其实践活动中表现的劳动能力的综合水平。

(二)人口资源、人力资源、劳动力资源和人才资源的关系

为了准确地理解人力资源的实质、内涵和重要性,有必要阐明人口资源、人力资源、劳动力资源和人才资源的相互关系。四者之间的数量和质量关系可用金字塔模型(见图 1-1)表示,从人口资源、人力资源、劳动力资源到人才资源,呈现逐渐收缩的金字塔现象。高层次人才资源的数量取决于整个劳动力资源的总量。

1. 人口资源

人口资源是指一定时间和空间范围内具有生命的人的总称,不仅包括具有现实或潜在劳动能力的人,而且包括不具有或已经丧失劳动能力的人,主要表现为人的数量概念。

2. 人力资源

人力资源泛指一切具有劳动能力、智力正常的人的总和。人力资源表现为人力数量和质量的统一,是潜在人力和现实人力的统一。

3. 劳动力资源

劳动力资源是"劳动年龄"范围之内的人口总称,是在人口资源中拥有劳动能力,并且进入法定年龄的那部分人口总和。劳动力资源强调劳动者的数量。

---

① 钱振波.人力资源管理:理论·政策·实践[M].北京:清华大学出版社,2004.
② 张德.人力资源开发与管理[M].3 版.北京:清华大学出版社,2007.
③ 萧鸣政.人力资源开发的理论与方法[M].北京:高等教育出版社,2004.

图 1-1 人口资源、人力资源、劳动力资源和人才资源的金字塔模型

4. 人才资源

人才资源是指一个国家或地区具有较强的研究能力、创造能力和管理能力的人的总称。也就是说,人才资源是在劳动力资源中杰出、优秀的那部分,它强调人力的质量概念。

2003年12月,全国人才工作会议对人才的界定是:具有一定的知识或技能,能够进行创造性劳动,为物质文明、政治文明、精神文明建设作出积极贡献的人。

二、人力资源的基本特性

人类社会的存在和发展离不开资源,资源通常可以分为三类:自然资源、资本资源和人力资源。这三者在任何生产过程中都是不可缺少的基本要素,它们的数量和质量将决定和影响一个国家的社会生产总量和社会经济发展的规模。

由于人在社会发展中的主体地位与人所具有的自然属性和社会属性,人力资源成为一种特殊资源,是一种受内外因素影响并具有自主性的生命力很强的资源。为了有效地进行人力资源管理和开发,必须了解人力资源的特性。

作为国民经济资源中的一种特殊资源和要素,人力资源的一般特征表现如下。

1. 生物性

人力资源存在于人体之中,是具有生命的"活"资源。人在劳动的过程中,有必需的衣、食、住、行等生理活动,与人的自然生理特征相联系。人力资源的生物性主要表现为生殖繁衍、新陈代谢,以及对自然环境的反应。

2. 能动性

人力资源的能动性是唯一能起到创造作用的因素,因此,人力资源可以被称为能动性资源或主体性资源。能动性是人力资源的首要特征,是与其他一切资源最根本的区别。人力资源与自然界的其他生物不同,人具有思想、感情,具有主观能动性,能够有目的地进行各种活动,可以能动地改造客观世界和自己的主观世界。人具有意识,但这种意识不是低层次的动物意识,而是对自身和对外部具有清晰看法的、能对自身行动作出抉择、能调节自身与外部关系的社会意识。由于作为劳动者的人具有社会意识,并在社会生产中处于中心地位,因此表现出其主观能动性。人的能动性与其主观意识有关。人在得到满足时,其能动性可能会超常发挥。

3. 时效性

矿产资源一般都可以长期储存,不采不用,其质量不会降低;人力资源则不然,储而不用,才能就会荒废、退化。人作为生物学的有机体,存在固有的生命周期。人能从事劳动的自然时间被限定在生命周期的中间一段,而且人的劳动能力将随时间的变化而变化。在青年、壮年、老年各个年龄组,人口的数量、质量及其相互联系都是在不断变化的。一般而论,25~45岁是科技人才的黄金年龄,37岁为其峰值。医学人才的最佳年龄一般会后移,这是由其研究领域的业务性质决定的。

4. 智力性

一般来说,动物只能靠自身的肢体运动取得其生活资料。人类创造了工具,创造了机器,通过自己的智力,人类使自身的能力不断扩大,从而获得丰富的生活资料。其中,智力是指人脑功能的表现,是人认识客观事物并运用知识解决实际问题的能力。一个人的智力发展是个体先天素质、教育和环境影响,以及个人努力和实践活动等因素相互作用的结果。因此,人的智力在一定条件下可以进行开发,智力的增长与社会环境、工作环境有关。

5. 再生性

一般来说,资源分为可再生资源和不可再生资源两大类,人力资源属于可再生资源。这是因为人力资源基于人口的再生产和劳动力的再生产,通过人口总体内个体的不断更替和"劳动力耗费—劳动力生产—劳动力再耗费—劳动力再生产"的不断循环得以实现。物质资源一般经过一次开发、二次开发和形成产品使用之后,就不存在继续开发的问题。人力资源则不同,使用过程也是开发过程,而且这种开发过程具有持续性。因此,人力资源不会像物质资源那样因为使用而减少,甚至会因为使用而提高水平、增强活力。

6. 社会性

人力资源的社会性主要表现为人与人之间的交往及由此产生的千丝万缕的联系。人类劳动是集体性劳动,个人劳动离不开群体提供的生产资料、生活资料和生产经验,这些构成了人力资源社会性的微观基础。人在群体中进行工作,其发展与该群体有关,因为人在社会中有与其他成员间的关系,这对人的成长和人生的升华起到至关重要的作用。从宏观上看,人力资源总是与一定的社会环境相关联,它的形成、配置、开发和使用都是一种社会活动,受到民族文化和社会环境的影响。

7. 增值性

人力资源不仅具有再生性特点,而且其再生过程也是一种增值的过程。人力资源在开发和使用过程中,一方面可以创造财富,另一方面通过知识经验的积累、更新,可以提升自身价值,从而使组织实现价值增值。

第三节　人力资源开发与管理的内涵

一、人力资源开发的定义

关于人力资源开发(human resource development,HRD)的定义,国内外有各种解释。

莱奥纳德和纳德勒(Leonard & Nadler,1986)认为,人力资源开发是"在某一特定时期内,为了提高雇员行为绩效和促进个体成长,企业雇主所提供的有组织的学习活动"。这一定义强调了工作中学习的显著性特点是它与工作的相关性。

罗斯维尔(Rothwell,1985)指出,人力资源开发是由组织所开展的任何有计划的培训、教育和开发活动,它把实现组织的战略目标与满足个人的需求与职业理想结合起来,从而既提高了劳动生产率,又提高了个人对工作的满意度。

第一章 导　　论

麦克兰根(McLagan,1989)对人力资源开发的定义是：开发就是培训、组织发展和职业生涯发展的综合利用，以便改进个体、团体和组织的效率。

美国培训与开发协会(ASTD)认为，人力资源开发是整合训练与发展、职业发展与组织发展，以增进个人和组织效率的活动。

杰里·W.吉雷(Jerry W. Gilley,1989)认为，人力资源开发是为了促进员工成长，改善生活、工作绩效以及实现组织发展战略而在组织内部进行的一种有组织的学习活动。

余凯成等(2006)提出，人力资源开发是对职工实施培训并提供发展机会，指导他们明确自己的长处、短处与今后的发展方向和道路。①

马建新等(1998)认为，人力资源开发是指对一定范围内的人(或人口)所进行的提高素质、激发潜能、合理配置、健康保护等活动，是培育和提高人们参与经济运行所必备的体质、智力、知识和技能，以及正确的价值体系、道德情操、劳动态度和行为模式等一系列的活动内容和活动过程，旨在提高和改善一定范围内人们有效从事社会物质财富和精神财富创造活动的劳动能力。

郑绍濂(1999)认为，人力资源开发是指为技术、工程等方面较高级的专业人员和管理人员的知识再提高或知识更新而进行的有计划、有组织的一切教育培训活动。

廖泉文(2000,2003)认为，人力资源开发有广义和狭义之分。广义的人力资源开发是指人的整个职业生涯的历程，包括少年、青年、中年、老年各个阶段，接受各种培训和指导，从而使得自身各方面能力不断得以提高和开发的过程。而狭义的人力资源开发是指在特定的组织中，通过职业管理来塑造个体本身而使之获得开发，以及通过工作设计来改善环境以促进人员的开发，从而实现员工能力的充分发挥和潜力的最大释放，获得满足，最终实现组织与员工共同开发的动态管理过程。

萧鸣政(2004)把人力资源开发定义为：开发者通过学习、教育、培训、管理等有效方式，为实现一定的经济目标和发展战略，对既定的人力资源进行利用、塑造、改造与发展的活动。开发者既可以是政府、机关、学校、团体、协会等，也可以是企业家、管理人员、个人和被开发者自己等。

综上所述，我们将人力资源开发的内涵表述为：人力资源开发是指对全社会的人力资源，从幼儿开始的教育，到成年后的使用、调配、继续教育管理，直到老年退休的整体性、综合性、全面性的行为过程，是培育人的知识、技能、经营管理能力和价值观念的过程。

二、人力资源开发的目标和层次

(一)人力资源开发的二元目标

单纯把人力资源的开发理解为提升智力的过程具有一定的片面性。美国人力资源管理协会(SHRM)提出，人力资源开发包括两个方面的目的：第一，提升其智力；第二，激发其活力。这就是人力资源开发的二元目标。人力资源开发的二元目标要求领导者、人力资源管理人员要做两件事而不是一件事，其结果表现为智力乘以活力所得的绩效，即

$$智力 \times 活力 = 绩效$$

(二)人力资源的开发层次

按照人力资源开发主体的差异，人力资源开发可以划分为三个层次：宏观开发、中观开发

---

① 余凯成,程文文,陈维政.人力资源管理[M].3版.大连：大连理工大学出版社,2006.

和微观开发。三个层次的开发主体分别是国家及地区、用人单位、教师及家长。层次不同,开发性质、开发对象、开发目的、开发内容都不一样,具体区别如表 1-1 所示。

表 1-1 人力资源开发层次表

开发层次	开发主体	开发性质	开发对象	开发目的	开发内容
宏观开发	国家、地区	政策性开发	社会成员	人才辈出,社会繁荣	制订法令,变革体制,调整政策
中观开发	用人单位	使用性开发	群体	才尽其用,发挥效能	量才使用,继续教育,职务晋升
微观开发	教师、家长	培养性开发	青少年个体	优化智能,人尽其才	学习知识,传授技能,提高素质

1. 宏观开发

宏观开发也称政策性开发,即应用政策杠杆来开发人力资源。为了能够开创人才辈出的新局面,宏观开发的首要任务是鼓励人们特别是青少年要敢于无所畏惧地去探索真理。从制度、政策上保障人们的民主权利,创造一个宽松和谐、畅所欲言的社会环境。从制度、政策上为人们创造平等条件下的竞争机会,各种类型的千里马才会奔腾起来、竞赛起来,德才优异者自然脱颖而出。对经济体制进行有效的改革,可以进一步解放蕴藏在人力资源之中的潜在生产力。

2. 中观开发

中观开发也称使用性开发。开发主体是单位领导、人事管理人员,客体是员工。中观开发涉及内容比较多,例如组织设计、职位设置、用人艺术等。培训是开发,使用也是开发。人的知识固然是学来的,但是有的知识和才能是在被使用中获得的,例如领导才能和管理才能,如果不被使用则是没有的。事实表明,绝大多数杰出人物的才能都是在使用中得以开发和提高的。

3. 微观开发

微观开发也称教育性开发,即家长对孩子、老师对学生的开发。这种开发的手段是教育。未来社会是信息社会,智力劳动的水平对于社会劳动生产率的提高将起到重大作用。舒尔茨在其"人力资本学说"中提出,人才开发如果以学历为标准,那么,学历层次与脑力劳动能力的比值将有 25 倍的差距,即

$$大学:中学:小学=25:7:1$$

舒尔茨的公式定量论证了微观人力资源开发的重要意义。

三、人力资源管理的内涵

人力资源管理最初的概念起源于劳动力资源。对劳动力的重视开始于美国的德鲁克(Drucker,1954),并被美国人舒尔茨(1963)和贝克尔(Becker,1964)所完善。人力资源管理理论最早是由戴维·尤里奇(Dave Ulrich)提出的,他主张在新的经济形势下,人力资源部不能仅仅是行政支持部门,还应该是企业的策略伙伴、变革先锋、专业日常管理部门和员工的主心骨。随后,人力资源管理迅速传入欧洲和世界其他地区。

第一章 导　论

（一）人力资源管理

关于人力资源管理的内涵，主要有如下几种观点。

加里·德斯勒(Gary Dessler,1994)认为，人力资源管理是指为了完成管理工作中涉及人或人事方面的任务所需要掌握的各种概念和技术，包括：①工作分析；②制订人力需求计划并开展人员招募工作；③对求职者进行甄选；④引导并培训新雇员；⑤工资及薪金管理；⑥奖金和福利的提供；⑦工作绩效评价；⑧沟通；⑨培训与开发；⑩培养雇员的献身精神。

雷蒙德·A.诺伊等(Raymond A. Noe et al.,1999)认为，人力资源管理是指对员工的行为、态度以及绩效会产生影响的各种政策、管理实践以及制度的总称。几种主要的人力资源管理实践包括：分析和设计工作(职位分析与设计)、确定人力资源需求(人力资源规划)、吸引潜在的员工(人员招募)、挑选新员工(人才甄选)、教育员工如何完成工作以及如何为将来做好准备(培训与开发)、为员工提供报酬(薪酬管理)、对员工的工作绩效进行评价(绩效管理)，以及创造一种积极的工作环境(员工关系)。

马建新等(2003)根据人力资源管理的主体、对象和范围的不同而将人力资源管理划分为宏观人力资源管理和微观人力资源管理。其中：宏观人力资源管理是指在一个国家或地区范围内，对全社会的各种阶层、各种类型的从业人员从招工、录取、培训、使用、升迁、调动直至退休的全过程管理；微观人力资源管理是企业等微观组织对于本组织的人力资源，从人力资源战略与规划、工作分析与设计、员工招聘与选拔、工作绩效考核、员工薪酬管理、劳动安全与卫生、劳动纠纷与集体体制，以及员工使用、调配直至离开本组织的各个环节和各项任务的系统、综合的全过程管理。

综合上述人力资源管理的相关定义，可以将人力资源管理的内涵表述为：所谓人力资源管理，是指运用现代的科学方法，对与一定的物力相结合的人力进行合理的职务分析、人员规划、人员招聘、人员培训、人员激励、人员考评、人员奖酬、人员保全等管理活动，力图在组织和组织成员之间建立起良好的人际关系，求得组织目标和组织成员个人目标的一致，提高组织成员的积极性和创造性，以有效地实现组织目标的过程。

（二）战略性人力资源管理

莱特等(Wright et al.,1992)将战略性人力资源管理定义为"为使企业达成目标所进行的一系列有计划的，具有战略性意义的人力资源部署和管理行为"。从此定义可以看出，战略性人力资源管理仍然重视基础的人事管理工作，如招聘、选拔、薪酬管理、培训等，但此时这些工作与公司的战略紧密相连。

迈克尔·阿姆斯特朗(Michael Armstrong)为战略性人力资源管理下的定义为：战略性人力资源管理是一种方法，在雇佣关系、甄选、培训、职业发展、业绩管理、薪酬管理，以及员工关系、政策和实践等方面作出决策。战略性人力资源管理的特点在于：它与经营战略纵向整合，横向则整合自身内部各环节。

战略性人力资源管理与传统人力资源管理在很多方面存在差异。其中安东尼(Anthony)、卡克马尔(Kacmar)和佩雷威(Perrewe)于2002年从战略和计划制订、职权大小、管理范围、决策范围、整合性和协调性六个维度区别了战略性人力资源管理和传统人力资源管理(见表1-2)。战略性人力资源管理强调战略规划和决策的参与工作，并且协调面向全体员工的所有人力资源管理职能活动。

表 1-2　战略性人力资源管理与传统人力资源管理的区别

维　度	战略性人力资源管理	传统人力资源管理
战略和计划制订	参与制订组织的整体战略,并使人力资源职能活动与组织战略保持一致	制订操作性计划
职权大小	具有高层的身份和职权(如人力资源副总裁)	具有中层的身份和职权(如人事总监)
管理范围	涉及全体管理人员和员工	涉及计时工、操作工和文员等操作性人员
决策范围	制订战略决策	制订具体的操作性决策
整合性	与其他组织职能活动(市场营销、财务管理、生产制造)充分整合	与其他组织职能活动具有中等程度或很低程度的整合
协调性	协调所有人力资源管理职能活动(例如培训、招聘、人员配置和公平就业机会等)	协调部分人力资源管理职能活动

(资料来源:威廉·P.安东尼,K.米歇尔·卡克马尔,帕梅拉·L.佩雷威.人力资源管理战略方法[M].4版.赵玮,徐建军,译.北京:中信出版社,2004.)

四、企业战略与人力资源战略

随着人力资源的地位逐步提升,美国人力资源管理专家韦恩·F.卡肖(Cascio,1995)提出:人力资源管理不仅是战术问题,而且是战略问题。人力资源战略将人力资源管理提高到战略性高度,是企业灵活的应变力与顽强的生命力获得和维持的关键。

企业战略决定职能战略,也就是说,人力资源战略建立在企业的整体战略基础之上,并且需要与整体战略保持一致。如果企业战略是实现增长并且控制某一目标市场,那么,人力资源战略应该着力于快速获得和配置员工的能力。

随着企业发展的方向从国内转向国外,春兰集团把培养国际化人才放在了企业战略的首位。围绕这一目标,春兰集团主要从"学习环境、培训制度、与著名高校合作"三个方面着手做好专业技术人员的继续教育工作。上海贝尔公司通过企业人才战略,员工总数的递增速度快于业务发展的速度。至2003年,员工总数由2001年的3 500余人扩充到8 000~10 000人;至2005年,员工总数达到12 000余人,形成IT专业人才的绝对优势。贝尔公司依靠专业人才优势,不断强化研发优势和产品优势。表1-3概括了一些关键的企业整体战略和与之相对应的人力资源战略措施。

表 1-3　企业战略与人力资源战略的对应

企业战略	人力资源战略	实　例
收缩型战略	解雇、降薪、工作再设计、劳动协议谈判	通用汽车公司
成长型战略	大量招聘和雇佣、快速提升工资、职位创造、扩展培训和发展计划	英特尔公司
复兴战略	岗位轮换、选择性解雇、组织设计、调动/重新安排	克莱斯勒公司
集中战略	专业化的职位创造、削减其他工作、专业化的培训和发展	肯德基公司
收购战略	选择性解雇、员工调动/员工安置/岗位合并、上岗引导和培训、管理文化过渡	通用电气公司

(资料来源:威廉·P.安东尼,K.米歇尔·卡克马尔,帕梅拉·L.佩雷威.人力资源管理战略方法[M].4版.赵玮,徐建军,译.北京:中信出版社,2004.)

五、人力资源管理的几种观点

（一）系统观

按照系统论的观点，所谓系统，就是由若干个相互联系、相互作用的要素组成的，并与环境发生一定关系的，具有特定目的、任务、功能的有机整体。

人力资源管理的系统观，就是将人力资源管理的过程看做是一个管理系统，由若干子系统（规划、招聘、培训、奖酬管理等）组成，它们都有各自的功能，相对独立且相互联系。例如，招聘工作的质量会影响后续培训的内容、时间及费用。所以，招聘工作不是孤立存在的，它与其他子系统有密切的关系。

系统观不仅是在人力资源管理中，也是其他管理工作的一种重要的思维方式。作为组织的高层领导，要树立全局观念，用系统的观点分析问题，将人力资源管理作为一个系统，决策时考虑各个子系统之间的相互影响。

（二）权变观

权变观，即权衡变通，也就是说，管理的理论可以借鉴，但由于国情不同、人的个体差异、劳动性质的差别、环境变化，人力资源管理的政策应加以变通，具体情况具体分析。

（三）工具观

工具观把人力资源管理看做是组织战略目标实现的工具。任何一种战略目标的实现都需要人力资源的保证。由于环境的变化，仅仅制订战略是不够的，还必须有人力资源管理作为实施目标的手段和工具。

（四）成本效益观

加强人力资源开发与管理，为组织战略目标服务，通常有多个备选方案，选择哪个方案需要进行成本和效益的经济分析。例如，一个人通过培训后能从事多种工作，绩效明显得到提高。对于一个组织来说，辞职率下降，员工缺勤率下降，降低了招聘的有形成本；由于工作内容丰富化，员工积极性提高，服务质量提高，无形效益得到提高。所以，在进行人力资源管理时，需要进行成本和效益的经济分析，没有效益的管理是不成功的管理。

第四节　人力资源管理的发展

一、人力资源管理的理论基础

人力资源管理理论的提出和发展大体上经历了古典管理学派、行为科学学派和现代管理学派三个时期。

（一）古典管理学派

在 20 世纪以前，古典管理学派以法约尔(H. Fayol)的古典功能理论、德国社会学家韦伯(M. Weber)的古典组织理论以及美国泰勒的科学管理理论为代表，其理论各有侧重。

1916 年，法约尔在其名著《工业管理和一般管理》一书中研究了管理的基本职能，认为管理者必须发挥计划、组织、协调、控制等功能,并提出了统一指挥、最佳控制幅度、权责相当等14条"管理通则",明确了管理的过程和职能。

韦伯在《经济与社会》一书中强调要在企业中建立一种高效的、非个人化的行政层级系统式的组织结构,即科层组织。

泰勒则在《科学管理原理》一书中主张通过"时间—动作研究",使生产过程细分化、专门化、标准化和合理化,并认为对员工提供适当的经济刺激就能使企业运转良好。并且,泰勒进一步提出了科学管理的四个原则:

(1) 对员工工作的每一个要素开发出科学方法,用以代替老的经验方法;

(2) 科学地挑选工人,对他们进行培训、教育并使之拥有工作所需的技能;

(3) 与员工齐心合作,以保证一切工作按已形成的科学原则去做;

(4) 管理者与员工在工作和职责的划分上几乎是相等的,管理者自己承揽比工人更胜任的各种工作。

这些理论有其共同的前提假设:把员工看成被动的、纯理性的人,着眼于同"物"打交道的劳动者;存在着一种适用于一切组织与环境通用的"最佳"管理模式。在理论的假设前提下,管理者通过恐吓和惩罚,就可以激发人们努力工作。然而,实践发现,过度的恐吓和惩罚,会使工人对工作产生强烈的反抗情绪和破坏行为,不利于组织的正常运行和健康发展。于是,管理者就开始重视人的需要,通过"大棒"(恐吓和惩罚)加"胡萝卜"(经济刺激)来控制和摆布人;通过科层组织结构、管理通则和科学定额等方法激励员工。古典管理思想认为,员工只要能得到合理的经济报酬,他们就不会计较工作的性质和工作的环境条件。总体上说,古典管理理论更多地强调经济因素,希望通过经济刺激来激发员工的工作积极性。

(二) 行为科学学派

随着社会的进步和人们受教育程度的提高,人的价值观差别甚大,因而期望值越来越高,迫使管理实践和管理观念逐步发生改变。20世纪初到第二次世界大战前,工业化国家逐渐增多,这一时期形成了从"经济人"跃至"社会人"的行为科学思想。

1924—1932年,美国哈佛商学院的梅奥(Mayo)等人在芝加哥的西方电器公司霍桑工厂开展了实验活动。霍桑实验证明,员工的生产率不仅受到工作方式设计和员工报酬的影响,而且受到某些社会和心理因素的影响。

马斯洛(Abraham H. Maslow)在1943年出版的《调动人的积极性理论》一书中明确指出,人类是"有需要的动物",人类不但有经济上的需要,而且有社会等方面的需要。人类的需要产生了他们工作的目的和动机,这种需要亦是管理者激励员工的因素。他把人类的需要归结为五大类,并把他们之间的关系及其重要性和先后次序列成一个需要层次,即著名的"需要层次理论"。

麦克雷戈的XY理论对人性的观点是建立在一组组特定假设基础之上的。一组是"坏"员工的四种假设即X理论;另一组是"好"员工的四种假设即Y理论。麦克雷戈进一步把命令式和独裁式的管理方式与关怀式和参与式的管理方式相区别,认为后两者更加有利于激发人的创新精神。因此,他提出了一些促进员工工作动机的方法,例如参与决策过程、提供有责任性和挑战性的工作、建立融洽的群体关系等。

通过调查,赫茨伯格(Herzberg)认为,带来工作满意的因素和导致工作不满意的因素是

第一章 导　论

不同的。赫茨伯格把组织政策、监督、人际关系、工作环境和工资这样的因素称为保健因素。当具备这些因素时，员工没有不满意，但是它们也不会给员工带来满意。如果组织想在工作中激励员工，那么需要强调成就、认可、工作本身、责任和晋升等激励因素。

行为科学学派的管理理论强调，要重视安排好使职工满意的工作条件，搞好与职工的关系，从而改善他们的士气，使他们自动地提高生产率。员工虽然有经济上的需求，但当经济需要被满足后，他们可能又觉得奖酬并非是自己需要的全部，他们更加强调社会方面的需求和愿望，如工人希望在自己的工作小组中能成为有用而重要的人，要求自己在小组中受到他人的承认和尊重。

(三) 现代管理学派

从第二次世界大战到20世纪末，出现了许多经济与管理的新理论学派，这些理论学派促进了人力资源管理实践的发展，促进了现代人力资源开发与管理学的产生。例如学习型组织理论、人力资本理论、知识管理理论等，其中最具代表性的理论是人力资本理论。

1960年舒尔茨在一次著名的演讲中，首次提出并解释了"人力资本"(human capital)的概念。他认为，人力是社会进步的决定性因素，但人力的取得不是无代价的，需要耗费资源。人力资本是体现在劳动者身上，通过投资形成并由劳动者的知识、技能和体力(健康状况)所构成的资本。人力的形成是投资的结果，通过一定方式投资形成的人力资源，由于掌握了知识和技能，因而成为一切生产资料中最重要的资源。

1964年，美国经济学家加里·S.贝克尔(Garys Becker)在其著作《人力资本》一书中从人力资本形成、正规教育、在职培训和其他人力资本投资的支出与收入，以及年龄-收入曲线等方面展开分析，强调教育与培训对形成人力资本的重要作用。他的主要观点如下：人力资本是通过人力投资形成的资本；用于增加人的资源，影响未来的货币和消费能力的投资为人力资本投资；把劳动力不仅看成是重要的生产要素，而且强调它是一种资本，因此，人力资本所有者也应得到除工资外的剩余收益。

现代管理理论把人看做是经济活动中最积极、最具能动性的战略性资源，不再把人视为成本，而是把人视为企业的第一价值资源，从投资视角看待人力资源。

二、人力资源管理的发展历程

国外学者对人力资源管理的发展历程进行了系统的研究，并且提出了各自的观点。钱振波等(2004)归纳了国外学者的人力资源管理阶段论，其中具有代表性的观点如下：福姆布龙、蒂奇和德兰纳(Fombrun & Tichy & Deranna,1984)的三阶段论(即操作性角色时代、管理性角色时代和战略性角色时代)；K.M.罗兰和G.R.费里斯(Rowland & Ferris,1982)的五阶段论(即工业革命时代、科学管理时代、工业心理时代、人际关系时代和工作生活质量时代)；美国学者韦恩·F.卡肖(1995)的四阶段论(即档案保管阶段、政府职责阶段、组织职责阶段和战略伙伴阶段)；美国华盛顿大学W.L.弗伦奇(W.L.French,1998)的六阶段论(即科学管理运动阶段、工业福利运动阶段、早期工业心理学阶段、人际关系运动时代、劳动运动阶段和行为科学与组织理论阶段)。

企业之间的竞争尤其是人才的竞争，必然导致人力资源地位的提升。随着西方学者(Beer,1984;Wright,1992;等等)提出战略性人力资源管理的观点，人力资源管理逐步走向成熟。人力资源管理的职能大致可以分为三个层次：战略规划、制度规划和职能执行。这三个层次代表了人力资源管理不同发展阶段的特征，可以体现出从传统人事管理、人力资源管理到战略性人力资源管理的过渡。

（一）传统人事管理阶段

19世纪出现的工业革命高潮产生了大机器的生产方式，规模化大生产和装配线的出现加强了人与机器的联系，工业化大生产的建立使聘用员工的数量急剧增加。工业革命在提高了劳动专业化水平和生产力水平的同时，也对生产过程的管理，尤其是对生产中员工的管理提出了更高的要求。大工业产生以后，小作坊、小业主把人事这一块分离开来，成立一个专门的部门称为人事部或劳资部，将人事工作实行专人管理。因此，人事管理被组织尤其是企业所接受，人事管理作为一种管理活动也正式进入了企业的管理活动范畴。

在传统管理阶段，人事管理的主要目的是激励、控制和提高员工尤其是新员工的劳动生产率。人事管理人员开始进行时间和动作的研究，并以此为基础来进行工作分析，通过工作分析制订工作说明书。在员工招聘和选择中，开始考虑员工的体力、脑力和岗位相匹配的程度，生理和心理测试逐渐成为员工招聘的一种辅助手段。例如，根据"经济人"的假设，泰勒创造了最初的劳动计量奖励制度——"计件工资制"，即工人在完成每天规定的产出标准后，每增加一件产出就将获得额外奖金。这种制度的建立和其他科学管理方法的应用，提高了员工的劳动生产率。

传统的人事管理偏向于从事行政性、支持性、事务性的工作，极少涉及企业的战略层面。此时，人事部门仅起着一种协助的作用，主要内容是进行人事档案的日常管理。人力资源管理在企业管理中发挥并不明显的作用。企业员工并没有被看做是资源，而是简单地以人事档案的形式体现。

（二）人力资源管理阶段

人力资源管理是在传统人事管理的基础上逐步发展起来的。当今西方世界著名的管理学权威彼得·德鲁克（Peter F. Drucker）在1986年发表的《传统的人事部门：再见！》一文中指出，人事工作将发生重大转折，传统的人事管理将转移到人力资源管理上来。

20世纪80年代初期，西方国家许多企业纷纷将人事部门更名为人力资源部。人力资源管理开始成为企业职能管理的一部分，承担着相对独立的管理职责和管理任务。在人力资源管理阶段，人力资源部负责企业的人事政策制订，根据上级要求进行人员招聘及管理等常规性职能活动。

在人力资源管理阶段，人力资源管理部门开始参与企业战略规划的实施，但在企业战略目标的形成过程中，往往把对人力资源问题的考虑排除在外。企业虽然意识到人力也是一种资源，从强调对物的管理转向强调对人的管理，但并不认为人力资源是重要的战略性资源。人力资源部门的工作也往往处于一种被动状态。

（三）战略性人力资源管理阶段

随着竞争的加剧，人力资源在企业中的作用越来越重要。托马斯·彼得斯（Thomas J. Peters）曾说："企业或事业唯一真正的资源是人，管理就是充分开发人力资源以做好工作。"被誉为"经营之神"的日本著名企业家松下幸之助的经营哲学是"人的因素第一"。随着人力资源地位的逐渐提升,人力资源管理经历了传统人事管理阶段和人力资源管理阶段,进入战略性人力资源管理阶段。20世纪80年代开始,人力资源管理开始进入企业的战略层次,将人力资源管理提升至关乎企业发展战略的高度。

在此阶段,员工与企业形成了战略伙伴关系,人力资源管理成为整个企业管理的核心。以前,人力资源管理部门是企业战略的被动接受者;现在,人力资源管理部门已成为企业战略的制订者和推行者。企业开始制订人力资源战略并实施战略性人力资源管理,即一方面企业为实现其目标而制订具体的人力资源方案,另一方面将人力资源管理与企业战略目标联系起来,以改进员工绩效与组织绩效。人力资源管理部门将关注的重点转移到企业文化建设、员工职业生涯规划、薪酬体系与激励制度、人力资源开发等方面。

复习思考题

1. 什么是人力资源?人力资源具有哪些特性?
2. 什么是人力资源开发和人力资源管理?两者之间有何区别和联系?
3. 根据人力资源的特点,谈谈为什么人力资源能够被无止境地开发。

综合案例研讨

王经理的为难事

王谨是20世纪80年代中期毕业于国内某知名大学管理学院的大学生,在某上市公司管理部工作,因工作能力突出,于90年代后期调到销售部任经理。他提倡"柔性化管理"和对员工进行"感情投资"。他认为作为一名管理者,对于企业授予的管理权力,切忌滥用,尤其是惩罚权。虽然必要的纪律是不可取消的,但惩罚是为了达到教育的目的。他认为必须信任员工,相信他们的自觉性,这才是管理行为的出发点。

他到销售部任经理后,有两位员工打电话来请病假,假期满了,上班之后才补交了医院病休证明。正当王经理因没有时间去关心一下优秀部属的病情(其中一名是销售部家电柜的柜长,销售业绩突出)而感到后悔时,他收到人力资源部的报告,有人向人力资源部揭发该部门请假的两名职工是会同其他朋友去旅游,还附有照片(照片上有日期)。人力资源部请示说,这是欺骗组织的行为,应按规定给予旷工处理,并给予警告处分。

王经理听了之后没有马上表态,他说:"待我好好想想再做决定。"

分析与讨论题

请帮助王经理做些分析并提出处理意见。

第二章

人力资源规划

第一节　人力资源规划概述

第二节　人力资源需求预测

第三节　人力资源供给预测

第四节　人力资源规划的制订和实施

有两样东西是一切成功的基石。首先是确立正确的行为目的及目标。另一点在于找到通往最终目标的方法和途径。

——亚里士多德

第二章 人力资源规划

学完本章后,你应当能够:
(1) 掌握人力资源规划的含义、模型及其编制程序;
(2) 掌握人力资源需求的相关概念及人力资源需求预测的基本方法;
(3) 掌握人力资源供给预测的基本途径。

泰安公司经过 5 年的发展,已经由一家手工作坊发展成为国内著名的食品制造商,员工数量也由创业初期的 7 人增加到现在的 3 000 多人。企业最初从来不定什么人力资源计划,缺人了就去人才市场招聘。企业日益规范后,开始每年年初制订计划,根据销售收入、利润、产量的多少来确定员工定编人数多少,当人数少的时候就去人才市场招聘,当人数超编的时候就减人。但是,因为企业经常有人升职、有人轮岗、有人降职、有人辞职,年初又有定编的限制而不能多招,况且人力资源部也不知道每年应当招多少人或者招什么样的人,结果人力资源经理往往手忙脚乱,一年到头频繁往来于人才市场。

最近,生产部有 3 名高级技术工人退休,2 名生产管理人员离职,2 名班长请假,导致公司的生产受到了严重影响,公司总经理召开紧急会议,要求人力资源经理 3 天之内招聘到合适的人员顶替空缺,恢复正常生产。人力资源经理急得团团转,奔走于全国各地人才市场和面试现场之间,最后勉强招到 2 名已经退休的高级技术工人,使生产线重新开始了运转。

人力资源经理刚刚喘口气,上海销售分公司的赵经理又打电话说:上海分公司已经超编了,不能接收人力资源部计划分去的 4 名大学生。人力资源经理百思不得其解,两个月前赵经理自己说缺人,现在招来了,怎么他又不要了呢? 经过了解得知,上海销售分公司迫于销售任务,在上个月已经自主招聘了缺岗人员。人力资源经理感叹道:"我每天忙得不亦乐乎,真是不知道自己的工作出了什么问题?"

后来,公司请来某著名大学的人力资源专家作了一场人力资源讲座,公司人力资源经理深受启发,仔细想了想这些年来的工作,以前没觉得缺人是什么大事情,什么时候缺人了,什么时候再去招聘,虽然招来的人不是十分满意,但对企业的发展也没什么大的影响,所以从来没把时间和金钱花在这上面。即使是在企业规模日益扩大以后,也只是每年年初做人力资源定编计划,而对于人力资源战略性储备或者人员培养都没有给以足够的重视。

在上述案例中,泰安公司人力资源经理由于不重视人力资源规划,没有预先做好人力资源规划,导致公司的生产经营受到严重影响。因此,要保证企业组织战略目标的成功实现,就必须科学地预测和规划组织当前和未来对各种人力资源的供需,以保证组织在需要的时候、需要的岗位上能及时地得到各种所需的人才,否则,组织的发展目标就难以如期实现或者根本就得不到实现。人力资源规划是企业战略发展规划的一个有机组成部分,是落实企业人力资源开发与管理方案及取得相应政策效果的重要保证。企业只有做好人力资源规划,才能获得所需人才;让人才合理流动,人尽其才,才能使企业内部改革有序进行,从而使组织和个人都得到长期的利益和发展。本章总的目的是通过对人力资源规划内容的阐述来探讨人力资源规划的实

25

施。首先，阐述人力资源规划的概念和内容；接着，研究人力资源规划的需求和供给预测；最后，探讨人力资源规划的制订和实施。

第一节　人力资源规划概述

一、人力资源规划的概念

1. 人力资源规划的定义

史密斯(Smith,1983)认为，人力资源规划是指人力资源对于企业未来影响所做的通盘性计划，是一种持续不断的程序，并且与策略规划程序中的活动相结合。

Joanne Keny 和 Qualtane(1985)认为，人力资源规划是管理程序之一，透过此程序的努力可以使组织在正确的时间及地点获取正确数目与种类的人员。

Hall 和 Goodale(1986)认为，人力资源规划是一项程序，透过此程序可以连接人力资源管理与组织整体策略，并使组织在适当的时间以适当的人员担任适当的工作。

Nkomo(1988)认为，人力资源规划是用来建立人力资源目标、提出达成目标的策略，并确定人力资源的获得、运用、发展与维持的过程，他同时提出组织在从事人力资源规划时的模式，可供企业作为人力资源规划的参考。

本书认为，人力资源规划(human resource planning)是指一个企业或组织通过科学地预测，分析其在环境变化中的人力资源的供给和需求状况，制订必要的政策和措施，以确保组织在需要的时间和需要的岗位上获得各种所需的人才，使组织和个体能够得到长远的利益。人力资源规划是人力资源管理活动与组织其他活动之间的连接点，它使得人力资源管理活动与组织的其他活动相协调，使得人力资源管理活动的目标与组织活动的目标相一致。

人力资源规划是一个动态过程，是在对未来外部环境和组织变化进行系统分析的基础上，对组织未来人员的需求量和供给量的差异进行分析，并找出平衡差异的途径。人力资源规划是一个系统过程，它需要在对组织未来人员的供求状况进行预测的基础上制订计划，并在计划实施过程中进行控制和评估。人力资源规划是组织战略计划之一，是着眼于为组织未来的活动预先准备人力，它的制订可以为组织的人事管理活动提供指导。

一个组织的环境是动态变化的。组织必须对动态变化的环境进行科学的预测分析，以确保组织在近、中、远期对人力资源的需求。人力资源规划的重要意义是使管理者心中有数，避免管理的盲目性。一个组织应制订必要而合理的人力资源政策和措施，规划要有措施保证和支撑，以确保组织对人力资源需求的如期实现。内部人员的调动补缺、晋升或降职，外部人员的招聘、培训和奖惩等，都要有切实可行的措施保证，否则就无法确保组织人力资源规划的实现。

人力资源规划的制订能使组织和个人都得到长期的利益(同时兼顾个人利益和集体利益)。企业要充分调动每个员工的积极性和创造性，努力实现组织的目标；要研究员工个人在物质、精神和业务发展方面的需求，帮助员工实现个人的目标。组织目标和个人利益两者必须兼顾，否则无法吸引和留住所需的优秀人才。因此，人力资源规划的目的是为实现组织目标而留人和用人。凡事"预则立，不预则废"，人力资源规划就是"预"的过程。

2. 人力资源规划的期限

企业的人力资源规划按时期分为中、长期规划和年度规划。过去,长期规划一般为10年以上,中期规划大多为5年,年度规划即为当年的规划。年度规划是执行计划,是中、长期规划的贯彻和落实,而中、长期规划则对企业人力资源规划具有方向性的指导作用。

但是,随着知识经济与数字生活时代的到来,市场变化实在太快,如今的长期规划一般为3~5年,随着环境的动态变化加剧,人力资源规划的期限将会越来越短。这种期限缩短是一种世界性的、必然的趋势,任何企业都必须面临这样的变革。而且,人力资源规划期限的缩短不仅仅是人力资源规划部门的事,整个企业的各职能部门都需要进行变动以配合这个规划期限的缩短。

3. 人力资源规划的作用

人力资源规划的作用是由以下几个方面所决定的。

首先,动态变化的环境要求对人力资源的数量和质量作出相应调整。任何一个组织,无论是什么性质,也无论是什么规模,战略如何,都要经历不确定性变化的环境的考验。随着市场竞争的日益加剧、结构调整、进口冲击、名牌冲击、技术进步,直接引起人员的调整、下岗和再就业等。

其次,企业员工队伍本身不断变化(如离职、退休等),可能造成人力资源的缺口。因此,需要预先采取措施,以保证员工队伍的稳定。同时,市场竞争也促进了人才资源的流动。因此,企业需预先进行人力资源规划。

再次,人力资源从补充到适应需要一个过程,此过程的长短与补充人员的素质和岗位工作的类型有关,需要作出周密的安排。一般而言,素质高的人适应过程短,适应能力强;岗位工作复杂,适应过程长;岗位工作简单,适应过程短。然而,为什么我国有不少企业不重视人力资源规划呢?究其缘由得知:许多企业技术含量低,工作替代容易;许多企业只重视企业效益、目标完成,对人才流失没有引起足够的重视,更不谈人力资源规划;在当前经济快速增长时期,人员流动大,企业员工心理复杂,价值更加多元化,使规划难度增大。

鉴于上述情况,企业在什么时候需要补充人员、应该补充哪些层次的人员,以及如何避免各部门人员提升机会不均等的情况、如何组织多种需求的培训等,这就需要进行人力资源的规划工作。所以,只有搞好人力资源规划,组织才能获得和拥有人才,才有利于人才的合理流动,充分发挥人才的作用,才有利于企业内部改革的顺利实施。

人力资源规划对于任何一家企业来说,都具有极其重要的战略地位和作用,它是企业人力资源管理工作的重要依据,必须引起足够的重视,其具体作用主要表现在如下几个方面。

1) 人力资源管理的基础

人力资源规划通过对企业未来人力资源需求状况的预测和目前人力资源状况的分析,并根据人员供求过程中的平衡状况,在对企业人员的增减进行全盘考虑的情况下,再制订人员增补和培训计划,这使得人力资源管理工作有的放矢。因此,可以说人力资源规划是人力资源管理的前提和基础,是人力资源管理工作得以成功的关键和根本保证。

2) 降低人力资源成本

影响企业人力资源结构及用人数量的因素很多,通过人力资源规划可对现有的人力资源结构进行全面分析,找出影响人力资源有效运用的瓶颈,使得人力资源得以充分发挥其效能,从而达到降低人力资源成本的目的。

3) 促使人力资源的合理使用

可以说,大多数企业的人力资源配置都很难达到理想的状况,在相当多的企业中,一些人员的工作负荷过重,而另一些人员则工作过于轻松;有些人感到力不能及,而有些人感到能力有余,未能充分利用。人力资源规划可以改善人力分配的不平衡状况,进而谋求合理化、最优化,使得人力资源得到最佳配置并适应组织发展的切实需要。

4) 配合组织发展的需要

任何组织要追求生存和发展,其人力资源的获取和合理配置是其关键因素。换言之,就是如何适时、适量及适质地使组织获得所需的各类人力资源。由于现代科学技术的高速发展,企业面临着瞬息万变、稍纵即逝的商机,如何针对这些多变的因素,配合组织发展的战略目标来对人力资源进行恰当规划就显得甚为重要。

二、人力资源规划的内容

概括地讲,人力资源规划的内容大致为:预测企业人力资源供求状况,制订供求平衡措施;同时制订人力资源各项管理计划,包括人员补充、使用、培训。一个组织的员工如果感觉在组织中学不到东西,或者才能得不到施展,就会离开组织。因此,人力资源规划的核心内容在于使人力资源管理计划与各项业务计划保持平衡,并使人力资源规划与其他工作计划衔接。

人力资源规划包括两个层次:总体规划和业务规划。

1. 总体规划

在有关规划期内,总体规划包括如下内容:

(1) 人力资源开发与管理的总目标;

(2) 人力资源开发与管理的总政策;

(3) 人力资源开发与管理的实施步骤;

(4) 人力资源开发与管理的总预算。

下面是某企业根据其发展战略制订的人力资源总体规划。

1) 总目标

根据公司可持续发展战略的需要,公司确定将人员总数从目前的1 500人扩大到2 200人,其中,专业技术人员占20%,90%以上的员工应达到中职、高中水平,人均劳动生产率达到6万元。

2) 总政策

提高专业人员待遇,改革人事制度,举办大规模培训等。

3) 实施步骤

第一年补充300人,培训300人;第二年补充200人,培训200人;第三年补充200人,培训200人。

4) 总预算

人才投资总额为每年2 300万元(包括工资总额的增加和培训费用)。

2. 业务规划

业务规划是总体规划的展开与具体化,以保证总体规划目标的顺利实现。它主要包括以下内容:

(1) 人员招聘补充计划;

(2) 人员使用计划;

（3）人员提升计划；
（4）人员教育培训计划；
（5）人员薪资计划；
（6）人员退休计划；
（7）人员劳动关系等。

其中每一项计划都有目标、重点任务、政策措施、实现步骤和预算。表2-1列举了三项业务规划并加以说明。

表 2-1 业务规划内容举例

规划类别	目标	政策	预算
人员使用	部门编制目标：人力结构优化及绩效改善，制订职务轮换制度	任职条件，职务轮换的范围、时间	按使用规模、类别和人员状况决定的工资、福利预算
人才提升计划	后备人才的数量保持，提升人才结构及绩效目标	选拔标准、资格、试用期、提升比例、未提升资深人员的安置	职务变化引起的工薪变化（提升后）
劳动关系	减少非期望离职率，领导与职员关系改进，减少投诉率及不满	参与管理，加强沟通	法律诉讼费
总 结	每一项业务规划的执行结果应能保证人力资源总体规划目标的实现		

三、人力资源规划的类型

根据人力资源规划的期限与应用范围的不同，人力资源规划可以分为以下五类，如图2-1所示。

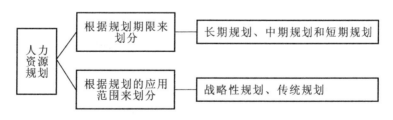

图 2-1 人力资源规划的类型

1. 根据人力资源规划的期限来分类

市场竞争环境的变化给企业的决策带来了不确定性，为了克服这些不确定性可能给企业未来的经营带来消极影响，企业人力资源管理部门就必须建立与之相应的招聘政策、培训政策和员工发展政策。人力资源规划可以帮助组织更好地应付环境的动态变化。人力资源部门在制订规划时，必须考虑到规划期限的长短。根据规划期限的长短，可以将人力资源规划划分为短期规划、中期规划和长期规划。短期规划是指一年和一年以内的规划，长期规划是指五年和五年以上的规划,中期规划是指短期规划和长期规划之间的规划。制订规划的期限取决于企业面临的环境。1987年,布莱克(E. H. Burack)和马西斯(N. J. Mathys)提出了环境不确定性的影响因素及其与规划期限长短之间的配合关系,具体如表2-2所示。

表2-2 不确定性与规划期限长短的配合关系

短期规划:不确定/不稳定	长期规划:确定/稳定
1.出现许多新的竞争者,需不断改变方案	1.产品有很强的竞争地位
2.社会经济条件变化快,适应变化的形势	2.渐进的社会技术变化
3.不稳定的产品和服务需求	3.有效的管理信息系统
4.变动的政治和法律环境	4.稳定的市场需求
5.组织规模比较小	5.强有力的管理实践
6.管理水平落后(危机管理)	

2. 根据人力资源规划的应用范围来分类

1) 战略性人力资源规划

战略性的人力资源规划常常被混同于操作性的人力资源计划。通常,我们所做的"人力资源规划"大多表现为一种狭义的、执行性的人力资源计划,而不是为整个人力资源战略管理提供指导的规划。尽管"规划"和"计划"仅一字之差,但含义和结果却大相径庭。真正的战略性人力资源规划应该是,为配合企业整体战略的达成而进行的人力资源的选择、配置、使用、开发和管理的规划,是企业人力资源管理的起点。其侧重点是人力资源管理政策的调整和各项人力资源管理职能工作重心和指导方针的确定,从而为公司整体经营战略的实现提供有力的保障。

战略性人力资源规划主要是研究社会和法律环境的可能变动将对企业人力资源管理的影响等问题。战略性人力资源规划是在组织愿景和组织目标的指引下,从组织的整体目标和长远利益出发,客观地、充分地分析组织外部环境给组织带来的机遇与挑战,同时对组织内部资源条件进行客观、充分的分析,并在此基础上制订出一套可行的行动方案来实现组织愿景和组织目标。

2) 传统人力资源规划

传统人力资源规划即劳动力的规划,是指组织预测劳动力的需求和供给,并制订相应的规划,以保证组织获得所需要的数量和类型的人员。

总的来说,人力资源规划工作是在不断发展的,但目前还比较薄弱。经济形势变化快,市场需求灵活多变,因此,短期规划多于长期规划。另外,某些行业对人员总体需求大,且企业组织内部人员流动也大,常常出现人才余缺不平衡的状况。所以,企业需要适时地调整人力资源规划。

四、人力资源规划的特点

人力资源规划具有如下一些基本特点。

1. 超前性

根据对组织现状、形势、机遇、挑战的分析,提出未来的发展蓝图。组织发展所需要的人力资源不是一朝一夕能得到的,所以,一定要做好超前规划,有时也将这种规划称为负时间规划。

第二章 人力资源规划

2. 可操作性

规划要可望又可及,超前性不等于可望而不可及。规划应是通过努力可以实现的目标。

3. 富有弹性

人力资源规划需要保持动态平衡。人是动态的,职位是相对稳定的,所以,人力资源规划应保持动态平衡和可调整性,要留有一定的余地,尤其要注意应对不可抗力的影响。

五、人力资源规划与组织战略规划

1. 组织战略规划

组织战略规划过程包括制订战略规划、经营计划和预算方案。组织的战略规划是制订目标和决定为实现这些目标所需要采取的行动的过程。它包括以下方面:

(1) 明确宗旨,即明确组织存在的目的,明确组织的特殊作用;

(2) 建立目标,即确定组织的总任务和用来实现组织总任务的各个部门的任务;

(3) 评价优势和劣势,找出促进或阻碍将来为实现组织目标而从事的活动的各种因素;

(4) 确定结构,确定组织的构成部门、各个部门在实现组织总体目标过程中的作用和各个部门之间的关系,制订战略,确定组织目标实现的层次性以及组织目标实现程度的数量标准和时间标准;

(5) 制订方案,明确各个方案的组成部分和衡量各个方案有效性的方法。

组织战略规划因涉及组织最本质方面的基本决策而对组织具有长期性的影响。例如,企业收购、放弃或增加产品生产线,投入新的资本或应用新的管理方法,产品组合,消费者组合,竞争重点和市场的地理限制等都属于战略规划。战略规划的影响范围很广,可能需要投入大量的资源。一般而言,战略规划会涉及大量的资料收集和分析工作,并需由上层管理者反复审查和评价。

2. 人力资源规划与组织战略规划的关系

人力资源规划的应用范围非常广泛,其本身可以是战略性的,也可以是战术性的;可以是整个组织范围的,也可以是某一个具体部门的;可以周期性地制订,也可以在需要时独立地制订。要使人力资源规划发挥效力,就应该将它与不同层次的组织规划联系起来。人力资源规划过程包括制订人力资源的战略规划、人力资源的战术计划和行动方案。

从总体上看,组织的规划过程对人力资源规划过程具有制约性。具体而言,组织战略规划统领人力资源的战略规划,组织的经营计划制约着人力资源的战术计划,组织的预算方案制约着人力资源的行动方案。由于组织的战略规划制约着组织的战术计划,组织的战术计划又制约着组织的预算方案,而在人力资源规划中,人力资源的战略规划制约着人力资源的战术计划,人力资源的战术计划又制约着具体的人力资源的行动方案,因此,人力资源管理的目标既要与组织的长远战略目标相一致,又要与组织的短期目标相一致。

第二节 人力资源需求预测

一、人力资源需求预测的相关概念

在进行人力资源需求预测时,需要了解一些经常用到的专业相关术语。

(1) 长期趋势(long-term trend):对于长期趋势的界定,不同的企业有不同的看法,有的界定为十年,有的界定为五年。知识经济时代的到来与数字时代的发展,使得对长期趋势的界定逐渐缩短。

(2) 循环变动(cyclical variations):发生于一年以上的可预测的趋势线的变动。

(3) 季节性变动(seasonal variations):主要是指一年内按季节的变动。

(4) 随机变动(random variations):没有固定模式的、难以预测的短期变动。

二、影响人力资源需求的因素

影响人力资源需求的因素来自于两个方面:组织内部和组织外部。企业内部和外部环境都在不断地发生变化,这种变化导致了企业对人力资源供求的动态变化。如图2-2所示,一般情况下,外部环境几乎是不可控制的,故可以认为内部因素是影响人力资源需求的主要因素。

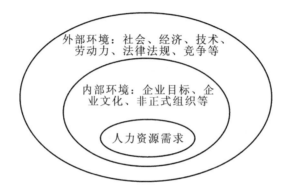

图 2-2 影响人力资源需求的内、外部环境

1. 外部影响因素

(1) 国家及行业政策、方针的影响。

(2) 宏观经济环境。

(3) 技术变革。

(4) 价值链上、下游企业的变化。

(5) 用户的需求变化。

2. 内部影响因素

(1) 生产需求。

(2) 劳动力成本趋势。

(3) 可利用的劳动力(失业率)。

(4) 每一个工种所需要的员工人数。

(5) 追加培训的需求。

(6) 每一个工种员工的流动情况。

(7) 劳动力费用。

(8) 工作小时的变化。

(9) 退休年龄的变化。

(10) 社会安全福利的保障。

总之,要有效预测组织员工的需求数量,就必须根据宏观环境和组织自身的战略规划,认真研究上述变量,抓住主要变量,并将预测看成是完善组织人力资源需求决策的一个工具,以保证人力资源需求预测更加有效。

三、人力资源需求预测的方法

员工需求预测是组织(企业)编制人力资源规划(计划)的核心和前提条件。在进行人力资源需求预测时,管理者应当考虑多种因素,对于需求预测应持动态的观点,综合考虑预测期内劳动生产率的提高、工作方法的改进,以及机械化、自动化、信息化水平的提高等一系列因素。然而,从现实的观点来看,市场或顾客对组织的产品和服务的需求是最为重要的影响因素,因此,组织的人力资源需求预测应建立在销售和生产预测的基础之上。除了生产和销售需求预测之外,还需要考虑下列因素:

(1) 雇员流动比率(退休、辞职或中止合同);
(2) 所需雇员的质量和性质(当组织战略目标正在发生转变时,这一因素尤为重要);
(3) 组织战略目标的转变;
(4) 技术和管理方面的变化;
(5) 本组织内能够获得的经济资源。

一个企业应根据自己的战略目标和任务来预测自己将来对人力资源的需求。它取决于其生产、服务的需求,取决于其投入与产出(或服务)之间的关系等因素。例如:扩大生产、增加产品和服务,需要的人员就会增加;反之,需要的人员就会减少。

然而,企业自动化水平的提高,需要的人员会减少,但对人员的知识、技术、技能等素质要求不断提高。另外,随着环境的变化,企业对人力资源的需求也在发生变化。所以,为了确保组织战略目标和任务的实现,组织必须重视对人力资源的预测,以保证组织在需要的时候及时获得所需要的人员。

目前,国内外对人力资源需求进行预测常采用的方法和技术如下。

1. 人力资源现状规划法

人力资源现状规划法是一种比较简单且易于操作的预测方法,一般组织对管理人员的连续性替补多采用这种方法。运用这种方法的前提条件是假设一个组织目前各种人员的配备比例和人员的总数将完全能适应预测规划期内的人力资源的需要,那么,计划人员所要做的事情如下:

(1) 测算出在规划期内有哪些人员或哪些岗位上的人将晋升、降职、退休或调出本组织;
(2) 准备调动人员去替补。当然,必须考虑这个人选是否需要经过一定时期的培训,如果需要,则应作出相应的培训计划。

利用人力资源现状规划法可能会产生一个岗位上的顶替连续引起几个或多个岗位人员的顶替的问题。但是,相对而言,这是一种较简单、易于操作的方法。这种方法适用于短期人力资源预测规划。

2. 经验预测法

经验预测法指的是利用组织现有的情报和资料,根据有关人员的经验,结合本企业的特点,对企业需要的员工数加以预测。

经验预测法可以采用"自下而上"和"自上而下"两种方式。"自下而上"是指由直线部门的经理向自己的上级主管提出用人要求和建议,征得上级主管的同意;"自上而下"的预测方式是指由企业经理先拟定出企业总体的用人目标和建议,然后由各个部门自行确定用人计划。

可以将"自下而上"与"自上而下"两种方式结合起来运用:先由企业提出员工需求的建议,再由各部门按企业的建议,会同人事部门、技术部门、员工培训等部门确定具体的用人需求量;同时,人事部门汇总确定全公司的用人需求量,最后形成组织的员工需求预测方案交由公司高层经理审批。

这种方法也不复杂,适用于技术较稳定的企业制订中、短期人力资源预测规划。

3. 分合性预测法

分合性预测法是一种先分后合的预测方法。先分,是指一个组织要求下属各个部门、单位,根据各自的生产任务、技术、设备等变化情况,先将本单位对各种人员的需求进行预测。后合,即是在上述基础上,由计划人员把下属各单位的预测数进行综合平衡,从中得出整个组织将来某一时期内对各种人员的总需求数。

这种方法较能发挥下属各级管理人员在预测规划中的作用,但专职计划人员要给予下属一定的指导。这种方法较适用于制订中、短期人力资源预测规划。

4. 德尔菲法

德尔菲法(Delphi method)是由美国著名的兰德公司(The Rand Corp)提出,用来听取专家们关于处理和预测某些重大技术性问题的一种方法。它也常常被用来预测和规划因技术的变革带来的对各种人才的需求。运用这种方法的步骤如下。

(1) 取得专家和研究人员的合作。把需要解决的关键问题分别告诉有关的专家和研究人员,并请他们各自单独对新技术突破所需的时间以及带来的对各种人员需求的变化作出估计或预测,然后提出自己的看法。

(2) 在此基础上,管理者收集并综合专家们的意见。

(3) 再把综合后的意见交给专家们分析讨论。

(4) 经过多次的反复讨论,最后形成专家组的意见。

德尔菲法的特征如下:

(1) 吸收专家参与预测,充分利用专家的经验和学识;

(2) 采用匿名或背靠背的方式,能使每一位专家独立自由地作出自己的判断;

(3) 预测过程经过几轮反馈,使专家的意见逐渐趋同。

德尔菲法的这些特点使它成为一种最为有效的判断预测法。

德尔菲法适合于对技术人员的长期预测规划。从时间和费用来看,这种方法不适用于短期的或对一般人力资源需求的预测规划。

利用德尔菲法进行人力资源的需求预测时应注意以下原则。

(1) 为专家提供充分的信息,使其有足够的根据作出判断。例如,为专家提供所收集的有关企业人员安排及经营趋势的历史资料和统计分析结果等。

(2) 所提的问题应该是专家能够回答的问题。

(3) 允许专家粗略地估计数字,不要求精确,但可以要求专家说明预计数字的准确程度。

(4) 尽可能将过程简化,不问与预测无关的问题。

(5) 保证所有专家能够从同一角度去理解员工分类和其他有关定义。

(6) 向专家讲明预测对企业和下属单位的意义,以争取他们对德尔菲法的支持。

5．描述法

所谓描述法，是指人力资源计划人员可以通过对本企业在未来某一时期的有关因素的变化进行描述或假设。从描述、假设、分析和综合中对将来人力资源的需求预测进行规划。

例如，对某一企业今后三年的情况变化进行描述和假设，可能会有这样几种情况：

第一种可能，在三年内，同类产品稳定增长，同行业中既没有新的竞争对手出现，也没有新的技术突破；

第二种可能，同行业中出现了几个新的竞争对手，技术方面也有较大的突破；

第三种可能，同类产品的销售跌入低谷、物价暴跌、市场疲软、生产停滞，但在同行业中出现了新的技术突破。

计划人员可以根据上述不同描述和假设的情况，预测和制订出相应的人力资源需求的备选方案。但是，这种方法对于长期的预测有一定的困难，因为时间跨度越长，对环境变化的各种不确定因素就越难以进行描述和假设。

通常由于各组织规模和所在行业的不同，各自计划期的时间跨度也有所不同，因此，所采用的人力资源预测和规划方法不同。对大企业来说，它们在制订中、长期人力资源计划时，多采用较为复杂的德尔菲法和计算机模拟法。对较小的企业来说，它们则多采用较为简单的预测规划方法。在制订短期 HR 计划时，无论企业组织规模大小，均可采用简单的预测规划方法。

6．计算机模拟法

计算机模拟法是进行人力资源需求预测诸方法中最为复杂的一种，是在计算机中运用各种复杂的数学模型对在各种情况下，企业组织人员的数量和配置运转情况进行模拟测试，从模拟测试中预测出对各种人力资源需求的各种方案，以供组织决策参考。

7．模型推断法

运用数学模型进行需求预测在预测中有着十分重要的作用和价值。根据影响因变量因素的多少，分为单因素模型和多因素模型。影响企业未来人力资源需求的因素很多，为了预测准确，可以建立多因素模型。但多因素模型的建立比较复杂，并需要长期和全面的数据资料。

这里以产出水平为自变量的单因素模型为例来介绍这种方法及其推演过程。

假设其他因素不变，企业人力资源需求与企业的产出水平成正比关系，即

$$M_t = M_0 \cdot \frac{Y_t}{Y_0}$$

其中：M_t——要预测的未来 t 时刻的人员需求量；

M_0——目前的人员实际需求量，它是在目前实际使用人员数量的基础上，根据现有人员使用的合理性进行调整而得出的数字；

Y_t——未来 t 时刻的产出水平；

Y_0——目前的产出水平。

企业未来的人力资源需求不仅取决于产出水平，而且还要受到劳动率水平变化的影响。如果考虑到劳动率水平的变化，上述模型可演变为：

$$M_t = M_0 \cdot \frac{Y_t}{Y_0} + (M_0 - M_{-1}) \cdot \frac{Y_{t-1}}{Y_0}$$

其中：M_{-1}——前期的人员需求量；

Y_{t-1}——前期的产出水平。

第三节 人力资源供给预测

一、组织内部人力资源的供给预测

人力资源供给预测包括分析和研究组织内部候选人供给情况和组织外部人员供给情况。招聘通常意味着要到劳动力市场或人才交流中心以及利用各种招聘广告选择组织需要的员工。其实,组织内现有的人力资源常常是组织最大的招聘来源。一些调查报告指出,90%以上的管理职位都是由从组织内部提拔起来的人担任的。

人力资源供给预测主要是为了满足组织对管理人才和专业技术人才的需求,对将来某个时期内,组织能从其内部和外部获得的管理人员和专业技术人员的数量和质量进行预测。

1. 管理人才储备预测

任何一个组织都需要做好管理人才的储备,在储备管理人才时应遵循如下步骤:

(1) 初步界定需要储备的管理岗位,并进行岗位描述;
(2) 确定每个管理职位上所有可能的接替人选,建立待选人员档案;
(3) 建立组织结构接续计划图。

图 2-3 为组织结构接续计划图的一个例子。

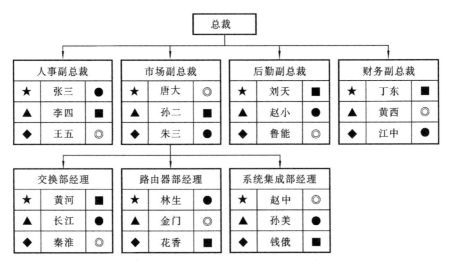

图 2-3 组织结构接续计划图

注:①每个职位下方为该职位候选人,并且由上往下按资历高低排序;
② ★、▲、◆为目前的表现,分别表示出色、满意、有待提高;
③ ●、■、◎为提升潜力,分别表示可以提升、需进一步培训、不能提升。

2. 马尔可夫分析

马尔可夫分析(Markov analysis)也叫转换矩阵(transitional matrices),它在理论上很复杂,但使用方法却比较简单。马尔可夫分析可以用来进行组织内部人力资源的供给预测。

马尔可夫分析的基本思想是:总结过去人事变动的规律,以此来推测未来的人事变动趋势。下面以某企业的人事变动为例具体说明(见表 2-3)。

表 2-3 某企业人力资源供给情况的马尔可夫分析

(a) 各个层次员工的流动概率矩阵

	人员调动的概率				
	P	M	S	Y	离职
总公司高层领导(P)	0.80				0.20
各省分公司领导(M)	0.10	0.70			0.20
地市总经理(S)		0.05	0.80	0.05	0.10
县市经理(Y)			0.15	0.65	0.20

(b) 计划期内的内部人力资源供给

	初期人员数量	P	M	S	Y	离职
总公司高层领导(P)	40	32				8
各省分公司领导(M)	80	8	56			16
地市总经理(S)	120		6	96	6	12
县市经理(Y)	160			24	104	32
预计的人员供给量		40	62	120	110	68
需要招聘人员数量		0	18	0	50	

分析的第一步是做一个人员变动矩阵表,表中的每一个元素表示一段时期内,在两个工作之间,人员变动的员工数量的历年平均百分比(以小数表示)。这些数据实际上反映的是每一种工作或职务的人员变动的情况,一般以 5~10 年为周期来估计年平均百分比。周期越长,则根据过去人员变动所推测的未来人员变动就越准确。将计划初期每种人员的数量与该种人员的变动概率相乘,然后纵向相加,就可以得到组织内部未来劳动力的净供给量。

表 2-3(a)假设的是某企业各个层次员工的流动概率矩阵。从表中可以看出,在任何一年中,平均 80% 的总公司领导仍然留在公司内,而有 20% 离职;65% 的县市经理仍然留在原来的工作岗位上,15% 被提升为地市总经理,另外 20% 离职。其余,依此类推。

将该企业初期的员工数量与该员工流动概率矩阵相乘即可得到员工流动的绝对数量的预测值,并在此基础上确定该公司计划期内的内部人力资源供给(见表 2-3(b))。

3. 档案资料分析

通过对组织内人员的档案资料进行分析,也可以预测组织内人力资源的供给情况。档案资料中包括员工的年龄、性别、工作经历、受教育程度和技能等方面的资料,更完整的档案还包括员工参与过的培训课程、本人的职业兴趣、业绩评估记录(包括对员工各方面成绩的评价、优点和缺点的评语)、发明创造,以及发表的学术论文或获取专利等信息资料。这些信息对企业人力资源管理具有重要的作用,譬如,可以用于确定晋升人选、制订管理接续计划、对特殊项目的工作分配、工作调动、培训人员的选择和培训要求的确定等。

二、组织内部人力资源供给的预测方法

进行组织内部人力资源供给预测的思路是:首先确定各个工作岗位上现有的员工的数量,然后估计下一个时期在每个工作岗位上留存的员工的数量,这就需要估计有多少员工将会调离原

来的岗位或者离开组织。实际情况往往非常复杂,因此,在进行组织内部人力资源供给预测时,需要对人力资源计划人员的主观判断进行修正。

要得到内部人员供给的情况,既可以用人工方式进行收集,也可以借助计算机来进行编辑整理。常用的内部人员供给预测的方法有以下几种。

1. 职工技能信息系统

职工技能信息系统包括如下信息:教育水平、参加过何种由公司出资的课程学习、职业兴趣及职业发展兴趣、外语水平、技术水平、持有的证书、主管对其的能力评价等。技能信息可反映员工的竞争力,可用于判断哪些现有的职工能够被提升或调配到空缺职位上来。

2. 人员调配图

人员调配图(personnel replacement charts)也称职位调配图,它记录各个人员的工作绩效、晋升的可能性和所需要接受的训练等内容。有一些组织利用人员调配图来对每一名内部候选人进行跟踪,以便为组织内的管理职位挑选人员。制订这一计划的过程是:确定计划包括的工作岗位范围——确定每个管理职位上的接替人选——评价接替人选目前的工作情况和是否达到提升的要求——确定职业发展需要,并将个人的职业目标与组织目标相结合。

3. 人力资源管理信息系统

人力资源管理信息系统是组织进行有关人员和工作信息的收集、保存、分析和报告过程。在小型企业中,人工档案管理和索引卡形式的人事管理比较有效。对于规模较大的企业来说,必须借助于计算机软件进行管理,即人力资源管理信息系统。人力资源管理信息系统应该包括工作代码、产品知识、行业经验、正规教育、培训课程、外语水平、职业兴趣和工作绩效评价等方面的信息。

三、组织外部人力资源的供给预测

当组织内部的人力资源供给无法满足需要时,组织就要将目光转向外部招聘。组织外部人力资源供给预测包括宏观经济形势预测、当地市场情况预测以及劳动力市场和人才市场预测。与组织内部人力资源供给预测一样,组织外部人力资源供给预测也要考虑潜在员工的数量和质量等因素。当然,对组织外部人力资源的供给预测也不可能非常精确,这种分析的主要意义在于为企业提供一个新员工的可能来源的分析框架。

从长远来看,任何组织都面临着招聘与录用新员工的问题。无论是由于组织生产规模的扩大、多元化经营、跨国经营,还是由于员工队伍的自然减员,组织都必须从劳动力市场上获得必要的人员,以补充或扩充组织的员工队伍。

组织外部人力资源的供给主要受以下因素的制约:

(1) 劳动人口的增长趋势;

(2) 社会对相关专业人员的需求程度;

(3) 各类学校毕业生的规模与结构;

(4) 国家就业法规、政策的影响。

组织外部人力资源供给的来源包括各类学校毕业生、失业人员,以及其他组织的流出人员等。企业在预测外部人力资源供给时,主要应考虑众多的劳动力市场和劳动中介机构,这些机构经常向社会发布劳动力供求信息。另外,近年来社会上也出现了众多的猎头公司,而且还出现不少的职业中介网站,这些都是组织预测外部人力资源供给的重要信息来源。

第四节 人力资源规划的制订和实施

一、人力资源规划的模型

人力资源规划的模型是为人力资源规划服务的,这里给出了人力资源规划的总体模型和内容模型。

1. 人力资源规划的总体模型

人力资源规划是整个组织规划的一个部分,涉及组织在人事管理中的内部条件和外部环境、员工配置方案、工作补偿政策、培训计划、管理发展计划等各个方面的内容,以及短期内的具体战术与长期战略之间的配合关系等。人力资源规划的目的是为了实现员工和组织的利益,并最为有效地利用稀缺人才。人力资源规划的目标随着组织所处的环境、组织战略与战术计划、组织目前的工作结构与雇员的工作行为的变化而不断变化。人力资源规划的总体模型如图 2-4 所示。

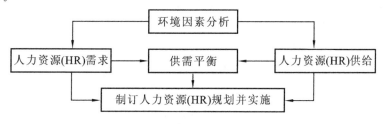

图 2-4 人力资源规划的总体模型

企业要做到人力资源供需平衡,必须考虑以下几个方面的问题:
(1) 保证在需要时能配置合适的人力资源;
(2) 在进行人力资源需求分析时,同时分析其环境因素的影响;
(3) 了解竞争对手、同行的发展情况;
(4) 对内部人员进行分析;
(5) 对外部劳动力市场进行分析。

2. 人力资源规划的内容模型

以企业目标为基础的人力资源规划,其内容包括了人力资源规划的总体规划和业务规划两个方面,人力资源规划的内容模型如图 2-5 所示。

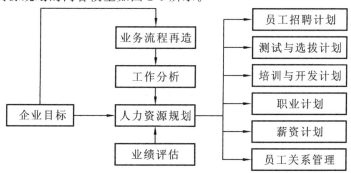

图 2-5 人力资源规划的内容模型

二、人力资源规划的编制程序

一般来说,编制一个组织的人力资源规划要实施下列五个步骤。

1)预测和规划本组织未来人力资源的供给情况

(1)对本组织内现有各种人力资源进行测算:从各种人员的年龄、性别、工作经历、所受教育、技能等资料中分析出本组织内现有人员的供给情况。

(2)分析组织内人力资源流动的情况:分析企业内人员的升、降,工作岗位之间的人员流动,退休,工伤离职,病故,以及人员流入、流出本组织等的情况。

2)对人力资源的需求进行预测

在人力资源供给预测规划的基础上,根据组织目标,预测本组织在未来某一时期对各种人力资源的需求。对人力资源需求的预测和规划,可根据时间的跨度采用相应的预测方法。

3)进行人力资源供需方面的分析比较

把人力资源需求的预测数与在同期内组织可供给的人力资源进行比较,从比较分析中可测算出所需的各类人员数。这样,可以有针对性地物色或培训相关人员,并为组织制订有关人力资源管理的相应的政策和措施提供依据。

4)制订有关人力资源供需方面的政策和措施

在人力资源供需平衡分析的基础上,制订相应的政策、措施,呈交有关管理部门审批。

5)实施规划与信息反馈

在人力资源规划编制完成之后,就应将其投入到实际中实施,并对其实施过程进行监督、分析,然后评价规划的质量,找出规划的不足,对规划进行持续修改,以确保战略的顺利实施。

人力资源规划的编制程序如图 2-6 所示。

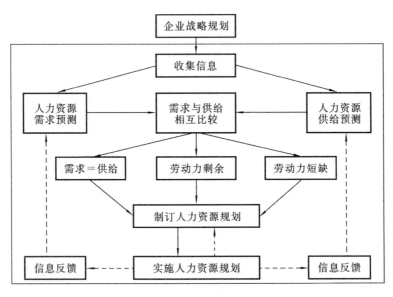

图 2-6 人力资源规划的编制程序

三、人力资源规划的审核和评估

人力资源规划的审核和评估是对组织人力资源规划所涉及的各个方面及其所带来的效益进行综合审查与评价,是对人力资源规划所涉及的相关政策、措施以及招聘、培训发展和报酬福利等方面进行审核与控制。

通过人力资源规划的审核和评估,听取管理人员和员工对人力资源管理工作的意见,动员管理者和员工参与人力资源的管理,有利于调整人力资源规划和改进人力资源管理工作。人力资源管理人员可以通过审核和评估,调整有关人力资源方面的项目及其预算。人力资源成本控制对进行人力资源规划的审核和评估显得尤为重要。

组织通过定期与不定期的人力资源规划的审核和评估,及时地提醒组织高层领导及时改进并落实有关的政策和措施,有利于调动员工的积极性,提高人力资源管理工作的效率。

复习思考题

1. 什么是人力资源规划?人力资源规划的种类有哪些?人力资源规划的重点是什么?
2. 试述人力资源规划与组织战略规划的关系。
3. 阐述人力资源规划的编制程序。
4. 人力资源需求预测和供给预测各有哪些主要方法?

综合案例研讨

ZX重工机械股份有限公司是一家重型机械设备制造商。进入21世纪最初的4年,企业一度严重亏损。2004年,在新一届领导班子的带领下,企业大力改善经营管理流程,注重研发投入,淘汰落后设备,这一年企业开始扭亏为盈。此后,企业发展日趋稳定,业绩保持高速增长,截至2007年年底,年销售额已经突破60亿元,进入了全国重工行业前三强。随着企业的发展壮大,领导班子将目光延伸到了国际市场。走出去,打造中国百年品牌,是ZX重工员工的追求与梦想。

为了更好地实现上述目标,企业请来专门人员展开了人力资源规划。根据对企业员工现状的摸底调查,员工总体构成如表1所示。

表1 员工总体构成

人员分类	管理人员	技术人员	营销人员	生产人员	合　计
人数	1 345	1 081	269	5 516	8 211
比例	17%	13%	3%	67%	100%

企业1998—2007年各年的销售收入和员工人数如表2所示。

表2 ZX重工1998—2007年销售收入和员工人数

年份	1998	1999	2000	2001	2002	2003	2004	2005	2006	2007
销售收入/万元	50 293.6	53 340.7	63 248.2	68 064.9	75 695.1	112 159	202 104.4	417 808.5	515 055.1	608 837.2
员工人数	17 425	17 082	15 847	13 118	11 101	8 829	8 756	8 373	8 286	8 211

为准确预测出企业未来 5 年的员工人数,规划小组选用了趋势预测法、道格拉斯生产函数模型、幂函数预测模型以及生产比率预测法分别进行了预测。

在采用生产比率预测法时,将原始公式变形,得到 $R_t = \dfrac{W_t}{N_t Q_{t-1}} - 1$,其中,$R_t$ 为当期劳动增长率,W_t 为当期产品销售收入,N_t 为当期人员投入量,Q_{t-1} 为前期劳动定额。然后利用相关历史数据计算出企业 1999—2007 年的 R 值,如表 3 所示。

表 3　ZX 重工 1999—2007 年 R 值

年份	1999	2000	2001	2002	2003	2004	2005	2006	2007
R	8.19%	27.81%	30.00%	31.42%	86.30%	81.70%	116.19%	24.57%	19.29%

R 值由三部分组成,$R = R_1 + R_2 + R_3$。其中,R_1 为企业技术进步引起的劳动率提高系数,R_2 为经验积累导致的劳动率提高系数,R_3 为由年龄增大及某些社会因素引起的生产率降低系数。结合企业实际情况,将企业未来 5 年的劳动增长量 R 定为 2007 年的值,即 19.29%。

各种方法最终的预测结果如表 4 所示。

表 4　2008—2012 年预计员工人数

年份	趋势预测法	道格拉斯生产函数模型	幂函数预测模型	生产比率预测法
2008	9 689	22 827	6 452	8 122
2009	11 433	18 494	5 839	8 035
2010	13 491	14 983	5 284	7 948
2011	15 919	12 139	4 782	7 862
2012	18 785	9 834	4 328	7 777

分析与讨论题

1. 你认为上述哪一种方法预测的结果最符合 ZX 重工的实际情况?为什么?

2. 在使用生产比率预测法预测时,为什么要将劳动增长率 R 值定为 19.29%,而不是平均值或其他值?还有哪些方法可以确定 R 值?

第三章

组织设计与工作分析

第一节 组织设计

第二节 工作分析的基本概念

第三节 工作分析的方法与程序

第四节 能力、气质、个性与职业匹配

第五节 工作分析的结果及应用

一味地增加员工、扩充门面,而不改善编制,好景是维持不了多久的。

——松下幸之助

第三章　组织设计与工作分析

学完本章后,你应当能够:
(1) 了解组织设计的基本理论、原则、重点和类型;
(2) 了解组织设计的关键环节;
(3) 理解工作分析的深刻内涵、目的和程序;
(4) 掌握工作岗位设置原则与职务说明书的编制方法。

引例

在某 IT 公司工作的张某最近被提升为人力资源主管,他试图大干一番。公司正好推行社会化分工,需要从社会上招聘营业员。张某在撰写招聘启事的时候,发现以前没有进行工作分析,招聘的条件总是难以下笔。以前的营业员都是从普通高校对口专业分配来的,由于相关的专业知识已经具备了,经过短期的培训即能上岗。现在推行社会化分工之后,招聘员工的时候才突然发现公司还没有选人的工具。

张某仔细研读了有关工作分析的书籍,准备自己编写工作说明,但是,由于张某没有在营业前台工作过,根本就不知道营业前台的具体工作是什么,有哪些具体的要求,因此感到无从下手。

在引例中,由于公司相关基础管理工作的缺失,加之张某以前没有相应的工作储备,导致公司招聘工作受阻,张某临阵磨枪编写工作说明的努力也告失败。如何有效地解决这些问题正是本章所要阐述的内容。在本章中,首先介绍组织设计的理论,明确组织设计的原则、重点和组织结构的类型;然后提出现代组织设计的基本方法;最后,对工作分析进行阐述。

第一节　组织设计

一、组织设计的理论

1. 组织

西蒙(Simon,1997)认为,组织是由若干要素、部门、成员组成的,为了实现一定的目标,按照一定的联结形式(机构)排列组合而成并具有一定边界的社会实体。组织有如下四个要点:
(1) 将人、财、物和信息资源在一定的时间和空间进行合理而有效的配置;
(2) 有一定的组织结构模式;
(3) 采取各种措施实现既定目标;
(4) 是技术系统和社会系统的统一。

2. 组织设计

Robbins(1988)认为,组织设计是对一个组织的结构进行构建和变革以实现组织目标的过程。

Zenger(2002)认为,组织设计是在综合考虑影响变量的基础上通过组织要素的不同组合来实现组织目标的过程。

斯蒂芬·P. 罗宾斯(2005)认为，组织设计是对工作任务进行正式分解、组合和协调的过程。

詹姆斯·E. 罗森兹韦克(2010)认为，组识设计就是组织内各构成部分或各个部分间确立关系的过程。

本书认为，组织设计是对一个组织的结构进行规划、构想、创新或再构造的过程，它涉及一个组织各组成部分之间的相互关系，从组织结构上保证组织目标的有效实现。

组织设计的重点是研究设置组织结构和确定组织结构各组成部分之间的相互关系。组织设计有如下四个要点：

(1) 组织设计是管理者在一个组织中建立最有效的相互关系的一种合理化的、有意识的过程。

(2) 组织设计要重视影响组织生存和发展的组织环境。

(3) 组织设计的核心是组织结构设计。

(4) 组织结构的内容包括：①对工作职务的专门化、部门的划分以及直线指挥系统与职能参谋系统的相互关系等方面的工作任务进行组合；②建立职权、指挥系统，幅度控制以及集权、分权等人与人相互影响的机制；③开发最有效的协调手段。

组织工作是一个过程，既涉及人，也涉及工作本身。古典组织理论强调以工作为中心，行为组织理论强调以人为中心，系统权变组织理论强调具体情况具体分析。21世纪注重建立学习型企业，其核心是围绕对人性的不同认识，强调不断创新。

二、组织设计的原则

组织设计是围绕核心业务与核心业务流程进行的，需要综合考虑以下组织设计原则。

1. 战略导向原则

组织是实现组织战略目标的有机载体，组织的结构、体系、过程、文化等均是为完成组织战略目标服务的；达成战略目标是组织设计的最终目的。通过企业组织结构的完善，可使每个人在实现组织目标的过程中作出更大的贡献。

2. 适度超前原则

组织结构设计应综合考虑公司的内、外部环境，组织的理念与文化价值观，组织的当前以及未来的发展战略，组织使用的技术等以适应组织的现实状况；并且，随着组织的成长与发展，组织结构应有一定的拓展空间。

3. 系统优化原则

现代组织是一个开放系统，组织中的人、财、物与外界环境频繁交流，联系紧密，需要开放型的组织系统，提高对环境的适应能力和应变能力。因此，组织机构应与组织目标相适应。组织运作整体效率是一个系统性过程，组织设计应简化流程，有利于信息畅通、决策迅速、部门协调；充分考虑交叉业务活动的统一协调和过程管理的整体性。

4. 管理层级原则

管理层级与管理幅度的设置受到组织规模的制约，在组织规模一定的情况下，管理幅度越大，管理层级越少。组织管理层级的设计应在有效控制的前提下予以考虑，尽量减少管理层级，精简编制，促进信息流通，实现组织扁平化。

其中,管理跨距受主管的指挥、监督部属的能力限制。跨距设计没有一定的标准,要具体问题具体分析。粗略地讲,以 3～15 人为宜。高层管理跨距 3～6 人较为合适,中层管理跨距 5～9 人较为合适,低层管理跨距 7～15 人较为合适。

设定管理跨距主要受如下因素影响。

(1) 员工的素质:主管及其部属能力强、学历高、经验丰富者,可以加大控制面,跨距幅度可加大;反之,应小一些。

(2) 沟通的程度:公司目标、决策制度、命令可迅速而有效地传达,渠道畅通,跨距幅度可加大;反之,应小一些。

(3) 职务的内容:工作性质较为单纯、较标准者,可扩大控制的层面。

(4) 顾问运用:利用顾问机构作为沟通协调者,可加大控制层面。

(5) 追踪控制:设有良好、彻底、客观的追踪执行工具、机构或人员,则可以扩大控制的层面。

(6) 组织文化:具有追根究底的风气与良好的企业文化背景的公司也可以扩大控制的层面。

(7) 所辖地域:所辖地域近则可多管,地域远则可少管。

5. 责权对等原则

责权相互对称,是组织正常运行的基本要求。权责不对等对组织危害极大,有权无责,容易产生权力滥用等问题;有责无权会轻视责任,严重挫伤员工的积极性,也不利于干部的培养。因此,在结构设计时,应着重强调职责权限的设置,做到职责明确,权力对等,分配公平。

6. 专业化原则

在可能的范围内由各单位人员担任单一或专业分工的业务活动,将可加强企业面对多变竞争环境的适应能力。特别是对于以事业发展、提高效率、监督控制为首要任务的业务活动,应以专业化原则为主,进行部门划分和权限分配。当然,企业的整体行为并不是孤立的,各职能部门应做到既分工明确,又协调一致。

三、组织设计的重点

组织设计的重点如下。

(1) 组织目标:使组织内部各部门在公司整体经营目标下能充分发挥其核心能力,以达成各自工作目标,从而促进公司整体目标的实现。

(2) 组织成长:考虑企业的业绩、经营状况与持续成长。

(3) 组织稳定:随着企业成长而逐步调整组织结构是必要的,但过于频繁的组织、权责、程序变更将使员工的信心动摇,产生离心力。

(4) 组织精简:组织机构精简、人员精干,有助于人员的合理配置,提高工作效率。

(5) 组织弹性:主要指部门结构和职位具有一定的弹性,既能应对正常状况下的发展需要,又能应对内、外部各种环境条件的变化。

(6) 组织分工协作:只有各部门之间乃至部门个人间的工作能协调配合,才既能实现本部门目标,同时又能保证整个组织目标的实现。

(7) 指挥统一性:工作中的多头指挥使下属无所适从,容易造成局面混乱。

(8) 权责明确性:权力或职责不清将使工作发生重复或遗漏、推诿现象,易使员工产生挫折感,造成工作消极的现象。

(9) 流程制度化、标准化与程序化:明确的制度与标准作业以及工作的程序化可缩短新进员工对工作的适应时间,增加工作效率。

四、组织结构及其类型

自从泰勒于19世纪末20世纪初首开组织理论研究之先河以来,系统的组织理论经历了从古典组织理论(泰勒、法约尔、韦伯)、开放系统理论(贝塔朗费(Bertalanffy))、权变理论(汤姆·布恩斯(Tom Burns)、斯托克(G. M. Stalker)、亨利·明茨伯格(Henry Mintzberg)、劳伦斯(Lawrence)和洛斯奇(Lorsch))、组织生态学理论(弗里曼(Freeman)和麦克弗森(McPherson))、合作竞争理论(亚当·布兰顿(Adam Brandenburger)、巴里·纳尔布夫(Barry J. Nalebuff)、加里·哈默尔(Gary Hamel)、普拉哈拉德(C. K. Prahalad))到组织生态系统理论(詹姆斯·弗穆尔(James F. Moore))的发展进程。以组织为研究中心,沿着组织之间的关系和组织内部的结构与协调两条主线,由封闭转变为开放,由静态转变为动态,由强调效率、技术、组织结构与层次、规章制度等对组织效率的影响转变为强调人的感情、人性对组织效率的影响,由物质层次、管理层次转向意识层次,强调组织文化在组织发展中的作用,这些成为组织理论新的发展方向。

自工业革命以来,企业的设计、建立和组织,首先遵循亚当·斯密(Adam Smith)的理论和原理,把组织与企业分解为最简单、最基本的单元。自20世纪七八十年代以来,随着竞争环境的动荡多变,组织再造、组织学习、组织变革、组织转型等概念不断地被提出;随着生产模式的转变,组织形态从传统组织形式向敏捷、扁平化、权力分散的组织形式转变,网络型组织、虚拟型组织、学习型组织、交响乐队型组织等组织新形态纷纷涌现。雷蒙德·E. 米尔斯和查尔斯·C. 斯诺(Raymond E. Miles & Charles C. Snow,1992)从组织结构的演变角度将组织结构划分为功能型公司(19世纪末至20世纪初)、部门型组织(20世纪50年代)、矩阵型组织和网络型组织。几种常见的组织结构有以下六种。

1. 直线制组织结构

直线制组织结构的特点是:组织内的各级管理者都按垂直系统进行管理,其层次分明,命令的传达和信息的沟通只有一条直线渠道,呈高度的一元化领导结构。下级人员只接受一个上级领导的命令,只向一个上级汇报。直线制组织结构如图3-1所示。

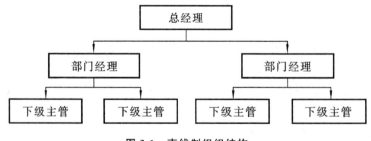

图3-1 直线制组织结构

2. 职能制组织结构

职能制组织结构的特点是:采用按职能实行专业分工的管理方法来代替直线制的全能管理方法。各职能部门在自己的业务范围内可直接向下级下达命令和指示,直接指挥下级。下级接受来自组织内各职能部门的命令。命令和信息传递渠道较多,下级必须根据专业分工向不同的职能部门汇报。职能制组织结构如图 3-2 所示。

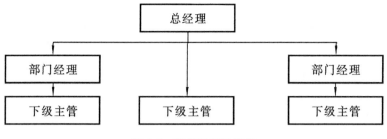

图 3-2　职能制组织结构

3. 直线职能制组织结构

直线职能制组织结构吸收了直线制和职能制两种组织结构的优点,既保持直线领导,又发挥专业分工的特点,职能部门在其专业范围内有业务指导的权力,但没有直接下达命令的权力,除非上级直线领导特别授权。直线职能制组织结构如图 3-3 所示。

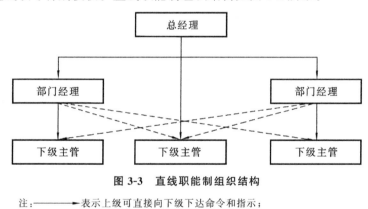

图 3-3　直线职能制组织结构

注:──→ 表示上级可直接向下级下达命令和指示;
　　┄┄→ 表示上级有指导权,但无命令权和指示权。

4. 事业部制组织结构

事业部制组织结构的特点是:把组织内部经营活动按产品(或地区、顾客、设备等)的不同,划分为若干相对独立的经济实体——事业部。各事业部必须具有独立的产品和市场,独立核算,自负盈亏,在经营管理上是一个分权单位。每一个事业部是一个利润中心,对总公司负责。事业部实际上成为总公司的一个分公司或分厂。事业部制组织结构如图 3-4 所示。

事业部制组织结构的优点如下:

(1) 有利于高层管理者摆脱日常繁杂琐事,而更专注于公司战略层面的决策,提高高层决策效率;

(2) 各事业部具有较大的独立性,责、权、利关系明确;

(3) 采用分权管理,组织有较大的适应性和稳定性;

(4) 有利于管理人才的培养;

(5) 可以充分发挥专业和分工优势。

事业部制组织结构的缺点如下:

(1) 容易使各事业部只关心本部的利益,各事业部之间的协作不够,增加管理成本;

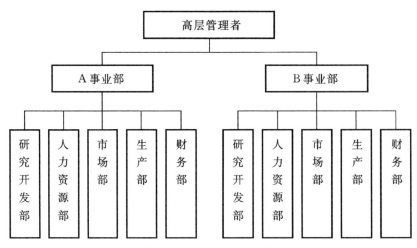

图 3-4　事业部制组织结构

(2) 公司和各事业部的职能机构重叠,人员较多,机构庞大;

(3) 对各事业部一级的管理人才要求较高。

5．矩阵型组织结构

矩阵型组织结构的特点是:为了完成某一项特别任务,例如组织一个专门的项目小组去从事产品的开发工作,在研究、设计、制造的各阶段,由有关职能部门派人参加,力图做到条块结合,以协调各相关部门的活动,保证任务的完成。矩阵型组织结构的形式是固定的,但每个项目小组都是根据特定任务的需要组成的,任务完成后小组就解散,小组成员回原职能部门工作。所以,项目小组是随任务的变动而变动的,具有较强的灵活性和适应性。矩阵型组织结构如图 3-5 所示。

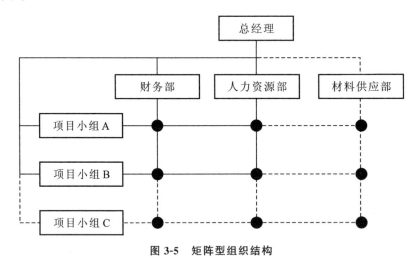

图 3-5　矩阵型组织结构

矩阵型组织结构的优点如下:

(1) 灵活机动和适应性强;

(2) 有利于组织横向的沟通和协调;

(3) 项目小组可集中各类专家的创造力,集思广益;

(4) 项目小组的责任和目标明确,工作效率高。

矩阵型组织结构的缺点如下:

(1) 项目小组是临时组织的,稳定性较差;

(2) 对项目负责人要求高,但由于成员实行双重领导,项目主管和职能主管间的职责不易明确,容易产生责任互相推诿的现象;

(3) 该组织结构规模上有较大的局限性。

6. 水平型组织结构

水平型组织结构的特点是:按照核心流程来组织员工。将特定流程工作的所有人员组合在一起,便于交流、沟通和协调,以便直接为顾客提供相应的服务。水平型组织结构跨越了原有的职能边界,明显减少了纵向层级。水平型组织结构是按业务流程,而不是仅仅根据任务、职能或地区来设立的,流程主管对各自的核心流程全面负责。组织设计和绩效评估的依据是自我管理的团队,而不是个人。水平型组织结构如图3-6所示。

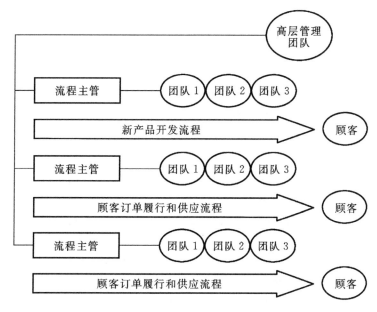

图3-6 水平型组织结构

水平型组织结构的优点如下:

(1) 促进组织对顾客需求的变化作出灵活而快速的反应;

(2) 将资源集中在提高顾客满意度和为顾客提供相应价值的服务方面;

(3) 减少部门间壁垒;

(4) 提高员工的参与精神和团队精神;

(5) 由于上层管理结构的简化而使成本降低。

水平型组织结构的缺点如下:

(1) 确定核心流程较为困难,而且时间耗费较多;

(2) 威胁到传统管理者的权力,所以可能有阻力;

(3) 需要在管理和控制思维方面进行改变;

(4) 需要加强员工培训,使他们能在水平型组织中有效地工作;

(5) 可能会制约部分员工在技能上的纵深发展。

水平型组织结构尤其适合不确定的环境,此时顾客的需求和市场条件会发生快速变化。它使组织能够管理好非常规的技术工作,并且协调好那些相互高度依赖的工作流程。它着重聚焦于顾客导向的目标,一般适用于拥有多种产品或项目的中型或大型组织规模。

上述是几种常见的组织结构。组织结构本身不是目的,只是一种手段,它是组织为了实现其目标而设置的。企业采用何种组织结构,并没有一个统一的模式,也没有一种组织结构可适用于任何组织。组织结构的设计是根据企业所处的内部和外部环境来确定的,并随着企业的内部和外部环境的变化而变化和发展。

五、现代企业管理模式

1. 学习型组织

信息化、全球化是当今时代的特征,知识经济替代工业经济是必然趋势,这意味着企业核心竞争力由自然资源转变为智力资源,由人才竞争转变为学习力的竞争。建立现代化的学习型组织,是21世纪的热点话题,有人称学习型组织是"21世纪的金矿"、"未来企业的应变之道"、"21世纪企业组织管理方式的新趋势"。

1) 学习型组织的特征

美国麻省理工学院杨通谊教授认为,学习型企业是最成功的组织形式。目前世界排名前100家企业中,已有40%按学习型组织模式进行彻底改造。学习型组织具有以下六个特征:

(1) 精简。在企业教育、员工积极学习的基础上,极大地提高人的积极性、创造性,减员增效。

(2) 组织结构扁平化。减少层次,加强内部沟通,实施面对面领导,建立决策层、管理层、操作层在同一平面上工作的"平面化"管理模式。

(3) 有弹性。无论市场如何变化,企业随时应变,抓住机遇,促进发展。

(4) 不断超越自我,创造未来。

(5) 善于不断学习。强调"全员学习"、"全程学习"、"团体学习",不仅重视个人学习和个人智力开发,而且强调团体学习和群体智力开发。

(6) 自主管理。使员工边学习边工作,自己发现问题,自己选定改革目标,自己调整分析,自己制订对策,自己组织实施,自己检查效果,自己评定总结。

所以,日本企业提倡"尊重每一个员工",倡导"自发、自觉、自治"的"三自"精神。美国从20世纪80年代开始,实行面向人、重视人、以人为核心的管理,追求无缺点管理(零缺陷管理),强调一次把工作做好,要求厂家力求在设计、制造、销售、服务的每一个环节都做到无缺点。

2) 学习型组织的五项修炼

学习型组织的概念是由被誉为当代管理大师的彼得·圣吉(Peter M. Senge)在其著作《第五项修炼——学习型组织的艺术与务实》中系统提出的。他指出学习型组织必须经过以下五项修炼:

(1) 自我超越。集中精力,培养耐心,客观地观察事实,培育积极的心态,树立真正的终身学习志向。

(2) 改善心智模式。有效地表达自己的想法,同时以开放的心态接纳别人的意见。

(3) 建立共同愿景,真诚地奉献与投入。
(4) 团队学习。强调团队学习,促进组织学习,使团队和个人取得好的效果。
(5) 系统思考。重新认识自己与自己所处的世界,把自己与世界联系在一起思考。

2. 网络组织

网络组织(network organization)几乎超出了扁平化结构,并且完全抛弃了组织的经典等级制职能结构模式。官僚制模型在从前只有较少竞争、比较稳定的市场环境中运转较好。为了应对当今无边界的先进信息技术和全球化这些革命性转变的挑战,组织结构设计正在向着网络结构的方向发展。

组合理论家麦尔斯和斯诺(Miles & Snow)这样描述了网络组织:"不分等级,具有高度的灵活性,由市场机制而非行政程序控制,具有这种新结构的公司根据它们的核心职能在商业价值链上排列自己,通过战略联合和外包来获取补充资源。"

随着团队和外包(集中于核心能力,形成外部伙伴关系以完成组织的外围活动和职能)的出现,网络设计实际上已被现行组织所使用。塔伯斯科特和卡斯顿(Tapscott & Caston)注意到这种网络组织是"建立在合作、多学科的团队和商务网络基础之上,在整个企业中形成网络。它是一个模块化组件式的、并不僵化的组织建筑,商业团队作为委托人和服务者的功能在其中运转"。构成网络组织的基本特性是:拥有交换信息的统一标准,通过用户评估和合作激励来满足高绩效要求,关键业务流程网络化,等等。传统的等级制组织与网络组织的不同维度和特性比较如表3-1所示。

表3-1 传统的等级制组织与网络组织的比较

维度/特性	传统的等级制组织	网 络 组 织
结构	等级的	网络的
范围	内部的/闭合的	外部的/开放的
资源焦点	资本	人力、信息
状态	静止的、稳定的	动态的、变化的
员工焦点	管理者	专业人员
关键驱力	奖励和惩罚	奉献
方向	管理命令	自我管理
行动基础	控制	授权去行动
个人动机	使上级满意	完成团队目标
学习	特定的技能	增长能力
工资基础	在等级中的位置	成就、能力水平
关系	竞争性的(我的对手)	合作的(我们的挑战)
员工态度	分离(这是分内工作)	认同(这是我的公司)
占优势的要求	有效的管理	领导

网络组织不能像过去的传统等级制组织结构那样被表示出来,不过,图3-7可以作为表达这个概念的一种尝试。

3. 虚拟组织

虚拟组织(virtual organization)概念的出现,不是因为它描述了与网络组织不同的东西,而是由于这个名称本身体现了这个新的信息时代以及在越来越多的全球公司里可以看到的合

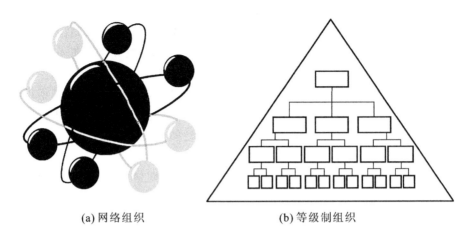

(a) 网络组织　　　　　　　(b) 等级制组织

图 3-7　等级制组织与网络组织的对比

作与外包。不过,"虚拟"不是来自通常的虚拟现实这个含义,而是来自使计算机的存储能力看起来比实际能力大的一种方法——虚拟内存。虚拟组织要求有一个强大的信息技术平台。虚拟组织是那些寻求快速变化机会的公司聚集在一起所组成的临时网络。

与传统的并购不同,虚拟组织中才存在和合作伙伴参与分担成本、共享技能以及进入国际市场的通路。虚拟组织中每一个成员都把它的核心能力贡献给组织。虚拟组织的关键作用如下:

(1) 技术。信息网络可以帮助分布范围广泛的公司和企业家联系在一起并自始至终共同工作。合作关系建立在电子合同上,免去了律师的使用,而且加速了这种联系。

(2) 机会主义。合作伙伴之间关系比较持久、不正式,而且是机会主义的。公司会为了得到所有特定的市场机遇而联合在一起,但是一旦这种需要消失了,这些公司通常也会分开。

(3) 无边界。这种新型组织模式重新定义了公司传统边界的概念。竞争者、供应商及客户之间更多的合作使得公司之间的界限变得更加模糊。

(4) 信任。这种关系使得不同的公司更加相互信赖,它要求比以前多得多的信任。这些公司都有一种"共命运"的感觉,意味着每个合伙者的命运都依赖于其他合作者。

(5) 优秀。由于每一个合伙者都把它的"核心能力"努力贡献出来了,因此创建一个完美的组织是可能的。每一项职能和每一个过程都可以是世界级的,而单独的一个公司不可能做到。

重要的是,虚拟组织可以提高其在全球化经济中的竞争力。与其他组织的联合及合作关系可以向世界范围拓展,在空间和时间上的相互依赖轻易地超越了边界,这一灵活性使得资源重新分配易于进行,从而在全球市场上实现机遇转换,并快速地抓住优势。

4. 智慧型组织

从虚拟组织到学习型组织,再到智慧型组织,可以说是企业在竞争力方面的逐步飞跃。竞争力是智慧型组织的一项非常重要的资源。有人将当今时代称为"竞争力时代",它描述的是在当前这个时代下,竞争力已经成为一项关键的资源,而且,技术的发展使我们获得了一些新工具,这些工具的获得使我们可以构建全新的结构和机制以增加价值。哈默尔(Hamel, 2000)则走得更远,他把我们当前的时代称为"变革的时代",在这个时代中,仅仅依靠知识并不能创造财富,财富的创造必须依靠对不连续变革过程中的机会的深刻洞察能力。学习是未来理想组织中一项至关重要的因素,但不是唯一的因素。未来成功的组织必须是高效的,而且它的每个组成部分都必须创造出最佳的绩效,这需要更多的集体智慧,而这些集体智慧必须从知识、能力和理解力中培养出来。

这样,未来的理想组织就可以被描述为智慧型组织①,也就是能够持续革新,能预计到变化而且能够快速学习的组织。一个智慧型组织能适应变革的快速节奏,而且它不是机械的,看起来更像一个活生生的有机体,它能控制自己的行动。智慧型组织需要通过各种方式来处理知识,因为知识在不断发生,它的目标就是按照环境的需要来应用和开发知识,这就要求在有效运用知识之前,必须理解知识,因此,有效运用知识的关键之一就是理解力。这样,就形成了一个智慧型组织的知识台阶(见图3-8)。

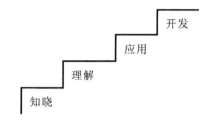

图 3-8　智慧型组织的知识台阶

智慧型组织将在最高的台阶建立其知识平台,以保存其能力,用全新的视角来看待事物。

1) 智慧型组织的概念

关于智慧型组织的概念,彭特·赛德马兰卡(Pentti Sydänmaanlakka,2002)的定义为:一种能够持续不断地对自身革新,能预计到变化而且学习速度很快的组织。② 智慧可以理解为,加入人的直觉和经验(Nunamaker et al,2001),是感知和评价行为长期运行的结果,是一种合并性的构思和想象力(Ackoff,1996)。赵红(2004)则对生态智慧型企业的概念作了界定,她认为:生态智慧型企业是指那些能根据企业生态环境的变化,及时地调整采购、配送、生产和营销等企业经营活动,以及企业自身组织结构、管理制度、生产技术等内容,从而实现与企业生态环境动态适应并追求可持续发展目标的企业。周燕(2010)对智慧型组织的特征进一步探析,认为智慧是一种对事物能迅速、灵活、正确地理解和解决的能力。智慧型组织能够透彻了解并预测其生态环境中各种关系(如竞争、合作、竞合抑或共同进化)且能根据环境(自然环境、技术进步)的动态变化适时调整自身与外界环境之间的关系,及时做出决策,从而制订正确的竞争策略,并且持续更新、进化。

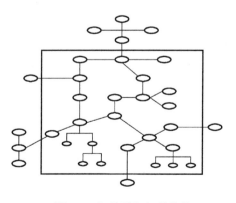

图 3-9　智慧型组织的结构

2) 智慧型组织的特征

彭特·赛德马兰卡(2002)在其著作《智慧型组织》中,将智慧型组织的结构及其特征进行了阐述,分别如图 3-9、图 3-10 所示。

---

① 在这里,"智慧型组织"与"智慧型企业"混用,视为同一概念。
② Sydänmaanlakka Pentti. 智慧型组织[M]. 佟博,黄如金,译. 北京:经济管理出版社,2004.

13. 通过教导获得领导能力 ◇参与 ◇自我管理	14. 较高的变革能力	1. 清晰的愿景和战略 ◇共享 ◇沟通	2. 支持更新的组织结构 ◇虚拟 ◇团队 ◇流程	3. 文化和价值观 ◇可持续发展 ◇顾客满意 ◇尊重个体
12. 将技术作为推动力		智慧型组织：能够预见变化、快速学习且不断更新自身	4. 持续改进理念的到位	
11. 反馈系统			5. 人力资源管理得到重视	
10. 团队管理	9. 知识管理	8. 能力管理	7. 绩效管理	6. 清楚的流程划分 ◇核心以及支持性流程

图 3-10　智慧型组织的特征

第二节　工作分析的基本概念

一、工作分析中的常用术语

人力资源开发与管理领域有许多专门术语，尽管这些专门术语在日常生活中常常被使用，但其确切含义并非人人知道。为此，我们作一个简单的回顾，重点解释几个常用术语的概念。

1. 工作

工作即职务，是由一组性质、类型、内容相似的职位组成的。例如秘书、销售部经理和推销员等都是一种职务。为了达到组织的任务目标，组织根据分工原则和个人能力评价，将其任务、责任加以划分，落实到具体的个人，从而形成不同的职务。例如：某公司将 22 000 名职工分属于 734 个岗位，即 734 个职务；某集团公司清查了 800 种工作任务、责任，确定了 31 个岗位，即 31 个职务；美国《职位名称词典》列举了 30 000 个职务。

一个职务可以有多个职位，因而职位数多于职务数。例如：副总经理是一个职务，某集团公司需要 4 名副总经理，因此就要设置 4 个副总经理的职位。

2. 职位的挑战性

所谓"职位的挑战性"，是指工作的难度高于员工的现有能力水平但又不过于困难以至于根本无法完成。如果一个人长期在一个没有挑战性的岗位上工作，其才能就会降低。

那么，如何知道该岗位有没有挑战性呢？中国人才科学研究院王通讯认为有办法测出该岗位是否具有挑战性，即："不读书都能上岗，则说明该岗位没有挑战性。"那么可能有人会说：我读报纸、看杂志呢？"读报纸、看杂志是公民的素养，那不叫读书。要读业务书，凡不读业务书就能工作的岗位没有挑战性。"西方国家为了让公民"充电"，建立了两个机制：①立法，凡不让企业职工学习的企业，就是违法；②考试，凡是考核不及格的专业人员，会被吊销其专业执照。

因此，人力资源管理部应给每一个职位设置一个挑战性目标，并且为达到这一挑战性目标，组织需要定期考核目标责任制的实施情况，而制订挑战性目标必须研究工作分析。

3. 职业

职业指的是在不同组织、不同时间，从事相似活动的一系列工作的总称。职业有时与行业混用。例如，教师、工人、农民等都是职业。我国颁布的《中华人民共和国职业分类大典》(以下简称大典)将我国36行演绎为8大类1 838个职业。这8大类分别是：①国家机关、党群组织、企事业单位负责人；②专业技术人员；③办事员和有关人员；④商业、服务业人员；⑤农、林、牧、渔、水利业生产人员；⑥生产、运输设备操作员及有关人员；⑦军人；⑧不便分类的其他从业人员。

这部大典是中国第一部具有国家标准性质的职业分类大全，是由劳动和社会保障部、国家质量技术监督局、国家统计局联合颁布的。大典参照国际标准职业分类，对中国社会职业进行了科学的划分和归类，全面客观地反映了现阶段我国社会职业结构状况。大典将中国职业归为8个大类、66个中类、413个小类、1 838个职业。

但是，随着社会的进步，也出现了一些新的问题。例如，法国有家专门研究职业分类的机构，知名度甚高，它曾对446类1 100种职业进行分类，编撰出西方国家有史以来规模最大的"职业分类大全"。但是，近年来，这个机构日益感到困惑，因为对很多刚刚冒出来的新的职业很难分类。未来世界职业变动快，但在快速变动之中也有规律，那就是新兴职业大都与计算机有关、与服务业有关、与高智力有关。例如，网络工程师、网页设计师、上网服务工程师、网络维护工程师、商业网络设计专家、网站主持人、网络电子警察、网上法官、网上清洁工、网上秘书、网络编辑，等等。

4. 职业经历

职业经历指一个人一生担任(或经历)的职务记录，反映其个人经历的轨迹。例如，一个人在其工作的生命周期中，曾担任过秘书、推销员、经理、董事长等。职业经历反映了人的生活阅历，它不仅能丰富人生和提高个人能力，而且也决定了一个组织的工作成效。例如，美国鼓励人才流动，日本企业定期搞"人才盘点"，其目的都是为了发挥人的创造性，丰富其阅历，增长其才干，以提高组织的工作效率。例如，在招聘中，通常要考察一个人的职业经历，目的是吸引有丰富阅历和经验的人。

5. 职业生涯

格林豪斯认为，职业生涯是贯穿于个人整个生命周期的、与工作相关的经历的组合。职业生涯是可以设计的。职业生涯设计，即这个人适合做什么工作和能否达到职业水平等。谁负责设计？当然是人力资源管理部门。美国、日本的许多企业都在积极研究职业生涯的设计方法。

首先，分析不同的人想些什么：

(1) 对刚上班的人来说，他会考虑什么？容易发生什么失误？

(2) 对中年人来说，他会考虑什么？容易发生什么失误？

(3) 对老年人来说，他会考虑什么？容易发生什么失误？

不同年龄的人有不同的想法。有的日本企业甚至帮助职工设计多少岁能在什么岗位上挣多少钱。当然，由于国情不同，我们不能照搬，但人力资源部门积极帮助员工设计人生是其义不容辞的责任。

美国学者说：如果阁下今年50岁了，从今天晚上起，你就应该准备在60岁时将干些什么，怎么生活。这是职业生涯设计的一个环节，即提前10年设计。现在，在美国、日本，有许多这方面的专家专门帮助别人设计职业生涯和提供有关问题的咨询服务。

6. 职业生涯路线

你选择的职业路线是向专业技术方向发展，还是向行政管理方向发展，或是向其他方向发展，个人选择的发展方向不同，对个人的要求也不同。因此，在设计职业生涯时，需要作出抉择，以便使个人学习、工作以及各种行为沿着你的生涯路线和预定的方向发展。在这里，我们推荐的典型职业生涯路线图是一种V形图。

假如你在22岁时大学毕业就参加工作，即V形图的起点是22岁。从起点向上发展，左侧是行政管理路线，右侧是专业技术路线。将路线划分为若干等分，每等分表示一个年龄段，并将其等级分别标在路线图上，作为自己的职业生涯目标(见图3-11)。

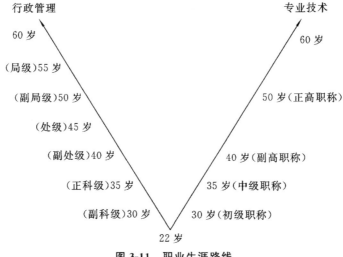

图3-11 职业生涯路线

你确定职业后，便可规划你的生涯路线：你是走行政管理路线，还是走专业技术路线；是先走专业技术路线，再转行政管理路线；还是先走行政管理路线，再走专业技术路线。这些在你的职业生涯规划中必须作出选择。

在选择过程中，针对下面三个问题询问自己：

(1) 我想往哪一路线发展？

(2) 我适合往哪一路线发展？

(3) 我可以往哪一路线发展？

回答上述三个问题，是对"知己"、"知彼"有关情况的综合分析并加以利用的过程。第一个问题是通过对自己的兴趣、价值观、理想和成就动机的分析，确定自己的目标取向；第二个问题是通过对自己的性格、特长、经历和学历的分析，确定自己的能力取向；第三个问题是通过对自己所处的组织环境、社会环境、经济环境和政治环境的分析，确定自己的机会取向。

三个取向确定后，进行综合分析，确定自己的职业生涯路线。职业生涯路线的分析过程如图3-12所示。表3-2列出了职业生涯管理的角色。

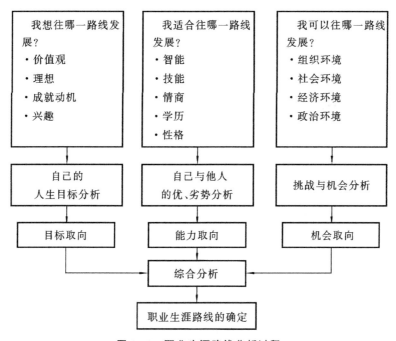

图 3-12　职业生涯路线分析过程

表 3-2　职业生涯管理角色一览表

角色项目	目的	员工的角色	主管的角色	人力资源管理部门的角色
职业生涯目标	确定职业生涯努力方向,实现个人的理想	剖析自己 分析有关因素 规划自我发展目标 (职业生涯路线设计)	为员工提供有关信息 协助员工剖析自己 帮助员工确定目标	职业生涯规划指导 分析员工生涯目标的可行性
配合与选用	配合组织发展目标与发展方向,晋升优秀员工	提供自己的真实资料 争取获得晋升	界定某一工作所需的技能、知识和其他特殊条件 甄选候选人,提出建议	指导与分析 对主管和员工提出忠告确定甄选升迁标准 对候选人进行考核、面试
绩效评估	指导和教导员工达到最好的绩效,提高工作满意度	自我评估 请求和接受反馈	提供反馈和教导 以正式或非正式的方式进行评估	监督和评价各种评估量表,使其达到一致性和公平 训练主管人员和评估员工
个人职业生涯发展	创造良好的环境,沟通生涯兴趣和生涯目标	寻找和获得有关自我和生涯趋向的真实信息 界定和沟通兴趣 完成发展性的计划	组织并指导有关职业生涯发展问题的讨论 提供真实的反馈信息 提供有关生涯发展方向的参阅资料 鼓励和支持员工的生涯发展	提供有关职业生涯发展方面的参阅资料及信息 训练主管人员如何组织员工讨论 为员工职业生涯发展提供训练、教育的机会 为员工提供轮岗的机会,及时通报职位空缺情况 制订并公布有关职业的标准及要求

续表

角色 项目	目 的	员工的角色	主管的角色	人力资源管理 部门的角色
职业生涯发展评估	每年对员工的工作能力及其潜能进行评估,使其与公司的发展需求相结合,并确保组织效能持续增长	进行自我认识和自我评估,研究分析自我发展存在的问题	根据当前的绩效、潜能和兴趣评价员工与其他主管沟通,获取信息以以确认机会和发现问题	训练主管人员如何对员工进行职业生涯发展评估

二、工作分析的概念

高佩德和艾奇森(1980)认为,工作分析是组织的一项管理活动,它旨在通过收集、分析、综合整理有关工作方面的信息,为组织计划、人力资源管理和其他管理职能提供基础性服务。

盖瑞·戴斯勒(1996)认为,工作分析就是与此相关的一道程序,通过这一程序,我们可以确定某一工作的任务和性质是什么,以及哪些类型的人适合被雇佣来从事这一项工作。

萧鸣政等(2006)认为工作分析是一种确定完成各项工作所需技能、责任和知识的系统过程。

付亚和等(2010)认为工作分析是整个人力资源体系建设的基础,是通过系统全面的情报收集手段,提供相关工作的全面信息,以便组织改善管理效率。

本书认为,工作分析(job analysis)是指对某一特定工作的特征提取信息,作出明确规定,并确定完成这一工作需要有什么样的行为和资源的过程。

工作分析需要弄清两个问题:第一,弄清楚企业中每个职位都在做些什么工作;第二,明确这些职位对员工有什么具体的从业要求。也有学者将工作分析的内容概括为 7W(who、what、when、where、how、why、for whom),即:何人在何时何地做什么,为什么做,怎么做和为谁做。

工作分析由工作描述和工作说明书两大部分组成。工作描述解决的主要问题是这个工作要做什么和怎么做,工作说明书要解决的主要问题是怎样的人会做和适合去做这个工作。

三、工作分析的目的

工作分析是人力资源管理所有职能工作的基础和前提。只有做好了工作分析与工作设计,才能有效地完成人力资源管理的其他工作。具体地讲,工作分析可以从以下几个方面为人力资源管理工作提供依据。

1. 制订人力资源规划

工作分析是人力资源管理的基础,只有对每个岗位的特点和需要的人员特点有了准确把握,人力资源需求和供给分析才能做到实处。可以先根据组织要求分析需要设置哪些工作,如原有的工作哪些需要保留,哪些需要去除,哪些需要新设置等,再分析每项工作所需要的人力资源特点。通过对部门内各项工作的分析,得到各部门人员的编制,继而得到人力资源的需求规划。另外,在工作分析的过程中可以将相近的工作归类,合理安排,统一平衡关系,提高人力资源规划的质量。

2. 人员招聘

详细的工作分析可以帮助招聘者按图索骥,为应聘者提供真实可靠的需求职位的工作职责、工作内容、工作要求和任职资格要求。

3. 人员选拔、配置

工作分析可以为选拔应聘者提供客观的选择依据,提高选择的信度和效度,降低人力资源选择成本。工作分析完成后可以得到各项工作的要求和责任,掌握工作任务的静态和动态特点,提出对任职人员的心理、生理、技能、知识和品德要求,在此基础之上确定选拔和聘用标准,才有可能通过素质测评和工作绩效评估,选拔和聘用符合工作需要和要求的人员。

4. 绩效评估

工作分析为绩效考评标准建立和考评实施提供依据。工作分析可以明确从事某项工作所应具备的技能、知识和其他各种素质条件,可以使员工明确企业对其工作的要求和目标,从而减少因考评引起的员工冲突。

5. 员工培训

工作分析描述每个岗位的任职条件,为使每个员工都能满足和达到这些要求和条件,需要对员工进行不断的培训。因此,可以根据工作分析结果设计制订培训教育方案,根据实际工作需要和人员的不同情况有区别、有针对性地安排培训内容和方法,通过培训促进工作技能的发展,提高工作效率。

6. 薪酬管理

工作分析可以明确工作的价值,为企业薪酬管理提供参考标准。由于工作分析明确了工作责任,因而该工作在企业中的重要程度得以明确,工作的相对价值得到确认。以工作分析为依据制订的薪酬和福利政策能够得到员工的认同,减少员工之间不公平感。

7. 员工发展

工作分析可以使员工清楚自己工作的职责和工作目标,便于员工制订自己的职业发展计划。

工作分析与人力资源管理中其他职能活动的关系可以从图3-13中较为直观地表示出来。

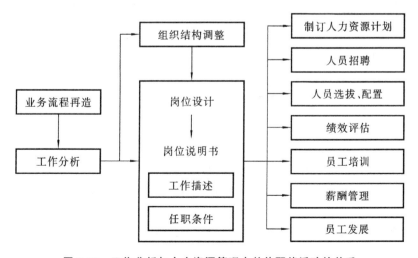

图3-13 工作分析与人力资源管理中其他职能活动的关系

第三节　工作分析的方法与程序

一、工作分析的方法

怎样使工作分析的内容更合理、更科学？要编制一份科学、合理且完整的工作分析报告，人力资源管理部门必须注重调查研究，收集到相关工作的足够信息。收集、记录工作信息，其目的是确定工作分析的内容，确定该岗位所需员工应具备的条件和要求。由于这些信息来自于具体的、不同的工作岗位，需要人力资源管理人员做好认真细致的调查研究。在人力资源管理中已形成多种工作分析的方法和技术。从内容上划分，有以工作内容为中心的方法，如管理岗位问卷法、任务清单法；以人为中心的方法，如体能分析法、关键事件分析法等。从形式上划分，收集信息的方法也很多，主要有问卷法、观察法、实验法、参与法、面谈法等，详见图 3-14 所示。

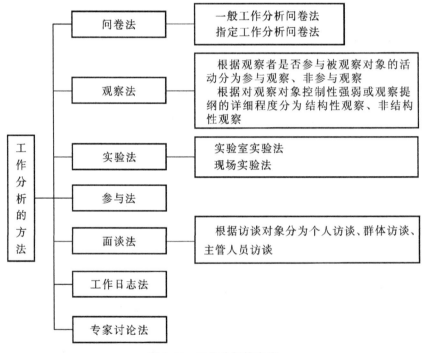

图 3-14　工作分析的方法

1. 问卷法

所谓问卷法（questionnaire method），是指工作分析人员向其研究对象分发印好的表格或卷子，要求其做出选择并填写答案，然后收回进行整理和研究，从而获取有关工作信息的方法。

根据具体的工作要求，编制有关调查问卷，要求被试者填写，来获取有关工作的信息，这是一种快速而有效的工作分析的信息调查研究方法。一般要求被试者对各种工作行为、工作特征和工作人员特征的重要性或频率评定等级，通常评定等级可分为很重要、较重要、一般、不太重要、不重要等。

问卷法主要可以分为两种：一般工作分析问卷法和指定工作分析问卷法。

1)一般工作分析问卷法

一般工作分析问卷法适合于各种工作,问卷内容具有普遍性。表 3-3 是一个一般工作分析问卷的例子。

表 3-3　一般工作分析问卷(部分)

1. 职务名称_____。
2. 比较适合任此职的性别是_____。(请选择,下同)
   A. 男性　　　　B. 女性　　　　C. 男女均可
3. 最适合任此职的年龄是_____。
   A. 20 岁以下　B. 21~30 岁　C. 31~40 岁　D. 41~50 岁　E. 51 岁以上
4. 能胜任此职的文化程度是_____。
   A. 初中以下　B. 高中、中专　C. 大专　D. 本科　E. 研究生以上
5. 此职的工作地点在_____。
   A. 本地市区　B. 本地郊区　C. 外地市区　D. 外地郊区
6. 此职的工作主要在(指 75% 以上的时间)_____。
   A. 室内　　　　B. 室外　　　　C. 室内外各一半
7. 任此职者的一般智力在_____。
   A. 90 分以上　B. 70~89 分　C. 30~69 分　D. 10~21 分　E. 9 分以下
8. 此职工作信息来源主要是_____。
   A. 书面材料(文件、报告、书、报、刊和其他各种材料等)
   B. 数字材料(包含各种数据、图表、财务数据的材料)
   C. 图片材料(设计草图、照片、X 光照片、地图等)
   D. 模型装置(模型、模式、模板等)
   E. 视觉显示(指示屏、信号灯、仪表等)
   F. 测量装置(气压表、气温表等各种表具)

2)指定工作分析问卷法

指定工作分析问卷法适合于某一种指定的工作,问卷内容具有特定性,即一张问卷只适合于一种工作。表 3-4 是一个指定工作分析问卷的例子。

表 3-4　推销员工作分析问卷(部分)

说明以下职责在你工作中的重要性(最重要的打 10 分,最不重要的打 0 分,标在右侧的横线上)。

1. 和客户保持联系。	10 9 8 7 6 5 4 3 2 1 0
2. 接待好每一个客户。	10 9 8 7 6 5 4 3 2 1 0
3. 详细介绍产品的性能。	10 9 8 7 6 5 4 3 2 1 0
4. 正确记住各种产品的价格。	10 9 8 7 6 5 4 3 2 1 0
5. 拒绝客户不正当的送礼。	10 9 8 7 6 5 4 3 2 1 0
6. 掌握必要的销售知识。	10 9 8 7 6 5 4 3 2 1 0
7. 善于微笑。	10 9 8 7 6 5 4 3 2 1 0
8. 送产品上门。	10 9 8 7 6 5 4 3 2 1 0
9. 参加在职培训。	10 9 8 7 6 5 4 3 2 1 0
10. 把客户提出的有关质量的问题反馈给有关部门。	10 9 8 7 6 5 4 3 2 1 0

续表

11. 准备好各种推销工具。	10 9 8 7 6 5 4 3 2 1 0	
12. 每天预定拜访的客户。	10 9 8 7 6 5 4 3 2 1 0	
13. 在各种场合推荐本企业产品。	10 9 8 7 6 5 4 3 2 1 0	
14. 讲话口齿清楚。	10 9 8 7 6 5 4 3 2 1 0	
15. 思路清晰。	10 9 8 7 6 5 4 3 2 1 0	
16. 向经理汇报工作。	10 9 8 7 6 5 4 3 2 1 0	
17. 每天总结自己的工作。	10 9 8 7 6 5 4 3 2 1 0	
18. 每天锻炼身体。	10 9 8 7 6 5 4 3 2 1 0	
19. 和同事保持良好的关系。	10 9 8 7 6 5 4 3 2 1 0	
20. 自己设计一些小型促销活动。	10 9 8 7 6 5 4 3 2 1 0	
21. 不怕吃苦。	10 9 8 7 6 5 4 3 2 1 0	

2. 观察法

观察法(observation method)是指根据特定的研究目的做出研究提纲或观察表,在工作现场运用感觉器官或其他工具,观察员工实际的工作运作过程,并用文字或图表形式记录下来,进而收集工作信息的一种调查研究方法。

1) 观察法的类型

依据观察者是否参与被观察对象的活动,观察法可以分为参与观察和非参与观察两种。在参与观察法中,观察者将参与到被观察者的工作当中去,与被观察者建立比较密切的关系,在相互接触与直接体验中倾听和观察被观察者的言行。非参与观察法则不要求观察者直接参与被观察者的工作活动,而是以旁观者的身份了解工作发展的动态过程。在条件允许的情况下,观察者也可以采用录像的方式对现场进行观察。相对而言,非参与观察法操作起来比较容易,也易于获得较为真实的资料。

依据对观察对象控制性强弱或观察提纲的详细程度,观察法又可以分为结构性观察和非结构性观察两种。结构性观察法预设有明确的目标、所要观察的问题以及大致范围,有较详细的观察计划、观察步骤和合理设计的可控性观察流程,能获得翔实的工作材料,并能对观察资料进行定量分析和对比研究。非结构性观察是一种开放性观察活动,它允许观察者根据当时的情境调整其观察视角和内容。观察者可以事先设计一个观察提纲,但这个提纲的形式比较开放,内容也比较灵活,可以根据当时的情形进行修改和调整。

2) 观察法的操作原则

(1) 观察的工作应相对静止。在一段时间内,其工作内容、工作程序不会发生明显的变化。

(2) 适用于大量标准化的、周期短的、以体力劳动性质为主的工作,不适用于以脑力劳动为主的工作。

(3) 注意工作行为样本的代表性,有些行为在观察过程中可能没有表现出来。

(4) 观察人员尽可能不要引起被观察者的注意,至少不应影响到被观察者的工作。

(5) 观察前要制订详细的观察提纲和行为标准。

在运用观察法时,要设计一份详细的观察提纲,这样在观察时才能做到有的放矢,及时记录。表 3-5 是观察提纲的一个例子。

表 3-5　工作分析观察提纲（部分）

```
被观察者姓名：_____        日　　期：_____
观察者姓名：_____          观察时间：_____
工作类型：_____            工作部门：_____
观察内容
1. 什么时候开始正式工作？_____。    2. 上午工作多少小时？_____。
3. 上午休息几次？_____。            4. 第一次休息时间从_____到_____。
5. 第二次休息时间从_____到_____。 6. 上午完成产品多少件？_____。
7. 平均多长时间完成一件产品？_____。 8. 与同事交谈几次？_____。
9. 每次交谈约_____分钟。            10. 室内温度_____℃。
11. 抽了几支香烟？_____。           12. 喝了几次水？_____。
13. 什么时候开始午休？_____。       14. 出了多少产品？_____。
15. 搬了多少原材料？_____。         16. 噪声是多少分贝？_____。
```

3）观察法的步骤

（1）明确观察的目的和意义（在观察中要了解什么？收集哪些方面的事实材料？），确定观察对象、时间、地点、内容和方法。

（2）收集有关观察对象的资料，对所要观察的内容有基本的认识。

（3）编写观察提纲，对观察内容进行明确分类，并确定观察的重点。

（4）实施观察。

（5）记录并收集资料。

（6）整理分析资料，得出结论。

表 3-6 是某咨询公司制订的核心业务观察活动计划的一个例子。

表 3-6　某咨询公司观察活动计划

工作分析观察活动计划

通过有目的、有计划地对员工正常工作的状态进行现场观察，获取工作信息，进一步了解关键业务的工作内容与工作流程，以及部门之间信息的传递过程，以便为工作分析提供基础数据。观察内容包括被观察者在做什么、怎样做以及为什么做。需要进行现场观察的部门涉及销售部、供应部（含原材料仓库）、生产部（含成品仓库）、物流部和客户服务部等。初步考虑观察时间为 1 天，具体安排如下。

时　间	部　门	被观察者	地　点	备　注
上午	销售部	×××	办公场所	
下午	客户服务部			
上午、下午	物流部	×××	办公场所和随车送货	
上午	供应部	×××	办公场所	
下午	生产部		生产车间	

3. 实验法

实验法是指人力资源管理人员通过控制一些工作变量,引起其他相应变量的变化来收集工作信息的一种方法。实验法主要分为两种:实验室实验法和现场实验法。这两种方法的主要区别在于实验的地点,即其试验是在实验室还是在工作现场。企业中比较常用的是现场实验法。

实验法的操作原则如下:

(1) 尽可能获得被试者的配合;

(2) 严格控制各种变量;

(3) 设计要严密;

(4) 变量变化要符合实际情况;

(5) 不能伤害到被试者。

下面是一个实验法的具体操作例子。

装卸工装卸货车上的货物,一般是 4 个人合作,30 分钟内可以装满一辆 10 吨的货车。在实验法中,先由 2 个人合作,再由 3 个人合作,最后由 5 个人合作。任务都是装满一辆 10 吨的货车,看结果各用了多少分钟,哪一个组合效率最高。其中合作人数的变化是自变量,装货时间的变化是因变量。

4. 参与法

参与法是指工作分析人员通过直接参与某项工作,从而细致、深入地体验、了解、分析工作的特点和要求。

参与法的优点是可以克服一些有经验的员工并不总是很了解自己完成任务方式的缺点,也可以克服有些员工不善于表述的缺点。另外,可以弥补一些观察不到的工作内容。

但是参与法的缺点也是明显的,因为现代企业中的许多工作高度专业化,工作分析人员往往不具备从事某项工作的专门知识和技能,因此就无法参与。

参与法适用于一些比较简单的工作的工作分析,或者与其他方法结合起来运用。

5. 面谈法

面谈法是由分析人员分别访问工作人员本人或其主管人员,来收集信息资料的方法。面谈可能是用来确定各种工作所需要的任务、责任和行为的最普遍的方法。一般来说,按访谈对象不同,访谈法主要有三种:①对被分析职位的每个雇员进行个人访谈;②对做同种工作的雇员群体进行群体访谈;③对完全了解被分析职位的主管人员进行主管人员访谈。

面谈法的具体操作,可以是与员工个别面谈,也可以是分小组谈话,也可以将两者结合起来进行。工作分析人员须先拟好面谈提纲,做好面谈记录。表 3-7 列举了工作分析中常见的面谈问题。

6. 工作日志法

工作日志法也叫工作日记法,它是让员工按照时间的顺序记录其工作过程,然后经过归纳、整理、提炼,得到所需工作信息的方法。它要求各岗位员工填写工作日志表,对每件事情进行详细记录,不论这些事情是本职工作范围内的还是本职工作范围外的。一般来说,以记录 1 周的时间为宜,由工作分析人员对工作日记进行工作内容分类、整理,然后将抽象出的工作范围确定为该岗位的职责。

表 3-7　工作分析中常见的面谈问题

面谈问题清单
1. 你向谁报告？ 2. 谁向你报告？ 3. 你的主要职责是什么？ 4. 你每天怎样安排你大部分的工作时间？ 5. 你的工作中最具挑战性的是什么？ 6. 工作之前必须完成哪些准备工作？ 7. 你觉得有哪些工作是重要的或不重要的？ 8. 你必须遵循什么原则、规定、政策等以达成你的职责？ 9. 在采取行动之前，有哪些决策必须请示上级或必须通知你的下属？ 10. 这个工作对你的创意和解决问题的能力有什么样的挑战？ 11. 你和公司内或公司外哪些人有定期的接触？这些接触的频率如何？ 12. 你的接班人在知识和经验上必须具备哪些资格才能完成你现有的工作？

在实践中，做好工作分析往往是多种方法综合应用的结果。一般应用比较多的方法是面谈法、工作日志法和问卷法，三种方法相互补充和完善。要核实工作信息的准确性，根据收集、核实的工作信息，编制书面的工作描述。同时，根据组织内、外部环境对工作要求的变化因素不断地更新。工作信息的更新是十分必要的。表 3-8 是某公司会计统计员所记录的工作日志。

表 3-8　工作日志表

填表日期：

姓名	黄××	所属部门	财务部	所在岗位	会计统计员
直接上级	刘××	直接下级		从事目前岗位时间	1 年

请您认真、详尽地填写当天所从事的工作内容以及所花费的时间。

	时间		工作内容
	开始时间	结束时间	
上午	8:00	8:30	做清洁
	8:30	10:40	复印资料，复核销售单据
	10:40	11:30	复核销售单据
	11:30	11:30	复核销售单据，复印资料
下午	1:30	2:00	核对 2003 年工程完工利润，核对账目
	2:00	2:30	向部长汇报工作
	2:30	3:00	复核销售单据
	3:00	5:30	清理销售出门证，对客户欠款、汇款对账

7. 专家讨论法

专家讨论法是指请一些相关领域的专家或者经验丰富的员工进行讨论,从而进行工作分析的一种方法。这种方法适合于发展变化比较快,或者工作职责还未定型的企业。由于企业没有现成的观察样本,所以只能借助专家的经验来规划未来希望看到的职务状态。

专家讨论法可以采用德尔菲法的形式进行。德尔菲法是20世纪60年代初美国兰德公司的专家们为了避免由于专家会议面对面讨论带来的屈从于权威或少数盲目服从多数的缺陷提出的一种定性预测方法。为了消除专家成员之间的相互影响,参加的专家可以互相不了解,运用匿名方式反复多次征询专家们的意见和进行背靠背的交流,以充分汇集专家们的智慧、知识和经验,最后得出一个能较好反映群体意志的预测结果。

德尔菲法的工作程序如下:

(1) 确定调查目的,拟定调查提纲。首先必须确定目标,拟定出要求专家回答的问题的详细提纲,并向专家提供有关的背景材料,包括职位名称、预测目的、期限、调查表填写方法,以及其他希望和要求等说明材料。

(2) 选择一批熟悉本职位的专家,一般为20人左右,包括理论和实践等方面的专家。

(3) 以电子邮件、函件或电话等方式向各位专家发出调查表,征询意见。

(4) 对返回的意见进行归纳综合,统计分析后再寄给有关专家,如此反复,待意见比较集中后进行数据处理与综合,得出满意的答案。

需要指出的是,上述这些方法既可以单独使用,也可以结合使用。由于每种方法都有自身的优点和缺点,所以企业应根据自身的具体情况进行选择。无论选择哪种方法,最终的目的都是为了尽可能详尽地获得真实的职务信息。

二、工作分析的程序

工作分析是一个全面的工作评价过程,这个过程一般可以分为四个阶段:准备阶段、调查阶段、分析阶段和完成阶段。这四个阶段关系十分密切,它们相互联系、相互影响,如图3-15所示。

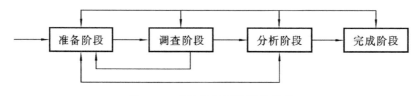

图 3-15 工作分析各阶段的关系

1. 准备阶段

准备阶段是工作分析的第一阶段,主要任务是了解情况,确定样本,建立关系,组成工作小组,具体工作如下:

(1) 明确工作分析的意义、目的、方法和步骤;

(2) 向有关人员宣传、解释;

(3) 与相关人员建立良好的人际关系,并使他们具有良好的心理准备;

(4) 组成工作小组,以精简、高效为原则;

(5) 确定调查和分析对象的样本,同时考虑样本的代表性;

(6) 把各项工作分解成若干工作元素和环节,确定工作的基本难度。

在工作分析中,首先需要明确工作分析信息的用途。其理由是工作分析所获得的信息的用途直接决定了需要收集信息的类型以及收集信息的方法。有些方法对于编写工作描述和工作说明书以及为空缺的工作岗位甄选职员是极为有用的,而另外一些方法则不能提供上面所需要的描述性信息,因而无法满足编写工作描述这一任务的需要。例如:如果工作分析的目的是编写工作说明书和决定人员的任用,就可以用面谈法向员工了解他们所从事的工作的任务是什么,以及他们自己所负的责任有哪些。

如果需要分析的工作有很多而且它们之间又比较相似,例如对流水线上的工人所做的工作进行分析,或者说对所有的工作一个一个地进行分析,必然非常耗费时间,那么,有必要选择有代表性的工作进行工作分析。

2. 调查阶段

调查阶段是工作分析的第二阶段,主要任务是对整个工作过程、工作环境、工作内容和工作人员等主要方面作全面的调查,具体工作如下:

(1) 编写各种调查问卷提纲;
(2) 灵活运用各种调查方法,如面谈法、问卷法、观察法、参与法和实验法等;
(3) 广泛收集有关工作的特征以及需要的各种数据;
(4) 重点收集工作人员必需的特征信息;
(5) 要求被调查的员工对各种工作特征和工作人员特征的重要性和发生频率等作出等级评定。

在这一阶段,需要利用一种或多种工作分析方法,收集有关工作活动、工作对职工行为的要求,工作条件,以及工作岗位对人的要求等方面的信息,以此来进行实际的工作分析。

在收集与工作有关的信息时,可以收集到企业的组织结构图、工作流程图、培训手册和工作说明书等。组织结构图显示出企业内各工作之间的关系以及它们在整个组织中的地位。在组织结构图中只能获得工作流动的方向,而工作流程图则提供了与工作有关的详细信息。

3. 分析阶段

分析阶段是工作分析的第三阶段,主要任务是对有关工作特征和工作人员特征的调查结果进行深入、全面的分析,具体工作如下:

(1) 仔细审核已收集到的各种信息;
(2) 分析发现有关工作和工作人员的关键信息;
(3) 归纳总结出职务分析的必需材料和要素。

工作分析提供了与工作性质和功能有关的信息。通过工作分析所得到的信息应该让任职者及其直属上司核对,这有助于确定工作分析所获得的信息是否正确、完整,也有助于使任职者容易接受人事部门根据工作分析信息制订的工作说明书。

4. 完成阶段

完成阶段是工作分析的最后阶段与落脚点,前面的工作都是为了达到此阶段的目标。此阶段的任务是根据以上信息编写工作描述和工作说明书。有时候,工作描述和工作说明书分成两份文件来写,有时候则合在一份文件之中。

第四节 能力、气质、个性与职业匹配

一、能力与职业的匹配

1. 能力与职业的匹配原则

人的能力有强有弱。有的人能力低下,有的人能力一般,有的人能力较强,有的人才能超群。由于人能力的不同,对职业选择就有差异。基于能力差异考虑,在选择职业时应遵循以下主要原则。

1)能力类型与职业相匹配

人的能力类型是有差异的,即人的能力发展方向存在差异。对职业的研究表明,职业是可以根据工作的性质、内容和环境而划分为不同类型的,并且对人的能力也有不同的要求。因而,应注意能力类型与职业类型、职业性质的匹配。例如:从思维能力方面来说,有人擅长形象思维,有人擅长逻辑思维(抽象思维),有人擅长具体行动思维;如果根据思维类型来考虑职业的话,属于形象思维型的人比较适合从事文学、艺术方面的职业和工作,属于逻辑思维型的人比较适合从事哲学、数学等理论性较强的职业和工作,而属于具体行动思维型的人则比较适合从事机械、修理等方面的工作。如果不考虑人的能力类型,而让其从事与其能力类型不同甚至相斥的职业,效果都不会很好。

2)能力水平要与职业层次一致或基本一致

一种职业或职业类型由于所担负的责任不同,因而又可分为不同职业层次,而不同的职业层次对人的能力有不同的要求。因而,在根据能力类型确定了职业类型后,还应根据员工所达到或可能达到的能力水平确定相匹配的职业层次。

3)发挥优势能力的作用

每个人都具有一个由多种能力组成的能力系统。在能力系统中,各方面能力的发展往往是不平衡的,常常是某方面的能力占优势,而另一些方面的能力则不太突出。对职业选择和职业指导而言,应主要考虑其最佳能力,选择最能运用其优势能力的职业。同样,在人事安排中,注重一个人的优势能力并分配相应的工作,则更能提高一个人的工作绩效。

2. 一般能力与职业匹配

一个人想要顺利完成某项工作,既要具有一定的能力(一般能力),又要具有该项工作所要求的特殊能力,我们可以根据此思路来进行职业能力分析。

智力在很大程度上决定了所要从事职业的类型,某些职业对从业者的智力水平有明确的要求。例如:西方心理学中一般规定智商在140分以上者为天才,追踪研究表明,被确定为天才的人,将来大多从事科学、文化方面的职业,并能取得相当大的成就。对一般职业而言,智力的制约作用虽不那么明显,但不同的职业对人的智力均有一定的要求,这一点是很明显的。某些职业需要从业者具有较高的智商,如律师、工程师、科研人员、大学教师等,智力测验结果表明,他们的智商(平均为130分)比平均值(100分)高出许多;一般管理人员和行政人员的智商(110分左右)也比平均值高出一点;智商低于平均值者,只能从事一些简单工作。

当然,智力并不是影响职业选择的唯一因素,因为每种职业除了对智力的一般要求外,还有其特殊的能力要求。智力只能作为职业选择的基本参考因素。要进行合理的职业选择,必须把智力与特殊能力结合起来考虑。

被测量者个人往往还具有多方面的潜在能力,包括想象力、记忆力、创造性思维、空间思维、逻辑思维、语言表达能力等,在实际运作的时候,要从面试的需要出发,测定其中一项或两项能力。

3. 特殊能力与职业匹配

在加拿大《职业分类词典》中,将职业能力分为十一个方面。现将其中的八个方面逐一介绍,供职业指导和个人择业时参考。

1)语言表达能力

语言表达能力是指对词及其含义的理解和运用能力,对词、句子、段落、篇章的理解能力,以及善于清楚而正确地表达自己的观点和向别人介绍信息的能力。简单来说,它包括对语言文字的理解能力和口头表达能力。不同的职业对人的语言表达能力要求亦不同。例如,教师、营业员、服务员、护士等职业,必须具备较强的语言表达能力。

2)算术能力

算术能力是指迅速而准确的运算能力。大部分职业都要求工作者有一定的算术能力,但不同的职业对人的算术能力要求的程度不同。例如:对于会计、出纳、统计员、建筑师、工业药剂师等来说,工作者必须具有较强的算术能力;对于法官、律师、历史学研究者、护士、X光技师等来说,工作者要具备中等水平的算术能力;对于演员、话务员、招待员、厨师、理发员、导游、矿工等来说,他们的算术能力要求较低。

3)空间判断能力

空间判断能力是指能看懂几何图形,识别物体在空间运动中的联系,解决几何问题的能力。如果一个人爱好平面几何和立体几何并且学得较好,这个人的空间判断能力就比较强。与图纸、工程、建筑等打交道的工作,以及牙科医生、内科医生、外科医生等,要求空间判断能力很高。对于裁缝、电工、木工、无线电修理工、机床工来说,也要求具有一定的空间判断能力。

4)形态知觉能力

形态知觉能力是指对物体或图像的有关细节的知觉能力。如对于图形的阴暗、线的宽度和长度作出视觉的区别和比较,能看出其细微的差异。对于生物学家、建筑师、测量员、制图员、农业技术员、动物技术员、植物技术员、医生、兽医、药剂师、画家、无线电修理工来说,他们需要有较强的形态知觉能力;而对于历史学家、政治学家、社会服务人员、招待员、售货员、办公室职员来说,他们的形态知觉能力就不那么重要了。

5)事务能力

事务能力是指对文字或表格式材料细节的知觉能力,发现错别字或正确地校对数字的能力等。如设计、记账、出纳、办公室事务、打字等工作,都要求具备一定的事务能力。

6)动作协调能力

动作协调能力是指迅速、准确和协调地作出精确的动作和运动的反应能力。对于驾驶员、飞行员、牙科医生、外科医生、雕刻家、运动员、舞蹈家来说,这种能力显得尤为重要。

7)手指灵活度

手指灵活度是指手指迅速、准确、和谐地操作小物体的能力。对于纺织工、打字员、裁缝、外科医生、五官科医生、护士、雕刻家、画家来说,手指必须较一般人灵活。

8) 手指灵巧度

手指灵巧度是指手指灵巧而迅速地活动的能力,如运动员、舞蹈家、画家、兽医等,手指必须能灵巧地活动。

二、气质与类型的匹配

一般来说,气质对人们所从事的职业并不具有决定性的作用,其作用主要表现在对工作性质和效率的影响上。某些气质特征对职业既可能有积极的促进作用,又可能有消极作用。

不同职业对人的气质特点有一定的要求。特别是在许多工业企业中,存在着人机关系问题,而机器的操纵要求人员具备某些气质特征。与人机关系有关的气质特征,主要是胆量和忍耐力,以及行为的强度、速度、灵活性等。如果工作人员的气质特征符合操纵机器的要求,使人机关系协调,就能保证工作的正常进行。若人机关系失调,就会影响工作效率甚至造成工作失误。因而,在把性格、能力和兴趣作为职业决策的最主要标准时,也要考虑人的某些气质特点并加以顺应,以进一步提高职业适应性,更好地提高工作效率。

1. 气质的类型与特征

从气质的类型方面考虑,一般把气质分为四种,即多血质、黏液质、胆汁质和抑郁质,四种不同的气质类型具有不同的心理特征。

1) 多血质

多血质的心理特征属于敏捷而好动的类型。由于神经过程平衡且灵活性强,这种人更易于适应环境的变化,性情开朗、热情,喜闻乐道,善于交际。在群体中精神愉快,相处自然,常能机智地解脱窘境。在工作和学习上肯动脑筋,常表现出机敏的工作能力和较高的办事效率。对外界事务有广泛的兴趣,不安于循规蹈矩的工作,情绪不够稳定,易于浮躁,时有轻诺寡信、见异思迁的表现。

2) 黏液质

黏液质的心理特征属于缄默而安静的类型。由于神经过程平衡且灵活性低,反应较迟缓,无论环境如何变化,都能基本保持心理平衡。凡事力求稳妥、深思熟虑,一般不做无把握的事,具有很强的自我克制能力。外柔内刚,沉静多思,很少流露出内心的真情实感。与人交往时,态度稳重适度,不卑不亢,不爱抛头露面或做空泛的清谈。行动缓慢而沉着,有板有眼,严格恪守既定的生活秩序和工作制度。有坚韧不拔、埋头苦干的品质,能长时间地集中注意力、有条不紊地工作。其不足之处是过于拘谨,不善于随机应变,有墨守成规的表现,常常表现为固定性有余,灵敏性不足。

3) 胆汁质

胆汁质的心理特征属于兴奋而热烈的类型。表现为有理想、有抱负,有独立见解,反应迅速,行为果断,表里如一。在言语上、面部表情和体态上都给人以热情直爽、善于交际的印象。不愿受人指挥而喜欢指挥别人。一旦认准目标,就希望尽快实现。遇到困难也不折不挠,有魄力,敢负责,但往往比较粗心,自制力较差,容易感情用事,有时有刚愎自用、鲁莽的表现。由于神经过程的不平衡,工作带有明显的周期性,能以极大的热情投身于事业,一旦精疲力竭,情绪顿时转为沮丧而心灰意冷。

4) 抑郁质

抑郁质的心理特征属于呆板而羞涩的类型。精神上难以承受或大或小的神经紧张,常为微不足道的小事引起情绪波动。情绪体验的方式较少,极少在外表上流露自己的情感,但内心体验却相当深刻。喜欢独处,交往拘束,兴趣爱好少,性格孤僻,在友爱的集体中,可能是个很易相处的人,对力所能及的工作认真完成,遇事三思而后行,求稳不求快,因而显得迟缓、刻板。学习、工作易疲倦,在困难面前怯弱、自卑、优柔寡断。

由于气质带有自然的属性,所以,气质类型在比较时不能进行社会意义的评价,也就是说,它们之间没有好坏之分。任何一类气质的人在现实生活中,既可能成为优秀的人才,也可能成为碌碌无为之辈,问题的本质不在于气质类型及其心理特征,而在于对生活的信念和追求。

2. 气质与其相适应的职业

多血质型的人适合从事与外界打交道、灵活多变、富有刺激性和挑战性的工作,如外交人员、管理人员、记者、律师、驾驶员、运动员等。他们不太适合做精细的、单调的机械性工作。

胆汁质型的人喜欢从事与人打交道、工作内容不断变化、环境不断转换并且热闹的职业,如导游、推销员、节目主持人、公共关系人员等,但明显不适合做长期安坐、持久、耐心、细致的工作。

黏液质型的人适合做稳定的、按部就班的、静态的工作,如会计、出纳、话务员、保育员、播音员等。

抑郁质型的人较适合做安静、细致的工作,如校对人员、打字人员、排版人员、检查员、化验员、登记员、保管员等。

实际上,在职业指导和个人择业时,还可以根据需要对气质类型作进一步划分,以便易于操作。根据国外职业分类规范,可以把职业气质分为下面十二类,每一类气质都有与之对应的一系列典型职业。

(1) 变化型。这些人在新的工作环境中感到愉快。他们喜欢工作内容经常有些变化,在有压力的情况下,他们工作很出色。他们追求多样化的工作,善于将注意力从一件事转到另一件事。典型的职业如记者、推销员、演员、消防员等。

(2) 重复型。这些人适合连续不停地从事同样的工作,他们喜欢按照一个机械的或别人安排好的计划或进度办事,爱好重复的、有规划的和有标准的工作。典型的职业如纺织工、印刷工、装配工、电影放映员、机床操作工等。

(3) 服从型。这些人喜欢按别人的指示办事,他们不愿自己独立作出决策,而喜欢让他人对自己的工作负起责任。典型的职业如秘书、办公室职员、翻译人员等。

(4) 独立型。这些人喜欢计划自己的活动和指导别人的活动。他们在独立的和负有职责的工作情况中感到愉快,喜欢对将来发生的事情作出决定。典型的职业如管理人员、律师、警察、侦察人员等。

(5) 协作型。这些人在与人协同工作时感到愉快,他们善于让别人按他们的意愿来办事,他们想得到同事的喜欢。典型的职业如社会工作者、咨询人员等。

(6) 孤独型。这些人喜欢单独工作,不愿与别人交往。典型的职业如校对、排版、雕刻等。

(7) 劝服型。这些人喜欢设法使别人同意他们的观点,这一般通过谈话或写作来表达。他们对别人的反应有较强的判断力,且善于影响他人的态度、观点和判断。典型的职业如政治辅导员、行政人员、宣传工作者、作家等。

(8) 机智型。这些人在紧张和危险的情况下能很好地执行任务。他们在危险的状况下能自我控制和镇定自如,在意外的情境中工作得很出色,当事情出了差错时,他们不易慌乱。典型的职业如驾驶员、飞行员、公安员、消防员、救生员、潜水员等。

（9）经验决策型。这些人喜欢根据自己的经验作出判断。当别人犹豫不决时，他们能当机立断作出决定，他们喜欢处理那些直接经历或直觉到的事情，必要时，他们用直接经验和直觉来解决问题。典型的职业如采购员、供应商、批发商、推销员、个体摊贩、农民等。

（10）事实决策型。这些人喜欢根据事实来作出决策。他们要求根据充分的证据来下结论，他们喜欢使用调查、测验、统计数据来说明问题，引出结论。典型的职业如化验员、检验员、自然科学研究者等。

（11）自我表现型。这些人喜欢能有表现自己的爱好和个性的工作情境。他们根据自己的感情来作出选择，喜欢通过自己的工作来表达自己的理想。典型的职业如演员、诗人、音乐家、画家等。

（12）严谨型。这些人喜欢注重细节的精确，他们按一套规则和步骤将工作尽可能做得完美。典型的职业如会计、出纳、统计员、档案管理员等。

实际上，对大多数职业而言，之所以把气质作为职业决策所要考虑的心理因素之一，是为了让个人更好地适应工作，提高工作效率。虽然气质并不是决定职业适应和成功的主要因素，它只具有一定的辅助作用，但在一些特殊职业中，其工作性质对从业者的某些气质特征要求非常高，而且无法用其他心理特点来弥补。如果从业人员不具备这些气质特征或没有达到应有的水平，那么有关工作就很难进行，甚至会造成重大事故。这方面的职业有飞行员、宇航员、大型动力系统调度员以及运动员等。他们的工作都要求身心的高度紧张，反应敏感，具有顽强的意志等，这些气质要求并不是一般人所能达到的。因而，就这些职业来说，气质成了职业适应性的最主要的决定性因素。

三、个性与职业的匹配

前面分别介绍了性格、兴趣、能力和气质的特征及其与职业的匹配，这些介绍都是从单方面来考虑职业匹配的，但个人在实际择业和人事部门开展职业指导时，往往是综合考虑问题的，即将一个人的性格、兴趣、能力、气质作为一个整体来衡量，这个整体通常又称为个性。美国约翰·霍普金斯大学的心理学教授霍兰德(John L. Holland)对个性与职业的匹配进行了研究，他把个性划分为六种类型：现实型、研究型、艺术型、社会型、企业型和常规型。他认为，绝大多数人都可以归于六种类型中的一种。六种类型的个性特点、环境特点、职业特点以及适应的职业如下。

1. 现实型

个性特点：具备机械操作能力或体力，适合与机器、工具、动物、植物等具体事物打交道。

环境特点：要求明确的、具体的体力任务和操作技能，人际要求不高。

职业特点：熟练的手工和技术工作，运用手工工具或机器进行工作。

适应的职业：工程师、操作X光机的技师、飞机机械师、无线电报务员、自动化技师、电工、鱼类和野生动物专家、机械工、木工等。

2. 研究型

个性特点：具备从事观察、评价、推理等方面活动的能力，讲究科学性。

环境特点：要求具备思考和创造能力，社交要求不高。

职业特点：科学研究和实验工作，研究自然界、人类社会的构成和变化。

适应的职业：科研人员、科技工作者、实验员、数学家、物理学家、化学家、植物学家、动物学家、科学报刊编辑、地质学者等。

3. 艺术型

个性特点：具有艺术性的、独创性的表达和直觉能力，不喜欢硬性任务，情绪性强。

环境特点：通过语言、动作、色彩和形状来表达审美原则，乐于单独工作。

职业特点：从事艺术创作。

适应的职业：作家、演员、记者、诗人、画家、作曲家、编剧、舞蹈家、音乐教师、雕刻、摄影艺术、室内装修、服装设计等。

4. 社会型

个性特点：喜欢从事与人打交道的活动，讲求人道主义，但不能理智地解决问题。

环境特点：解释和修正人类行为，具备高水平的沟通技能，热情助人。

职业特点：通过命令、教育、培训、咨询等方式帮助、教育、服务人。

适应的职业：联络员、外交工作者、教师、学校领导、导游、社会福利机构工作者、社会群众团体工作者、咨询人员、思想工作者等。

5. 企业型

个性特点：以劝说、管理、监督和领导等方面的能力获得法律、政治、社会和经济利益。

环境特点：充分发挥在言语、行为等方面的技能，有说服他人的能力和管理能力，完成监督性角色。

职业特点：劝说他人、指派他人去做事情。

适应的职业：厂长、各级领导者、管理者、政治家、律师、推销员、批发商、零售商、调度员、广告宣传员等。

6. 常规型

个性特点：注重细节，讲究精确，具备记录和归档能力。

环境特点：要求系统、常规的行为，体力和人际交往技能要求不高。

职业特点：一般指各种办公室、事务性工作。

适应的职业：会计、统计员、出纳、办公室职员、税务员、秘书、计算机操作员、打字员、成本核算员、法庭速记员等。

总之，工作分析的过程实际上是将其工作总目标层层分解的过程。每个岗位都有完成具体工作的分目标，在完成其分目标的基础上进而实现总目标。根据不同人的性格、能力、气质、个性与职业匹配，能更好发挥个人的主观能动性，人尽其才。

第五节　工作分析的结果及应用

工作分析（或称职务分析、岗位分析）是进行人力资源管理所有职能，即人力资源获取、整合、保持与激励、控制与调整、开发等工作的基础和前提。

工作分析的直接结果是产生职务说明书（或称职务描述书），它对工作岗位设置、岗位评价、岗位等级确定、工作再设计、定员定编等工作具有直接的指导意义。

一、工作分析的结果

职务说明书将工作岗位的特点和该工作对人员的要求用文字的形式固定下来，是工作分析的直接结果,便于在人员招聘、绩效考评、员工培训等工作过程中使用。职务说明书没有固定的格式,各企业可以根据自己的实际情况进行撰写与编制。

1. 工作描述

用文字描述某项工作所要完成的各项活动、所需设备、工作条件、工作环境等。工作描述具体说明了工作的物质特点和环境特点,主要包括以下几个方面(见图3-16)。

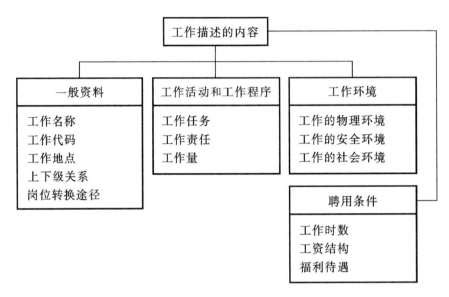

图3-16 工作描述的内容

1) 一般资料

一般来说,一般资料包括工作名称、工作代码、工作地点、上下级关系和岗位转换途径等。

(1) 工作名称:指组织对从事一定工作活动所规定的职务名称或职务代号,以便于对各种工作进行识别、登记、分类以及确定组织内外的各种工作关系。例如,数据处理操作主管人员、销售经理或库存控制员等。

(2) 工作代码:各项工作按照统一的代码体系进行编码。

(3) 工作地点:工作的具体场所和位置。

(4) 上下级关系:直接上级、直接下属、协作关系等。

(5) 岗位转换途径:在哪些工作范围内升迁或调换。

2) 工作活动和工作程序

工作活动和工作程序包括所要完成的工作任务、工作责任、使用的原材料和机器设备、工作流程、与其他人的正式工作关系、接受监督以及进行监督的性质和内容。例如,对于数据处理主管人来说,其工作活动可以描述为:"指导所有的数据处理的操作、对数据进行控制以及满足数据准备方面的要求。"具体可以归纳如下。

(1) 工作任务:明确、规范工作行为,如工作的中心任务、工作内容、工作的独立性和多样化程度,完成工作的方法和步骤,使用的设备和材料等。

(2) 工作责任:通过对工作相对重要性的了解,配备相应权限,保证责任和权利对应。

(3) 工作量:目的在于确定其工作量标准,如劳动定额、工作量基准、工作循环周期等。

3) 工作环境

工作环境包括工作的物理环境、工作的安全环境和工作的社会环境。

(1) 工作的物理环境：工作的物理环境包括湿度、温度、照明度、噪音、振动、异味、粉末、空间、油渍等，以及工作人员与这些因素接触的时间。

(2) 工作的安全环境：工作的安全环境包括工作的危险性、劳动安全卫生条件、易患的职业病、患病率及危害程度。

(3) 工作的社会环境：工作的社会环境包括工作群体的人数、完成工作要求的人际效应、各部门之间的关系、工作地点内外的文化设施、社会风俗习惯等。

4) 聘用条件

聘用条件包括工作时数、工资结构、支付工资的方法、福利待遇、该工作在组织中的正式位置、晋升的机会、工作的季节性、进修的机会等。

关于工作描述，下面举例以便于理解（见表3-9）。

表 3-9　某企业销售部经理的工作描述

职务名称：销售部经理

职务代号：1137-118

别名：销售部主任、销售部总管、销售部总监

1. 工作活动和工作程序

(1) 通过对下级的管理与监督，实施企业的销售、计划、组织、指导和控制。

(2) 指导销售部的各种活动，就全面的销售事务向上级管理部门作报告。

(3) 根据对销售区域、销售渠道、销售定额、销售目标的批准认可，协调销售分配比例。

(4) 批准对推销员销售区域的分派。

(5) 评估销售业务报告。

(6) 批准各种有助于销售的计划，如培训计划、促销计划等。

(7) 审查市场分析报告，以确定顾客需求、潜在的消费量、价格一览表、折扣率、竞争活动，以实现企业的目标。

(8) 亲自与大客户保持联系。

可与其他管理部门合作，建议和批准用于研究和开发工作的预算支出和拨款；可与广告机构就制作销售广告事宜进行谈判，并在广告发布之前对广告素材予以认可；可根据销售需要在本部门内成立相应的正式群体；可根据有关规定或建议实施对本部门员工的奖惩；可以调用小汽车2辆、送货车10辆、摩托车10辆。

2. 工作条件和物理环境

一年有75%以上的时间在室内工作，一般不受气候影响，但可能受气温影响；湿度适中，无严重噪音，无个人生命或严重受伤危险，无毒气体。有外出要求，一年有10%~20%的工作日出差在外；工作地点在本市。

3. 社会环境

有1名副手，销售部工作人员有25~30人；直接上级是销售部副总经理；需要经常交往的部门是生产部、财务部；可以参加企业家俱乐部、员工乐园的各项活动。

4. 聘用条件

每周工作40小时，法定假日休息；基本工资每月5 000元，职务津贴每月200元，每年完成全年销售指标奖金2 000元，超额完成部分再以千分之一提取奖金；本岗位是企业里的中层岗位，可晋升为销售部副总经理或分厂总经理。每年的4—10月份为工作忙季，其他时间为闲季；每3年有一次出国进修机会；每5年有一次为期1个月的公休假期，可报销5 000元的旅游费用；公司免费提供市区两室一厅（65 m²以上）住宅一套。

岗位的要求、环境和聘用条件是根据岗位的工作特点而定的,只有胜任者方可任职。表 3-10 是某企业生产技术科科长的工作描述实例。

表 3-10　某企业生产技术科科长的工作描述

职务名称:生产技术科科长　　　　　　职务编号:
部门名称:生产技术科　　　　　　　　日　期:
1. 工作活动和工作程序
(1) 代表公司行使生产组织指挥和技术管理的权力,通过对下级管理和监督,实施生产计划的制订、检查、协调、控制,并及时向主管生产的副经理汇报。
(2) 组织实施技术监督、质量管理和科技进步管理,以及对生产单位的技术指导,掌握全面技术情况和发展趋势,并就此向公司总工程师作报告。
(3) 参与制订企业发展规划,并就发展规划的实施提出切实可行的意见,做好决策参谋与计划统计,配合完成年度技改、大修项目的立项、计划控制和组织工作。
(4) 树立"安全第一"的思想,密切与安全监察科的合作,组织、指挥生产事故的处理,实现安全生产。
(5) 可按公司有关规定审批生产设备临时性检修的费用,在紧急情况下,可直接调动生产设备,以及有关人力、物力运输和通讯工具。
2. 工作条件和环境
室内和室外的工作各占 50%。室内工作环境设有空调。室外的工作环境较恶劣。常在节假日和业余时间加班,以协调、指挥设备缺陷处理和事故检修。
设 2 名副手,1 名分管开发部分,1 名分管生产部分,有专职技术人员 9 人;直接上级为主管生产副经理、总工程师;需要经常交往的部门是计划统计科、安全监察科、财务科、质检科、销售科。
3. 聘用条件
核定岗级为 16 级,奖金系数为 1.25;配住宅电话、移动电话各 1 部,手提式电脑 1 台。
4. 任职条件
年龄:30～50 岁
性别:男女不限
学历:大学本科以上
工作经验:从事生产、技术管理工作 7 年以上或任生产部门、单位负责人 3 年以上
生理要求:无严重疾病,身体强壮,有一定的野外跋涉能力;无惧高症,无晕车症
能力要求:
　　观察能力 A;集中能力 A;记忆能力 A;理解能力 A
　　学习能力 A;解决问题能力 A;创造力 B;知识域 B
　　数学计算能力 B;语言表达能力 A;决策能力 A
性格:外向
兴趣爱好:喜欢与人交往,爱好广泛
工作态度:积极、认真、仔细、有耐心
事业心:较强
合作性:优秀
领导能力:卓越

工作描述主要是对工作本身而言,是关于工作执行者实际在做什么、如何做以及在什么条件下做的一种书面文件。但在实践中,仅对工作本身的说明还不够,还应说明胜任该岗位的工

作执行人所必须具备的知识、能力和技术要求,这就是工作说明书。

2. 工作说明书

工作说明书又称职务要求,即对完成某项工作的人所必须具备的专门的工作技能、体力、心理特征等的说明和要求。表 3-11 是某企业销售部经理工作说明书的实例。

表 3-11　某企业销售部经理的工作说明书

```
职务名称:销售部经理
年龄:26～40 岁
性别:男女不限
学历:大学本科以上
工作经验:从事销售工作 4 年以上
生理要求:无严重疾病,无传染病;举重 5 kg,有时需要走动和站立;平时以说、听、看、写为主
心理要求标准:
A——全体员工中最优秀的 10% 以内。若以总经理为 100 分,则为 90 分以上,以下类同
B——70～89 分
C——30～69 分
D——10～29 分
E——9 分以下
能力要求:
    一般智力 A;观察能力 B;集中能力 B;记忆能力 A;理解能力 A
    学习能力 A;解决问题能力 A;创造力 A;知识域 A
    数学计算能力 A;语言表达能力 A;决策能力 A
性格:外向
气质:多血质或胆汁质
兴趣爱好:喜欢与人交往,爱好广泛
工作态度:积极、乐观
事业心:十分强烈
合作性:优秀
领导能力:卓越
```

工作说明书主要包括以下几个方面。

1) 教育、培训背景

受教育、培训的程度,教育、培训的经历、学历和取得的资格。

2) 专业知识

掌握有关的机器设备、材料性能、工艺过程、操作规程及操作方法、工具的选择和使用,以及安全技术、企业管理等方面的知识。

3) 经验

完成工作任务所必需的操作能力和实际经验,包括过去从事同类工作的工龄和业绩等,以及从事该项工作所需要的决策力、创造力、组织力、适应性、注意力、判断力、智力和操作熟练程度。

4）心理素质

心理素质是指完成工作所需要的职业性向，主要包括以下两类：

（1）体能性向：即任职人员应具备的行走、跑步、爬行、跳跃、站立、旋转、平衡、拉力、推力、视力、听力等。

（2）气质性向：即任职人员应具备的耐心、细心、沉着、勤奋、诚实、主动性、责任感、支配性、情绪稳定性等。

实践中，也可将工作描述和工作说明书编制在一起，称为工作分析表。

组织的任何一项工作对人都有具体要求。例如：对"性格"而言，性格外向的人较适合做公关等工作，性格内向的人更适合做比较专注的工作。由于人的个体差异，有的岗位需外向型的人才，有的岗位需内向型的人才，企业在考虑用人时，要注意与岗位要求相适应。例如：对国家安全人员、外交官、驾驶员等职业需要进行心理测试，要求其应变能力很强；教师这个职业要求有很强的语言表达能力，善于深入浅出、旁征博引。营销人员、外交官、国家安全人员等职业对人的要求也是不一样的。实践中，我们通常看到有的人工作绩效不理想，可能不是他不努力工作，而是他不适合做这项工作。这些都应该在工作分析中进行描述。

在进行工作分析时，需要注意的是所设计的管理职能的跨度不宜太大。例如：车间主任以抓生产为主；勤杂工主要从事勤杂工作。直线部门与横线部门也有明确的分工。直线部门的工作是对组织目标实现起直接作用，如生产部门、营销部门等。横线部门主要起参谋作用，如人力资源管理部门、行政职能部门等。每项工作分析都必须有严格的工作范围，不可交叉重叠设置，也不可以出现工作职责的空白区。所以，每项工作的管理跨度设置要适度，太窄或太宽都不好。工作分析涉及组织的经营目标，涉及每个员工的切身利益，要运用科学方法有效地收集资料，多进行调查研究。

总之，因为工作本身是对人有要求的，但人本身是有个体差异的，所以因人而异、用人之长、人尽其才，使工作与能力相适应是编写工作分析的关键。

实践中，工作分析也不是一成不变的，它需要根据组织任务的变化、组织战略目标的改变而灵活应用。所以，一个组织的工作分析要做到科学合理就要不断地进行分析调整，并不断地补充新的内容。

二、工作分析所获得信息的应用

通过工作分析所获得的信息是人力资源管理和开发活动的基础。企业将每项工作所包含的任务、责任和任职资格用正式的文件明确下来，可以保证组织中的每项工作都是按照管理人员的意愿进行分配，对企业的管理效率的提高和员工个人的发展都具有重要的意义（见表3-12）。

从员工招聘方面来看，工作分析能提供的信息包括工作内容和任职的资格条件方面的资料，这些与工作描述和工作说明书有关的信息实际上决定了组织需要招聘什么样的人来从事此种工作。同时，工作分析也可以用做候选人的遴选工具。

从员工培训方面来看，通过工作分析得到的工作说明书指明了各项工作所需要的技能，据此可以设计组织的培训计划和人力资源开发计划，包括评估培训的需要、选择培训方式和衡量培训对工作绩效产生的效果。这是因为，工作分析以及作为工作分析结果的工作描述和工作说明书显示出了工作本身要求员工具备哪些技能，从而也就很自然地能够了解要对员工进行何种技能培训。

表 3-12　工作分析结果的应用

员 工 招 聘	员工培训与评估	员 工 奖 酬	工作设计与组织设计
①制订人力资源规划（什么岗位？需要多少人？）②分析劳动力市场（劳动力：从工作角度分析，依人力资源的配置情况而定）③员工聘用（招什么人？根据工作分析，对事、对人作综合分析）④人员配置（依据具体岗位、人员情况而定）⑤平等就业（对一个人的安排，依据工作分析，做到科学、平等）	①确定员工培训内容、方式（根据工作岗位要求，通过员工培训弥补差距）②明确工作职责（避免产生工作推诿和工作职责分歧）③工作绩效评估（有明确的岗位、人员考核要求，不是临时拍脑袋，避免主观随意性）	①确定工作报酬（根据工作分析制订工资标准、表彰、奖金等）②给出报酬的客观标准（如评聘职称，规定标准避免主观意志，避免激化矛盾，做到公平、公正）③同工同酬（同样工作同样报酬，按岗定酬）	①工作设计与再设（增加新的岗位，形成新的职责；工作任务中新增加了一些内容，需要重新设计）②组织设计（组织结构、职权划分，授权；依据工作分析确定工作联系、部门关系；工作联系多的情况下，划分工作重组关系）③人力资源分配（设立一些岗位，人尽其才，发挥作用）

从员工奖酬政策的制订方面来看，为了估计每一种工作的价值以及对它们支付什么样的薪酬比较合适，同样需要对每一种工作所包括的任务有一个清楚的了解。这是因为，合理薪酬通常都是同工作本身的内容、工作所需要的技能、学历背景，以及工作中可能会出现的危害人身安全的因素等联系在一起的，而所有这些因素都必须通过工作分析才能得到确定。

从工作绩效评估方面来看，工作绩效评估过程就是将员工的实际工作绩效同要求其达到的工作绩效标准进行对比的过程。通过工作分析明确的工作要求是评价员工工作成绩的标准和依据。因此，在许多情况下，人力资源部门都是借助工作分析手段来确定员工应当达到何种绩效标准，以及需要完成哪些特定活动。

从工作设计和组织设计来看，工作分析可以确保所有的工作职责都落实到人。通过工作分析常常可以挖掘出被忽略的工作职责，从而可以避免因被忽略的工作职责而造成的严重损失。

通过工作分析所获得的信息成为具有内在联系的人力资源管理和开发职能的基础。工作分析所获信息的应用如图 3-17 所示。

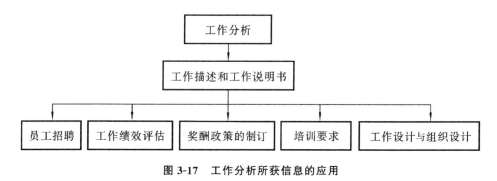

图 3-17　工作分析所获信息的应用

三、定岗定员

定岗定员是规范职位管理的重要环节,也是提高劳动生产率的途径之一。

1. 定岗

工作岗位的设置是工作分析的一个重要结果,一个企业中设置什么岗位、设置多少岗位、每个岗位安排多少人、需要什么素质的人,都将直接影响企业人力资源管理的效率和科学性。定岗在工作设计中有多种形式,归结起来常用的有三种:因事设岗、因人设岗和团队工作。

1) 因事设岗

因事设岗就是将明确的工作任务目标按照工作流程的特点层层分解,并按一定形式的工作岗位进行落实。因事设岗的好处是该岗位的工作目标清晰、职责明了,易于操作。在这种形式下,企业内部的岗位管理主要采用等级多而细的职等结构,员工只要在本岗位上努力工作,业绩突出就能被提级加薪。因事设岗的缺点是只考虑任务的要求而往往忽视在岗人员个人的特点。因事设岗的形式在机器化大工业时代比较普遍,操作工在自动化程度比较高的流水线旁日复一日、不停地重复同一种动作,工作内容非常单调、枯燥。

2) 因人设岗

因人设岗是指企业由于存在某一个或某一类特殊人才而专门设立相应工作岗位的一种现象。具体来说,因人设岗就是将明确的工作目标按照工作流程的特点层层分解到具体岗位。它与因事设岗的区别在于其岗位的任务种类是复合型的,职责也比较宽泛,相应对员工的工作能力要求更全面。因人设岗的好处是岗位的工作目标和职责边界比较模糊,员工不会拘泥于某个岗位设定的职责范围,从而有利于发挥个人特长,使企业具有应对市场变化的弹性。例如:美国许多企业内部从上到下只有六个等级,各等级内各岗位的职责分工没有明确的界限,完全根据市场的变化来调整企业内部各岗位所承担的具体任务。

因人设岗的实施有其前提条件,它主要是在企业处于特殊的管理情景下,以优秀人才为核心,扩大岗位的外延与内涵,起到工作丰富化和工作扩大化的激励效应。此外,在第三产业的相关行业中,如金融、保险、咨询服务、超市零售等,员工的个人能力和工作积极性对工作任务的完成有着很大的影响时,因人设岗更具有积极的意义。因为在这种服务性的行业中,其具体岗位所承担的任务在许多情况下要求完成的是一个过程,这个过程往往是难以量化的,所以这种岗位设置形式往往不规定一个具体的编制数而具有更大的弹性。

3) 团队工作

21世纪,市场环境正在迅速改变,一方面要求企业充分满足顾客个性化需求,另一方面要求制造商尽可能缩短产品交货时间。高速变化的市场迫使企业缩小相应业务规模以便于调整和适应市场变化,同时激烈的竞争又要求企业保持范围经济。因此,团队工作成为许多高效组织对付外部环境快速变化的方法之一,从企业流程再造、全面质量管理到新产品开发等都引入了团队工作作为组织转型的基本工具。

团队工作是一种更加市场化、客户化的组织形式,以向客户提供总体附加值(总体解决方案)为中心,把企业内部相关的各个岗位组合起来,形成团队进行工作。团队工作的最大特点是能够迅速回应客户、满足客户的个性化要求。

例如：通用电气公司的实效计划（即现场解决问题）与变革促进计划就是授权拥有丰富知识和经验的多功能小组来解决特殊问题，以提高应对顾客的反应能力；麦肯锡咨询公司建立了一个快速反应小组，其目标是在24小时内跨越全球，为公司面临难题的咨询员与其他可能具有专业知识的咨询员建立联系；美国波音公司有10万台DEU公司的PC机，DEU公司有30人常驻波音公司，就像波音公司的一个部门，这个常驻小组参与波音公司生产计划的制订、技术预测，为波音公司提供各种各样的实时服务。

2. 定员

定员是指根据工作分析、岗位分析与评价，确定岗位和岗位编制之后，根据其工作任务、人员素质、技术条件与水平、劳动力市场状况等情况，将企业中合适的人放在合适的岗位上，以充分发掘人的潜能，提高劳动生产率。

定员有广义与狭义两种含义：从广义上讲，它是指一切法定社会组织、机构的设置，组织形式及其工作人员的数量，结构和职务的分配；从狭义上来讲，是指组织机构内人员数量的定额和职务配置，即所谓定编定员。

一个岗位可定一个人，也可定多个人。例如，财务部会计岗位，可能是一个人，也可能是两个人或两人以上。规模比较小的公司财会工作业务量不大，财务部可能只有一名经理，下设一名会计、一名出纳，这时会计岗位就是一个人。如果企业财会工作量很大，会计岗位可能是两个人或者三个人，例如分为成本会计、费用会计、总账会计等。又例如，在一个规模不大的公司的人力资源部设置一名经理和一名工作人员，经理负责员工管理和监管培训部门以及人力资源部全面工作，而人力资源部工作人员则负责薪酬和福利管理工作等。

定编定员应遵循如下原则：

（1）定员必须以实现企业的生产经营目标为中心。企业的定员必须适合企业经营目标，即定员的前提是职位的需要，而不是人员的需要。

（2）定员必须以精简、高效、节约为目标。预测产品的方案要科学，因为它是定员编制的基础，切忌为了多留人员而刻意加大生产工作量；应以先进合理的定员标准和劳动定额为依据。当产品的品种、产量确定之后，决定定员人数的主要因素是劳动定额和定员标准的水平。要简化业务手续，减少管理层次，精简机构。

（3）应合理安排各类人员的比例关系。首先，要合理地确定直接生产人员（包括工人、工程技术人员等）和非直接生产人员（包括管理人员、服务人员等）的比例关系，尽量减少非直接生产人员的比重。其次，要合理地确定基本生产工人（直接参与产品制造过程的工人）与辅助生产工人的比例关系，即一线工人与二线工人的比例关系。在一定的技术装备条件下，扩大一线工人比重是提高劳动生产率的一项重要措施。再次，要合理地确定各个工种之间的人员比例关系。在一定的产品结构和一定的生产技术条件下，各个工种在人员配备数量上，存在一个最佳的比例关系。按这个比例配备人员，工种之间的劳动能力就会大体平衡，减少和消除窝工现象。最后，定员必须同劳动分工与协作关系相适应。

复习思考题

1. 请阐述组织设计的原则、重点及其类型。

2. 什么是工作分析？如何使用工作分析所提供的信息？
3. 请编写一份财务经理的工作描述和工作说明书。
4. 试说明工作分析在人力资源开发和管理活动中的地位。
5. 在工作描述和工作说明书中通常分别可以找到哪些类型的信息？

综合案例研讨

为什么司机的评分这么高？

W 血液中心是全民所有制卫生事业单位，是 W 市行政区域内负责采集、提供、调剂临床用血的公益性组织，现有员工 207 人，下设行政、卫生技术和后勤服务三大类 16 个科室共 73 个岗位；中心有采血车 8 辆，其中投放高校 2 辆、街头 6 辆。就业务性质而言，中心的业务产出是"定量的合格的血液"，即为医院提供充足的安全合格的血液及分离的血液制品（血浆、血清等），其业务收入主要包括国家财政拨发的固定资金和中心成品血液销售收入两部分，具体业务流程如图 1 所示。

图 1 血液中心业务流程

2007 年，中心员工的整体满意度产生较大波动，其中体采科（负责血液采集）有 56 人，是中心的大科室，科室主要成员是采血护士，每天冒着风吹日晒到街头采血，由于中心的主要工作是为医院提供血液及分离的血液制品，所以一直以来薪酬都是向采血科倾斜。行政部门一些员工因此感到不满，他们认为，虽然采血护士的工作重要，也很辛苦，但是其薪酬与其他科室的差距过大。另外，后勤科也觉得不平衡，尤其是送血司机，觉得自己随时接到通知就要向医院送血，也很辛苦，但是后勤部门的整体工资偏低。

中心领导班子认识到中心现行薪酬制度已无法适应中心发展需要，中心急需一套能科学地区分各岗位贡献大小和员工工作贡献高低，调动员工的积极性和创造性的薪酬体系，于是中心领导班子开始着手中心的薪酬改革项目。而第一步也是最重要的一步，就是进行岗位价值评估。

W 血液中心以海氏法为基础，采取要素评分法来进行岗位价值评估。中心参考了国际通用的标准评价指标，结合中心工作的特殊性，将岗位价值评估体系分为岗位技能、工作特性和岗位责任三个维度，每个维度又确定不同的评价指标，并用层次分析法对每个指标赋予相应的权重，并划分成不同的等级和分数（各指标满分为 100 分，最后加权加总），以此为依据对每个岗位的价值进行评分。中心设计的岗位评价指标体系如表 1 所示，指标分级及相应分值如表 2 所示。

表1 岗位评价维度及指标

维度	评价因素	权重	因素定义
岗位技能(0.3)	学历	0.258 3	指胜任本职工作要求的最低学历(学位)。所需学历越高,分数越高
	工作经历	0.139 8	指胜任本职工作必须具备的相关行业或专业的工作资历,以工作年限为衡量标准。所需年限越长,分数越高
	熟练期	0.043 2	指具备相关专业知识的新任职者胜任本职工作需要的时间。所需时间越长,分数越高
	知识面	0.154 7	指任职者在履行工作职责时需具备的专业学科知识的广度。所需知识面越宽广,分数越高
	专业知识深度	0.107 8	指任职者在履行工作职责时需具备的专业学科知识的深度。所需专业知识越深,分数越高
	管理技能	0.293 6	指胜任本职工作时必须具备的组织、协调和沟通的能力。所需管理技能越高,分数越高
工作特性(0.4)	体力强度	0.047 2	指从事该工作时所需运用体力的程度,其消耗水平的高低根据工作姿势,持续时间长短和用力大小进行判断。所需体力越大,分数越高
	脑力强度	0.191 4	指工作所需要的脑力或视力,即在进行本岗位工作时需要思想及视力的集中程度。所需脑力强度越大,分数越高
	创新与开拓	0.208 5	指顺利进行工作必需的创新能力与开拓精神。所要求的创新与开拓精神越强,分数越高
	工作紧张程度	0.181 6	指工作的节奏、时限、工作量、注意力转移程度和工作所需的对细节的重视所引起的工作紧迫感。工作紧张程度越高,分数越高
	工作压力	0.098 5	指工作本身给任职者带来的压力,根据决策迅速性、工作常规性、任务多样性、工作流动性及工作是否被经常打断进行判断。工作压力越大,分数越高
	劳动时间	0.047 1	履行本岗位工作职责需要的劳动时间。劳动时间越长,分数越高
工作特性(0.4)	非工作时间持续性	0.057 1	指工作并没有随着下班时间的到来而终止,为顺利完成工作,需占用非工作时间。非工作时间越长,分数越高
	环境舒适性	0.047 1	指温度、湿度等工作环境因素对任职者生理的适宜程度。工作环境越恶劣,分数越高
	职业危险性	0.091 4	指在工作中存在的危险及可能对任职者身体造成危害的程度。职业危险性越强,分数越高
岗位责任(0.3)	成本费用控制责任	0.068 6	指因操作不规范所造成的血液制品不合格或材料损耗的责任,其责任的大小以一次事故可能造成的直接和间接损失金额为判断基准
	仪器设备安全责任	0.106 1	指因工作疏忽造成的仪器/设备直接损失以及由此致使仪器设备不能正常使用而造成间接损失的责任,责任的大小以一次事故可能造成损失金额的多少作为判断基准
	指导责任	0.068 6	指在正常权限范围内,对他人进行帮助或指导的责任
	对他人的安全责任	0.168 1	指对他人的健康以及生命安全所负有的责任

续表

维度	评价因素	权重	因素定义
岗位责任(0.3)	社会影响责任	0.254 9	指在履行本岗位职责、对外服务时树立良好的职业形象，倡导优良医德医风的责任
	内部协调责任	0.154 4	指在正常工作中，需要与中心内部其他岗位或科室进行协调以顺利开展业务的责任
	外部协调责任	0.110 8	指在正常工作中需与外界维持密切工作关系，以便顺利开展工作所负有的责任
	决策层次	0.068 6	指在正常工作中需要参与决策，其责任的大小根据所参与决策的层次高低作为判断基准

表2 指标分级及相应分值（范例）

学历

因素定义：指胜任本职工作所要求的最低学历（学位）。所需学历越高，分数越高。

分级	分级定义	点数
一级	初中及初中以下	20
二级	高中、职业高中或中专	40
三级	大学专科	60
四级	大学本科	80
五级	硕士或双学士及以上	100

接着，中心分别从各部门选择20人组建了岗位评价小组，按照指标体系对中心岗位进行打分。岗位评价小组成员都是在中心工作过较长时间的老员工，对各个岗位的工作都比较熟悉，他们参照岗位评价指标体系对各个岗位进行了认真的评价。打分结果出来之后，令中心领导感到非常困惑的是，司机岗位的分数非常高，甚至超过了一些行政科室的科长。

分析与讨论题

请你分析一下为什么司机岗位的评价分数会这么高？是评价指标体系有偏差？还是评价过程有什么问题？请提出相应的解决方案。

第四章

人员招聘与测评

第一节　人员招聘概述

第二节　人员招聘流程

第三节　招聘管理

第四节　人员测评

聪明人必须聪明到选用比自己聪明的人的程度。

——约翰·肯尼迪

第四章 人员招聘与测评

学完本章后，你应当能够：
(1) 了解人员招聘的概念、目的和原则；
(2) 掌握人员招聘的途径，以及各种招聘途径的优点和缺点；
(3) 掌握人员招聘的流程及需要注意的问题；
(4) 掌握人员测评的主要类型及其方法。

生产保健品的某公司曾经招聘了一名市场总监，此人是某知名大学MBA毕业生，以前做过市场部区域经理，有管理十余个下属的经验。初次见面，给人的感觉是十分干练、精明，因此公司领导对这名市场总监非常满意。

过了一个月，发现这名市场总监经常有很多想法，说得很好，但执行能力却不足。制订的市场策划方案令人非常满意，但是执行起来比较困难。另外，在与团队中其他人合作方面表现较差，也缺乏对团队成员的领导能力，市场部员工抱怨较多。因此，公司领导很不满意。最后，这名MBA毕业的市场总监离开了这家公司。

人员招聘对组织来说意义重大，组织的生存和发展必须有高质量的人力资源。人员招聘就是为了确保组织发展所必需的高质量人力资源而进行的一项系统工程，由招募、选拔、录用、评估等一系列活动构成。一个企业或组织要想招聘到并永远留住所需要的人才是不容易的，也不是人力资源管理所能控制的。正因为存在人才的流动，才会有人才的招聘与引进，所以招聘是企业或组织经常性的工作。那么，如何才能招聘到企业真正需要的人才呢？本章将会就此问题进行详细讨论。

第一节 人员招聘概述

一、人员招聘的基本概念

1. 人员招聘的定义

韦恩·蒙迪(1998)认为，招聘是能及时地、足够多地吸引具备资格的个人，并鼓励他们申请加入到组织中来工作的过程。

约瑟夫·普蒂(1999)认为，招聘就是依据人力资源开发计划和预测的有效性，发现潜在人才，并根据短期和长期的需要来预期职务空缺和新的用人机会，制订、确定有关政策，以规划和满足未来需要的过程。

罗伯特·马希斯(1999)认为，招聘与选拔就是选择潜在的任职者。

爱德华·拉齐尔(2000)认为，招募与雇佣是根据预先制订的招募、用人、报酬等标准，通过一系列活动，能够使企业以最低的成本吸引、筛选到高质量的、喜欢该工作又适合该职务的求职者的过程。

西蒙·多伦(2000)认为,招募是指组织依据一定的制度与法规,通过一系列的活动过程,从大量高素质人员中挑选出最佳人选,以满足组织的需要,同时也满足申请人个人的需要,以增加他们留在组织中的可能性。

詹姆斯·斯通纳(2001)认为,招聘就是以人力资源管理计划为依据,建立充足的备选人才库,以在需要时可以从中选拔合适的人才。

陈树文(2010)指出招聘具有广义与狭义之分,广义的员工招聘包括人员的招募、选拔、录用与评估等一系列过程,而狭义的招聘主要指人才的吸引与选拔。

本书认为,人员招聘是企业或组织出现空缺工作岗位时吸引应聘者并从中选拔、录用企业或组织所需要人员的过程。

企业或组织出现空缺工作岗位主要有如下原因:

(1) 人员离职。如因原有职工调任、离休、离职、退休、死伤等而出现职位空缺。

(2) 组织中水平流动。如为调整员工队伍,通过裁员或换岗等出现岗位空缺。

(3) 组织战略、任务改变。如因增加新的工作岗位、新组建一个企业、扩大业务面等而出现岗位空缺。

2. 人员招聘的原则

人员招聘一般需要遵循如下基本原则:

(1) 合法原则。人员招聘必须遵守国家有关法律与相关政策的规定。

(2) 适合原则。人员招聘应保证被聘人员的素质,如被聘人员的道德品质、知识技能、身体状况等均符合组织要求。

(3) 公正原则。人员招聘应做到录用过程公正,对来自不同业界的人聘用时一视同仁,不得人为地制造各种不平等的附加条件限制。要通过考核、竞争机制选拔人才。采用"赛马"和"相马"相结合的方法,以严格的标准、科学的方法对候选人进行测评,根据测评结果确定人选,创造一个公平竞争的环境。

(4) 高效原则。人员招聘过程要讲求高效率,招聘范围恰当,招聘方式科学,在保证质量的同时,应尽可能降低招聘费用。

(5) 内部优先原则。在企业内部优先招聘,可降低招聘成本,为企业内员工提供晋升机会,起到激励员工的作用。

(6) 科学化原则。招聘人才一定要有一套科学而实用的操作程序,使招聘工作有条不紊地进行,保证为企业挑选出高质量的合格人选。

(7) 用人所长。在招聘中,必须考虑有关人选的专长,量才录用,做到人尽其才、事得其人。

3. 人员招聘的意义

人员招聘是保持企业或组织高效率运转的重要手段,对保持企业或组织的平衡发展具有重要而深远的意义。概而言之,人员招聘的意义表现为如下四个方面。

1) 人员招聘关系到组织的生存和发展

在激烈的市场竞争中,企业或组织需要高素质的员工队伍和科学的人事安排。人员招聘工作的成功与否,直接关系到组织的生存和发展。优秀的管理队伍和高素质的员工队伍是组织最宝贵的资源和财富。例如:宝洁公司的前任首席执行官曾经说过:"在公司内部,我看不到比招聘更重要的事。"招聘工作处于人力资源管理价值链的前端,这意味着假如企业在人员招聘与选拔这一环节出现问题,那么,将在后期的人员使用和开发上付出代价。

2) 人员招聘是确保员工队伍良好素质的基础

人员招聘是一项复杂、重要且难度较大的工作。即使在人才市场供大于求的情况下也是如此。有资料显示,1982年,美国失业率高达10.8%,创经济大萧条后的最高纪录,但人事部门在市场上招聘经理时依旧竞争激烈。企业只有招聘到合格的人员,把合格的人员安排到合适的岗位上,并在工作中注重员工队伍的教育、培训和发展,才能确保员工队伍的高素质。

3) 通过人员招聘获取企业需要的人,促进企业创新与发展

企业通过人员招聘,可以增加、维持和调整企业的总劳动力,保持人力资源需求的动态平衡,维持企业的生存、创新和可持续发展。

4) 履行企业的社会义务

企业的社会义务之一就是提供就业岗位,招聘正是企业履行这一社会义务的过程。

二、人员招聘决策

人员招聘决策是指企业对人员招聘过程中的一系列具体问题作出决定的活动。

1. 人员招聘的决策过程

人员招聘是在企业人员供不应求时采取的措施之一。在实施人力资源计划时,需要保持供需之间的平衡。如果出现人员供小于求的情况,企业就要采取措施进行劳动力的平衡。平衡的措施可以是进行人员招聘,也可以采用非招聘的解决方案。选择何种解决方案根据企业人员短缺的性质和短缺岗位的工作性质而定。

如果企业或组织出现劳动力短缺的情况是短期的,或者工作量出现波动的时候,可以不急于采取人员招聘的方式去解决人员短缺岗位的问题。因为业务量是波动的,一旦将人员招聘进来,当业务量小的时候,就会出现人员的富余,而处理富余人员要比招聘人员困难得多。

如果短缺岗位没有那么重要,例如,岗位的工作对专业技能要求不高或不涉及公司的核心工作流程,那么,可以采用雇用兼职或外包的形式解决劳动力紧缺的问题,因为招聘人员的成本大,并且会给人力资源管理增加很大的工作量。

2. 人员短缺的非招聘方案

对于人员短缺的非招聘解决方案一般包括组织员工加班、招聘兼职人员、业务外包等几个方面。

1) 组织员工加班

如果企业中的人员供求失衡是一种短期现象,那么,解决短期劳动力不足问题最常用的方法是鼓励加班。组织员工加班不仅使企业避免了在招聘、选择和培训等方面的成本,而且也解决了将来工作量减少时人员富余的问题;同时,员工也可以通过加班得到相应的报酬。

需要注意的是,采用加班的形式解决的必须是短期人员不足的问题,而且员工加班的方式必须符合国家劳动法的规定。

2) 招聘兼职人员

有些企业采用兼职人员或临聘人员的办法以保持随工作负荷变动的灵活性,同时企业招聘兼职人员可以相应减少在招聘、人员调整和员工福利等方面所需要的费用。

3) 业务外包

企业员工加班是解决组织在短期人员不足时所采用的一种方法。另外,有些企业虽然已

预测出市场对其商品或服务需求长期增长,但它仍然不会招聘新员工。此时,企业就会选择将业务外包的方法来满足市场需求。在实际操作中,当某些外包商在生产某些商品或提供某些服务更具有专长时,这种方法特别具有吸引力,而且,这样的安排会使双方都从中受益。

3. 影响招聘决策的因素

影响招聘决策的因素主要有内部因素和外部因素。

1) 招聘决策的内部因素

(1) 企业的声望。企业是否在应聘者心中树立了良好的形象以及是否具有强大的吸引力,这将从精神方面影响招聘决策活动的成效。如宝洁、微软、IBM等一些世界知名公司,以他们在公众中的声望,很容易就能吸引大批的应聘者。

(2) 企业处于发展阶段。显然,人力资源管理职能的相对重要性是随着企业所处阶段的变化而变化的。产品增加或服务范围的扩大需要增设新的岗位和更多的人员,所以,处于增长和发展阶段的企业比成熟或处于衰落阶段的企业需要招聘更多的员工。除了改变招聘规模和重点以外,处于发展阶段且还在迅速扩大的企业在招聘信息中更会强调雇员的发展和晋升机会,而一个成熟的企业可能强调其工作的稳定性以及所提供的高工资和福利待遇等。

(3) 企业的招聘政策。企业的招聘政策对人员招聘决策有所影响。例如,对于要求有较高业务水平和技能的工作,企业可以根据不同的招聘来源选取相应的方法,这取决于企业高层管理者是喜欢从内部还是从外部招聘。目前,大多数企业倾向于从内部招聘上述人员,这种政策可以为员工提供发展和晋升机会,有利于调动员工的工作积极性。而内部招聘人员选择的范围比较小,并且也无法满足一些特殊人才的需求。另外,企业内的用人是否合理,是否有良好的上下级关系,升迁路径的设置如何等,也会影响招聘决策。

2) 招聘决策的外部因素

(1) 国家政策、法规。国家的政策、法规从客观上界定了企业招聘对象选择和限制的条件。西方国家的人权法规定在招聘信息中不能有优先招聘哪类性别、种族、年龄、宗教信仰的人员表示,除非这些条件是因为工作岗位的真实需要。而且,在西方一些国家中,如果企业或其他组织在联邦政府管辖的范围内招聘100个以上的雇员,那么,雇主的招聘计划和目标尤其要受到法律的约束。也就是说,雇主必须设计其招聘计划和方法以在特定的人口组内吸引有资格的应聘人,包括妇女、本地人、外裔和残疾人等。

(2) 劳动力市场。①市场的地理位置。劳动力市场状况对招聘具有重要影响,其中一个因素是劳动力市场的地理位置。根据某一特定类型的劳动力供给和需求,劳动力市场的地理区域可以是局部性的、区域性的、全国性的和国际性的。通常,那些不具有很高技能的人员可以在局部劳动力市场招聘,如打印社打字员和商场售货员等。那些具有更高技能的人员可以在区域性劳动力市场招聘,如水污染处理专家和计算机程序员等。专业管理人员应在全国性的劳动力市场上招聘,因为他们必须熟悉企业内外的环境和文化。最后,对某类特殊人员如宇航员、物理学家和化学家等,除了在国内招聘外,还可在国际性的劳动力市场招聘。②市场的供求关系。我们把劳动力供给小于需求的市场称为短缺市场,而把劳动力供给大于需求的市场称为过剩市场。一般来说,处于过剩市场时,在外部招聘人员比较容易。处于短缺市场时,人员的短缺可能引起其身价的上升并迫使企业扩大招聘范围,从而使外部招聘人员比较困难。

总之,劳动力市场状况影响招聘计划、范围、来源、方法和所必需的费用。为了有效地工作,招聘人员必须密切关注劳动力市场的变化。

(3) 行业的发展。如果企业所属的行业具有巨大的发展潜力,就能吸引大量的人才涌入这个行业,从而扩大企业的招聘来源。相反,当企业所属行业远景欠佳时,企业就很难有充裕的人才可供选择,如传统纺织业。

三、人员招聘的途径

人员招聘途径主要有内部招聘与外部招聘两种。传统观念认为招聘都是对外的,事实上,企业内部人员也是空缺岗位的后备人员,而且越来越多的企业都开始注重从内部招聘人员。

内部招聘与外部招聘各有利弊,两者基本上是互补的。内部招聘与外部招聘的优劣比较见表 4-1。

表 4-1　内部招聘与外部招聘的优劣比较

	内部招聘	外部招聘
优点	①了解全面,准确性高,有利于人员流动 ②发挥组织中现有人员的积极性 ③加速上岗人员的适应过程 ④降低人力成本,减少选择费用和培训费用	①人员来源广,选择余地大,有利于招聘到一流人才 ②新员工能带来新思想、新方法 ③招聘现成人才,节约培训投资
缺点	①来源局限于企业内部,容易造成思想趋同 ②容易造成"近亲繁殖" ③可能会因操作不公或员工心理原因造成内部矛盾	①对应聘者的了解不全面 ②新员工不了解企业情况,进入角色缓慢 ③内部员工得不到提升机会,积极性可能受到影响 ④招聘成本和培训成本大

对企业或组织而言,究竟是采用内部招聘还是采用外部招聘,没有固定的规定,这需要根据企业自身的情况进行合理决策。

1. 内部招聘

内部招聘通常是指企业在内部公布空缺职位,从单位内部选择合适的人选来填补空缺职位的过程。这种方法使得员工有一种公平、合理、公开竞争的平等感觉,使员工更加努力奋斗,为自己的发展增加积极的因素。内部招聘的主要形式如下。

1) 内部公开招聘

在企业内部发布招聘广告,发布广告的目的是展示现有职位空缺,邀请企业内部所有符合条件的员工申请。这种方法的好处在于让各类员工都知道岗位空缺,组织可以更好地发掘潜在人才,鼓励员工对自己的职业发展负责。

2) 提拔晋升

选择可以胜任空缺职位的优秀人员。这种方法的好处在于给员工以职业进阶的机会,使员工有更多的职业成就感,更有利于激励员工。内部提拔的人员对于本单位的业务工作熟悉,能够较快适应新的工作岗位。然而,内部提拔也存在着一定的不利之处。由于新的岗位总是有限的,内部员工竞争的结果必然是有人欢喜有人忧,内部提拔有可能影响到员工之间的关系,甚至导致人才的流失。

3) 工作调换

工作调换是内部人员的另一种来源,工作调换不仅能填补空缺,而且还可起到许多其他作用。例如:可以使内部员工了解单位内其他部门的工作,与本单位更多的人员有较深的接触、了解。这样,一方面有利于员工今后的发展,另一方面可以使上级对下级的能力有更进一步的了解,并为干部的晋升提拔工作做好准备。

4) 重新聘用

由于某些原因,有些企业会有一批在编而不在职的员工,如退休人员、长期休假人员。另外,还有一些已在其他地方工作但人事关系还在本单位的人员等。这些人员有的恰好是企业需要的。他们中有的人素质较好,对这些人员的重新聘用会使他们有再为单位贡献力量的机会。因此,重新聘用也是在人员短缺时的一种方法。

2. 外部招聘

顾名思义,外部招聘就是从企业的外部招聘所需要的人才。外部招聘的常用方法有三种:直接招聘、间接招聘和网络招聘。直接招聘是企业直接向外发布招聘信息进行招聘;间接招聘是委托中介机构进行招聘;网络招聘是企业借助互联网进行招聘。

1) 直接招聘

直接招聘包括广告招聘、上门招聘和员工推荐。

(1) 广告招聘。广告招聘是企业从外部招聘人员的最常用的方法之一。使用广告招聘人员要把握两个方面的工作:广告媒体的选择和广告内容的设计。

① 广告媒体的选择。企业在发布人员招聘信息时,可供选择的广告媒体很多,如电视、广播电台、报纸、期刊、网站、广告散页,等等。每种广告媒体均有其利弊,企业在进行选择时,需要综合考虑空缺岗位、广告价格、潜在应聘者的地理位置、工作特性等诸多因素。

② 广告内容的设计。在进行招聘广告的内容设计时,需要考虑以下五个方面。

企业介绍:介绍企业性质、规模实力、企业文化、企业发展前途等。

工作描述:列出工作名称、工作内容、物理环境、社会环境等。

对应聘者的要求:列出专业、学历、工作经验、能力等方面的要求。

工作待遇:应聘者一般都很关注工作的待遇,在招聘广告中应列举出企业能够提供的条件,如工资、职位、培训机会、住房条件、出国机会等。

申请方法:招聘广告中应清楚地说明申请工作或职位的方法、公司地址、联系电话、电子邮箱等,以方便申请人联系。

(2) 上门招聘。所谓上门招聘,就是由企业或组织的招聘人员通过到学校、参加人才交流会等招聘形式直接招聘人员的一种方法。学校是企业或用人单位上门招聘人员的主要渠道之一。与社会招聘相比,校园招聘存在许多优势:学生的可塑性强;选择的余地大;候选人专业多样化,可满足企业或用人单位的多方面需求;招聘成本低;有助于宣传企业形象等。

(3) 推荐。通过企业或组织的员工、客户、合作伙伴等熟悉人推荐候选人,也是企业或组织招聘人员的重要来源。该招聘方式的优点是:对候选人的了解比较准确;应聘人员素质较高、可靠性高;招聘的成本较低。

2) 借助中介机构

企业或组织可以借助中介机构进行人员招聘,主要的几种中介机构人员招聘方式如下:

(1) 猎头公司。用传统的渠道往往很难获得高级人才和尖端人才,但这类人才对企业或组织的作用确实非常重大。猎头公司(head hunter)就是那些专门为受托企业或组织招聘人员的公司。不同的猎头公司有不同的工作程序。典型的步骤是:分析客户的需要,根据需要搜寻人才并进行面试、筛选,最后作出候选人报告供客户(委托企业或组织)选择。全面理解客户的需要是成功找到合适人才的前提。为了切实理解客户的需要,有的猎头公司甚至派人去客户单位工作一段时间,以彻底地了解和体会其文化、员工关系、组织结构等。

(2) 职业介绍机构。职业介绍机构往往担当着双重角色:既为企业或组织择人,也为求职者择业。这种定位使得职业介绍机构能够掌握大量的关于求职者和组织的信息。企业或组织向职业介绍机构提出用人要求,职业介绍机构就可以根据要求提供求职者的简历等个人资料。

(3) 大专院校毕业生分配部门。高校是企业或组织人员招聘的主要来源。企业或组织根据人员需求的实际情况委托各类高校的毕业生分配部门为其推荐人员不失为一种有效的招聘方法。

(4) 人才市场、劳务市场。在全国的各个大、中城市,一般都设有人才交流服务机构。这些机构常年为各类用人单位提供人员招聘服务,它们建立有自己的人才资料库,企业或组织可以很方便地在资料库中查询到符合要求的人员资料。

3) 网络招聘

由于互联网(Internet)的快速发展,网络成为人们寻找信息的间接而方便的途径。网络招聘也成为一种新兴的招聘形式,目前许多企业借助网络招聘人才。网络招聘人员的主要形式如下:

(1) 注册成为人才网站的会员。在人才网站上发布招聘信息,收集求职者信息资料库,查询合适人才的信息。目前,我国出现了大量的人才网站,如中华英才网、51job、前程无忧等。

(2) 企业或组织在自己的主页或网站上发布招聘信息。

(3) 企业或组织在某些专业或特定的网站上发布招聘信息。

企业或组织要想从外部招到所需要的人才,还必须考虑以下几个主要问题。①报酬问题。待遇太低,人才难留。②才能发挥问题。一个人才在某一岗位上,如果他的才能得不到发挥,专长得不到利用,他就不会安心工作,迟早会跳槽。③社会角色问题。有时尽管待遇高,人才的才能也能得到发挥,但没有适当的职务,心理也是不平衡的。这三个问题,我们将之比喻为一个小圆凳的三条腿,如图4-1所示。

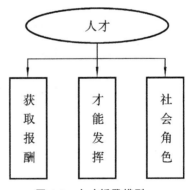

图 4-1 人才板凳模型

我们将凳面上坐着的人称为人才。如果板凳三条腿中任一条腿出现问题,小板凳就会倾斜,人就会滑下来,结果也就是人才流失了。因此,在招聘的过程中必须对人才进行综合分析。例如,对高级人才来说,其流失的主要原因可能是"才能发挥"和"社会角色"问题。

四、人员招聘的策略与评估

1. 人员招聘的策略

招聘策略是招聘计划的具体体现,是为实现招聘计划而采取的具体行动。

1) 地点策略

选择在哪个地方进行招聘,一般要考虑潜在应聘者寻找工作的行为、企业所处的地理位置和劳动力市场状况等因素。一般来说,为了节省开支,企业通常在既有条件又较为熟悉的地方招聘。为了提高效率,企业通常倾向于在所在地的市场上招聘办事员和工人,在跨地区的市场上招聘专业技术人员,而在全国范围内甚至国际上招聘高级管理人才。

2) 方式策略

采用哪一种途径或方式招聘人员,应根据供求双方的不同情况而定。是采用简单的方式,还是繁复的方式;是采取主动,还是等人上门;是大张旗鼓,还是"悄悄"进行等。无论采取哪种方式,做好招聘工作都需要与大专院校、职业介绍机构、有关培训咨询机构等保持密切联系。一般情况下,企业可在大学毕业生中招聘专业技术人员和管理人员,借助于职业介绍机构招聘有关办事人员,通过广告招聘销售人员和生产操作工人等。为了节省成本和时间,还可采用员工引荐的方式。

3) 时间策略

有效的招聘策略不仅要明确招聘地点和方法,还要确定恰当的招聘时间。招聘时间一般要早于职位空缺出现的时间。

可以用一个例子来说明招聘时间的选择。某企业欲招聘 30 名推销员,根据预测,招聘中每个阶段的时间占用分别为:征集个人简历需要 10 天,邮寄面谈邀请信需要 4 天,面谈准备需要 7 天,企业决定聘用与否需要 4 天,接到聘用通知的候选人在 10 天内作出接受与否的决定,受聘者 21 天后到企业参加工作,则前后需耗费的时间为 56 天。那么,招聘广告必须在其招聘活动前 2 个月登出,即如果招聘 30 名推销员的活动是在某年的 6 月 1 日进行,则招聘广告必须在 4 月 1 日左右登出。

2. 人员招聘的评估

一个完整的招聘过程应该有一个招聘评估阶段。招聘评估包括以下三个方面的工作。

1) 招聘成本评估

招聘成本评估是指对招聘中的费用进行调查、核实,并对照预算进行评价的过程。它是鉴定招聘效率的一个重要指标。

$$招聘单价 = 总经费(元)/录用人数(人)$$

在评估招聘成本之前,应该制订招聘预算。每年的招聘预算应该是全年人力资源开发与管理总预算的一部分。招聘预算中主要包括招聘广告预算、招聘测试预算、体格检查预算和其他预算等。其中,招聘广告预算占相当大的比例,一般来说按 4:3:2:1 的分配比例做预算较为合理。

2) 录用人员评估

录用人员评估是指根据招聘计划对录用人员的质量和数量进行评价的过程。

录用人员的数量可用以下几个数据来表示。

(1) 录用比(ratio of hire,RH)公式:

$$录用比(RH) = 录用人数/应聘人数 \times 100\%$$

录用比越小,则说明录用者的素质可能越高。

(2) 招聘完成比(ratio of recruitment,RR)公式:

$$招聘完成比(RR) = 录用人数/计划招聘人数 \times 100\%$$

如果招聘完成比等于或大于100%,则说明在数量上完成或超额完成招聘计划。

(3) 应聘比(ratio of acceptance,RA)公式:

$$应聘比(RA)=应聘人数/计划招聘人数×100\%$$

应聘比说明招募的效果,该比例越大,则说明信息发布的效果越好。

除了运用录用比和应聘比这两个数据来反映录用人员的质量外,也可以根据招聘的要求或工作分析中的要求对录用人员进行等级划分来确定其质量。

3) 撰写招聘小结

招聘小结的内容主要包括招聘计划、招聘流程、招聘结果、招聘经费和招聘评价。

第二节 人员招聘流程

招聘人数较多或常年招聘的企业或组织一般都要制订明确的招聘流程。制订招聘流程的作用主要有以下三个方面:

(1) 规范招聘行为。招聘行为规范化可以减少相关环节的差错,提高整个招聘工作的效率。其实,招聘工作并非人力资源部门独立完成的工作,它还涉及企业各个用人部门和相关的基层、高层管理者的用人思路。所以,在招聘工作中,各部门、各管理者的协调就显得十分重要。有了规范化的招聘流程,再对招聘工作进行过程控制,可以有效地实现各部门管理者和员工之间的良好沟通。

(2) 提高招聘质量。在应聘人员当中,要准确地把优秀的人选识别出来,并不是一件简单的事情。在人员招聘活动中,既要考核应聘者的专业知识、岗位技能等专业因素,又要考核应聘者的职业道德、进取心、工作态度、性格特征等非智力因素。通过制订人员招聘流程,可使人员招聘工作更加科学、合理,从而有效地提高人员招聘的质量,同时降低招聘成本。

(3) 展示公司形象。经过充分准备的、有计划的招聘活动可以向应聘者展示公司的良好形象,从而吸引优秀的人才。

图 4-2 是一个典型的人员招聘流程,其中各个环节的具体内容将分别阐述。

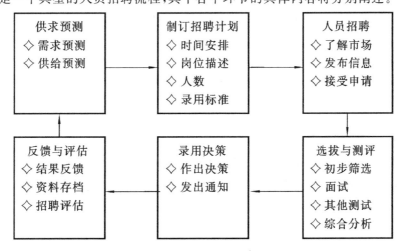

图 4-2 典型的人员招聘流程

一、供求预测

供求预测阶段的主要工作是准确把握有关组织对各类人员的需求信息,确定招聘人员的种类和数量。这个步骤包括需求预测和供给预测两个部分。其中,需求预测得出哪些岗位需要人以及需要什么样的人,而供给预测解决的问题是到什么地方去找这些人。

在进行人员供给预测时,应根据企业或组织目前的现状,采取技能调查、马尔柯夫矩阵预测等方法,并结合区域以及全国的人员供给情况进行预测。在进行人员需求预测时,应该根据企业或组织的现状如职位状况、工作负荷等因素和将来的发展如销售额、服务等因素来确定未来的人员需求和人员质量。

二、制订招聘计划

通过对人力资源的供求预测可以大致得到企业或组织新增人员的需求数量和招聘的渠道(途径),接下来就应制订具体的招聘计划。人员招聘计划是人力资源规划的重要组成部分,可以为人员招聘及录用工作提供客观依据和规范性的方法,减少在人员招聘和录用过程中出现盲目性和随意性。

一般来说,人员招聘计划应包括如下几个方面的内容。

1. 录用人数及职位计划

在制订招聘计划时,需要确定各岗位上拟增加的人员数量以及职位,然后汇总成企业要招聘的总人数。表 4-2 是某公司 2014 年拟招聘人员。

表 4-2　某公司 2014 年拟招聘人员

序　号	招聘部门	招聘岗位	招聘人数
1	企业管理部	财务或审计	1～2
2	生产部	物流经理	1
3	销售部	管理培训生	3～5
4	研发部	机械设计	10

2. 明确录用要求

在制订招聘计划时,需要结合工作说明书指明拟招聘职位的录用要求,如对年龄、性别、学历、资历、知识背景、工作经验、技能、个性品质、身体状况等方面的要求。表 4-3 是某公司的应聘条件清单。

3. 时间安排合理紧凑

在制订招聘计划时,应合理而紧凑地安排招聘工作的具体时间。由于对急需人才的争夺变得日益激烈,如果不能合理安排招聘时间,有可能由于贻误时机造成人才转移。表 4-4 是某公司的员工招聘时间安排。

第四章　人员招聘与测评

表 4-3　某公司的应聘条件清单

说明：该清单用于筛选应聘者简历及申请表。

要想在某公司谋职，应聘者必须符合以下应聘条件。

① 专业成绩：本专业成绩排名中等以上，不得有挂科现象。

② 外语能力：国贸专业英语六级成绩 426 分以上，日语国际一级，其他专业英语 CET4 成绩 426 分以上。

③ 语言能力：能将自己的思想和观点明白无误地表达出来，能让面试官接受。

④ 求职动机：对本公司文化具有高度认可性，本人成就动机与所需岗位匹配。

⑤ 举止仪表：穿着打扮得体，言行举止符合一般礼节。

……

如果应聘者符合上述全部要求，应将其列入候选人行列。

表 4-4　某公司的员工招聘时间安排

公司投入运营前___周	11	10	9	8	7	6	5	4	3	2	1	0
在媒体宣传公司形象												
在报纸上刊登各职位的招聘广告												
开始接收简历												
简历筛选												
电话约应聘者前来面试												
先聘用 30% 的研发人员												
聘用物流经理												
聘用管理培训生												
聘用财务或审计												
聘用 70% 的研发人员												
聘用剩余人员												
开始运营前___个星期			12				8			4		

4. 招聘渠道的确定

有效的招聘工作需要选择合适的招聘渠道来获得职位候选人。在供求预测阶段对可能的招聘渠道进行分析，根据职位的不同、职位空缺的数量、需要补充空缺的事件限制等因素综合考虑，选择最有效而且成本合理的招聘渠道。招聘渠道通常有外部招聘和内部招聘两种。

总之，在制订招聘计划时应该认真考虑到招聘的所有细节，只有进行了充分的研究才能制订出一个合理而有效的招聘计划。

三、人员招聘

人员招聘这一环节的主要工作就是实施人员招聘计划，通过资格审查、面试等选拔流程，招聘到合适的人员。人员招聘的程序如图4-3所示。

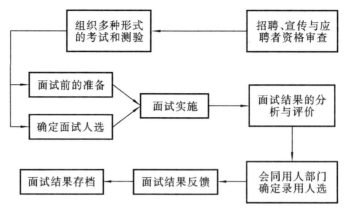

图4-3 人员招聘的程序

  人员招聘的基础和主要工作就是发布招聘信息。发布招聘信息的关键在于既要尽可能地扩大人员招聘的选择范围,又要尽可能地缩短时间,节约招聘费用。为此,招聘单位应当从实际需要出发,选择适当的招聘信息发布渠道。

  概而言之,招聘信息的发布渠道主要有以下几种。

  1) 通过人才交流中心发布招聘信息

  在人才交流中心已经遍布全国各地的情况下,企业或组织应当首先求助于当地的人才交流中心,通过人才交流中心组织每年的大专院校毕业生供需洽谈会和见面会并发布招聘信息,以便于企业或组织与个人实行双向选择,使企业或组织能够及时招聘到所需人才。每年地方大专院校毕业生需要就业,一大批复员军人需要到地方实现再就业,他们特别需要获取有关单位的招聘信息。因此,企业或组织如果能够抓住大专院校毕业生毕业和军人转业到地方这样的有利时机,及时发布人才招聘信息,必然能够收到较为理想的反馈效果,做到供需双方各取所需、互利互惠。

  2) 通过电视发布招聘信息

  随着电视的普及率越来越高,电视招聘人才已成为一种招聘时尚。通过电视发布招聘信息的优点是能够制作生动形象的招聘广告,广告的覆盖面大、效果好。但投入资金较多,人员招聘所需的成本较大。

  3) 通过广播电台发布招聘信息

  相对而言,由于广播电台的广告投入比电视要少,而且覆盖面比电视要广,因此,利用广播电台发布招聘信息也是一种重要渠道,值得提倡。近年来,不少省、市、自治区和中央各部门招聘工作人员,特别是公开竞聘厅长、局长等,就主要是通过中央人民广播电台和省级广播电台发布招聘信息的。由于通过广播电台发布的信息影响面大,吸引了众多的应聘者前去面试,招聘时往往是百里挑一、千里挑一。

  4) 在杂志上发布招聘信息

  我国的杂志种类增长很快,不同的杂志都有自己的读者群。不少企业或组织往往通过在杂志上发表招聘广告来吸引应聘者。据调查,这种招聘渠道效果不错,所花经费合理。

  5) 在报纸上发布招聘信息

  我国全国性大报和一些地方性报纸都经常刊登有关人员招聘方面的信息,便于企业或组织与个人进行双向选择。近年来,地方企业还专门办有人才招聘方面的报纸,使人才招聘信息更为集中,受到广大读者的欢迎。

6) 在公共场所散发招聘信息

据调查,有不少招聘单位直接面向社会散发各种人员招聘的广告信息,不少应聘者就是通过这种渠道获得招聘信息的。这种渠道比较节省开支,但是信息传递面有限,小规模的招聘可以采取这种方法。

7) 通过各种社会关系传播招聘信息

长期以来,人们都不太认可通过内部职工及其亲戚朋友等社会关系传播招聘信息的做法,认为这是"小道消息",是"歪门邪道"。而实际上,这种做法是有可取之处的。由于内部职工有一种向心力,他们与亲戚朋友之间有一种亲密友谊,他们往往会尽力帮助宣传和推荐适合的应聘者。实践证明,这种有的放矢地选择人才的方法效果不错。据报载,近年来我国台湾地区的一些企业号召内部职工推荐企业所需人才,对推荐成功者还给予一定的报偿。总而言之,无论是通过什么关系推荐的人才,都要经过认真选拔,做到保证质量,择优录用。

8) 人才信息网络

在计算机普及、人才信息已经形成网络的当今社会,通过电脑联网的人才信息网络查询招聘具有很强的针对性,方便快捷,信息量大。美国微软公司凭借公司每月拥有一万至两万名公司用户的优势,在与这些用户进行联机检索时,公司利用专门编制的程序,就能够得到有关人才招聘信息,再根据公司需要,确定招聘对象。

9) 人才猎头公司

在我国,从1992年起,陆续出现了不少专门为客户搜索高级人才的人才猎头公司。为此,也可将人才猎头公司作为一种可以利用的人才招聘渠道。

表4-5比较了不同招聘渠道的优点和缺点。

表4-5 不同招聘渠道的比较

招聘渠道	优 点	缺 点
校园	可信度大,省时省力	受时间限制,竞争范围较小
人才交流中心	工作量小	成功率低
电视、电台广告	能起到广告效果	资金投入大
杂志广告	便于保存	仅限于杂志拥有者范围
报纸广告	发行量大,读者多	易被遗忘
街头散发广告单	投入少	效果差
关系介绍	成功率较高	易受人情困扰
网络	方便快捷,信息量大	受储备的信息量限制
猎头公司	方便快捷	收费较高,可能危及被聘人原单位利益

在招聘信息发布之后,企业或组织会收到大量的个人简历。为保证所提供信息的规范性和真实性,招聘时要向求职者提供求职人员登记表供其填写。

简历与申请表各有利弊,配合使用可以互为补充。申请表是招聘初始阶段的筛选工具,其目的在于收集关于求职者背景和当前情况的信息,以评价求职者是否满足最基本的工作要求,其内容应包括求职者过去和现在的工作经历、受教育情况、培训情况、能力、特长、职业兴趣等。设计申请表时要注意的是,主要要求求职者填写与工作有关的个人情况。表 4-6 是某企业求职者申请表的样表。

表 4-6　某企业求职者申请表

一、申请部门			
请用圆圈标出你希望申请的职能部门(最多选择三个)			
市场营销	计划/采购/配送/物流	生产	人力资源
财务	顾客发展	产品研发	客户服务
二、个人基本资料			
姓名		身份证号	
出生日期	出生地	户口所在地	性别
手机	电话	紧急联系方式	邮件地址
通讯地址		邮编	
三、学历			
学校:	学位/专业:	学校:	学位/专业:
从　　年　　月到　　年　　月		从　　年　　月到　　年　　月	
GPA 成绩　前10%□　前30%□　前50%□　后50%□		GPA 成绩　前10%□　前30%□　前50%□　后50%□	
奖励/荣誉			
获奖日期		奖励/荣誉	
四、基本技能			
电脑技能水平:	标准:1=基本知识,2=熟练,3=十分熟练,4=专家		
语言技能水平:	标准:1=基本知识,2=熟练,3=十分熟练,4=专家		
其他技能与证书			
发证日期	证书/培训		发证/培训机构
五、校内外/社团活动			
时间	社团/活动	职务	主要成就
六、工作经历(实习,兼职等)			
工作期间	公司/机构	部门	职务　职责
七、签名保证			
本人保证以上所提供资料属实,如本人提供任何虚假的信息,公司有权立即无偿解雇本人。			
签名:＿＿＿＿＿＿＿　日期:＿＿＿＿＿＿＿			

四、选拔与测评

人员招聘的选拔与测评是人员招聘工作程序的重要组成部分,是招聘到合适人才的重要环节,该阶段包括四个步骤,如图 4-4 所示。

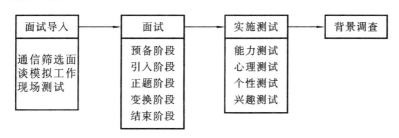

图 4-4 选拔与测评的步骤

1. 面试导入

企业或组织在选择了适当的面试种类之后,就要在充分准备的基础上开展面试工作,这种面试前的准备和面试进入称为面试导入。面试好比一台戏,应试者好比是这场戏的主角。如果没有应试者应试,预定的面试就不可能进行。因此,为了吸引应试者,及时将招聘信息告知应试者是至关重要的。那么,企业或组织与应试者怎样才能达到相互沟通呢?应试者怎样才能及时了解面试招聘的信息呢?企业或组织应当怎样对应试者进行筛选,并在筛选的基础上确定面试的入围者,让入围者进入面试角色呢?

招聘信息发布之后,会有许多人通过各种方式报名应聘,因此,企业或组织必须及时对报名的应试者进行筛选,看其是否符合规定的报名条件。如果符合报名条件的应试者数量过多,还应对他们进行再次筛选。一般经过三次筛选的获胜者将入围参加正式面试。

1) 通信筛选

企业或组织在发布招聘信息时一定要标明地址、联系电话、传真、电子信箱、邮政编码、联系人姓名等,为的是便于有意者能够及时与企业或组织取得联系。求职者在获得了他们认为有用的招聘信息之后,会通过来函、来电等各种方式询问有关招聘信息,企业或组织应当抓住这种机会了解应试者。

2) 面谈模拟

面谈模拟的操作要点是:将应试者分为若干个小组,按面试者要求,每个小组的成员有的扮演推销员,有的扮演顾客;有的扮演领导,有的扮演下属;有的扮演经理,有的扮演客户,他们按照面谈模拟要求设计的角色对话。在对话中,面试者还要为他们模拟一些情节,比如让他们相互之间就某个问题进行辩论,一方表现激烈,另一方表现耐心,看其能否身临其境地扮演好该角色。有时为了需要,面试者还要求考生进行角色互换。这种面谈模拟侧重于考察应试者的应变能力,通常会在笔试之后进行。

3) 工作现场测试

工作现场测试的操作要点与面试模拟基本相同,所不同的是工作现场测试是在工作现场进行,而面试模拟是在模拟的工作条件下进行。为此,工作现场测试必须重视测试效果,不能造成不安全、不利于各项工作正常开展的局面。要做到这一点,工作现场测试必须经过精心组织,并要求有关的具体工作部门配合,还要求具有丰富工作经验的人员在工作现场担任面试者,监督应试者操作,以防应试者因操作不当给工作造成不应有的损失。对于要求动手能力较强的拟填补职位来讲,采取这种面试方法是比较恰当的。在很多情况下,工作现场测试实际上就是由拟填补职位的所在工作部门直接对应试者进行测试。不少单位规定的新进员工试用期也可看做是对新进员工的工作现场测试。

2. 面试

面试具有阶段性,每个阶段有不同的内容和主题。一般将面试分为五个连续阶段,如图4-5所示。

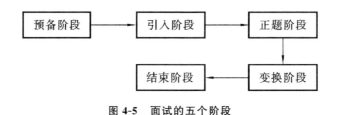

图4-5 面试的五个阶段

1) 预备阶段

在面试的预备阶段需要完成的事情是:确定面试者、选择合适的面试方法、确定面试场所及其布置、面试的环境控制。

首先,确定面试者。面试者由人事部门主管与用人部门主管确定。要求面试者能够独立、公正、客观地对每位应试者作出客观的评价。

其次,选择合适的面试方法。面试的方法有多种,面试者应根据所招聘的岗位选择合适的方法进行面试。

最后,确定面试场所及其布置与环境控制。面试应选择在适宜的场所进行,在许多情况下,不适宜的面试场所及环境会直接影响到面试的效果。

在这个阶段多以社交话题为主,主要是为了帮助应试者消除紧张戒备心理,建立起面试阶段所需要的和谐、宽松、友善的气氛,当应试者情绪平稳下来后,就可以进入第二阶段。

2) 引入阶段

这个阶段围绕应试者的履历情况提出问题,逐步引出面试正题。在这个阶段,要给应试者一个发言机会,同时面试者开始对应试者进行评价。

3) 正题阶段

这一阶段是面试工作的主要环节,它依靠面试者的面试技巧有效地控制面试的实际操作。实际上,面试过程的操作质量直接影响着人员招聘与录用工作的质量。该阶段是面试的实质性阶段,面试者通过广泛的话题从不同侧面了解应试者的个性特点、工作动机、能力、素质等。在这个阶段,需要注意的是面试提问的技巧,提问根据具体情况可采用以下几种方式:

(1) 封闭式提问。它只需应试者作出简单的回答。一般以"是"或"不是"来回答。这种提问方式只是为了明确某些不甚确实的信息,或充当过渡性提问。

(2) 开放式提问。这是一种鼓励应试者自由发挥的提问方式,在应试者回答问题的过程中,面试者可以对应试者的逻辑思维能力、语言表达能力等进行评价。

(3) 引导性提问。涉及工资、福利、工作安排等问题时,通过这种引导性提问的方式征询应试者的意向、需要。

(4) 压迫性提问。主要用于考察应试者在面对压力情况下的反应。提问多从应试者谈话的矛盾中引出,比如面试过程中应试者对原单位工作很满意,而又急于调动工作,面试者可针对这一矛盾进行质疑或追问,以了解应聘者在面临压力时的态度。

(5) 连串性提问。主要观察应试者的反应能力,思维逻辑性、条理性,以及情绪稳定性。面试者向应试者提出一连串问题,给应试者造成一定的压力,这也是这种提问方式的目的之一。

(6) 假设性提问。它是采用虚拟的提问方式,目的是为了考察应试者的应变能力、思维能力和解决问题的能力。

4) 变换阶段

变换阶段是面试的尾声阶段,这时面试的主要问题已经谈过,面试者可以提一些更尖锐、更敏感的问题,以便能更深入地了解应试者,但要注意尊重应试者的人格和隐私权。

5) 结束阶段

在结束阶段,应给面试者留下自由提问的时间,结束要自然,不要让应试者感到很突然,留下疑惑。之后,需要针对应试者在面试过程中的实际表现作出结论性评价,为录用人员的甄选提供建设性的参考意见和决策依据。

实际上,面试的各个阶段是一个有机连续的过程,面试者要熟练掌握面试技巧,使面试过程既具有连续性又能显示出阶段性,保证面试过程的顺利进行。

通过面试可以确定招聘录用的初步人选(拟录用人员),接下来需要做的工作就是如何对拟录用人员进行进一步的筛选。

3. 实施测试

面试以后要筛选出一部分人进入到招聘工作的第二道程序——各种测试环节。当然,这个先后顺序并不是绝对的,如果招聘的时间有限,也可以先进行测试后进行面试,还可以面试与测试同时进行。

测试的内容应根据岗位的不同要求进行设计与取舍。一般而言,此项工作涉及以下几个方面的内容:专业技术知识和技能考试,能力测验,个性品质测验,职业性向测验,动机和需求测验。通过对应试者进行测试,可以评定应试者的知识、能力、个性品质、职业性向、动机和需求等。下面列出几种常见的测试方法。

1) 技能测试(性向测试)

技能测试主要用于对应聘者特定能力或才能的测试(空间感、动作灵活性、数字能力、语言能力等),可用来衡量人的潜力,因此也被称为性向测试。测试的内容是测量应试者潜在的性向和能力。由于技能测试是测量应试者学习某项工作技能的潜力,所以这种测试多用于缺乏工作经验的应试者,以选择适用的人员加以培训。

技能测试包括岗位技能测试、特殊能力测试和综合性技能测试。

岗位技能测试是考查一个人已经拥有的能力测试。如文字处理人员在应聘秘书职位时,面试之前要进行一次计算机数据录入测试,考查其录入速度和精确性。

特殊能力测试是针对应聘者的某种特殊工作所要具备的能力而言的。

所谓的特殊能力就是指某些人具有他人所不具备的能力。特殊能力测试在对一般员工招聘中不常用。特殊能力测试有时需要一些心理测试仪器的配合运用才能了解得比较准确。但是,测量结果显示,特殊能力与心理活动与智商并没有显著的相关性。同时,其他证据也表明,这种测试虽能有效地预测工作输出的量和质,但却无法有效地预测其对组织的贡献。特殊能力测试主要是针对机械操作能力的测试,也称心智运动测试,用来测试心智与体力动作相结合的机械工作能力。著名的特殊能力测试包括:明尼苏达文书测试,明尼苏达空间关系测试,贝内特机械理解测试,克劳福德灵活性测试等。

区别性测试是特殊能力测试的一种方法,可以用来测试被试者在哪些方面具有特殊能力。该测试时间一般较长,通常在4小时左右。测验结构分类较细,分别有八种测验方法,除文书测验外,其他七种无具体时间限制,所以它比较适合对年龄较大的人测试。简述内容如下。

语文推理。考试句子有一至两个空格,从待选的答案中选择一组正确的字填上。该测验主要是了解应试者的一般常识背景,考的是理解语文概念的能力。

数学推理。计算题目,在若干答案中选择正确的。测的是处理数学概念的机敏性及对数学的理解能力。

推理能力。例如每题有四个题目图形,应试者需在四个图形答案中选出一个与题目图形有逻辑关系的答案图形。需要理解图形的概念或推演出其中原理的能力。

空间关系。考查应试者领悟平面图形在空间中的立体形象,在若干答案中选择与题目相吻合的立体形象。

机械推理。图片中显示各种机械图形,只有应试者了解机械过程,才可正确回答问题。测试的是机械理解力的高低。

文书速度。一般题目中有若干组成对字母或下划线的数字,在待选答案中选出与划横线题目相同的几对。该测验题目多,时间要求严格,总分数依据完全答对的总题数。考察简单知觉及工作的反应速度。

文字运用。考查普通语句中发现错别字的能力。

语文运用。考查语法与修辞的修养。

综合性技能测试是用以鉴别个人多种特殊的潜在能力的测试。实际上它是多种特殊性向测验的复合体,如美国著名的"区分性能力倾向测验(Differential Aptitude Test,DAT)"。

2) 心理测试

所谓心理测试指的是通过一系列的科学方法来测量应试者的智力水平和个性方面差异。心理测试在员工招聘中主要有以下四个方面优点:

(1) 迅速。心理测试可以在较短的时间内迅速了解一个人的心理素质、潜在能力和其他各种指标。

(2) 比较科学。目前,世界上还没有一种完全科学的方法可以在短期内全面了解一个人的心理素质和潜在能力,而目前心理测试可以比较科学地了解一个人的基本素质。

(3) 比较公平。心理测试在一定程度上可以避免不公平性。通过心理测试,心理素质比较好的应试者可以脱颖而出,心理素质较差的应试者落选也感到心平气和,因为他们知道自己参加心理测试的过程和结果。

(4) 可以比较。由于用同一种心理测试方法得出的结果具有可比性,由此员工素质的高低通过智力测试以后的测试结果可以比较,而其他的方法往往是在不同的场合、不同的地点进行,没有可比性。

不过,心理测试也有其固有的缺点,具体如下:

(1) 可能被滥用。心理测试虽然是一种科学的测量手段,但是也可能被人滥用。比如,有些人在员工招聘中滥用不合格的量表,例如量表针对性不强、题意不够清晰;或反复使用某种不科学的量表,例如没有经过论证和试测的量表,这样得出的结论就不能令人满意。

(2) 可能被曲解。曲解某一测量结果对测试人的心理和行为都可能产生不良后果。比如,有些人认为智商高就一定能成功,那么看到智商低的人,他就会产生一种卑劣感。

因此,在实际应用中要充分发挥心理测试在人员招聘中的作用,并尽量克服与防止可能产生的不良影响。为达到上述目标,可采取以下措施:

(1) 标准化。在员工招聘中进行心理测试时,一定要尽量运用标准化的量表,例如韦克斯勒智力量表、卡特尔16PF人格测试、霍兰德的职业适应性测试以及尤金的创造力测试等;尽量使用标准化的指导语,例如:您好,欢迎您参加今天的面谈,我们希望通过交谈,了解您以前都做了一些什么工作和取得一些什么成就,对您所谈的个人信息,我们会为您保密等等;尽量构建标准化的环境,例如对考官要求标准统一的着装;尽量遵循标准化的程序,例如在测试前准确宣读测试要求。通过以上标准,我们在心理测试中才能够得出一个比较准确的测试结果。

(2) 严格化。在进行心理测试时,应该有经过专门训练的心理学专家的指导。另外,测试量表保密,无关人员最好不要让其接触到量表,尤其是量表的标准答案。再者,在进行心理测试时,评价一定要谨慎,这样才能够全面地、合乎逻辑地、科学地来评价一个人的心理素质和他的潜在能力。

进行心理测试应把握如下基本原则:

(1) 要对个人的隐私加以保护。因为心理测试涉及个人的智力、能力等方面的隐私,这些内容严格来说应该只让应试者了解,所以,有关测试内容应该严加保密。

(2) 在进行心理测试以前,要做好预备工作。心理测试选择的内容、测试的实施和计分,以及对测试结果的解释都有严格的顺序。一般来说,面试者要受过严格的心理测试方面的训练。

(3) 面试者事先要做好充分的准备,包括统一讲出测试指导语、准备好测试材料、能够熟练地掌握测试的具体实施手续、尽可能使每一次测试的条件相同等,这样测试结果才可能比较正确。

3) 个性测试

个性是指人们所具有的个体独特的、稳定的对待现实的态度和习惯化了的行为方式。一个人的个性缺陷会使其所拥有的才能大打折扣。个性包括性格、兴趣、爱好、气质、价值观等,它是由多方面内容组成的,因此,不能通过一次测试或一种测试,就把人的所有个性都了解清楚,而要分别进行测试了解,以准确、全面地了解一个人的整体个性。在招聘中可通过个性测验,了解一个人个性的某一方面,再结合其他指标来考虑他适合担任哪些工作。

4) 职业兴趣测试

职业兴趣测试是心理测试的一种方法,它可以表明一个人最感兴趣的并最可能从中得到满足的工作是什么,该测试将个人兴趣与那些在某个职业中优秀员工的兴趣进行比较。它是用于了解一个人的职业倾向以及兴趣序列的一项测试。

兴趣似乎在很长时期内是稳定的,并与在某些领域的成功因素有关。但兴趣不等于才能,对其他因素的测试应与兴趣测试同时进行。此外,由于兴趣测试问题的主观性很强,因此,虽然在员工选择中可能用到一些兴趣测试,但是它们主要用于职业的评议和指导方面得到一些参考性意见。

兴趣测验有许多用途,最典型的就是用于员工的生涯规划设计,因为一个人总是会把自己感兴趣的事情做得更好。另外,还可以将它作为选择的工具,如果能选择那些与现职成功的雇员的兴趣相似的候选人,那么,这些候选人很可能在新的岗位上也能取得成功。

4. 背景调查

背景调查是招聘选拔中的重要环节,不可忽视。对于应试者所提供的资料,企业或组织应该验证其真实性。背景调查可以通过电话、电函或深度访谈等方式向应试者原来的领导、同事以及其他了解应试者的人员进行询问。需要注意的是,在进行背景调查时,应慎重选择访谈对象,访谈对象必须具备知识、技能、经验和素养四方面的素质,特别是要具备公正、诚信的素养,以保证调查结果的真实性。

五、录用决策

招聘从"人和事"两个方面出发,挑选出适合的人来担任适当的工作。而选拔录用则主要涉及如何作出录用决策及初始人力资源配置。

录用决策是指通过科学的选拔,对岗位和所招聘的人选进行权衡,实现人员和岗位匹配的过程。录用决策的正确与否,对招聘有着非常重要的影响。如果录用决策失误,则可能使整个招聘工作功亏一篑,不仅导致企业蒙受重大的经济损失,还会因此延误企业的发展。

录用标准有两种:一是以岗位为标准,即按照岗位要求选择最合适的人选,岗位需要什么样的人才,就尽量挑选什么样的人才;二是以人员为标准,将人员安置到最合适的岗位上,实现人尽其才,才尽其用。不管是以岗位为标准,还是以人员为标准,每种标准都有其优劣,但一个人是否被录用或晋升,不仅要看个人的综合素质,还要考虑到岗位的胜任特征要求和企业文化等客观环境因素。

人员录用决策方法主要有淘汰式和权重式两种。淘汰式是指对招聘人选的每次测试都采取淘汰制,只有通过上一关才能进入下一关,关关都通过才算合格。而权重式指对招聘人选的各种测试结果,根据不同岗位特点和其重要性赋以不同的权重,并综合评价所有测试结果,决定录用人选。其中淘汰式的录用决策方法在实际招聘工作中运用得比较普遍。

由于采用淘汰式录用决策方法,因而出现了"招聘筛选金字塔"现象,如图4-6所示。为了帮助企业确实能够招聘到一定数量的新员工,需要吸引更多的候选人来申请工作。

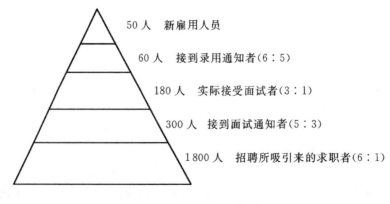

图4-6 招聘筛选金字塔

如图 4-6 所示,如果最终要录用 50 个人,那么需要吸引 1 800 人来求职;在 1 800 名候选人中,按照 6∶1 的比例,即从 6 个候选人中选择 1 个来参加面试,那么被通知的面试人数是 300 人;在 300 名面试候选人中,一部分人由于各种原因没有来参加面试,实际来参加面试的人数是 180 人;通过面试,层层筛选,选拔出 60 人,这 60 人均接到了录用通知;60 名录用候选人中,可能有 10 个人由于各种原因没有来公司报到,公司从而正式录用 50 名新员工。

六、结果反馈与评估

1. 招聘结果的反馈

招聘结果的反馈可以分为两个部分:一是内部的反馈,即由招聘组将人员录用结果反馈到上级部门或具体的用人部门;二是外部的反馈,将结果反馈给应试者本人,对被录用人员寄送录用通知,将未被录用的结果告知那些由于各种原因被淘汰的应试者。表 4-7 给出了录用通知的一个样本。

表 4-7 录用通知模板

录用通知
先生/小姐: 　您好!   　很高兴地通知您,您已被本公司录用。   　部门: 　职位: 　工资:试用期内(三个月)　　　　元/月   　试用期后　　　　元/月   　报到日期:×年×月×日×时   　地址: 　注意:报到时请携带一寸照片两张和身份证。   　　　　　　　　　　　　　　　　　　　　　　×××公司   　　　　　　　　　　　　　　　　　　　　　　批准人: 　　　　　　　　　　　　　　　　　　　　　　批准日期:

2. 招聘资料存档备案

招聘资料存档备案指将所有的招聘资料存档备案以便查询。招聘测试与面试工作全部完成,重新回到人员招聘与录用的程序之中。

可以将那些表现很优秀但因为与岗位不太匹配等原因而被淘汰的应聘者纳入一个备选的人力资源数据库里,以后再出现职位空缺时,可以和备用库的候选人联系,以降低招聘成本。

3. 招聘活动的评估

人员招聘进来后,整个招聘过程还需要有一个重要的环节,即应对招聘活动的效果进行评估和总结。应该对所招聘的新员工进行一段时间的入职培训和跟踪调查,以评估其测评结果与新员工实际的工作业绩是否具有较高的一致性。通过评估,可以发现其测评所定的评价指标是否合适、现行的评价方法是否可靠和准确,以便及时对其测评指标加以改进,使其不断完善。

第三节 招聘管理

招聘管理是通过招募、选拔、录用、评估等一系列的科学规范活动,采用国际标准的、先进的招聘管理方法和手段以及科学技术成果,以提高企业的人力资源管理现代化水平,进而系统、持续地实现提高企业素质、增强企业活力和改善效益的管理过程。它通常包括:招聘人员管理,招聘基础工作管理,招聘题库管理和人才库管理。

一、招聘人员

在整个招聘管理中,对招聘人员的选择是不可忽视的重要环节。如果把招聘过程比作相马,招聘人员就应该是伯乐,要为公司挑选千里马。招聘人员培训主要包括如下几个方面的内容。

1. 招聘人员的组成

一般来说,招聘人员的组成主要包括企业人力资源部工作人员、一线部门的管理者、所招聘职位的主管等。对于关键岗位的招聘,企业还应同时聘请资深人力资源管理专家参加。

招聘人员应当具备良好的语言表达能力、沟通能力、组织能力、观察能力等,应当具有较为广泛的知识面,最好能够了解心理学、社会学、管理学和组织行为学等方面的知识。

2. 招聘人员的培训

对招聘人员应当进行专业培训,提升其人才招聘的专业化或职业化水平。在招聘开展前对参与人员要进行相关招聘知识的专业培训与指导工作,要使招聘人员树立服务意识、形象意识、竞争意识,要具备人才招聘的专业知识、技能和谋略,真正做到招聘的专业化和职业化。

3. 面试人员的培训

面试成功与否,与主试群体特别是首席面试考官的综合水平有极大的关系。首先,面试人员应该了解工作的主要职责信息,并对面试的题目和标准答案有所了解。其次,面试人员按照规程准确、客观记录应试者的表现并作出评价。最后,面试人员在整个面试过程中,要合理地引导或是施加压力使应试者说出内心的真实想法,提高所获答案的信度。总之,面试人员应该能够对应试者作出准确的评价,善于观察,善于提问和倾听,具有识人和发现问题的能力。

二、相关的基础工作

1. 开发与维护招聘网络平台

所谓招聘网络平台,是指利用信息技术构建的网络招聘信息平台,这需要专业人员对此进行维护和更新。此外,企业或组织为了保证人员供给的数量和质量,应当选择适合自己需求的人员供给渠道并与之建立良好的关系,从而形成自己的招聘网络。例如,企业或组织可以选择一些大学作为重点招聘基地,并与这些大学的就业服务中心建立固定的联系,通过设立奖学金、举办联谊活动等方式来提高企业或组织在高校的知名度,增强人才吸引力。

2. 相关文件和工具设计

招聘过程中需要准备辅助文件和工具,包括求职申请表、面试评分表、书面通知、登记表等,企业要做好这些工具的设计和开发工作,提高其科学性、实用性、有效性。表4-8是招聘工作准备清单的样例。

表 4-8　招聘工作准备清单

招聘工作准备清单
人才市场/学校： 日　　　　期： 招聘职位（人数）： 1. 应聘登记表 2. 招聘横幅/宣传板 3. 应聘条件检验清单 4. 当日面试安排 5. 招聘小组成员委派 6. 考试卷 7. 钢笔/铅笔 8. 透明胶带、胶水 9. 纸张 10. 饮用水 11. 订书机 12. 别针

3．笔试与面试题库建设

笔试与面试都需要准备大量的测试题目，其题目的科学性、针对性对企业作出正确的录用决策起着关键作用。可以根据自己的需求开发专用试题库。题库中应包含各种不同用途的题目，它们分别用来测试应试者的文化水平、工作能力、专业知识、性格品质等。

4．人才库建设

要保证招聘活动的成功，企业或组织首先必须建立自己的人才库，尤其是对高级管理人员和专业技术人员更应如此。

人才库既包括企业内部的人才，又包括企业外部的人才，例如本行业的技术权威和拔尖人才、竞争对手的关键和核心员工等。企业不仅要知道这些人是谁，而且还要把握跟踪其特长、爱好、家庭、工作情况等。这样，一旦企业需要人才，就可以"按图索骥"。

建立人才库的主要目的在于：任何时候公司出现职位空缺，都能在最短的时间内找到适合的候选人来填补。为此，必须经常对人员的需求情况进行分析，提前发布招聘信息，而不应等到职位出现空缺之后再去考虑招聘工作。

三、招聘过程管理

1．人员招聘的过程

通过内外部劳动力市场开展招聘活动，获取组织所需要的员工的过程是组织和员工双向选择的过程。人员招聘的过程包括：组织招聘的过程和个人应聘的过程。

1）组织招聘的过程

当组织内出现岗位空缺时，通常由各个部门领导将缺员情况报告至人力资源部。人力资源部分析缺员情况,以工作分析为基础,制订招聘计划,确定招聘方式和方法,并组织相关人员实施招聘,最后作出聘用决策。组织的招聘过程如图 4-7(a)所示。

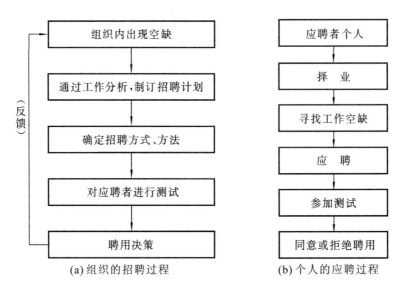

(a)组织的招聘过程　　(b)个人的应聘过程

图 4-7　招聘过程和应聘过程

2) 个人应聘过程

在明确了招聘的标准之后,个人将进行应聘。通过测试之后,个人便有权同意或拒绝聘用。个人的应聘过程如图 4-7(b)所示。

2. 人员招聘中应考虑的几个问题

从组织的角度看,希望找到较好的、最适合的人员到组织内工作。从个人的角度看,则考虑是否有好的位置、好的环境、好的条件和待遇等因素。由此,在招聘中必须注意以下几个问题。

1) 人员招聘的基本要求

(1) 争取尽可能多的应聘者。如果招募到足够的申请人,在进行聘用决策时的选择余地也就更大,企业组织就可以运用面试和笔试等评价方法来进行筛选,选择其中最优者录用。相反,如果没有足够的申请人,那么即使申请人不能达到要求,也必须勉为其难将其录取,否则将继续保持职位空缺。

为了聘用一定数量的新员工,就需要吸引一定数量的申请人,申请人数量的确定可以根据过去的经验数据来估计,例如招聘筛选金字塔就是经验分析工具之一。假设企业知道它在新的一年中要聘用一名促销经理,根据其过去的经验可知,成功录用一名促销经理与候选人的比例大约是 1∶5,而理想候选人与来申请工作的人的比例是 1∶10,那么,该企业至少需要 50 人递交求职信和个人简历。

在确定工作申请资格时,企业可以选择不同的策略。如果企业拟招聘的工作岗位对于企业而言至关重要,员工素质就应该是第一位的选择标准,这时则可以把申请资格设定为较高标准,使符合标准的申请人相对集中,企业可以用更多的时间和精力来挑选最适合的员工。反之,如果外部人才供给形势比较紧张并且缺乏足够的招聘经费,同时招聘的工作岗位对于企业不是十分重要,企业则应当把申请资格设定为较低标准,使符合标准的申请人比较多,企业有比较充分的选择余地并且成本相对较低。

(2) 了解应聘人员的心理,吸引有才能的应聘者。不同的申请人怀着不同的心理来应聘工作岗位,有的人看重工作的稳定性,有的人注重高收入,有的人追求舒适的工作环境,有的人向往具有挑战性的工作等,应根据应聘人员不同的心理和价值取向,制订不同的策略来吸引有才能的应聘者。

(3) 注重招聘"外溢"效应,树立良好社会形象。一项以企业到学校招聘人员的工作绩效为对象的研究表明,企业招聘过程质量的高低直接影响应聘者对组织的看法。调查人员选取华东某大学50名毕业生进行面谈,问及"在和某单位经过第一轮面谈之后,你们为什么会认为这家公司是一个很不错的就业之处"时,这50名毕业生都提到了工作的性质;有20名毕业生提到了招聘人员给他们留下的印象;有10名毕业生提到了朋友、亲戚对该公司的评价和对公司的熟悉程度。当被问及为什么有些公司会被认为是不好的就业之处时,48名毕业生说他们是因为对企业的低效率招聘人员感到失望而转向别处的。例如,一些招聘人员穿着不整齐,有些人"根本就没有文化",有些人十分粗鲁,有些人则带着令人不快的傲慢情绪招聘。这些招聘人员的素质都直接或间接地显示出他们代表的企业文化和管理机制。

2) 招聘的基本原则

(1) 实事求是。对应聘者的承诺本着实事求是的原则进行:①对应聘者的承诺是实在的、名副其实的;②其工作和生活条件是可兑现的;③承诺不是口头上的,能做多少就承诺多少;④尤其不能欺骗。

(2) 公开、公正。招聘的形式要公开,招聘决策要公正,在招聘工作中坚持职业道德和规范。只有在公平、公正的招聘原则下,才能真正招聘到合格的优秀人才。只有在招聘过程中做到公正廉洁,才能保证应聘者有平等竞争的机会。

(3) 个人与组织发展一致性。把应聘者当做"用户"或"客户",了解其需求,使个人与组织发展达成一致。只有将应聘者当做"用户"或"客户",了解他们的心理,制订相应的招聘策略,才能制订切实可行的招聘方案。否则,企业难以招聘到优秀人才,而且即使暂时招聘到优秀人才,也不可能留住人才。

四、招聘中的公关策略

人员招聘也是一项重要的公关活动,有必要采取一些有效的公关策略来提高招聘的效率。招聘中常用的公关策略有如下几种。

1) 与媒体机构保持良好的关系

例如,要与政府劳动人事部门、职业介绍所、人才交流中心、大专院校负责分配推荐的部门等保持良好的关系。

2) 创造尊重知识、尊重人才的气氛

如果说在剑桥大学可以领略到扬名四海的绅士风度,那么,哈佛大学因为培养出比整个欧洲科学家还要多得多的百万富翁而颇受世人青睐。在哈佛大学,学监从一年级起就密切观察每位学生,并和企业保持联系。最大的联合公司,比如通用汽车公司、国际商用机器公司、埃克森公司、国际电报电话公司、洛克菲勒公司等也都派人去研究学生的业务素质和个人素质。大学三年级以后,各大公司就安排那些他们打算录用的学生的活动。最有才赋的学生往往由公司出钱派往国外去实习,在那里,他们要熟悉世界各大研究中心和生产基地的情况,熟悉公司设有子公司的所在地情况,熟悉像日本或西欧国家那样的未来工作环境。通常在这样的学习之后,不久前还以"嬉皮士"外表而自命不凡的大学生们就穿上了在上等厂家订做的最时髦的花呢制服,这些服装和旅行一样,均由各大公司支付款项。除此之外,被选中的学生可以在豪华的饭店使用公司的账户或信用卡,也就是把进餐费用记在公司的账上。这样"无微不至的关怀"散发着散文诗般的温馨,而且对公司来说是值得的,因为"智力是利润的源泉"。此外,这种关怀也不会不引起未来经理对公司的感激之情,从而把他们吸引到公司里来。这种方法使他们从一开始就感到,他们进入了一个实力雄厚的新家庭,受到这个家庭的珍视和关怀,而公司对他们的唯一要求就是保持对商业的忠诚并为此顽强地工作。

3)客观地介绍与宣传企业的情况、成就、前途

企业在对外宣传自己的情况时,一定要客观、实事求是。有统计表明,招聘时没有客观介绍企业情况的企业其离职率一般都比较高。企业可以提前与应聘人员及其来源单位取得联系。例如,在我国,企业通常提前一年开始校园招聘工作,中国学生9月开学,6月毕业,企业通常在10月份进行招聘信息发布,11月、12月与学生达成协议,次年3月至6月对学生进行培训或让学生进行短期实习。

第四节 人员测评

冉虎在学校里学的专业是财务管理,大学本科毕业后也一直从事财会方面的工作,但他总是觉得工作不顺心,有几次因为疏忽大意造成公司的损失,受到上级主管的批评。他觉得自己不太适合做这项工作,在别人的建议下做了一次个人工作绩效的素质测评。测试结果表明,冉虎讲究人际交往策略,合群,善于与他人交往,有创新意识,喜欢处理新问题,智商数与情商数均处于中上等水平。但是,他不善于严密的推断和分析。根据测试结果,职业推荐是:小冉更适合做人际方面的工作,如人事工作等。在发达国家中,利用测评技术对所聘人员进行测试已经很普及。有统计表明,美国至少有1/3的大公司在使用心理测评;在英国,更有85%的公司在使用心理测试技术招募新人。不少在职经理也常被要求进行心理测试。

卡内基(Carnegie)曾经说过:"带走我的员工,把我的工厂留下,不久后工厂就会长满杂草;拿走我的工厂,把我的员工留下,不久后我们会有个更好的工厂!"一般来说,在创业时,许多成功经验表明:一流的项目和二流的创业团队,是很难获得成功的;但是,二流的项目和一流的创业团队,往往能获得成功。因此,人的素质至关重要。由于员工素质越来越成为企业发展和企业之间竞争的核心要素,如何对员工素质进行科学的测评正成为企业招聘工作中普遍关注的问题。

一、人员测评的概念

戴维·沃克认为,人员测评是选贤任能的一种科学方法和手段。它是综合运用心理学、行为学、管理学、测量学、考试学、系统学和计算机技术等多种学科的原理和方法,通过严密的测评过程和客观的评分标准,对社会各行业所需人才的知识水平、能力结构、个性特点、职业倾向、发展潜能等多种素质进行测量和评估,并根据岗位需求及企事业组织的特性进行全面、客观、深入的了解和评价的一种选才方法体系。

第四章　人员招聘与测评

萧鸣政(1995)认为,人员测评具有广义与狭义之分。狭义的人员测评是指通过量表对人员品德、智力、技能、知识、经验的一种评价活动。广义的人员测评则是通过量表、面试、评价中心技术、观察评定、业绩考评等多种手段,综合测评人员的一种活动。

唐宁玉(2011)指出人员测评指的是在人力资源管理领域,根据科学的测量与评价原理,应用专业的测量方法与工具,针对特定的管理目的(如招聘、培训、考核、晋升等),对人员进行多方面的、系统的测量与评价,从而为员工的管理与开发提供决策参考依据。

本书认为,人员测评是应用现代心理学、管理学、测量与统计学、计算机科学、行为科学及相关学科研究成果,通过心理测验、面试、评价中心等技术,测量、了解、评定某一特定人员的能力、兴趣、性格等认知和非认知因素。

职业胜任力作为人员测评的核心与基础,胡蓓、张文辉(2012)指出胜任力是可以驱动员工产生优秀绩效的个性与行为特征的总和,它能够将绩效优异者与绩效一般者区分开来,反映出员工个体与工作情景相关的个性特征、知识与技能等,且可以通过员工的具体行为表现与绩效来加以测量。[①]

通过人员测评,可以使员工自己和企业了解其知识水平、能力、个性特征、职业倾向和发展潜力等素质,从而为人员招聘、选拔、晋升、培养等提供决策参考,同时也能为个人职业发展提供咨询。

人员测评实际上是对人员素质的测评。在日常生活中,我们经常听到"素质"两个字,例如素质教育、某某人素质很高等。那么,什么是素质呢?目前,关于素质的界定很多。例如,素质是人的先天的解剖生理特点,主要是感觉器官和神经系统方面的特点。该定义主要强调素质的生理特点。人的素质不是人的胡子、血液等,而是人的社会特质,实际上,素质是一切社会关系的总和。该定义主要强调素质的社会特质。

其实,从现代人的素质构成来看,素质已扩展到人的品质和人的社会品格领域。要全面认识素质概念,必须从发展的角度考察,也就是说,从人的自然化和社会化两个方面来考察。素质应该是上述两种概念的结合,既包括人的生理特质,也包括人的心理特质。素质是一个人完成工作所需要具备的基本条件和基本特点。而绩效则是完成一件工作后所达到的效果。简而言之,素质就是指一个人具备办什么事情的条件,而绩效则是这个人办了某件事,所得到的结果如何。

根据素质的定义,素质由生理素质和心理素质两部分构成,其中生理素质包括体力、体质和精力,心理素质包括智力、能力、品德、心理健康等。

有的学者认为,心理素质是指个体在心理过程、个性心理等方面所具有的基本特征和品质。

有的学者认为,心理素质是指人的心理过程及个性心理结构中所具有的状态、品质与能力的总和,其中包括智力因素与非智力因素。智力方面是指获得知识的多少;非智力方面主要指心理健康状况的好坏、个性心理品质的优劣、心理能力的大小以及所体现出的行为习惯与社会适应状况。

目前,许多企业在招聘人员时,都要求进行体检,体检主要是测量人的生理素质。许多岗位都需要员工具有很好的生理素质,例如销售人员需要经常出差和加班等,必须具有很好的体

---

① 胡蓓,张文辉.职业胜任力测评[M].武汉:华中科技大学出版社,2012.

魄。餐厅服务人员、厨师等必须健康,不能有任何传染性疾病。还有许多单位在招聘员工时,要求男性身高在 1.75 m 以上,女性在 1.6 m 以上,这些都是对生理素质的选拔标准。生理素质测评比较简单,可以通过科学的仪器来进行测量。

美国著名心理学家特尔曼曾对 800 名男性成人进行绩效考核与心理测验,研究结果表明:20% 成就最大的人与 20% 成就最小的人之间的最显著差别是他们的心理素质差异。心理素质比较复杂,很难通过仪器来测评。因此,心理素质是素质测评的关键和核心,也是素质测评的重点和难点。

1. 人员测评的作用

1) 为人员的选拔与配置提供依据

人员的素质测评最为显著的特征就是把被测评者的特征行为与某种给定的标准进行比较,以确定其素质构成与成熟水平。通过人员测评,可以根据个人的长处和潜能来配置人才,使人才得到合理的使用。同时,人员得到合理的使用之后,也就是为岗位配备了最合适的人选,从而使他们发挥最大的作用,为企业创造更大的效益。

通过对人才素质现有状态的鉴别与评定,可以推测应聘人员的素质发展的趋向。曾有研究表明,用情景模拟测评方法选拔出来的经理,工作出色的人数比用一般标准选拔出来的经理工作出色的人数多 50%。在人员测评中,获得较高评价的人比获得较低评价的人更容易得到晋升。以美国电报电话公司为例,他们在对一批经理候选人进行评价后,把结果保留了下来,8 年后,把评价结果与实际情况进行核对,发现以前预测会升迁的候选人中已经有近 64% 的人被提升为中层主管,以前预测不会晋升的候选人中,只有 32% 的人被提升为中层主管。

2) 为员工开发提供诊断与反馈

人员测评可以为人员聘用、培训开发、人力资源现状分析、团队建设等提供诊断与反馈,可以对员工聘用中的一些问题进行合理解释。通过对人员的测评,可以找出人员使用中的问题,并加以改进和完善,使员工的优势得以充分发挥,劣势尽量回避,并有针对性地进行人员培训。

2. 人员测评的主要内容

现代人员测评主要考察个人稳定的素质特点,主要涉及如下几个方面。

1) 知识和技能测评

知识和技能都是人类活动所形成的经验系统。知识是以概念及其关系的方式存储和积累下来的经验系统。这里的知识主要是指与岗位工作相对应的知识。岗位工作知识是从事工作最基本的基础之一,因此也可以认为是与岗位的最基本的素质要求相匹配的知识。各类岗位都有一定的知识要求,而且这些要求都要在岗位的工作分析中被固定下来。当特定的岗位由于各种原因出现人员短缺的时候,要补充人员,不论是内部调迁还是外部招聘都要对应聘者进行相应的知识测验以考察其掌握知识的情况。

技能是指以操作、动作等活动的方式固定下来的经验系统。这里主要是指岗位工作所要求的具体操作活动,例如秘书的听写技巧测验、速记测验、业务打字测验。

2) 能力测评

国内有人主张把能力按其来源不同划分为科学智能和社会智能,前者来自人与自然交往过程中得到的经验或者人通过书本学习间接得到的经验,后者则来自于社会实践,通过人与人之间的交往、联系、竞争与合作来获得。由于工种的需要,在企业招聘中需要测试一些特殊能力。例如,电脑操作员要求手指灵活、手和眼睛协调,会计人员要求对数字比较敏感,也就是说需要具备很强的数量关系能力和综合分析能力。

3）人格测评

个性是指人的兴趣、态度、价值观、情绪、气质和性格等。从心理学的角度来说,能力与人格是决定人生成败的两大因素,但两者作用不同:能力能够帮助人获得机会,但使人成功的却是人格。所谓"性格决定命运",正是从这个意义上来说的。根据个性的定义,人格测验主要测量人的情绪、需要、动机、兴趣、态度、性格、气质等方面的心理指标。

3. 人员测评的类型

从人员测评的目的来划分,可将人员测评分为如下几种主要类型。

1）选拔性测评

选拔性测评是指以选拔优秀人才为目的的素质测评。选拔性测评具有如下特点:

(1) 特别强调测评的区分功用,以选拔优秀求职者,是一种相对性的测评,需要测评者能够把最优秀的求职者与一般性合格者区分开来,以便聘用;

(2) 测评标准的客观性较强,测评标准尽量精确;

(3) 测评过程强调客观性,选拔人才讲究公平,因此必须剔除主观因素,需要尽可能地量化;

(4) 测评指标具有选择性,选拔性测评的目的是选拔合适的人才,因此需要根据目标人才的需要使用特定的指标;

(5) 选拔性测评的结果是分数或是等级,分数与等级是与选拔测评的区分功能相对应的。

2）开发性测评

开发性测评以开发人员素质为目的。通过开发性测试,可以获知人员在某个方面的潜能,而且还可以了解员工在素质方面的优势与劣势,为员工指明努力的方向。测试的结果可以为企业组织人员培训提供一个方向性指导。

3）诊断性测评

诊断性测评是为了了解现状和查找问题的素质测评,这类测评具有以下特点:

(1) 具有较强的系统性。诊断性测评要求从表面特征与标志观察搜寻入手,继而深入分析问题与原因,诊断"症状",并由此提出矫正对策方案,而其他类型的素质测评无此要求。

(2) 测评内容依据诊断范围的不同十分精细或全面广泛。如果诊断性测评的目的是查找问题的原因,测评时就像医生问病情一样,任何细节也不能放过,测评内容十分精细而深入。如果是了解现状,则其测评的内容就全面广泛。

(3) 测评结果不公开。其他各种类型的素质测评,其结果一般都向众人公开,而诊断性测评的结果,只供企业内部参考与掌握。

4）考核性测评

考核性测评以鉴定与验证员工是否具备某些素质以及具备程度为目的,经常穿插在选拔性测评当中。考核性测评侧重于求职者现有素质的价值与功用,这种测评具有如下特点:

(1) 具有高度的概括性,是一种总结性的测评,测评结果是对求职者素质结构与水平的鉴定。

(2) 要求测评结果具有较高的信度与效度。信度(reliability)是指测试结果的一致性或稳定性;效度(validity)是指使用的衡量工具(问卷)能否正确衡量出研究者想要了解的特质。

二、人员测评的方法

在对求职者进行选择的过程中,企业通常都要使用一些挑选工具来制订录用决策,这些挑选工具就是测评方法。测评方法不仅能够帮助企业制订员工聘用的决策,也能帮助企业制订晋升决策。通常公司的规模越大,应聘者的数目也越大,也就越需要采用有效率的标准化的测评方法来进行筛选。测评的目的是了解应聘者的关键信息,做好招聘工作。了解应聘者的关键信息主要通过以下渠道。

(1) 填表:通过求职申请表,了解应聘者的基本信息。
(2) 访谈:人事部门访谈,找相关人员访谈,扩大信息量。
(3) 体检:了解体力方面的信息及其体质状况。
(4) 笔试:了解应聘者掌握知识的情况,如知识面和内在气质等。
(5) 面试:了解应聘者的心理素质和潜在能力等。
(6) 心理测试:判断应聘者的气质、性格、特殊能力和思维力(智力)等。
(7) 能力测试:判断应聘者的一般能力和特殊能力等。
(8) 情景模拟:了解应聘者与实际工作相关的技能等。

1. 笔试

笔试主要用来测试应聘者的知识和能力。对知识和能力的测验包括两个层次,即一般知识和能力、专业知识和能力。一般知识和能力包括一个人的社会文化知识、智商、语言理解能力、数字才能、推理能力、理解速度和记忆能力等。专业知识和能力即与应聘岗位相关的知识和能力,如财务会计知识、管理知识、人际关系能力、观察能力等。

一些企业也通过笔试来测试应聘者的性格和兴趣,不过性格与兴趣的测试通常需要运用心理测试的专门技术,仅仅靠笔试是难以得到准确的结论的。了解职业兴趣的主要途径就是采用职业兴趣测验量表或问卷来进行。西方在第一次世界大战期间进行了最早的尝试,而我国的职业兴趣研究起步较晚,主要以引进和修订西方量表为主。现在较常用的测验量表是霍兰德职业兴趣测验。霍兰德职业兴趣测验是由美国职业指导专家霍兰德根据他本人大量的职业咨询经验以及他所创立的"人格类型"理论所编制的测评工具。霍兰德职业兴趣测验的目的是帮助被测试人员发现和确定自己的职业兴趣和能力特长,从而更好地作出就业、升学进修或者转换职业的选择。

2. 面试

面试是企业员工招聘中常用的一种方法。面试的基础是面对面进行口头信息沟通,主要效度取决于面试的经验。有时候利用面试效果较佳,有时候利用面试则毫无效果。通过面试,面试者可以了解应聘者的知识、技巧、能力等,可以观察应聘者的生理特点,了解应聘者的非语言行为和其他信息。

1) 面试的理论实质

面试的理论实质是什么?是知人之术,是对人这个客观对象可知与不可知的问题。历史唯物主义认为:人是可知的,又不是那么易知的。历史上的改革家王安石说:"人才难得亦难知。"正因为人才难知,才说明面试值得好好研究。面试实际上面临着这样一个公式:才能=相貌?即才能与相貌的相关度问题。

人才与相貌相关的两种极端情况如下:

(1) 人才与相貌百分之百的相关,即相貌等于才能,以貌即可知才。但是,事实并非如此,相貌堂堂的人或许才智平平,面目丑陋的人可能智慧非凡。有位面目丑陋而才学非凡的人曾经说:"我是'兽面人心',而有些人则是'人面兽心'。"

(2) 才能与相貌是零相关。那么,问题也简单了,完全不要看相貌,面试多余!但是,事实也并非如此。

2) 面试的陷阱

面试陷阱是指面试工作容易失误的地方,包括以貌取人、以言取人、以己之长取人和以派别取人。

(1) 以貌取人:根据人的长相、面貌选人。

(2) 以言取人:以言辞判断人才。

(3) 以己之长取人:将自己的长处作为衡量对方的尺码,这是一般人的自然倾向,人们会不自觉地这样做,因此,有意识地加以防范是必要的。

(4) 以派别取人:人群中存在不同的派别,这一现象的形成有多种原因,往往各个派别都有人才,特别是科学学派和艺术流派,所以,以派别取人是不科学的。

3) 面试的环境设计

(1) 整洁干净,不要令人眼花缭乱,分散应聘者的注意力。面试者不应太多,一般不宜超过5人。

(2) 光线柔和,不要有强光直射应聘者的眼睛,否则,使应聘者感觉不好。

(3) 防止噪音。噪音影响听觉,分散精力。

(4) 室内温度适宜。

4) 面试的空间设计

(1) 面试者和应聘者的距离。心理学家认为,两个人彼此之间的距离愈近,表示两个人的关系愈亲密。一般而言,面试者和应聘者之间的距离以 2.5～3 m 为宜。距离太近则显过分亲热,距离太远则拒人于千里之外,都是不合适的。

(2) 面试者和应聘者的座位摆放方式。

① 相对而坐,代表理智,"理智的相对"。

② 平起而坐,代表平等,"平行的平等"。

③ 绕后而坐,代表怀疑,"恐惧的背后"。

三种情况代表三种不同的意思,应根据具体的情况选定不同的座位摆放方式。

(3) 面试者和应聘者的水平位置。一般而言,面试者和应聘者两者之间应处于同一水平位置,个别情况下面试者位置略高于应聘者。

5) 面试与提问

在一场简单的面试中,面试者很容易就能看出应聘者的细微弱点和性格缺陷。然而,面试时所提出的问题是非常关键的,需要问准问实。衡量面试问题是否有价值,有学者提出了 STAR 方法。STAR 是由四个英文单词的首字母大写组成的,其中,S 是 situation,情景;T 是 target,目标;A 是 action,行动,采取了哪些行动;R 是 result,结果,最后的结果怎么样。也就是说,面试者必须对提出的每一个问题,从情景、目标、行动和结果四个方面去验证。如果同时具备这四个方面,所提出的问题就是一个好问题。

例如:你是怎样分派任务的?是分派给已经表现出有完成任务能力的人呢,还是分派给表现出对此任务有兴趣的人？或者是随机分派？这个问题已经给出了明确的选项,应聘者可以从分派给已经表现出有完成任务能力的人、分派给表现出对此任务有兴趣的人、随机分派三个备选答案中选择一个,这样不利于应聘者发挥。面试时,面试者应该尽量让应聘者多说,提出的问题应该有利于应聘者的经验、潜能和特长的充分发挥。正确的提问应该是:请描述一下你是怎样分派任务的,并举例说明。这样,可以通过应聘者对问题的回答,进一步考察应聘者的思想水平和能力素质,从而达到面试的目的。

面试者发问的方式和问题可以决定从应聘者那里得到什么信息以及多少信息。所以,面试中提问很重要。提问除了是一般的对话外,还是一种语言艺术,是一种有意识的行为。提问有如下三种形式：

(1) 开放式提问。开放式提问的特点是无拘无束地展开谈话,慢慢进入主题。例如：由天气谈到身体,由国内形势谈到单位情况等。漫谈不忘目的,漫谈而不杂乱,进而得到有价值的信息,是这类提问的技巧。

开放式提问的主要目的是考察应聘者思考问题的方法和观点,以及某些决定或行为后面的逻辑推理。因此,开放式提问可以用来评价应聘者的逻辑思维能力、语言表达能力等。对于开放式提问,应聘者不能简单地以"是"或"否"来回答,需要进行解释。开放式提问一般希望应聘者自由地发表自己的意见或看法。因此,面试者提出的问题如果能够引发应聘者详细地说明,则符合开放式提问的标准。

(2) 封闭式提问。典型的封闭式提问就是只让应聘者回答"是"或"否",希望应聘者就问题作出明确的答复。封闭式提问一般用来明确某些不是很确定的信息,或者是作为过渡性提问。对于应聘者来说,要么同意,要么不同意,不能不表态。提问时切勿使应聘者难以回答。

封闭式提问的优点是可以缓解应聘者的紧张心态,特别是有些应聘者在面试时非常紧张,此时面试者提一些简单的问题,可以转移应聘者的注意力。封闭式提问的缺点是答案都是简单的"是"或"否",很难从应聘者提供的答案中判断他们是否适合所应聘的岗位。

(3) 压迫式提问。一般来说,面试者要尽力为应聘者创造一个亲切、轻松、自然的环境,以使应聘者能够消除紧张情绪,充分发挥。但是,在有些情况下,面试者可能会故意制造一种紧张的气氛,给应聘者一定的压力,通过观察应聘者在压力情况下的反应,测定应聘者的反应能力、自制力、情绪稳定性等。

压迫式提问可能使应聘者产生压迫感,有情急的特征。此类提问往往以"你怎么办？"或"这是为什么？"等结束。例如：日本住友银行的一道面试题目是："假使我们住友银行与国家银行之间发生了冲突,作为一名住友银行职工,你将怎么办？"这是典型的压迫式提问。

第一种回答是：作为一名住友银行职工,我将站在住友银行的立场上坚决与之斗争。

面试者回应：你会给我们惹祸的,请你另谋高就吧。

第二种回答是：作为一名住友银行职工,我将站在国家银行的立场上维护国家利益。

面试者说：既然如此,请你去国家银行上班吧。

第三种回答是：作为一名住友银行职工,我将尽力淡化这场冲突。

面试者高兴地说：你被录取了！

面试成功与否,与面试者特别是首席面试考官的综合水平有极大的关系。我们不能重复古代瞎子摸象的故事,有人说大象是柱子,有人说大象是一堵墙,各自依据对局部的感知就作出了判断,而实际情况并非如此。综合评价需要抓住对象的本质,而抓住本质需要眼力。面试时可邀请一位该领域的专家参与面试,从而提高面试水平。

3. 心理测试

心理测试是指通过一系列的科学方法来测量应聘者的智力水平和个性差异的一种测试方法。心理测试是心理学研究的一种方法,但现在许多领域中都应用这种方法,在企业招聘中应用的范围尤其广泛。通过心理测试,可以判断应聘者的气质、性格、特殊能力和思维力(智力)等。例如,卡特尔16种人格因素测评(16PF)是目前世界上最完善的个性心理测验之一,该测验的设计者为美国著名的心理学家卡特尔(Cattell)。卡特尔通过对各种生活情景、行为事件进行观察、测验,并对所得数据采用数理统计的因素分析法,将人的个性抽取出16种基本特征或称16个性因素:乐群性、聪慧性、稳定性、恃强性、兴奋性、有恒性、敢为性、敏感性、怀疑性、幻想性、世故性、忧患性、实验性、独立性、自律性和紧张性。16种个性因素是各自独立的,每一种因素与其他因素的相关极小。这16种个性因素在一个人身上的不同组合,就构成了一个人不同于其他人的独特的人格,相当完整地反映了一个人个性的全貌。

心理测试应遵循以下基本原则:

(1) 对个人的隐私加以保护;

(2) 测试前要先做好预备工作(内容、实施、记分、结果解释等);

(3) 面试者要事先做好充分的准备,尽可能使每一次测试条件相同,这样测试结果才比较正确。

4. 能力测试

能力通常分为一般能力和特殊能力。一般能力是完成各种活动都必须具备的某种能力。它主要包括注意力、观察力、记忆能力、思维能力、想象能力等。特殊能力是指在某些专业和职业活动中表现出来的能力,它在职业活动中,体现为职业能力、数学能力、音乐能力、机械操作能力、绘画能力、飞行能力等。这些能力是完成某些特定职业活动所必须具备的能力。

能力测试是指个体能否通过自身的知识、技能、个性、态度和价值观等能力构成因素顺利完成某项活动的测试,它包括一般能力倾向测验和特殊职业能力测验。

1) 一般能力倾向测验

一般能力倾向测验主要是测量一个人多方面的潜在能力,包括想象力、记忆力、创造性思维、空间思维、逻辑思维、语言表达能力。在实际操作的时候,要从面试的需要出发测定其中一项或几项能力。下面是一个普通能力倾向测验的例子。

在一个严冬的早晨,应聘者按要求走进面试者的房间。房间内只摆了一张桌子和一把靠背椅,桌上摆放了一大堆材料,在房间外的某个角落放着几把椅子。当应聘者进入房间之后,面试者说话了:"请把你的外套挂在衣帽架上,请坐!"面试者说完之后,即埋头整理桌上的材料。其实,这个房间既无衣帽架,又无第二把椅子,面试者实际是在测试应聘者,看他如何表演和动作。

面试的结果大约有以下五种情况:

(1) 第一名应聘者环顾四周,发现室内既无衣帽架,又无椅子,于是一声不吭,规矩地静候考官抬头与其交谈。

(2) 第二名应聘者对考官说:"先生,对不起,你可能是疏忽了,这个房间里并没有衣帽架和多余的椅子呀!"

(3) 第三名应聘者满腔热情地对考官说:"谢谢!"接着找衣帽架和椅子。当他发现室内没有衣帽架和椅子时,心里开始紧张,感到浑身不自在。有时还故意咳嗽几声,企图引起考官的注意。

(4) 第四名应聘者对考官说:"请问考官,你看房间里并没有衣帽架和椅子呀!"

(5) 第五名应聘者在房间内实在找不到衣帽架和椅子,便跑到房间外东瞧瞧西看看,终于找到一把椅子并搬到房间里来坐下。

对于这五名应聘者的不同表现,心理学家的初步判断是:第一、三种人有较强的工作适应性,能够做好常规性工作,但缺乏领导才能和开拓进取精神,难以作出惊人之举;第二种人有脱俗的表现,既能实事求是地指出考官的要求不切实际,难以实现,又照顾到了考官的身份,这种人往往具有领导才能;第四种人性格爽快,直来直去,不畏首畏尾,比较适合从事业务员、推销员和公关工作;第五种人表现更为突出,善于动脑筋和想办法,适合从事发展策划工作,在管理岗位上也可能干得很出色,缺点是爱提意见和比较多事。

2) 特殊职业能力测验

特殊能力测验可以弥补一般能力测验的不足,更适合聘用专业人员的需要。常见特殊职业能力测验有以下五种:第一种是运动机能测验,主要测量运动的反应速度、协调性及其他特征;第二种是机械能力测验,主要测量运动因素、知觉能力、空间定向能力、机械推理能力等;第三种是文字推理能力测验;第四种是数字推理能力测验;第五种是文书能力测验。此外,还有资料解释能力测验、数量比较测验、音乐能力测验、美术能力测验、行政管理能力测验等。这些特殊职业能力测验往往被招聘单位用来选择求职人员,内容和方法根据职业的需要而定。如运动机能测验和机械能力测验多用于工业、手工业部门的人员挑选,文字推理能力、数字推理能力和文书能力的测验多用于机关管理员、图书管理员、档案管理员、办公室秘书、企业推销员等的挑选。

5. 情景模拟

企业在进行普通员工招聘测试时,经常需要应聘者实际具有某种技能,而不仅仅是某种潜能,这些实际技能在直接的实际工作表现中显而易见,但通过履历表、笔试和面试等方法却很难被发现,如机械制造业技术工人的某些生理技能等。例如,评价一个从未做过生产计划工作的人在制订生产计划方面的技能往往是很困难的。在这些情况下,最好的信息来源就是某种方式的行为模拟,即采用情境测验的方法。

西方管理学家在对情景测评的效果分析中发现:由企业领导随意选拔的管理人员,按照使用的结果,其正确性只有15%;经过各级经理层层提名推荐的,其正确性达到35%;而通过情景测试选拔的,其正确性在70%以上。匹兹堡大学职业研究院的威廉·C.柏海姆调查了情景测评的研究项目后指出,经过情景测评技术选拔的管理人员比仅仅凭主管人员判断而提拔的管理人员,其正确性要大2~3倍。

情景测验就是根据应聘者可能担任的职务或岗位,编制一套与这个职务实际情况相似的测试题目,然后将应聘者安排在设计的、模拟的、逼真的工作环境中,要求应聘者处理可能出现的各种问题,用多种方法来测评应聘者的心理素质、潜在能力的一系列方法。情景模拟强调在特定的情景下进行测评。每一个情景测试都是从许多实际工作样本中挑选出来的典型,与实际工作具有高度的相似性,因此情景测验的成本往往比较高。

最常用的情景模拟主要有如下几种。

1) 文件筐测试

测试中,应聘者扮演某一领导者的角色,将面对一堆信件或文稿,包括通知、报告、客户的来信、下级反映情况的信件、电话记录等,在规定的时间内将这些公文处理完毕,比如写出处理意见、安排会议或将任务分配给其他人,并说明所采取的措施或作出决定的原因。例如:应聘者被假定为接替某个管理人员的职务,在其办公桌上堆积着一大堆亟待处理的文件,包括信函、电话记录、电报、报告和备忘录,要求应聘者在3小时内处理完。面试者可以观察并评价应聘者的组织、计划、分析、判断、决策、分派任务的能力和对于工作环境的理解与敏感程度。

文件筐测试的具体操作方法如下:在文件筐内放置诸如信件、备忘录、电话记录之类的文件,首先,向应聘者介绍有关的背景材料;然后,告诉应聘者他(她)现在就是这个职位上的任职者,负责全权处理文件筐内的所有公文材料;最后,由面试者通过考察应聘者在测试过程中所做的工作并考虑其在个人自信心、组织领导能力、计划能力、书写表达能力、决策能力、是否敢冒风险、经营管理能力七个方面的表现来给其打分。

2) 无领导小组讨论

无领导小组讨论这一测评方法最早用于第一次世界大战后德国军队选拔军官,第二次世界大战期间被广泛用于各国军官的选拔。战争结束后,它被复员军人带到企、事业单位应用。无领导小组讨论是目前招聘中经常采用的一种测评方法。

无领导小组讨论就是将一定数量的一组被评人(基本上是每组5~8人)集中起来,让他们就给定的问题进行一定时间长度的讨论,讨论中各个成员处于平等的地位,并不指定小组的领导者。面试者根据应聘者控制局势的能力和发言的内容,对应聘者进行评价。因此,所谓无领导,就是说参加讨论的这一组应聘者,他们在讨论问题的情境中地位是平等的,其中并没有哪一个人充当小组的领导者。

无领导小组讨论可以考察应聘者在团队工作中与他人发生关系时表现出来的能力,例如沟通能力、辩论说服能力、组织协调能力、合作能力、影响力、团队精神等;同时也可以考察应聘者在处理一个实际问题时的分析思维能力,包括理解能力、分析能力、推理能力、创新能力、对信息的利用能力;还可以评价应聘者的个性特征和行为风格,包括他的自信心、独立性、灵活性、情绪的稳定性,考虑问题时喜欢从大处着手还是关注细节等。

无领导小组讨论的实施步骤主要包括以下内容:

(1) 岗位分析。岗位分析是无领导小组讨论实施的基础,首先可以为设计或编写测评试题确定核心内容,其次可以为确定评价维度奠定基础。

(2) 确定评价维度。无领导小组讨论评价维度的确定有两个步骤。

步骤一,确定基础的评价维度。一般是根据对管理人员的要求和无领导小组讨论的特性来确定。根据对管理人员的素质结构要求,同时考虑无领导小组讨论的自身特点,选取决策能力、分析能力、应变能力、人际沟通能力、组织领导能力等五个测评要素。

步骤二,确定特殊的评价维度。一般是根据岗位分析的结果,在实践操作中根据某个具体岗位的要求,灵活机动设计。例如,对于办公室主任来说,在确定评价维度中可以考虑增加合作性、协调性等评价要素。

(3) 编写测评试题。无领导小组讨论重在讨论,因此讨论题目非常关键。在编制素质测评讨论题时,应采取以下四个步骤。

步骤一,收集相关岗位的案例,这些案例既要具有一定的代表性,也要注意难度问题。

步骤二,对收集到的所有原始案例进行筛选,选出难度适中、内容合适、典型性和现实性均比较好的案例。

步骤三,正式编制讨论试题。

步骤四,修改和确定讨论试题。

(4) 选定并培训面试者。面试者在无领导小组讨论中也相当关键,确定面试者除了要考虑其素质外,还应注意:如果测评是为了晋升,那么应聘者的直接上司最好不要担任面试者;面试者人数一般与参与讨论的小组成员人数的比例为1∶2;此外,面试者应对所聘领导岗位的工作较为熟悉,了解部门的工作性质和内容。面试者确定以后,要统一召集实施培训。

(5) 正式测评阶段。无领导小组讨论的正式测评阶段分为四个阶段。

首先,讨论前分好组,一般每个讨论组以6~8人为宜;应聘者落座后,面试者为每个应聘者发空白纸若干张,供草拟讨论提纲用;面试者向应聘者讲解无领导小组讨论的要求(纪律),并宣读讨论题;给应聘者5~10分钟准备(构思讨论发言提纲)。

然后,面试者宣布讨论开始,依考号顺序每人轮流发言阐述自己的观点(5分钟),依次发言结束后开始自由讨论。

其次,考生交叉辩论,继续阐明自己的观点,或对别人的观点提出不同的意见,并最终得出小组的一致意见。面试者只观察并依据评分标准为每位应聘者打分,不准参与讨论或给予任何形式的诱导。

最后,进入总结阶段,推荐讨论组组长,代表小组总结发言。

(6) 结果反馈。记分员按比赛规则去掉一个最高分和一个最低分,通过算术平均计算出最后得分。

3) 模拟面谈

模拟面谈是事先向应聘者提供一定的背景情况和角色说明,由面试者指定的一个人扮演某种角色,通过应聘者与其面谈解决问题。模拟时要求应聘者以角色身份完成一定的活动或任务。谈话包括电话谈话、接待来访者、拜访有关人士等。具体形式有如下几种:

(1) 绩效评估的过程中需要双向沟通,需要坐下来面谈。因此,可以要求应聘者模拟部门经理,面试者或其助手模拟下属员工,讨论绩效考核问题,也就是我们通常所说的绩效沟通。

(2) 应聘者模拟高级市场总监,面试者模拟记者等,采访促销策略问题。

(3) 应聘者模拟客户服务人员,面试者模拟发怒的顾客,商谈解决劣质产品投诉问题。

一般来说,模拟面谈适合于测试应聘者的说服能力、语言表达能力和处理冲突的能力,以及人的思维灵活性和敏捷性。适用范围包括部门管理人员、人力资源管理人员、从事销售工作的人员、从事客户工作的人员等。

4) 即席发言

随着知识经济时代的到来,社会对人才能力的评价标准也发生了很大变化。演讲能力已经成为考核和评价人才素质的重要尺度,也是员工做好工作的基本功。销售是说服,领导也是说服。因此,演讲能力是未来成功的企业家必须具备的能力。

演讲就是在听众面前就某一问题表示自己的意见或者阐述某一事理的活动。演讲可以分为常规演讲和即兴演讲。常规演讲是指经过演讲人深思熟虑并备有演讲稿的,比较严肃、郑重的演讲;即兴演讲是指演讲人兴之所至,有感而发,在没有准备的情况下所发表的演讲。

比较而言,演讲对人的心理素质的要求比笔试更高些。演讲测验主要考察应聘者的分析推理能力、语言表达能力、在压力下的反应能力,以及言谈举止、风度气质和思维方式等。面试演讲不同于一般场合下的演讲,面试演讲面对的观众主要是面试者。具体操作形式是:应聘者拿到演讲题目之后,准备5分钟,然后开始演讲;正式演讲时间一般为5分钟左右。

三、现代十种常用面试技术

1)"隔岸观火"面试技术

"隔岸观火"面试技术的操作要点是:面试主考官与其他考官分属于A、B两个不同的考场,A考场为主考场。主考场布置为普通的来访接待室,内设主、客座,标明考官与应聘者坐席,主、客座中间隔一长方形办公桌。室内窗明几净,光线柔和。在室内不显眼处设置有现场实况转播系统并通向B考场,使B考场中的考官能够通过看电视实况转播,清楚地了解A考场中面试的全过程。这种面试的优点是:能够消除或减少应聘者的紧张心理,有利于主考官与其他考官之间的沟通,能够对应聘者的表现作出客观、公正的评价。

2)"无履历"面试技术

"无履历"面试技术的操作要点是:面试者事先审阅应聘者的履历,在面试现场不问及有关应聘者的履历情况,只是询问其是否掌握应聘职位所需的知识和技能等情况。这种面试的优点是:能够单刀直入地了解应聘者是否能胜任未来职位的工作,面试者能够避免先入为主的印象,对应聘者的评价比较客观公正。

3)"无拘束"面试技术

"无拘束"面试技术的操作要点是:通过组织午餐会、爬山、远足等活动了解应聘者的速度、耐力、体力、机敏度、性格、爱好等方面的情况,使应聘者能够在无拘束、无防备和没有觉察到是在接受面试的情况下进行面试。

4)"醉翁之意不在酒"面试技术

"醉翁之意不在酒"面试技术的操作要点是:在面试现场故意设置一些道具,看应聘者的反应如何。与此同时,计划进行的面试内容照常进行。香港著名企业家李嘉诚先生在一次招聘员工的面试现场故意将一把扫帚横放在路中间,而来来去去的若干个应聘者均对这把扫帚视而不见,绕道走开。有一位应聘者却与众不同,他先将横放在路中的扫帚扶起,立在门后,然后再从容地回答面试者的问题。显而易见,这位应聘者才是其中的佼佼者。

5)"听言观行"面试技术

面试者在面试过程中对应聘者既要"听其言",又要"观其行","听其言"和"观其行"往往是分不开的。而作为"听言观行"的一种面试技术则要进行专门的设计,并且看应聘者如何表现。在国外比较有名的是一种叫"烟灰缸"的"听言观行"面试术。当应聘者进入考场时,面试者首先递给他一支烟,并为他点燃,然后请他坐下。第一种行为表现:应聘者彬彬有礼地问面试者:"请问,烟灰缸在哪里?"第二种行为表现:应聘者悄悄地往地上弹烟灰。第三种行为表现:应聘者急得团团转,眼睛四处搜索,寻找烟灰缸。显而易见,第一种行为表现的应聘者属于其中的佼佼者。

6)标准化测试面试技术

标准化测试面试技术由美国首创,目前已在世界各国流行。其操作要点是:设计一组标准化测试考题,每个考题都列出几种不同的答案供应聘者选择。面试者通过应聘者选择答案的正确与否和得分多少来确定其知识和技能的掌握程度,并进而决定是否录用。

7）公开答辩式面试技术

公开答辩式面试技术的操作要点是：在面试现场设有众多的观众席，面试的社会开放度很高，面试考官人数较多，面试场面较大，面试现场应至少能容纳100人左右。面试时由主考官提问，应聘者公开回答问题。为了取得较好的公开答辩效果，面试现场应该有较好的扩音和录像设备。主考官的提问应立足于了解应聘者的施政主张和演讲能力，考题的难度较大，以利于优秀人才脱颖而出。这种面试技术一般适用于领导干部的选拔和招聘。

8）演说式面试技术

演说式面试技术的操作要点是：由面试者向应聘者提出一个演说题目并给他一定的准备时间，规定演说的时限。应聘者必须按照考官的要求进行演说表演。其中，有的应聘者演说时感染力强，声情并茂，表现自然；有的应聘者语无伦次，前言不搭后语；有的应聘者表情呆板，好像在背天书；有的应聘者演说时出现明显的语病；还有的应聘者口齿不清，不能正常表达自己的主张。显而易见，第一种表现的应聘者才是优胜者。

9）即兴作文面试技术

即兴作文面试技术的操作要点是：让应聘者在考试现场即兴作文，自定作文题目，文体不限，必须在规定时间内交卷。面试者从应聘者的即兴作文中可看出他的情操、思想以及所表现出来的各种优、缺点。

10）即兴表演面试技术

即兴表演面试技术的操作要点是：应聘者按面试者要求表演小品。这一般适用于演员的选拔。通过表演小品能够了解应聘者是否具有表演才能、能不能很快进入角色、可塑性如何、是否有培养前途。

四、面试中需要避免的常见问题

在短时间内，面试考官要接待多名应聘者，既要对每个人作出客观的判断，又要保证他们之间的相对公平。同时，还有许多心理效应常会使面试考官在不知不觉中落入陷阱。在面试中，主要有以下几种常见问题。

1）没有做好面试的准备工作

应聘者去参加面试的时候，可能会碰到下列现象：当应聘者应约到一家公司参加面试时，负责面试的人让他在会议室足足等候了30分钟；或者是公司的面试者正在与应聘者谈话时，突然有人走进会议室，对应聘者说："对不起，这个会议室我们已经预定了"；或者在面试开始的时候，面试者对应聘者说："对不起，王总现在正忙于处理一些重要的事情，委托我来与你谈谈"；或者面谈过程中，应聘者发现面试者既没有看过他的简历，也不了解他所应聘职位的相关情况。在这些情况下，应聘者会怎么看待这家公司？因此，公司如果没有做好面试前的准备工作，可能会影响自身的形象。

2）面试者说得太多

为了作出正确的判断，应该让应聘者多说，多表达自己的观点。但是，有些面试者却忽视了这一点，说得比应聘者还多。

3）面试者轻视应聘者

在面试时，一些公司的面试者有的以貌取人，有的看不起应届毕业生，有的态度傲慢，轻视应聘者。面试是一个"双向选择"的过程，如果面试者对应聘者不尊重，应聘者一般也不会选择这家公司。在校园里,经常听到一些大学毕业生抱怨,去参加招聘面试,遇到办事拖拖拉拉的公司就很心烦,有的应聘者因此而放弃复试。

4) 晕轮效应

晕轮效应(或称哈罗偏差)是指根据不完全的信息,一般是第一印象,作出对应聘者的整体评价。也就是我们通常所说的以偏概全,一好百好,指对某人的某一特征的好或不好的印象会扩大到其他方面。例如:一般来说,面试要从仪表与风度、工作动机与愿望、知识水平与专业特长、反应能力、语言表达能力五个方面来评价人的素质,如果在面试过程中,某个应聘者在语言表达能力方面表现非常出色,面试者可能凭这一点就觉得该应聘者在其他四个评价要素方面也是非常优秀的。在面试中,可能会因为一个人反应敏捷而认为他聪明、有耐心;也可能会因为一个人反应较慢而认为他不够聪明、能力差。

5) 刻板效应

研究表明,多达80%的面试,在开始面试10分钟内,面试者就已经作出是否雇用的决定,这个决定受应聘者所着服装、面试者对应聘者的印象等影响。也就是说,许多面试结果依赖的是面试者对应聘者所产生的第一印象。对某种人产生一种固定的印象,就会形成刻板效应。有些面试者根据过去的经验和习惯的思维方式,在头脑中形成了对人或事物的不正确的看法,例如:一听到老年人,马上就认为这是一个保守的人;认为穿牛仔裤的人一定是思想比较开放的人。

6) 个人偏见误差

在面试过程中常会出现个人偏见误差。面试者往往会对自己喜欢(或熟悉)的人给予较高的评价,而对自己不喜欢(或不熟悉)的人给予较低的评价。例如:一个雷厉风行的面试者往往不喜欢性格稳重的应聘者,认为这样的人工作效率低下;一个性格稳重的面试者往往不喜欢性子急的应聘者,认为这样的人做事不稳妥,欠考虑,容易出差错。当听到应聘者与自己具有某种相似的背景时,有些面试者就会对该应聘者产生好感和同情。比如应聘者是面试者的老乡或校友,面试者对他的评价就可能会发生改变。

复习思考题

1. 招聘决策的原则有哪些?人员招聘中需注意哪些问题?
2. 招聘的主要渠道有哪些?什么情况下运用某种招聘形式较好?
3. 如何有效地运用面试?常用的面试技术有哪些?
4. 阐述人员招聘的策略与评估。
5. 人员招聘的流程是什么?需要注意哪些问题?
6. 阐述人员测评的重要作用及主要内容,并说明人员测评的主要方法。

综合案例研讨

基于雇主品牌的校园招聘

雇主品牌是企业本身作为雇主时的特性,它包含企业吸引、激励和维持现有员工和潜在员工的价值体系、政策和行为。Kristin 和 Surinder(2005)对雇主品牌的理论基础和概念框架进行了研究,他们提出:雇主品牌产生两个主要后果——雇主品牌联想和雇主品牌忠诚。雇主品牌联想形成雇主形象,并强化人与组织的价值匹配过程,雇主品牌形象对雇主品牌联想和雇主吸引力之间的关系起调节作用;雇主品牌强化和改变组织文化,组织文化调节雇主品牌和雇主品牌忠诚之间的关系;雇主品牌强化员工组织识别,组织识别调节雇主品牌和雇主品牌忠诚之间的关系;雇主品牌忠诚与员工生产率正相关。雇主品牌概念框架如图1所示。

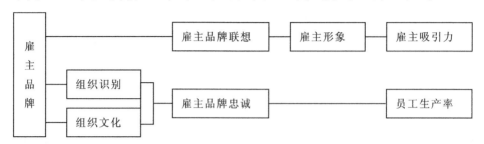

图1 雇主品牌概念框架

当前,雇主品牌日益成为雇主吸引和留住优秀人才的重要策略,越来越多的企业逐渐开始关注自身雇主品牌的构建工程。如何通过企业的日常招聘活动来构建企业的雇主品牌,是值得我们认真思考的问题。

高校是人才荟萃之地,企业直接上门到高校开展校园招聘,不仅有助于企业挑选所需的人才,对于企业的雇主品牌的建立和宣传也会产生深远的影响。在校园招聘过程中,随着招聘流程的一步步进行,企业可以通过一系列的措施构建起良好的雇主品牌,而这一雇主品牌又将反过来通过影响求职者的选择与判断从而影响校园招聘的有效性及其结果。为了在校园招聘的同时在大学生中树立起良好的雇主品牌形象,企业应该做到以下三点:

(1) 在校园招聘的前期准备阶段,通过慎重选择招聘小组成员以及选择合适的招聘学校构建起良好的雇主品牌联想。

(2) 在具体实施阶段形成鲜明的雇主形象,主要通过以下几点来实现:①合理的招聘信息发布;②招聘流程中要尽量做到公平、公正和公开;③建立科学合理的人员测评与甄选体系;④重视被录用对象的后期跟踪工作。

(3) 在新员工录用之后,通过及时进行新员工的导向培训和开展新员工的职业生涯规划充分展示出企业的雇主吸引力。

分析与讨论题

1. 从树立良好的雇主品牌形象出发,企业在校园招聘时需要注意哪些问题?
2. 在校园招聘中,你认为还有哪些举措能够帮助企业创立雇主品牌?

第五章

人力资源配置与
用人艺术

第一节　人力资源配置概述

第二节　用人艺术

第三节　管理者应具备的用人素质

商业活动的精髓之一就是学会如何利用别人的智慧。

——杰克维尔奇

第五章　人力资源配置与用人艺术

学完本章后，你应当能够：
(1) 掌握人力资源配置的目标、原理及其基本方法；
(2) 掌握员工使用的艺术；
(3) 了解管理者在用人上应具备的素质。

刘孟磊是某工程公司的技术骨干，在公司工作的几年中，刘孟磊主持完成了几项重大工程。公司给刘孟磊的薪酬待遇也非常优厚，按理说他会比较满意这份工作。但是，不久前刘孟磊却跳槽到了竞争对手那里，并在那里担任副总工程师，尽管薪水并没有原来那家公司多。究其原因，原来刘孟磊本身虽然是技术骨干，不过他希望能够走上管理岗位，而且已经为自己设定了职业生涯目标，要在35岁的时候达到公司副总的位置。但是，在原来那家公司里却没有这样的机会，刘孟磊看到升职无望，于是毅然选择了跳槽。

其实，如果原来的公司能够掌握人力资源配置的理论，建立技术人员的职业生涯规划，将员工的个人职业目标和公司的发展结合起来，或许可以避免人才流失。引例说明企业对员工的使用是具有艺术性的。本章首先介绍了人力资源配置的基本原理、方法、目标和原则，然后从管理者的角度出发，论述了管理者应该如何有效地配置人力资源，艺术性地使用员工。

人力资源配置与员工使用是人力资源开发与管理的主要内容之一，是组织招聘员工的目的和宗旨所在。狭义的员工使用指的是人力资源管理部门按各岗位的任务要求，将招聘的员工分配到组织的具体岗位上，给予员工不同的职位，赋予他们相应的职责、权利，使他们能进入工作角色，为实现组织目标发挥重要的作用。广义的员工使用除包括上述内容，还包括干部的选拔任用、岗位配置、劳动组合、人事调整等方面的内容。

第一节　人力资源配置概述

一、人力资源配置的目标及原则

1. 人力资源配置的目标

优化人力资源配置是人力资源管理部门的一项重要职责。所谓优化人力资源配置，就是指将合适的人员放在合适的工作岗位上，使其发挥最大潜能，从而使企业或组织以最少的人力资源投入获得最大的企业产出或收益。换言之，优化人力资源配置就是努力追求产出与投入之比的最大值。

通过工作分析、岗位分析，可了解岗位的性质、工作时间、工作场所、任务、设置岗位的意义、岗位条件，明确岗位描述、岗位规范，在把握个体的素质与特征的基础之上，为员工与岗位的合理匹配提供基础条件。

人与事是一对矛盾,特别是在中国,人多事少,也就是说岗位少、冗员多、效率低。"人多好办事"常给人以误导。一定的工作岗位,人多了会造成人浮于事。由于人员结构、人员素质、人员能力各异,只有把合适的人放在合适的工作岗位上,才能达到事得其人、人适其事、人尽其才、事得其功的目的。

人的状况是动态变化的,事(岗位)也是随着企业的发展、科技的进步而不断变化的,所以,人与事的优化配置过程是一个动态循环的过程,而且人与事的发展变化不可能完全同步。诚然,这是一对矛盾的两个方面,人力资源的优化配置就是要寻求一种解决这对矛盾的办法。

为了适应市场经济的发展与变化,不断了解与掌握市场经济规律,要求人对事有超前的预测能力;随着企业再造—业务流程再造—岗位再设计,事(岗位)也处于不断的调整变化之中。因此,把合适的人安排在合适的工作岗位上,也是相对的,人要不断学习、掌握新技术和新业务,来提高工作能力以适应工作的需要。

2. 人力资源配置的原则

进入知识经济时代,特别是"入世"以来,更应该建立科学、公正、开放式的人力资源配置机制,将企业投入的人力资源通过双向选择,把人安排到企业最需要、又能充分发挥其作用的岗位上,保持运作系统的协调、高效。

合理地配置人力资源,就是通过人才盘存,结合企业发展战略,在供求预测的基础之上,将职位分类,编制职位说明书并进行职位配置,做到定员定编。同时,调整和优化企业的劳动组合,使各环节及整个系统均衡,做到人岗匹配,以利于发挥每个人的积极性和创造性。

简而言之,人力资源配置原则就是将合适的人配置到合适的岗位,做到人尽其才、才尽其用、各尽所能。具体应遵循如下原则。

(1) 人事相宜,职能相称原则。员工的能(包括智能、技能)与职级相适应,使不同能的员工在不同职级的岗位上发挥不同的作用。

(2) 扬长避短,量才适用原则。不同员工的知识、能力、性格、素质、年龄是各不相同的,通过合理有效的配置,做到知识互补、能力互补、性格互补、素质互补、年龄互补,以增强整体素质和综合竞争力为核心,从而达到互补增值的目的。

(3) 激励强化,整体优化原则。激励是人力资源管理的主要职能之一,也是激发员工积极性的有效手段。根据人的行为规律,个人需要激发的动机,导致实现目标的行为。在实现目标的过程中,组织创造满足员工的各种需要(包括物质的、精神的、职业发展的等),强化员工的动机和需求,以促进目标的实现。这是激励、强化的过程,也是发挥人的积极性、挖掘人的潜能的过程。

(4) 人事互动,适时配置原则。社会处在不断的变革之中,组织在不断的调整中适应社会,人与事也是在互动中通过不断调整、完善而相互适应的,但适应是暂时的,不适应是绝对的,经过"不适应→适应→再不适应→再适应"的过程,在循环过程中通过动态组合,发挥人的应有作用。

(5) 公平竞争,主观能动原则。市场经济的本质特征之一是竞争。市场经济环境中的人力资源管理必须引入竞争机制,通过竞争上岗、择优选拔、奖勤罚懒等方式,做到用人所长,优化组合。但在竞争中必须坚持公平、有序、适度、良性等原则,反对恶性竞争、无序竞争,并以实现组织目标为竞争方向,在实现组织目标过程中满足个人需求。反对不择手段为实现个人目标而损害组织目标。人是生产要素中最积极、最活跃的因素,是最宝贵的资源。人具有主观能动性,企业应为员工创造良好的企业文化、组织氛围和环境,为员工发挥能动作用提供组织保障,如提供培训和接受教育的机会,参加文化建设和有益的活动,提供劳动保障等,防止产生压抑、挫伤员工积极性的行为。

二、人力资源配置的基本方法

人力资源配置的基本方法可以从宏观与微观两个层面来说明,主要的方法有以下四种。

1. 企业配置

我国虽然已经建立了社会主义市场经济体制,但人才的老化问题依然存在,人力资源配置仍然是亟待解决的问题。企业应根据不同类型的人员和工作的需要,即岗位需要,由本人提出申请,经人力资源部综合平衡、协调后确定配置方案。对于更多的岗位可以采取竞争上岗、双向选择等办法进行配置。

2. 市场配置

从长远来看,人才应通过人才市场,实行公开招聘、双向选择、择优录用、签订劳动合同,来保证用人单位和员工的权利,双方按合同履行义务,这是人力资源配置的发展方向。当然,对特殊人才、特殊岗位应该具体问题具体分析,采取必要的引导和调剂措施。

3. 行业配置或地区配置

行业配置或地区配置是我国目前一种过渡性的人力资源配置方式,如中国企业实行实业公司,全行业实行主辅分开、主副分离,实现减员增效,并为上市作准备。一些地区在调整经济结构时,对本地区人力资源进行统一调整、优化配置,这不失为一种有效的办法。

4. 自主择业

自主择业是市场经济体制下的人力资源配置的有效方式,而且可以说是一个方向,尤其是现在的高校毕业生,国家不包分配,基本属于自主择业。当然,对于一些特殊人才,如残疾人才、特殊岗位的稀缺人才、危险岗位人才、支援贫困边远地区的人才等还要适当地进行分配或照顾,以体现国家政策的优越性。

对人力资源的配置,可以根据不同时期的发展特征采用不同的方法,但要加速人才市场建设和相应法规建设,为逐步实现人才的市场配置创造有利条件。

第二节 用人艺术

用人是一门科学,同时也是一门艺术。用人方法与用人艺术在人力资源开发与管理工作中占据着重要的地位。早在 1938 年,毛泽东同志曾把领导者的职责归结为两个主要方面:一是出主意,二是用干部。将领导的决策与用人放在同等重要的位置。随着社会的进步与发展,综合国力的竞争最终体现为人才的竞争。善于用人,用好人,将使组织运作有序。在实践中,用人的总原则是选贤任能,包括识别人才、选准人才、任贤才、用能人等含义。

用人是一门艺术,将不同的人放置在合适的岗位上更是一门巧妙的艺术。良好的用人艺术可以为企业创造效益,反之,则会给企业造成巨大损失。这里分别从识别人、选择人、用好人三个方面来阐述用人的艺术。

一、识别人

1. 概述

选贤任能首先必须知人。不了解人就不能用好人。

实践中,常常遇到这样的情况,对同一个人的使用出现两种截然不同的评价。即使对同一类表现行为,由于评价角度不同,其结论可能大相径庭。例如,下面是某人得到的两种不同的评价:

(1) 刻苦勤奋;胸有大志;顾全大局,善于与人相处;才思敏捷,能言善辩;严于律己,以身作则;真是个人才。

(2) 名利熏心;野心勃勃;八面玲珑,想捞选票;锋芒毕露,巧舌如簧;装模作样,沽名钓誉;这是个心术不正的人。

对于同一个人,按照前一种评价,应当委以重任;而按照后一种评价,则绝对不能用。

由此可见,要正确评价、了解一个人并不容易,这是一个长期的过程。正所谓"路遥知马力,日久见人心"。只有了解了一个人的优势能力,才能用人之长。正因为识别人难,才需要我们对人的识别加以研究。由此,掌握一些识别人的基本方法显得尤为重要。下面根据古往今来的实践总结,提炼出一些识别人的方法与途径,作为用人的参考和借鉴。

2. 识别人的方法

1) 识人"五视"

魏文侯请老臣李悝裁决自己初步拟定的两位宰相候选人。李悝表示:宰相是君主的主要助手,应由魏文侯自己而不是别人酌定。他提出了一些参考性的衡量标准供魏文侯考察,即所谓的识人"五视"。

第一,"居视其所亲",即看他平时生活起居亲近哪些人。

第二,"富视其所与",即观察他身处顺境富裕时是怎么花钱的,是贪图享乐、花天酒地,还是广散钱财、招贤纳士。

第三,"达视其所举",即身居高位有权势时推举重用什么样的人,是个人的酒肉朋友、七姑八姨,还是不论亲疏、举贤荐能。

第四,"穷视其所不为",即交厄运时能否坚守信念,不拿原则做交易。

第五,"贫视其所不取",即处于贫困时能否洁身自好,不取不义之财。

"五视"对今天识别人才依然有着重大的参考作用。我们可以从中引申一下:第二、三条主要是指身处顺境时,富视其所与(富裕时),达视其所举(身居高位时);第四、五条主要是指身处逆境时,穷视其所不为(交厄运时),贫视其所不取(贫困时)。所以,人在身处顺境和逆境时的表现,往往对我们识别人才有着重要的参考价值。

总结诸多典型人物的成败轨迹所得出的结论是:在一定的条件下,成功属于三种人——顺境时的节制者、逆境时的不屈者和常境时的有恒者。

2) 识人"七观"

如果说,李悝的识人"五视"属于静态,即从历史轨迹来识别人,那么诸葛亮的"知人之道七观"则属于动态,即从现实表现来识别人。两者相互参照,可以对人了解得更深入、更全面。

《诸葛亮集》中有一篇《知人性》写道:"夫知人之性,莫难察焉。美恶既殊,情貌不一,有温良而为诈者,有外恭而内欺者,有外勇而内怯者,有尽力而不忠者。"表面看,人心叵测,但可以通过七个方面来识别:

一曰:问之以是非而观其志。通过其对一些大是大非的问题的态度来了解他的信仰走向。
二曰:穷之以辞辩而观其变。就一些问题跟他辩论以了解他的观点和应变能力。
三曰:咨之以计谋而观其识。请他对某些难题出谋划策以了解其学识才华。
四曰:告之以祸难而观其勇。看他在困难、祸患面前能否知难而上、勇挑重担。
五曰:醉之以酒而观其性。把他灌醉以使其显露本性(所谓"酒后吐真言")。
六曰:临之以利而观其廉。观察他在金钱、财富面前能否保持廉洁。
七曰:期之以事而观其信。看他对接受托付的事是否能守信用,按期完成。

以上"七观"除了第五条(醉之以酒而观其性)在今天不甚可取外,其他六条都是值得借鉴的。尤其是第六条(临之以利而观其廉)很重要,在今天仍然有特别的现实意义。

3) 识人"六验"

识人"六验"是指观察被测试者在不同境遇下的心态。

喜:验其节制能力,不得意忘形。
乐:验其癖性爱好,不玩物丧志。
怒:验其控制能力,不失去理智。
惧:验其能否勇于负责,当铮铮好汉。
哀:验其是否悲观失望,怨天尤人。
苦:验其是否有坚韧不拔的气度,能吃苦耐劳。

日本著名企业家松下幸之助说过,正是运用"六验",帮助他的企业物色了许多人才。

4) 全方位了解

(1) 查人事档案与看当前表现相结合。对一个人的历史的回顾,查看人事档案是必要的。观其职业生涯发展和其工作阅历,根据其一贯表现,考察其能力。但应着重当前表现和发展。任何人的表现都不是一成不变的,人的发展有其多因性,即主观因素和客观因素;有多维性,即非单一指标,衡量一个人的表现除了业务工作外,还有与人合作、工作态度等指标;有动态性,即应该用发展的眼光看待每一个人。人的社会性决定了人的成长还受到社会环境的影响。现在,许多用人单位坚持面试和试用期制,也是为了慎重用人,重视应聘者的表现和能力。

(2) 正面了解与侧面了解相结合。正面了解多采取笔试、面试、正面交谈或个别交谈与小组交谈等方式,而不是间接地听汇报了解一个人。侧面了解主要是指广泛听取意见,并对意见进行分析。既不能一味地接受别人的意见,也不能全盘否定别人的意见,而应注重事实依据。在实践中,我们应将正面了解与侧面了解两者有机地结合起来。

二、选择人

作为企业的管理人员(领导者),必须知道如何有效地"择人"。企业领导者需要建立和完善一个公开、公平、公正的"择人"机制,提供赛马场,让一匹匹千里马自己亮相。美国通用电气公司前 CEO 杰克·韦尔奇(Jack Welch)对择人艺术有其独特的见解。他认为:挑选最好的人才是领导者最重要的职责。一个组织中,20%的人是最好的,70%的人是中间状态的,10%的人是最差的。一名合格的领导者,必须随时掌握那 20%人员的动向,并制订相应的机制在70%的中间者中发掘出有特长的人才,从而使 20%的优秀者不断地得以补充与更新。

识别人、选择人均是为合理而有效地使用人奠定基础,正如识别人有一些方法一样,选择人也需要遵循一些基本原则。常用的选择人的基本原则有如下几种。

1. 德才兼备

关于德才兼备,我们认为选择人的首要要求应该是对人的品德方面的要求,即做事先做人。

现代社会是一个充满人际关系的社会,与人打交道、与人合作是必不可少的。因此,任何人都要遵守道德规范,在工作中讲究职业道德。但是,人如果仅有德而没有能力,没有业绩,没有服务于社会的本领,也不会被社会所认可。所以,我们所提倡的是德才兼备的原则。这里,介绍几种德才兼备的用才法则,供读者参考。

1)"麦肯锡框架"

美国麦肯锡公司是一家世界著名的企业咨询机构,其管理思想、用人之道一贯受到世人的青睐。"麦肯锡框架"如图 5-1 所示。

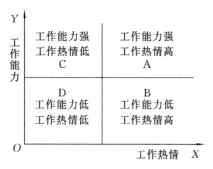

图 5-1 "麦肯锡框架"

图 5-1 中的 OX 是工作热情轴,OY 是工作能力轴,X 与 Y 相交于 O(原点),可以划分为 A、B、C、D 四个象限,分别代表一个单位中的人员状态。

象限 A:工作能力强,工作热情高。
象限 B:工作能力低,工作热情高。
象限 C:工作能力强,工作热情低。
象限 D:工作能力低,工作热情低。

管理者对这四个不同象限的人应该采取不同的对策,也就是说,对这四类人有不同的使用方法。麦肯锡主张:

A 象限者——重用,鼓励;
B 象限者——培训或调用;
C 象限者——解雇,调出;
D 象限者——勿留。

对于 A、B、D 一般没有什么异议,对于 C 可能就有不同意见和争论了。工作能力强,工作热情低——好像是个人才,但又不像人才。怎么办?爱才的领导者往往拿不定主意:人才难得呀!可是,在这个难题面前,果断的领导者们的看法是:勿留!

2)"蒙哥马利框架"

第二次世界大战期间的英军统帅蒙哥马利有其独特的用人之道。有一次,他对人讲,士兵中有聪明的人,有愚笨的人,有勤奋的人,也有懒惰的人。聪明而又勤奋的人,可以让他当个参谋;愚笨而又懒惰的人,可以支使着他去干事;聪明而又懒惰的人,可以当统帅;愚笨而又勤奋的人,你要尽快地赶他走。

蒙哥马利的这一段话,也可以用一个框架来表示,我们不妨称之为"蒙哥马利框架",如图 5-2 所示。

在图 5-2 中,OX 代表勤奋轴,OY 代表聪明轴,X 与 Y 相交于 O(原点)。这样,同样可以得到 A、B、C、D 四个象限。

象限 A:聪明勤奋。

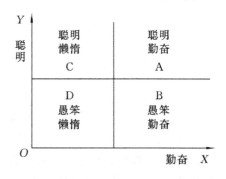

图 5-2 "蒙哥马利框架"

象限 B:愚笨勤奋。

象限 C:聪明懒惰。

象限 D:愚笨懒惰。

按照蒙哥马利的用人思想:对象限 B 的既愚笨又勤奋的人要尽快赶他走。为什么?这种人会给你惹祸的,其"功能"与麦肯锡框架中象限 C 的人相似。

有人不解,问:"蒙哥马利框架"为什么对既聪明又懒惰的人格外看重?这种人讨人喜欢吗?回答是:需要对"懒惰"有一个正确的理解,此处应该把"懒惰"理解为"不是事必躬亲"。有的领导者喜欢事必躬亲,事情不分大小,一律自己动手,亲自挂帅,亲自出征。从一定意义上讲,这种人一般有不太相信他人的毛病。从这样一个角度看,"懒惰"就有积极的意义了。

3)"司马光框架"

从"麦肯锡框架"讲到"蒙哥马利框架",下面介绍最能代表本土文化的"司马光框架"。提到司马光,中国人几乎无人不晓,但是"司马光框架"可就不那么耳熟能详了。为了让大家了解"司马光框架",我们先来重温一段这位历史学家的名言。

"臣光曰:智伯之亡也,才胜德也。夫才与德异,而世俗莫之能辨,通谓之贤,此其所以失人也。夫聪察强毅之谓才,正直中和之谓德。才者,德之资也;德者,才之帅也。云梦之竹,天下之劲也,然而不矫揉,不羽括,则不能以入坚;棠溪之金,天下之利也,然而不熔范,不砥砺,则不能以击强。是故才德全尽谓之圣人,才德兼亡谓之愚人,德胜才谓之君子,才胜德谓之小人。凡取人之术,苟不得圣人、君子而与之,与其得小人,不若得愚人。何则?君子挟才以为善,小人挟才以为恶。挟才以为善者,善无不至矣;挟才以为恶者,恶亦无不至矣。愚者虽欲为不善,智不能周,力不能胜,譬之乳狗搏人,人得而制之。小人智足以遂其奸,勇足以决其暴,是虎而翼者也,其为害岂不多哉!夫德者人之所严(注:严者,敬也),而才者人之所爱。爱者易亲,严者易疏,是以察者多蔽于才而遗于德。自古昔以来,国之乱臣,家之败子,才有余而德不足,以至于颠覆者多矣,岂特智伯哉!故为国为家者,苟能审于才德之分而知所先后,又何失人之足患哉!"

在这里,司马光的贡献如下:

(1) 给出了德与才的定义:"夫聪察强毅之谓才,正直中和之谓德。"

(2) 指出了两者之间的关系:"才者,德之资(凭借)也;德者,才之帅(统帅)也。"

(3) 点出了用人者易犯的错误:"夫德者人之所严(敬),而才者人之所爱。爱者易亲,严者易疏,是以察者多蔽于才而遗于德。"

(4) 总结了用人之术:"……苟不得圣人、君子而与之,与其得小人,不若得愚人。"

这第四条结论也可以用一个框架来表示,即所谓的"司马光框架",如图 5-3 所示。

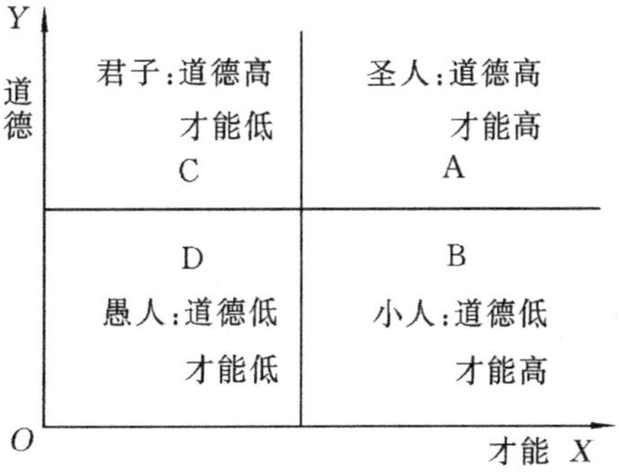

图 5-3 中,OX 代表才能轴,OY 代表道德轴,X 与 Y 相交于 O(原点)。这样,便可得到 A、B、C、D 四个象限。

象限 A:道德高,才能高。

象限 B:道德低,才能高。

图 5-3 "司马光框架"

象限 C:道德高,才能低。

象限 D:道德低,才能低。

值得注意的是,司马光将道德低而才能高的人称为"小人",这与我们今天所讲的"小人"并不完全一致。今天,"小人"一词的含义限于伦理范畴,多指道德不好的人,而不涉及才能方面。

由"司马光框架"到"麦肯锡框架",给予我们什么样的启示呢?一句话:用人要讲究德才兼备,德才兼备者为上选之人;道德修养好、才能略差的人为中选之人;两者皆差者,一般容易识别,不会进入用人者的视野;唯独对道德修养差却又有点才能的人需要格外当心,因为"爱才遗德"实乃用人之大忌。

司马光是封建社会的学者,他所讲的道德也是封建道德,这与我们今天所讲的道德并不完全是一回事。但是,司马光纵论"德才关系"的一席话,总结了他那个时代及以前众多政治家、领导者用人实践的精华,至今仍然闪耀着不熄的思想光辉。不过,"与其得小人,不若得愚人"这一点仍待商榷。这"才德全无"的"愚人"可用吗?众人不得其解。哲人已逝,可惜这商榷只能是"天问"了。

由上述法则可知,择人应树立起德才兼备的观念。

要做到人尽其才,首先要看到每个人的特长,发挥他们的长处,用人之所长。例如:当年刘邦在谈到夺取汉天下的原因时说:"夫运筹帷幄之中,决胜于千里之外,吾不如子房;镇国家,抚百姓,给馈饷,不绝粮道,吾不如萧何;连百万之军,战必胜,攻必取,吾不如韩信。此三者,皆人杰也,吾能用之,此吾所以取天下也。"管理效果的好坏,与是否善于用人之长有着直接的关系。

在管理的基本原理中,要素有用原理在人力资源的管理方面尤其有重要的指导意义。该原理主要体现人尽其才的原则,即给不同才能的人分配相应的岗位,赋予相应的责、权、利。人是最活跃的因素,人的能力、特长、气质各异,因此,在对人的使用与安排上,就要考虑这些因素,根据每个人的特长来安排适当的工作岗位,使其能力得到充分发挥。正如清朝诗人顾嗣协在一首诗中所说的那样:

"骏马能历险,犁田不如牛。

坚车能载重,渡河不如舟。

舍长以就短,智者难为谋。

生材贵适用,慎勿多苛求。"

用人就是用其所长,只有把每个人都安排在与其能力相应的岗位上,他的才能才可能得到最大限度的发挥,人的积极性和创造性也可以得到最大限度的发挥。

2. 能力与业绩并重

日本著名企业家松下幸之助说过:"对公司有功的人应颁发奖金,而不是职位,职位要委授给那些具有相应才华和能力的人。"即奖励重贡献,选拔重能力。

作为企业的管理者(领导者)要敢于起用能人,这一点是需要有魄力的。能人往往优点突出,缺点也突出。能人不是完人,敢于起用能人,则事半功倍。要大胆起用能人,用人之长。

善于用人的领导,往往重能力,重业绩,但更应注重优化组合,以达到功能互补之效,增强凝聚力。在现代领导的观念中,人与人的长处互补,才能发挥群体的作用。看能力,重业绩,要不拘一格。例如:某集团的员工,过去多为大学毕业生,现在集团人员结构正悄悄发生着变化,下岗职工逐渐成为这家企业的主要力量。在其湖北分公司,吸纳的下岗职工占职工总数的53%。这个集团常务副总裁称,如今之所以看重下岗职工,是因为他们中有一批经过长期培训并具备优秀素质的人员,这些人经验丰富,脚踏实地,对重新获得的岗位十分珍惜。据介绍,这些在该集团重新上岗的职工们,目前已挑起这家企业的大梁。据统计,在该集团湖北分公司管理人员中,下岗职工所占比例目前已在70%左右。

三、用好人

识人、择人艺术保证了企业有才可用,是用好人的前提和基础;而用人艺术则可使人尽其才、才尽其用,用人之长、各尽其能,是用好人的精髓所在。例如,历史上汉高祖刘邦是将知人善用发挥到极致的古代领导典范。刘邦市井出身,文不及张良、萧何,武不如韩信,却能驱策自如,善于发挥各自所长,最终成为汉代开国帝王。

这里,首先阐述用好人的法则,然后阐述哪些人不宜重用,以及哪些人宜于优先考虑使用。

1. 用好人的法则

如何用好人,需要遵循如下一些基本原则。

1) 量才使用,能级相称

"量才使用,能级相称"体现的是把人才放在合适的位置上。到底应放在决策层、管理层、执行层,还是操作层,这需要根据各人的能力和特长来定。需要补充的是,不能机械地理解为一个人必须完全具备了该职务所需要的所有能力素质后才去使用,那是不现实的。因为员工"不在其位,不谋其政",也就不能要求其具备百分之百此种岗位能力。成功的经验是:只要员工能具备该岗位所需能力的70%,就可以大胆使用,其余30%在岗位上边干边学。

2) 唯才是用,放手启用

"唯才是用",只要是有才能、能帮助企业走向成功的人才,都应该大胆放手启用,充分发挥其才能,这才是卓越领导人的风范。这样的企业才能得到优秀人才的拥护,从而加速发展的步伐。韩国三星集团老板李秉喆在其多年的企业管理生涯中,一直坚持"人才第一"的原则,大胆发现、培养和使用人才。"用人不疑,疑人不用"是他的用人哲理。他认为,用人的最大忌讳就是怀着疑心用人。这样既不能发挥人才的长处,被采用的人也不会充分发挥自己的作用。

当今社会正处于变革的时代,"唯才是用,放手启用"的用人艺术显得尤为重要。"唯才是用,放手启用"的用人艺术与"用人不疑,疑人不用"的用人原则在本质意义上是一致的。因为,放手启用下属可以激发下属的责任感,从而使他们全身心地投入到工作当中。其实,信赖和责任之间是一种交换关系,你支付的越多,你的下属的责任感就会越强。也可以说,信任是一种催化剂、助推器,它激发了蕴藏在人体内的干劲,使员工忘我地投入到工作当中。

3) 人尽其才,各尽其能

即使是人才,也都各有其短处,这也是客观的规律。古人早已总结,如果仅看人的短处,则无一人可用;反之,如果只看人的长处,则无不可用之人。因此,在人才使用上,必须坚持人尽其才、各尽其能的原则。人尽其才是指工作安排上做到:智者用其谋,愚者用其力,勇者用其威,怯者用其慎。以达到扬长避短、用长容短、扬长克短和化短为长的用人目的。

每个人的才能各不相同,管理人员必须懂得将合适的人才放在合适的位置上的道理,并应具备知人善用的能力。现代企业的各类管理人员应具备如下相应的才能。

指挥人才:应具有高瞻远瞩的战略眼光和杰出的组织才能,善于识别人才、使用人才,果断而有魄力,有永不衰竭的事业心和进取心,有旺盛的斗志。

反馈人才:应思想活跃,眼光敏锐,知识渊博,兴趣广泛,善于吸收新鲜事物并进行综合分析,勇于直言,具有追求和坚持真理的奋斗精神,没有权力欲望。

监督人才:应办事公道,为人正派,铁面无私,坚持原则,熟悉业务,善于联系群众。

执行人员:应忠实肯干,坚决勇敢,埋头苦干,任劳任怨,善于领会主管意图。

现代企业管理要求主管必须善于区分具有不同才能和素质的人。俗话说:世界上只有混乱的管理,绝对没有无用的人才。因此,作为管理者一定要学会知人善用、人尽其才。总之,用其长避其短,则天下人可用;求完美之人而用,则天下无一可用之人。

4) 宽宏大量,巧妙批评

"金无足赤,人无完人",因此,要以宽容的心态去教育人,而不是以近乎刻薄的方式去批评人,这样既能让犯错误的员工在心理上得到慰藉,同时也是向他传达一种信息:公司不会因为他的错误而一棍子把他打死,只要改正错误,依然会被重用。当然,宽容的目的不是姑息,不是主张对员工的过错不理不睬,而是将其作为批评中所采取的一种态度,以这种态度去消除批评中的一些负面影响,起到一种"润滑剂"的作用,从而使批评的效果更为明显。

很少人喜欢被批评或被纠正,然而批评或纠正却是必要的。因此,被下属顶撞、与下属发生冲突也就成为经常发生的事情。不过,人非圣贤,孰能无过,关键是管理者要懂得批评是为了提醒下属而不是为了追究责任,因此要有一颗体谅的心,求同存异,以宽容对待冲突,以礼貌谦恭对待冷嘲热讽,不将心思系于下属与自己的冲突之中,有容人的雅量,这样才能广揽人才,并使人才的才干能够淋漓尽致地发挥。

一个真正爱惜员工、爱惜人才的企业管理者(领导者)应该巧妙地使用批评。美国著名化妆品公司 CEO 玫琳凯的"三明治"批评方式就是一种非常值得借鉴的批评员工的方式。玫琳凯说,批评时要采取"肯定+批评+表扬"的方式,这就是"三明治"方式的基本原则。在一次美容师举行的销售会上,玫琳凯发现一位美容师的化妆箱很脏,结果影响了这位美容师的销售成绩。销售大会结束后,玫琳凯没有直接批评她,而是选择了一个间接的方式,在报告中她这样说道:"创造美是玫琳凯的宗旨,也是美容师的天职。而美首先体现在整洁上,如果美容师本身不爱整洁,那就很难使人喜欢。"报告完毕,这位美容师走过来激动地握住玫琳凯的手,表示由衷的感谢,并一再表示要改掉过去不爱整洁的毛病,争取一个月内提高化妆品的销售成绩。听完美容师的话,玫琳凯笑着点头说:"你能承认错误,并决心改正,大家欢迎。你有自己的优点,天资聪明,积极肯干,是值得别人学习的。"这几句话使化妆师很受感动,后来她逐渐改变了自己不注意细节的毛病,并创造了很好的销售业绩。

5) 搭建舞台,留住人才

俗话说:留得青山在,不怕没柴烧。对于一个企业而言,要寻求发展,资金和设备固然很重要,但是这些都不如人才重要,即使企业出现暂时的亏损,只要把人留下来,企业发展仍然很有希望。

人才可谓企业的第一资源,也是最为宝贵的资源。拥有了人才,企业就有了知识技术以及先进的管理思想和经营理念,这些都是企业经营发展之本。搭建舞台,留住人才,实际上就是构建"以人为本"的企业文化,就是要建设一种环境,使企业中优秀的人才脱颖而出。因此,企业为人才搭建施展才能的舞台显得至关重要。

6) 统一思想,凝聚员工

上下同欲者胜。任何一家企业,如果没有一种统一的思想来凝聚众人的信念和激发人们的行动,那么就会如同一盘散沙,不能发挥出应有的力量,更无法抵御外来力量的冲击,也就无法成为一家顶尖的公司。任何一家企业,只有先有了热情的员工,才会有忠诚的顾客,最后才会有公司的腾飞与发展。

这种统一的思想,就是公司经营运作的一种理念、一种规范、一种追求。它有着强大的心理激发力和精神感召力,犹如一种无形的力量,把企业员工的行为整合起来,凝聚并引导着他们朝既定的目标去奋斗。

7) 有效授权,放心用人

在使用中考察人是人力资源开发的一个重要方面,使用的过程也是训练和考察人的思维方式的过程。领导者应授权给有建设性思维的人。举世公认的创意思维教学权威爱德华·勃诺(Edward de Bono)博士指出,各国政府目前一项很重要的任务就是教导人如何用建设性思维来进行思考,去发挥其创造性。建设性思维的核心内容是六色帽子理论(the six hats theory)。这个理论把人类的思维过程分成六个不同方向,并分别以黑、黄、白、红、绿、蓝六种颜色的帽子代表。其中:黑色帽子表示思维过程中的谨慎态度的风险分析,它总是试图发现事物所包含的消极因素和缺点;黄色帽子表示思维过程中的正面分析,它总是试图发现事物所包含的积极因素和优点;白色帽子表示思维过程中的信息直接获取,缺少分析;红色帽子表示思维过程中的情绪和情感成分,缺少逻辑性;绿色帽子表示思维过程中创造性的成分,它不断搜索事物的各种变化形式以及新概念形成的可能性;蓝色帽子反映了思维的自我控制过程。

人们在进行信息交流的过程中,往往由于缺少共同的思维取向,或者说戴着不同颜色的帽子,结果很难形成一致的意见,从而影响思维过程的效率。爱德华博士认为:训练建设性思维的目的就在于学会合理运用上述六种思维取向,学会并行思维的方法。人的并行思维是创造性思维的基础。

对于创造性思维的培养,美国耶鲁大学的斯坦伯格(R. J. Sternberg)教授认为,智力、知识、个性、推动力和环境是五个至关重要的因素。要进行创造性的思维活动,首先要能够发现问题,并对问题进行反复的分析,听取不同的意见,从中选择出最好的方案。这就要求有渊博的知识。要创造出一个新东西,首先要对旧事物有深入的了解。进行创造性思维还必须具有不屈不挠的精神、耐心、毅力和灵活性。环境的变化和新的需求是引发创造性思维的动力。

2. 不宜重用的人

实践中,除了政治思想品德恶劣或没有原则的"老好人"不可用外,以下五类人也是不宜重用的。

(1) 长时期什么都学不会、干不好的人。大事干不来,小事又不愿干。一般来说,对于在一年半左右时间里,换了三个岗位,哪个岗位都达不到要求者,不必考虑,坚决辞退。

(2) 专挑别人毛病,自己又不干实事的人。表现为看别人没一个顺眼的,让他自己去干,又强调各种理由,推脱不干;表面上做好人,暗地里挑拨离间和搅乱人心;成事不足,败事有余;心术不正,无中生有。

(3) 个人利益第一,难与别人合作共事的人。这类人有一定才能,但听不进任何不同意见,是个按酬付劳者,而且胃口越来越大。

(4) 嫉妒心理极强、阳奉阴违的人。这类人可能有一定能力,但发展前途不大。这类人时刻担心别人会超越替代他,因此,处处抬高自己,压抑下属,贬低同事。为达到不让人超越的目的,有时会不择手段,造谣中伤他人。这类人当着领导的面是"忠臣",背过身去则会诋毁领导来取悦部分群众。有成绩记在自己名下,出问题则把责任上推下卸。

(5) 阿谀奉承、吹吹拍拍的人。这类人毫无原则,只能博得部分领导欢心。这类人对于颠倒黑白、指鹿为马之事会毫不犹豫地去干。

需要指出的是:这五类人中,前三类人比较容易识别,后两类人比较难识别。尤其是阿谀奉承、吹吹拍拍的人更难识别。识别这类人最好的办法是广泛询问群众,因为这类人的品行瞒不过广大群众。其特征是:对上卑躬屈膝,曲意逢迎,对下装腔作势,盛气凌人;得志时趾高气扬,不可一世,失意时低声下气,乞相可悲。

组织用人管理中,用好人、善用人是实现组织目标的重要任务。恰当使用人才,将事半功倍;盲目使用人才,将事倍功半。善于用人的关键是"选拔重德能,考核重勤绩"。做好事还是做坏事由品德决定,做事的成效由能力决定。努力工作是取得业绩的必要条件,业绩是德、能、勤的综合表现。

3. 可优先使用的人

对于具有如下特点的人,可以考虑优先予以使用。

(1) 不计较个人得失的奉献者。在实际工作中,有些人能力虽强,但过于计较个人得失。如果让他多做些工作,常常讨价还价;工作有了成绩,就想得到回报;一旦自认为付出大于回报,就心生怨言,撂挑子不干;更有甚者,公开索取回报。如此形象,谁能从内心信服呢?试想一下,授权于这样的人,他会对上级、对群众负责吗?随着社会的进步,对人的道德水准要求越来越高。对于重要岗位,私心太重者不可考虑授权,授了权他也用不好权,在群众中也不会有威信。而在工作中积极奉献、不计较个人得失的人应优先考虑。

(2) 不徇私情的"耿直者"。这种人在精神方面非常坚定,工作忠实可靠,敢顶歪风邪气,即使是"顶头上司"有问题,也敢直言不讳。如果大胆使用这种人,领导者将得到有力的支持。

(3) 勇于创新的开拓者。组织只有不断改善和创新思想观念、制度、战略,才能生存和发展。"观念新,思路宽,遍地是黄金,俯首可拾;观念旧,思路窄,脚下踩元宝,视而不见。"

改革需要的是勇于创新的开拓者。勇于创新的开拓者是组织发展难得的人才,不要让他们"英雄无用武之地"。按照熊彼特(J. A. Sehumpeter)的观点:企业家就是创新者。所以,勇于创新者是难得的人才,领导者应当善于发现并善于使用这类人才。

(4) 遇到危机或困难时比较坚强的人。这种人"信度"比较高,可以考虑使用。目前,有些年轻人,承受挫折的能力比较差,遇到一点不顺心的事就心灰意冷,甚至看破红尘。所以,在工作中具有较强的承受挫折的能力是很难得的素质。这种敢于正视且不畏惧困难的人,应给予重视。

(5) 善于独立处事的人。这种人有两个特点:一是有独立思考的能力,善于发现处于萌芽状态的问题;二是善于提出有价值的独立见解,对领导的决策有积极作用。所以,可以考虑优先使用这种人。对于那些无主张的人,授权也无济于事。

(6) 乐于团结协作的人。随着社会生产力的发展,在一个组织内,单靠个人完成的工作任务越来越少,而团结协作的大分工、大协作的特点越来越明显。所以,乐于团结协作的人显然是较为合适的选择对象。

(7) 非正式群体的"领袖"。一个组织中有正式群体和非正式群体之分。所谓正式群体,是指由组织明确承认的群体,它们的任务是明确的,群体内有编制和正式分工。非正式群体是指不是由组织正式组建的群体,而是自发或自然形成的。

非正式群体的特点是由于情趣一致或爱好相似,利益接近或观点相同,以及彼此需要等原因联系在一起,是靠人的心理因素、情感的作用来维系的群体。行为科学家认为:非正式群体与正式群体有时互相补充,有时互相矛盾和制约。不能把非正式群体视为绝对坏事,而应注意引导,使其发挥积极作用。合法的非正式群体,有时其作用大于正式群体,授权于非正式群体"领袖",常能起到其他人无法起到的作用。但不合法的非正式群体应予以杜绝。领导者在授权时,除了考虑正式群体之外,切不可忽视非正式群体及其"领袖"的作用。

(8) 犯过错误并有强烈悔改愿望的人。这种人多有"戴罪立功"的倾向,即使别人都不愿意干的工作,他们也能乐于接受并尽力完成。

第三节 管理者应具备的用人素质

用人艺术的本质就是将合适的人放置在合适的岗位上使其各尽所能。管理者所具备的用人素质在用人艺术上有着至关重要的作用,这里从四个方面来讲述管理者应具备的用人素质:管理者的智商和情商;管理者的人格力量;管理者如何建立威信;"木桶理论"的三种效应对管理者用人的思考。

一、管理者的智商和情商

智商(IQ)和情商(EQ)是两种可以用来衡量管理者素质的关键因素。智商是心理学中一个测量个人聪明才智的量度概念,智商的高低反映着智力水平的高低。一般来说,智商主要反映人的认知能力、思维能力、语言能力、观察能力、计算能力等。也就是说,它主要表现人的理性的能力。情商是心理学中的一个测量人的情感智力的量度概念,情商的高低反映着情感品质的差异。情商主要反映一个人感受、理解、运用、表达、控制和调节自己情感的能力,以及处理自己与他人之间的情感关系的能力。

对于管理者来说,其主要工作就是决策,对于人事管理者来说其主要工作就是做如何合理配置人员的决策。泰勒的科学管理理论认为,管理者的主要工作是计划、组织、控制并决定工作的方法。法约尔要求管理者必须具有"管理人的艺术、积极性、道德性、勇气、领导人员的稳定性、专业知识和处理事物的一般知识"。巴纳德(Barnard)指出,社会的各级组织都是一个协作系统,组织中经理人员的作用就是在协作系统中作为相互联系的中心,并对协作的努力进行协调,以便组织可以维持运转。韦尔奇认为自己的工作就是"一手拿着水罐、一手拿着化学肥料,让所有的事情变得枝繁叶茂"。丹尼尔·戈尔曼(Daniel Goleman)在《新型领导者》一书的开头写道:领导者最主要的工作是让他手下的员工产生良好的感觉。

虽然智商和情商都是人的重要的心理品质,都是事业成功的重要基础,但是,有关研究表明:情商对于管理者的成功起着比智商更加重要的作用。美国一家研究机构调查了188家公司,测试了每家公司的高级主管的智商和情商,并将每位主管的测试结果和该主管在工作上的表现联系在一起进行分析。结果发现,对领导者来说,情商的影响力是智商的9倍。丹尼尔·戈尔曼搜罗了大量的数据,从中发现任何领域中最优秀的前10%的人们之所以出类拔萃,是因为情商的缘故,也就是他们在自我激励、毅力、适应性、灵活性、情感的自控、移情能力、社会意识、说服能力及协作性等方面较优异。

二、管理者的人格力量

研究发现,企业的领袖是企业总体价值的化身、组织力量的缩影,是企业文化的代表性人物。领袖人物是振奋人心、鼓舞士气的导师,是人人仰慕的对象,他们的一言一行都体现了企业的价值观念,他们能为人所不能,行人之所不敢。

"领袖"是一个象征,是一个企业的支点。这些"领袖"就是平时被人们称为"企业家"的那些人。企业家正是依靠其优秀的品质或人格,将许多人组织起来成为一个企业,进行生产和服务。例如,松下幸之助是成功的企业家,松下公司因他而兴旺,而在第二次世界大战后因他被解职而衰败。

那么,企业家应具有哪些优秀品质呢?最具魅力的人格又是什么呢?

根据美国人伦斯·米勒(Miller)的研究,成功企业家最优秀的品质是正直、值得信赖和有人格。

美国管理学会(AMA)曾做过一项调查,由大约1 500位管理人员列出他们最欣赏的部下、同事和上司应具备的品质,他们总共列出225种品质,研究人员将其归纳成以下15项:

(1) 气度恢弘:胸襟开阔,有弹性,能包容人。
(2) 有才干:有能力,做事彻底,有效率。
(3) 可靠:值得信赖,有良心。
(4) 能与人合作:待人友善,有团队精神,肯配合别人。
(5) 公正:客观,前后一致,民主。
(6) 富于想象力:有创造力,富有好奇心。
(7) 正直:值得信赖,有人格。
(8) 聪明:脑筋灵活,具有推理能力。
(9) 有领导能力:能鼓舞士气,有决断能力,能提供方向。
(10) 忠诚:对员工、对公司或对政策忠心。
(11) 成熟:有经验,有智慧,有深度。
(12) 坦诚:不拐弯抹角,率直。
(13) 能体谅别人:关心别人,尊重别人。
(14) 能支持别人:能了解别人的立场并提供协助。
(15) 有决心:工作勤奋,有干劲。

虽然以上品质是美国人从美国本地人中调查归纳得出的,带有美国文化色彩,但从实际情况来看,这个归纳仍具有一定的普遍性。

同时,有远见、有战略眼光、有目标,并富于冒险精神和百折不挠,这些也是企业家走向成功而必须具备的优秀品质。

米勒认为,企业家最核心的品质是正直。他认为在目前这个时代,下属不会盲目跟随某人,一个人也不可能与任何机构永远地拴在一起。最难得的管理人才,就是有办法领导一个集体或一个团队去从事创造与创新工作的人。领导者最重要的品质就是正直。在采用新领导方式的所有原则中,正直是绝对不能妥协的一个原则,正直必须是企业文化赖以建立的磐石。

正直即诚实,前后一致,以负责的态度采取某种行动;按原则办事,不正直就谈不上领导。每个领导都需要跟随者,跟随是一种信任行为。正直是领导必须具备的品质,因为它是一种坚强的人格力量!

关于企业管理者如何表现和建立这些正直的品质,米勒从以下几个方面的论述作出了解答。

1) 信任的必要前提是表现出正直

管理人员如何才能让下属认为你本身的人格正直?好的做法就是表现出正直的人格,创造重视正直这项价值观的企业文化,并且只提升人格正直的管理人员。

2) 处理好短期利益与长期利益的关系

表现出正直人格的企业家,知道组织应该着眼于长期目标,他们知道长期目标要靠许多短期目标来实现,可是如果他们认为某项短期目标较难实现,也不符合正直原则,他们就会放弃该项短期目标。有许多公司每月或每季度制订短期决策,并把重点放在公司的短期财务目标上。有的公司常会为了达到短期财务目标而使长期效益受损。例如,为了降低成本而减少研究发展或是员工训练方面的支出,大都会对公司长期发展造成不利的影响。

管理者表现出眼光不够远的另一情形是把明知道质量不符合标准的产品运送出去,借此增加账面的营业额,心中则盼望能通过顾客的验收,这种做法会给顾客留下极坏的印象。

3) 言行一致

受人信任的管理者会言行一致。可是,不少人却常犯一个错误,就是只用嘴巴来激励和管理下属,他们认为只用嘴巴说些打气加油的话或者振奋人心的豪言壮语就可以鼓舞士气。这种做法只能一时生效,过不了多久就会被忘得一干二净。只有管理者前后言行一致,才能产生长期的影响力。

4) 尊敬的力量

一个人如果能尊敬别人并且能欣赏别人的个人特点,表示这个人也尊敬自己。优秀的管理者会虚心听取别人的意见,也会关心别人,这种管理者会把功劳归于下属而不是自己。当下属绩效不佳时,不会认为下属努力不够而施以惩罚,而会以解决问题的态度协助下属,并认为下属一定能做好。

5) 精神目标

勇于献身的管理者,都有一个带点神秘色彩的崇高目标或是精神目标,他们相信存在一种凌驾于他们之上的力量。他们正是因为坚守这种信念,并且具有将其发扬光大的使命感,才会在内心产生安全感,从而表现出正直的行为。他们的信念使他们的人生带有特殊的意义,这是他们具有领导能力的关键。

美国学者奥曼(Robert John Aumann)把上述崇高的价值观称为远见。他说,根据对高级主管所进行的研究,发现一个不是理性因素可以解释的奥秘。这些人有他们自己的远见和隐藏而又神秘的使命,它凌驾在公司的经营之上。他们的使命有时是疯狂的,通常都与高级主管的童年密切关联,并且有时是情绪的、直觉的和超乎理性的。在内心都有一种信仰支撑他们,这种信念属于他个人的一种追求。

正是因为奥曼所说的远见,管理者才敢于冒险,敢于去做自己认为对的事,而不是采取权宜之计。正是由于这种信念,他们才能忍受短期的牺牲、损失和屈辱。他们所有重大的决策,都是从长远的角度加以判断与决定。他们的所作所为前后一致,下属不会无所适从,因此能得到别人的信任。管理人员的正直人格会影响到家庭、社会以及公司。正直的管理者一般会做他们认为正确的事,并不只重视眼前的利益,他们甚至会为了企业的使命而献身。

管理者的人格力量或说人格魅力在很大程度上是为其建立威信的一大法宝。

三、管理者如何建立威信

威信是管理者进行有效管理的基础,也是管理人员应当具备的重要素质。威信不是自封的,也不是别人捧起来的,而是靠自己的一言一行、一点一滴的业绩浇铸起来的。管理者的威信是企业管理实践的产物,它不能从上级的任命中产生,与权力也没有必然的联系,而是长期实践的结果。

当一个管理者在企业管理实践活动中显示出自己的品德和本领时,才能为下级和员工所了解,使他们逐渐对管理者产生自己的看法。一旦这种看法表达的是信赖,管理者在下属中就有了威望,在管理实践中就树立起了威信。威信是在长期实践中,靠自己创造的业绩逐渐形成的。取得威信主要有如下几种方法。

1. 以德取威

德指的是道德品质,也指管理品质。作为企业的管理者,除了要有敏锐的洞察力,还要有坚持原则、办事公道、赏罚分明、不做"老好人"的修养与素质。如果管理者能够以身作则,便会在下属中享有极高的威望。古人云,"其身正,不令而行;其身不正,虽令不从",说得简明而透彻。如果身为管理者却滥用职权,以权谋私,威信便会丧失殆尽。俗话说,"无私功自高,不矜威更重",一个品德高尚的管理者必然会在下属中产生威信。

2. 以学识取威

企业管理者的学识对于取得威信也是很有裨益的。在科学技术迅速发展、干部群众文化水平大大提高的今天,一个企业管理者如果没有足够的知识和较高的业务水平,甚至不学无术,还要在专家面前指手画脚,必然会引起下属的反感。相反,如果企业管理者具备必要的专业知识,不仅能运用自己的知识管理好本部门或职责范围内的工作,而且能够与下属有更多共同语言,这样的管理者自然会在下属中建立起威信。

3. 以才取威

管理才能的高低对管理者能否取得威信有着相当大的影响。管理能力集中体现在分析问题和处理问题的能力上,如预见能力、决策能力、组织能力、指挥能力、协调能力、创新能力、交际能力以及写作能力、演讲能力等。管理者的才能会为其赢得信赖和尊重。即使遇到极大的困难,广大员工也会同心同德地跟着去战胜困难。这方方面面的能力是通过管理者的一言一行、一举一动表现出来的。例如:管理者在作报告时语言生动、说服力强,员工就会认为他是一个思想深刻、知识丰富、水平很高的管理者;相反,如果他的讲话肤浅枯燥、言之无物、拖泥带水,下属就会认为这个管理者的水平太低。作一场报告尚且如此,处理一个重要问题,作一次重大决策,就更能反映管理者管理能力的高低优劣了。因此,凭才能取得威信是一个重要的方法。

4. 以信取威

管理者必须做到言必行、行必果。言必行,就是说话一定要讲信用,不食言,不说空话、大话。具体表现为四个方面:①说话一定要承担责任,说了要算数,信守诺言;②对做不到的事,绝不要承诺,既已许诺,就一定要兑现;③一般而言说话要为自己留余地;④要实事求是,对待下属要坦率。

行必果,就是行动一定要坚毅果断、善始善终,不能说了不算,定了不办,虎头蛇尾,半途而废。一个管理者只有始终坚持言必行、行必果,才能获得下属和员工的信任。欺骗、食言等不良行为都会损害管理者的威信。因此,管理者一定要严格要求自己。如果做错了事情、说错了话,就应该坦率承认,及时改正,切忌文过饰非,更不能欺上瞒下。

5. 以情取威

"情"指同志或者同事之情。这种感情是在长期的共事和生活中逐步建立起来的,是上下级之间、管理者和下属之间互相了解、互相尊重、互相信任、互相体贴的表现。有了这种感情,管理者和下级就能肝胆相照、荣辱与共。

每个人都希望得到尊重和理解,尤其是来自管理者的理解、同情、尊重、信任和关心,更会使人受到鼓舞和振奋。哪怕是一个小小的问候、一次亲切的寒暄,都会使下属感到这是管理者对自己的关心,从而达到心灵相融、感情相通,激发下属努力工作的决心,以不辜负管理者的期望。事实也表明,凡是体贴下属、平易近人、和蔼可亲的管理者,一般威信都很高。而那种对下属和员工冷冷冰冰、麻木不仁,把自己看做是主人,把下级视为仆人,摆架子、逞威风的管理者,难以在下属中取得威信。

四、"木桶理论"的三种效应对管理者用人的思考

在企业管理的形象理论中,"木桶理论"以木桶盛水的条件与容量之间的关系作为生动的比喻,形象地阐述了企业发展中的决定因素、变量的关键环节对企业前途的影响。在这里,我们试图从另一个角度来阐释它的三种效应带给我们在企业管理中对用人的思考,同时也是对企业管理人员应具备的一些素质的总结与启发。

1. 全局思考

全局思考体现的是木桶理论的"整体效应"。一个木桶是由桶底、桶身、桶箍及连接各块桶板的销钉所组成的。一个企业就好比一个木桶,员工就好比由一块块桶板相聚而成的桶身,而桶底则是企业所面临的生产与服务的对象(客户)、市场等,桶箍和连接桶板的销钉则分别代表了企业的内部管理机制和员工的团队协作精神。对于企业而言,只有"销钉"连接"桶板"、"桶箍"规范"桶身"、"桶身"扣牢"桶底",一只严严实实的"木桶"才能盛满效益之"水"。因此,企业必须首先树立起"桶底意识",以市场和客户的需求为导向,并把它作为企业的定位依据,然后根据需求有的放矢,并保证快速响应,不断将"桶底"做大;其次,企业需加强内部管理,健全运营机制,以把"桶身"做粗、做高、做实,以科学的管理规范企业的行为,从而使得效益之"水"源源不断。当然,制度(机制)只是"外力",最终还必须取决于"内力"——员工素质的形成,充分发挥企业文化的"销钉"作用,使员工齐心协力,形成精诚合作的团队合力。

木桶理论的"整体效应"是一种全局的思考方式。为了企业的持续发展,不可忽视每一个小的环节,只有这样才能使企业永远具有竞争力,从而获取更多的收益。时下,企业的竞争最终归结为人力资源的竞争,准确地说是人才资源的竞争。如何有效而合理地配置人力资源,发挥人才的最大潜能,对人力资源的管理无疑成了企业管理的一种核心管理。企业的运营是由人来完成与实现的,只有保证各个职能部门(或称为单元)人员的协同共生,在一种精诚合作的团队凝聚力的作用之下,企业效益的源头之"水"才能永不枯竭。对于人力资源管理,它既是一门科学、一门技术,同时更应看做是一门艺术。任何艺术都是这样:讲究实效,讲究"因地制宜",讲究"灵活应变",人力资源管理之艺术又岂能例外?为了充分发掘员工的潜能,从企业的全局和长远出发,充分考虑每一位员工的实际情况,给予他们适宜的激励,让

他们忠实于企业,让他们始终以饱满的工作热情为企业的发展壮大贡献一己之力,实在是非常的关键。简而言之,这就是人力资源的优化配置与员工任用的艺术问题。这为管理者站在企业全局的角度来配置员工有着很好的借鉴。

2. 底线思考

底线思考体现的是木桶理论的"最短效应"。众所周知,木桶盛水的最大量取决于它最短的那块桶板,同理,一个企业的成败,也取决于它最薄弱的环节或最致命的弱点,正如一条生产流水线的产量取决于它的瓶颈环节的最大生产能力一样,这就是通常意义上的"木桶原理"。企业在发展过程中,可能会面临诸多的发展瓶颈(障碍),如技术、资金、设备、人才等,企业必须对此进行投入与改善,加长这块最短的"桶板",才会摆脱困境,再获新生。然而,更为关键的是:如果这块最短的"桶板"在长时间里不能得到修复、加长,或修复成本与代价过高,"桶箍"与"销钉"不仅不能成为有效的约束与合力,反而还有可能成为破坏力量。在此情况下,企业唯一的选择就是剔除这块最短的"桶板",进行重新组合。

木桶理论的"最短效应"是一种底线的思考方式。这种思考方式尽管是一种保守而悲观的思考方式,但它往往有利于企业的稳步发展。在一个企业里,各个职能部门的作用都是举足轻重的,各个员工的作用也是至关重要的。当企业的效益之"水"不能源远流长时,不妨冷静下来好好分析缘由,首先找到绩效最差的职能部门,然后进一步找到该部门中绩效最差的员工,这就是所谓的底线思考。通过底线思考,就可以发现问题与症结的根本所在,从而进一步为改善人力资源的管理提供依据和方法。针对出现的问题查明原委之后,就可以采取相应的改进措施和规避方案。如果是因为企业自身在管理机制上存在的问题,那就应该考虑是否改进薪酬体系、激励机制、培训举措、考评机制等,从而达到修复那块最短的"桶板"的目的;如果是因为员工自身的能力问题,那就应当机立断地让其"另谋高就"。

3. 换位思考

换位思考体现的是木桶理论的"倾斜效应"。一个木桶如果桶底不牢,承受不了太大的压力,或者由于最短桶板的限制而严重影响了盛水量,那么,为什么不将木桶倾斜一下角度,"以壁为底",以获得容积的最大化呢?企业面临的市场变了、环境变了,如果经营、管理、服务一成不变,就势必会陷入绝境,直至破产倒闭。因此,以不断的创新来重塑企业的优势是企业发展的原动力。这就是海尔所讲的:"观念一变天地宽。"

木桶理论的"倾斜效应"是一种换位思考的方式。当企业碰到困难或陷入困境的时候,作为企业的管理者往往需要换到另外的一个角度上来思考问题,从新的角度上来发现突破与创新的地方,以使企业起死回生。人力资源管理之艺术的创新便是人力资源管理不断得以丰富、永葆生命力的源泉。人力资源管理是与人进行交流与沟通的一个艺术活动过程,而人力资源管理之艺术方能使得这个过程富有成效、富有生命力。没有了创新,人力资源管理之艺术便没有了生命力;没有了创新,人力资源管理之艺术便黯然失色、索然无味;没有了创新,人力资源管理便会陷入僵局,没有了生气;没有了创新,企业的效益之"水"便会逐渐趋于枯竭。

企业的最终目的是使效益之"水"源远流长,讲究艺术的人力资源管理便是使这效益之"水"得以保障的关键。一言以蔽之,人力资源管理就是对人力资源的有效配置、合理运用与开发。对于任何一个企业的人力资源管理活动而言,无论其外部环境还是内部环境都不尽相同并动态变化着,在实际操作上,不仅对不同的人力资源配置会产生不同的效果,而且对同一批人力资源的不同配置也会产生不同的效果。一旦企业出现问题,可以重新引进人才,也可以对现有人才资源进行重新配置,这就是所谓的换位思考。引进人才是一种创新,重新配置人才同样是一种创新,但是,人才资源的引进往往需要较大的成本,而对人才资源的重新配置却可以节省这笔不菲的成本支出。因此,在企业出现问题的时候,在最劣思考的基础之上,结合换位思考,对现有的人力资源重新进行配置(即通常所说的岗位轮换),同样可以做到力挽狂澜,使企业焕发生机。人力资源管理是为企业组织目标服务的有力举措,管理者只有围绕组织的特定目标,针对自己所拥有的人力资源,创造性地开发出关于这些资源的独特配置方式与运作模式,方能保证人力资源管理的切实有效。

关于木桶理论的三种效应带给我们的思考,完全可以运用到企业的实际管理之中。概而言之,不同的企业应从自身的实际出发,可以采取其中的某种思考方式,也可以综合运用这三种思考方式。

复习思考题

1. 人力资源配置的目标、原则是什么?
2. 人力资源配置的基本原理与基本方法有哪些?
3. 在实践中,企业高层管理人员应该如何识别人才、选择人才和使用人才?
4. 管理人员需具备哪些方面的素质?企业中不同级别岗位人员各有什么特点?

综合案例研讨

PDP 测评

PDP(professional dynamitic program)是由美国南加州大学统计科学研究所与科罗拉多大学行为科学研究所领导 40 余位行为科学博士在 1978 年完成研发 100 万个案例基础上所共同发明的专利,被誉为全球涵盖范围最广、精确度最高的"领导风格探索诊断系统",是一种提供简明直接的程序以测量自我认知的动态综合测验系统,它可以测量出个人的基本行为、对环境的反应和可预测的行为模式。

PDP 测评通过问卷测试的形式把人的性格大致分成了老虎型、孔雀型、无尾熊型、猫头鹰型、变色龙型等 5 种。

老虎型:具备高支配型特质,竞争力强、好胜心盛、积极自信,是个有决断力的组织者。他胸怀大志,勇于冒险,分析敏锐,主动积极且具极为强烈的企图心,只要认定目标就勇往直前,不畏反抗与攻讦,誓要达到目标。

孔雀型:具有很强的表达能力,他的社交能力极强,有流畅无碍的口才和热情幽默的风度,在团体或社群中容易广结善缘、建立知名度。孔雀型领导人天生具备乐观与和善的性格,有真诚的同情心和感染他人的能力,在以团队合作为主的工作环境中,会有最好的表现。

无尾熊型:具有高度的耐心。他敦厚随和,行事冷静自持;生活讲求规律但也随缘从容,面对困境,都能泰然自若。

猫头鹰型:分析力强,精确度高。其行事风格,重规则轻情感,事事以规则为准绳,并以之为主导思想。他性格内敛,善于以数字或规条为表达工具而不大擅长以语言来沟通情感或向同事和部属等作指示。他行事讲究条理分明,守纪律重承诺,是个完美主义者。

变色龙型:具有很强的应变能力。他性格善变,处事极具弹性,能为了适应环境的要求而调整其决定甚至信念。变色龙型的领导人,是支配型、表达型、耐心型、精确型四种特质的综合体,没有突出的个性,擅长整合内外信息,兼容并蓄,不会与人为敌,以中庸之道处世。

PDP 测评的计分方式为:选 A 得 5 分,选 B 得 4 分,选 C 得 3 分,选 D 得 2 分,选 E 得 1 分。各类领导风格对应的题号分别是:

老虎型领导风格——对应第 5、10、14、18、24、30 题;

孔雀型领导风格——对应第 3、6、13、20、22、29 题;

无尾熊型领导风格——对应第 2、8、15、17、25、28 题;

猫头鹰型领导风格——对应第 1、7、11、16、21、26 题;

变色龙型领导风格——对应第 4、9、12、19、23、27 题。

具体测评内容和方法如下:

本测试共有 30 道题目,每个答案并没有对错之分,请不要猜测什么是正确答案,请根据您的实际情况与真实想法作答,而不是依据别人眼中的你来判断。每题设有五个选项:

A.非常同意　　B.比较同意　　C.差不多　　D.一点同意　　E.不同意

1. 你做事是一个值得信赖的人吗?
2. 你个性温和吗?
3. 你有活力吗?
4. 你善解人意吗?
5. 你独立吗?
6. 你受人爱戴吗?
7. 你做事认真且正直吗?
8. 你富有同情心吗?
9. 你有说服力吗?
10. 你大胆吗?
11. 你精确吗?
12. 你适应能力强吗?
13. 你组织能力强吗?
14. 你是否积极主动?
15. 你害羞吗?
16. 你强势吗?
17. 你镇定吗?
18. 你勇于学习吗?
19. 你反应快吗?
20. 你外向吗?
21. 你注意细节吗?
22. 你爱说话吗?
23. 你的协调能力好吗?
24. 你勤劳吗?

25. 你慷慨吗?
26. 你小心翼翼吗?
27. 你令人愉快吗?
28. 你传统吗?
29. 你亲切吗?
30. 你工作足够有效率吗?

答题卡

1. 将每题得分填入下表相应的"得分"栏内。

题目	1	2	3	4	5	6	7	8	9	10
答案										
题目	11	12	13	14	15	16	17	18	19	20
答案										
题目	21	22	23	24	25	26	27	28	29	30
答案										

2. 计算每种领导风格类型的总分数,得分最高项即对应您的风格。

老虎型题目总分得分_____。

孔雀型题目总分得分_____。

无尾熊型题目总分得分_____。

猫头鹰型题目总分得分_____。

变色龙型题目总分得分_____。

分析与讨论题

1. 该种测评方法有什么适用性和局限性?
2. 在对新员工和公司中层领导干部进行测评时,在测评准备和组织上有什么不同?

第六章

员工绩效考评与管理

第一节　绩效考评的理论基础

第二节　绩效考评的方法

第三节　绩效考评的指标体系

第四节　绩效考评的实施与反馈

第五节　绩效考评中的问题

你不能衡量它，就不能管理它。

——彼得·杜拉克

第六章 员工绩效考评与管理

学完本章后,你应当能够:
(1) 了解员工绩效考评的基本概念、目的、原则及类型;
(2) 掌握员工绩效考评的基本方法及各种方法的优劣之处;
(3) 掌握绩效考评的操作过程;
(4) 了解绩效考评中的常见问题及其解决办法。

A公司,成立于20世纪50年代初,目前公司有员工1 000人左右。总公司本身没有业务部门,只设一些职能部门;总公司下设若干子公司,分别从事不同的业务。

考核的内容主要包含三个方面:被考核单位的经营管理情况,包括该单位的财务情况、经营情况、管理目标的实现等方面;被考核者的德、能、勤、绩及管理工作情况;下一步工作打算,重点努力的方向。具体的考核项目侧重于经营指标的完成、政治思想品德,对于能力的定义则比较抽象。各业务部门(子公司)在年初与总公司对于自己部门的任务指标都进行了讨价还价的过程。

对中层干部的考核完成后,公司领导在年终总结会上进行说明,并将具体情况反馈给个人。尽管考核的方案中明确说考核与人事的升迁、工资的升降等方面挂钩,但最后的结果总是不了了之,没有任何下文。

对于一般的员工的考核,则由各部门的领导掌握。对业务人员的考核通常是从经营指标的完成情况来进行的;对于非业务人员的考核,通常的做法,都是到了年度要分奖金了,部门领导才会对自己的下属做一个笼统的排序。

这种考核方法,使得员工的参与程度较高,公司在第一年进行操作时,获得了比较大的成功。由于被征求了意见,一般员工觉得受到了重视,感到非常满意。但是,进行到第二年时,大家已经丧失了第一次时的热情。第三年、第四年进行考核时,员工考虑前两年考核的结果出来后,业绩差或好并没有任何区别,认为考核成为一种形式。

从案例中可以看到,企业如何建立一套科学可行的绩效考评制度值得管理者深思。这家国有企业虽然有考核方案,但是没有及时对员工作出正确的评价并给予相应的激励,才使公司的绩效考核成为一种形式。绩效考评是支撑企业战略执行必要的人力资源管理平台,好的绩效考评制度除了能有效地指导员工的行为之外,还能激发员工的潜能,让员工和公司达成双赢。

第一节 绩效考评的理论基础

一、绩效的基本概念、特性和类型

1. 绩效的概念

近20年来,学术界开始重视对绩效的内涵加以明确界定。然而,对于绩效的含义,学者们仍然有不同的看法。归纳近年来的研究文献,关于绩效定义的观点主要有以下三种。

1) 强调绩效的结果

伯纳德等人(Bernardin et al.,1995)认为,绩效是在特定的时间范围,在特定的工作职能、活动或行为上产生的结果记录。

凯恩(Kane,1996)认为,绩效是"一个人留下的东西,这种东西与目的相对独立存在"。

台湾东吴大学管理学研究所王忠宗(2002)教授认为,所谓绩效,包含效率与效果两个层次的意义,效率是以产出与投入的比率来衡量,效果则是指达成组织整体的目标。①

许玉林和付亚和(2004)提出:从管理学的角度来看,绩效就是组织期望的结果,是组织为实现其目标而展现在不同层面上的有效输出,包括个人绩效和组织绩效两个方面。②

劳埃德·拜厄斯和莱斯利·鲁(Lloyd L. Byars & Leslie W. Rue,2005)认为,绩效是指完成员工职位任务的程度,反映了员工能在多大程度上实现职位要求。绩效往往与努力相混淆,努力是指耗费的能量,而绩效是以结果来衡量的。③

2) 强调绩效的行为

墨菲(Murphy,1990)认为,绩效是一套与组织或部门的目标相关联的行为,而组织或部门则构成了个人工作的环境。

坎贝尔(Campbell)、麦克乐(McCloy)、奥普莱(Oppler)和塞奈尔(Sager)于1993年认为,绩效是员工自己控制的与组织目标相关的行为。在这种定义中,还包含了对绩效的一些其他观点:①绩效是多维的,在大多数背景下,与组织目标有关的工作行为有多种类型;②绩效是行为,并不一定是行为的结果;③这种行为必须是员工能够控制的。

波曼和摩托维德罗(Borman & Motowidlo,1993)在绩效的二维模型中认为,行为绩效包括任务绩效和关系绩效两个方面,其中任务绩效指所规定的行为或与特定的工作熟练有关的行为,关系绩效指自发的行为或与非特定的工作熟练有关的行为。

埃里根等(Ilgen et al.,2004)提出,绩效是个人或系统的所作所为,且绩效中应包含学习维度,员工可以通过学习,并应用新知识以适应组织的发展。④

赫尔曼·阿吉斯(Herman Aguinis,2008)指出绩效本身只包括员工的行为,而并不包括员工的行为所产生的结果。⑤

3) 强调绩效是结果和行为的统一

根据韦氏词典,绩效指的是执行、完成工作的行为,以及完成某项任务或者达到某个目标,通常是有功能性或者有效能的。对于企业而言,由于组织机构的层次性,绩效也呈现出多样性,通常分为组织绩效和员工绩效。

波特和劳勒(Porter & Lawler,1968)认为,绩效包括工作成果的质与量以及对工作付出的努力程度。

张德(2001)认为,绩效是一个人在其工作岗位上的工作行为和工作结果。

王怀明(2004)提出:应以综合的观点来看待员工的绩效,绩效反映了员工在一定时间内以某

---

① 王忠宗.目标管理与绩效考核[M].广州:广东经济出版社,2002.
② 许玉林,付亚和.绩效考核与绩效管理[M].北京:电子工业出版社,2004.
③ [美]劳埃德·拜厄斯,莱斯利·鲁著.人力资源管理[M].7版.李足昆,等,译.北京:人民邮电出版社,2005.
④ [美]埃里根.变革的绩效评估[M].北京:中国轻工业出版社,2004.
⑤ 赫尔曼·阿吉斯.绩效管理[M].北京:中国人民大学出版社,2008.

种方式实现某种结果的过程。绩效被定义为经过评价的工作行为、方式和结果。

2. 绩效的类型

美国教授坎波尔(Campoll,1990)将绩效归纳为具体工作任务熟练程度、非具体工作任务熟练程度、书面和口头交流任务的能力、所表现出的努力程度、维护个人纪律、促进他人和团队绩效、监督管理或领导、管理或行政管理八个主要个体因素或组成部分的框架。

卡兹和卡恩(Katz & Kahn,1978)提出工作绩效的三维分类法,他们把绩效分为三个方面:

(1) 加入组织并留在组织中;

(2) 达到或超过组织对员工所规定的绩效标准;

(3) 自发地进行组织对员工规定之外的活动,如与其他成员合作,保护组织免受损害,为组织的发展提供建议,以及自我发展等。

波曼和摩托维德罗(Borman & Motowidlo,1993)在总结前人及自己的研究的基础上提出了任务绩效(task performance)和关系绩效(contextual performance)的概念。他们把任务绩效看成是组织所规定的、与特定工作中核心的技术活动有关的所有行为,包括工作的数量、质量、时效和成本等方面的内容;关系绩效则是自发的行为,主动帮助工作中有困难的同事,保持与同事之间的良好工作关系,通过额外的努力完成任务的行为。它不直接增加核心的技术活动,但却为核心的技术活动保持广泛的组织的、社会的和心理的环境。实质上,员工的工作结果就是国外所谓的任务绩效;员工在工作过程中所表现出来的行为,就是国外所谓的周边绩效,或称为关系绩效。

绩效包括组织绩效、部门绩效和员工绩效三个层次。R.阿普勒指出:"企业经营与人事管理密不可分,经营就是人事管理。"在员工绩效和组织绩效的关系方面,员工绩效的改善有助于组织绩效的维持和提升。已有研究结果表明:不管是从结果衡量(即从资本市场进行相关性比较),还是从过程衡量(即实证研究),员工绩效与组织绩效之间是相关的。员工绩效就是员工按照一定要求做事所达到的效果,强调结果考核。中国的企业非常重视实质意义上的考评,即评价员工工作绩效的过程,以此作为奖惩的依据。例如,许继集团根据百分制量化考评结果,实行5%末位淘汰制;海尔集团实行"三工并存,动态转换"。

二、绩效考评的概念和类型

1. 绩效考评的概念

史密斯(R. C. Smith)认为,所谓绩效考评,就是"对组织中成员的贡献进行排序"。

朗斯勒(A. Longsner)认为,绩效考评就是"为了客观衡量员工的能力、工作状况和适应性,对员工的个性、资质、习惯和态度,以及对组织的相对价值进行有组织的、实事求是的评价,包括评价的程序、规范、方法的总和"。

弗莉波(E. B. Flippo)认为,绩效考评是指"对员工现任职务状况的出色程度,以及担任更高一级职务的潜力,进行有组织的、定期的并且是尽可能客观的评价"。

松田宪二认为,绩效考评是"人事管理系统的组成部分,由考核者对被考核者的日常职务行为进行观察、记录,并在事实的基础上,按照一定的目的进行评价,达到培养、开发和利用组织成员能力的目的"。

蒙迪(R. W. Mondy)等人认为,绩效考评就是"定期考察和评价个人或小组工作业绩的一种正式制度"。

张一弛(2000)认为,绩效考评是对员工在一个既定时期内对组织的贡献作出评价的过程,一般要从员工工作成绩的数量和质量两个方面对员工在工作中的优、缺点进行系统的描述。

张德(2001)认为,绩效考评就是收集、分析、评价和传递有关某一个人在其工作岗位上的工作行为表现和工作结果方面的信息情况的过程。

劳埃德·拜厄斯和莱斯利·鲁(2005)认为,绩效考评是一个确定并与员工沟通其工作干得怎么样,再制订一个改进计划的过程。

陈树文等(2010)指出,绩效考评是绩效管理过程中的核心环节,并认为绩效考评是管理者与员工双方就考评周期内员工的行为表现和工作绩效进行全面回顾与总结的过程。①

还有些国内学者认为,绩效考评是一种正式的员工评估制度,它是通过系统的方法、原理来评定和测量员工在职务上的工作行为和工作效果,以确定其工作成绩的管理方法。

绩效考评是一门科学与艺术并重的工作。根据制订的计划目标,管理者与员工进行面对面的沟通,决定员工个人的工作目标和个人发展目标(目标设定)。管理者除了日常对员工的行为和工作表现进行指导和回馈外,也安排定期会议与员工进行工作目标和个人发展目标的反馈和讨论,安排当前工作的优先顺序,以确保目标的实现(定期的反馈会议)。此外,员工准备好目标达成报告,并安排时间与管理者进行交流,管理者依据实际成果和员工的行为是否合乎规定,决定员工的考评分数、人事安排与薪资方案(考评会议)。在目标设定、定期的反馈会议和考评会议过程中,处处体现了绩效考评的科学性和艺术性特点。

当然,绩效考评不是目的,而是激励、引导员工的行为,调动员工积极性的重要管理手段,因此,绩效考评概念的外延和内涵随经营管理的需要而变化。从内涵上来说,绩效考评是对人和事的评价,即对人及其工作状况、工作结果(即人在组织中的相对价值或贡献程度)分别进行评价。从外延上来说,绩效考评是有目的、有组织地对日常工作中的人进行观察、记录、分析和评价的过程。

2. 绩效考评的类型

根据组织中不同的工作性质,员工绩效考评有不同的形式。从考评的内容来说,主要有以下三种类型。

1) 以员工特性为基础的考评

以员工特性为基础的考评主要是以考核员工的个性特征为主,例如员工角色形象、沟通技巧、人际关系、个人品质、对组织的忠诚、工作主动性、敏锐性、责任心和工作态度等。这种考核类型适合于对员工工作潜力、工作精神和沟通能力的考评。

这类考评具有直观、明了等优点,因此在管理中经常被采用。其缺点是:指标体系测度不大好定,多体现为较"软"的指标,很难具体掌握,操作性与效度较差;对员工个性的考核,不同的人往往有不同的理解。所以,这种类型考评的关键是所确定的指标是否与工作特征有关。

此类考评属于定性评估,有一定的不确定性和主观随意性,而且,人的个性往往与其遗传因素有关,所以对具体情况应作具体分析。这一类的考评主要应用在员工生涯发展方面,经由对员工特性的评估,可以了解员工个性的优、缺点,以便人力资源部门安排特定的培训课程或工作,让员工在"知己"的情况下扬长避短,创造组织的最佳绩效。

---

① 陈树文,乔坤.人力资源管理[M].北京:清华大学出版社,2010.

2）以员工行为为基础的考评

如果交给员工一项工作，他怎么去做这项工作，对工作任务的完成非常重要，即以员工做这项工作的行为为基础来考评该员工，称为以员工行为为基础的考评。考核的内容以考评员工的工作行为为主，着眼于"如何干"、"干什么"，重在工作过程。考评的标准容易确定，操作性强，适合于管理型以及事务型工作岗位的考评，例如商店的售货员、机关工作人员等，他们在工作过程中所表现的行为对完成工作是比较重要的指标，所以多采用这类考评。

通常一个企业为确保其员工遵循"公司组织文化"，会将公司要求员工的行为作为绩效考评的指标，这也是企业进行变革时常用的绩效考评手段。例如，企业强调"以客户为中心"的组织文化，则可能设置相应的考评指标为"主动地回复客户的需求"。

以员工行为为基础的考评类型的优点是便于反馈和调整。例如，售货员对顾客不热情造成工作损失，在考评中就可以反馈给该员工，他的失误是由于他的工作行为造成的，使员工明确地知道今后需要注意的地方并对自己的行为及时加以调整。但是，此类考评涵盖性较差，既不可能把一个人所有的行为方式都罗列出来，也不可能将要求的工作行为全部都包括在考评的指标中。

3）以员工的工作结果为基础的考评

在实践中，有些工作虽然取决于员工的工作行为，但是更多地取决于其工作业绩，例如，一个产品推销员，即使其工作态度好，但工作没有业绩，也不能称为一个好的推销员。为避免以员工行为为基础考评的涵盖性差的缺点，有时应该考评员工的工作结果，即以考核员工的工作结果为基础，着眼于"干出了什么"，重点在结果而不是行为。由于它考评的是工作业绩而不是工作效率，所以标准容易制订，并且容易操作。然而，它具有短期性和表现性的缺点，对具体生产操作员工、业务人员等较适合，但对事务性行政人员不适合。

例如，对业务员或销售员的考核以员工的工作结果为基础的考评方式应该说更科学。因为对这类人员的考核最终应以完成额定的任务指标为主要依据，谁完成得好，谁的成果多，谁的评价就高。这种考评方式将引导员工创造高的销售额。当然，考核其工作结果并不是不注意其工作行为，其完成任务的行为必须是合法的，必须是在企业道德的规范下进行的。对教师通常不考勤，但考核其科研成果情况、教学工作量完成情况、所发表的学术论文数等。

以上分析的三种类型的考评，一般来说，以工作行为为基础的考评和以工作结果为基础的考评方式比较客观，可以量化。以个人特性为基础的考评由于存在一定的主观性，容易出现"印象分"问题。所以，在实际考评工作中，应综合运用三种类型的考评，定性指标和定量指标相结合对员工绩效进行综合考评。

三、绩效考评的目的和原则

1. 绩效考评的目的

为不同目的而实施的考评需要采用不同方法来收集所需要的信息，因此，明确绩效考评的目的非常重要。绩效考评总的目的就是调动人的积极性，推动组织的发展。具体来说，考评结果可以作为评先进、晋升、晋级、涨工资、奖金分配以及减员增效等方面活动的依据。一般有员工上岗考评（岗位业绩）、员工培训前后考评（培训效果）和领导工作及其作风考评（政绩、业绩）等几种形式。

根据绩效考评的相关研究文献，可以归纳出绩效考评六个方面的目的，具体如下。

（1）为员工的晋升、降职和离职提供依据。企业在发展过程中,都要提拔单位内部的一些人员到管理岗位上。提拔谁,不提拔谁,不能根据一时的情况,而应该依据他的总体情况进行分析。连续的考核考评记录可以比较准确地反映总体情况,可以为公司对员工进行晋升、降职、调任和离职等提供依据。

（2）组织对员工绩效的反馈。绩效考评使员工知道单位的其他员工和领导对自己的看法及评价,知道自己在哪些方面应该改进或纠正,哪些方面可以继续发扬,尤其是了解自己与其他员工之间的差距,从而促使员工在以后的工作中发挥长处,努力改善不足,使整体工作绩效进一步提高。

（3）为员工的薪酬决策提供依据。一个单位内的物质利益分配和精神奖励必须符合贡献与报酬相对应的原则,才能使员工心理平衡,从而激发员工多做贡献。

（4）对员工招聘和工作分配的决策进行评估。通过绩效考评可以评估出员工对现任职位的胜任程度、内部人力资源的分配情况,以便公司配合经营战略采取相应的措施调整岗位。

（5）了解员工或团队在培训和教育方面的需求。通过绩效考评可以发现员工在知识、能力等方面与岗位要求的差距,进而针对差距进行培训,从而提高培训的效果。

（6）对员工职业生涯规划效果进行评估。企业可以根据考核考评的记录,很方便地了解每个员工的素质、技能、行为、知识等方面同组织要求之间的差距,这样就可以根据企业的要求为他们制订培训计划和发展规划。

总而言之,通过绩效考评可以让员工知道自己在组织内扮演的角色、公司要求的行为标准、目标达成情况和职业生涯发展方向。据有关调查显示,在没有干好工作的员工中有40%是因为"不能干",而60%是因为"不明白干什么"。其次,绩效考评可以帮助员工了解自己在组织中所承担的责任,把个人的目标统一到组织目标中来。再次,绩效考评可以帮助主管与员工建立良好的职业工作关系。最后,绩效考评可以帮助组织及时分辨出每位员工的优点和发展潜力。

2. 绩效考评的原则

许多企业的成功经验证明,进行绩效考评应遵循客观公正的总原则。具体的原则有如下几方面。

1）公开化原则

考评的内容、项目、标准要明确,考评的形式、方法、过程、结果要公开。特别是在考评之前向员工公布考评的标准和方法,使员工了解考评的内容和程度,从而在考评过程中取得员工的理解和支持;使员工对自己在绩效考评中的结果有一个正确的预期,从而避免因暗箱操作造成员工对评估结果的不信任。

2）考评主体多元化原则

职能型组织结构的企业一般都是由直属领导对员工进行考评。同时,为避免直属领导有不公正的行为,员工的绩效考评结果还必须由上两级领导批准方才生效。当然,有些企业认为,员工完成任务除了需要部门内协助外,还需要其他部门的支持,因此,只由直属部门领导负责员工的考评是不全面的,所以建议采用360度考评方法,即与员工有工作往来的人员也参与考评,实行领导考评与群众考评相结合的方式。在360度考评中,也要做到"让最明白的人打最有分量的分",赋予的权重系数存在差异。例如,主管领导的评价占35%～40%,考核委员会的评价占35%～40%,其他相关人员的评价只占20%～30%。

3）分类考评原则

员工的工作受到多种因素的影响,比如工作环境、工作的难易程度、企业文化、领导作风以及员工的身体状况、知识水平、素质、能力等。首先,对于不同种类的部门和岗位应分别进行考评,制订不同的考评内容和标准,甚至采用不同的考评方法,例如企业可按财务、行政、业务、服务、科研五大类分别进行考评。其次,对于不同职务上的岗位,考评的具体内容也不同,例如各考评指标所占的权重系数可以不相同。再次,根据企业的需要,对德、能、勤、绩的考评也要分别进行,德和能的考评周期比较长,难以量化,只能进行定性分析;勤和绩的考评周期比较短,可全部采用量化考核的办法。考核奖惩制度不单单是针对员工的,同时对管理者也起作用。但是有一点需要明确,那就是对管理者的考核标准与一般员工的考核标准不一样,管理者考评的内容除了整个部门的业绩外,还必须有人员培养的任务。

4) 积极反馈原则

绩效考评的目的之一在于要让员工知道自己工作完成的程度,以便不断改进工作,所以绩效考评必须采用面对面(face to face)的方法,评估的结果一定要向员工反馈。将考评结果反馈给员工,可以使员工明确今后的努力方向,制订改善计划与措施。如果只有考评而不反馈结果,则考评就失去其本来的意义,流于形式。

5) 制度化原则

绩效考评的目的不仅仅是作为薪酬发放的依据,考评的结果还会应用到员工聘用、培训、激励以及员工发展规划中。对员工的绩效进行评价,既是对过去和现在的考评,也是对他们未来的行为表现进行预测,因此绩效考评是一个连续性的管理过程。绩效考评必须定期进行,形成制度。一般而言,在国内,业务部门的考评按月进行,职能部门的考评按季度进行,研发部门的考评周期要更长;高层管理岗位的考评按年度进行,中层岗位的考评按季度或半年进行,基层岗位的考评按月或季度进行。对于跨国性的上市公司,一般都按季度进行。

6) 实用性原则

一个有效的考核评估体系应该准确地测评出每个员工的工作业绩和行为,明确识别一个员工的优点和改进方向,能够有效地激励员工去发扬好的、纠正错的、改进差的,及时地将测评结果反馈给员工,让他们知道自己的问题所在。考评的方法、程序要简洁、可行,任何一次考评方案所需的时间、人力、物力和财力应在参与考评各方所允许的范围内。

7) 定性考评与定量考评相结合原则

由于员工绩效的多维性和多因性,员工绩效考评内容包括工作业绩结果导向和工作过程导向(即行为表现及能力)。工作业绩结果指标很容易量化,一般是以财务目标为主;然而,行为表现及能力指标则不易量化,一般采用文字描述定义行为或能力指标,使用问卷调查和实际案例方式采集信息。大部分的企业都是采用定性分析和定量分析相结合的原则。定性考评对考评人的水平要求较高,考评结果带有较强的主观性;量化考评以其标准化、客观性和实用性而逐渐成为主流。

8) 主观考评与客观考评相结合原则

企业绩效评估经常遇到的一个很实际的问题就是,很难确定客观、量化的绩效指标。其实,对所有的绩效指标进行量化并不现实,通过行为性的指标体系,也同样可以衡量员工的绩效。考评项目是采用客观考评还是采用主观考评,根据被考评岗位的具体情况处理。例如:对项目组开发人员的绩效考评,由于开发人员的任务不可能完全相同,所以宜使用客观考评与主观考评相结合的方法,主观考评涉及任务难度、任务紧迫度、协作精神、努力程度等;对办公室文员的考评应使用具体内容和抽象内容相结合的形式,因为文员有常规性事物处理,如打字、订车票、采购办公用品、维护固定资产等,这些具体工作使用客观考评。另外,对其工作态度和工作作风也有要求,如是否热情、是否公正等,这些指标宜采用主观考评。

四、效度和信度

一个良好的绩效考评系统应具备适当的效度及信度,以确保考核结果的有效性和准确性。

1. 效度

所谓效度(validity),就是指考核评估的标准要正确、合理和合法,即考核所获信息与待评的真正工作绩效之间的相关程度。[①]

效度差表明所考评的内容不是拟考评的,无关的考评要素被纳入,有关的信息却被忽略。为了保证考评的高效度,选用和设计适当的考评指标需要注意以下原则。

(1) 考评指标的设立要与职务分析规定的职责有密切的关系。

(2) 根据工作说明书中规定的主要职责、次要职责、相关职责的重要程度,给予合理的分配权数,避免弃重拾次。对某一工作岗位的工作绩效考评项目及各项目的权数的设置,要与其相类似工作岗位的情况保持相对的平衡。

例如,生产车间的班(组)长根据操作工人的出勤率来考核其工作业绩,办公室主任根据行政人员的穿着打扮来评价员工的业绩,其效度就不高。

2. 信度

信度(reliability)是指绩效评估结果的一致性和稳定性。一致性是指不因所采用考评方法和考评主体的改变而引起考评结果的不同,稳定性是指在不同的时间内多次考评所得结果应该相同或接近。[②]

影响信度的因素很多,既有环境因素,也有考评主体的个体因素,甚至还有考评体系的系统因素。为了提高考评的可信度,需要注意以下方面:

(1) 保证考评指标尽量标准化,考评程序一致;

(2) 评委最好与被考评者处于同一个工作层次。

选择评委要注意,一般而言,对基层工作的员工考核用同一层次的评委比较合适,如生产车间的班(组)长对该车间的工人打分,信度比较高,因为他们每天和员工在一起工作,对员工比较了解,而高层领导对工人打分,信度不高。

第二节 绩效考评的方法

绩效考评的方法直接影响评估计划的成效和评估结果的正确与否。绩效考评的方法有多种,美国加里·德斯勒(Gary Dessler)教授在其名著《人力资源管理》(第 6 版)中列举了基准考评法、图尺度评价法、强制分布法、关键事件法、行为锚定法、排序法,以及目标管理法。这里主要介绍几种常用的绩效考评方法。

一、基准考评法

基准考评法大多为依据职务分析等方法而规定有"职务执行基准"的企业所采用。该方法

---

① 余凯成.人力资源开发与管理[M].北京:企业管理出版社,1997.
② 陶裕春,张诚,周忠.现代人力资源开发与管理[M].南昌:江西人民出版社,2001.

在实施过程中,首先需要开发职务执行能力测定表,以职务分析的结果作为考评标准,并针对考核的各项评价项目,分别列出数项具体的工作内容作为检验要点,从而分别予以评定。

基准考评法可以对一个相同的考评项目,根据职务不同而分别选定不同的检验要点,其中选定的要点能够涵盖该职务75%以上的业务内容。根据此基准,考评被考评人执行职务的实绩,以判定有无达到要求基准。在基准之上则评定为"+",刚好等于基准则为"0",而在基准以下则为"-"。将考评结果汇总,以作总评定。该量表类似于车辆管理的评分方案:驾驶员违反交通规则一次计相应的分,当分数累积到一定值时便吊销驾驶执照。

二、图尺度评价法

图尺度评价法(graphic rating scale)是各种评估方法中最为简便、使用最多的一种方法。这种方法是综合各种维度(绩效因素),把有关绩效的各种因素列举出来,还列举出跨越范围很宽的工作绩效等级(从"不令人满意"到"杰出")。首先,针对每位员工从每一项评价要素中找出最能符合其绩效状况的分数;然后,将每位员工所得到的所有分值进行汇总,即得到其最终的工作绩效评价结果。将绩效分解成若干个因素进行评级,既可以保证评级准确,又可以体现绩效评估对事不对人的宗旨。

图尺度评价法的关键是维度的选定,选定维度时应注意如下几个方面:

(1) 维度应当力求只涉及同一性质的同类工作活动;
(2) 维度必须可以明确定义;
(3) 维度可以取行为或品质作为基础,但必须是有效、可操作的。

图式化的评定量表包括若干的维度和每个维度的得分范围。评定量表向考评人展示了一系列被认为是成功工作绩效所必需的个人特征,每一特征都有一个5分或7分的评定量级。量表上的分数用数目或描述性的词或短语加以规定,用以表示不同的绩效水平。由考评人评价员工的工作表现,对照量表(见表6-1)上每一维度进行打分。

表6-1 图尺度评价量表

```
指导语
用下列评定量表按每一品质评价该员工。
5=优秀:你所知道的最好的员工。
4=良好:满足所有的工作标准,并超过一些标准。
3=中等:满足所有的工作标准。
2=需要改进:某些方面需要改进。
1=不令人满意:不可接受。
  A. 衣着和仪表    _____
  B. 自信心       _____
  C. 可靠程度     _____
  D. 机智和圆熟    _____
  E. 态度        _____
  F. 合作        _____
  G. 热情        _____
  H. 知识        _____
```

三、强制分布法

强制分布法(forced distribution method)是一种常用的员工间比较的方法,依据是"两头小、中间大"的正态分布规律。强制分布法的核心思想,就是通过对考核结果进行修正和调整,来实现考核结果满足预先设定的等级分布。这种方法是先确定好各等级在总数中所占的比例,然后用参与评估的总人数来计算出每个等级的人数。例如,许多公司按照下述比例原则来确定员工的工作绩效分布情况:

优　　10%
良　　20%
中　　40%
可　　20%
差　　10%

然后,根据每人绩效的相对优劣程度,按照这五个等级所占的比例分别列入某一等级。这种方法实际上是排序法的变形。

从实质上来说,强制分布法是把所有员工分成了若干个组,进行的是若干个组之间的排序。具体操作时可以按照交叉排序的方法,先选出10%的优等员工,再选出10%的差等员工……需要注意的是,当员工的绩效水平不遵循正态分布时,使用强制分布法会发生偏差。例如,如果一个部门的员工的确都非常优秀,强制进行正态分布,则可能会带来许多弊端。正如有些主管在被要求按照强制分布法实施绩效考核时抱怨说:"我只有两个下属,考核结果要实现人力资源部所要求的正态分布确实令我感到困难。"

四、关键事件法

关键事件法(critical incident method)是由美国学者弗拉赖根和伯恩斯(Flanagan & Baras)提出的。该方法是指员工的上级在绩效考核的过程中回忆他所观察到的员工突出的工作行为,列出一张员工行为的清单,从而将员工好的行为和差的行为分别记录在表格中,据此对员工进行评价。这样一份结构化的行为记录表,不但提供了考核的依据,而且使考核的结果更为准确和客观。由于要对员工的工作表现进行记录,上级会一直留意员工的工作表现,而不是在年中或年末才根据员工近期的表现作一个评估,避免了近因效应。而且,这样可以给员工提供好的工作范例,上级在给表现较差的员工设定工作目标时,可以将此范例作为工作的样板。

该方法的优点在于:对员工的评价是建立在具体的事实基础之上,从而有效地避免了评估者的主观片面性;对向员工解释绩效评价结果提供了一些确切的事实证据。然而,需要注意的地方是,绩效记录的工作需要贯穿在整个考评周期内,而不是仅在临近考评的时候才开始。

该方法的不足之处在于:对考评者的要求较高,一方面,考评者必须记录被评估者工作过程中的所有关键事件,不能遗漏;另一方面,考评者进行记录必须是具体的行为或事件,例如,该员工使得库存成本上升了15%,不能有类似"该员工今天表现不好"、"该员工今天效率很高"、"该员工工作非常认真负责"等主观性或模糊结论性的东西。

五、行为锚定法

行为锚定法(behaviorally anchored rating scale method)是由美国学者史密斯和德尔(P.

C. Smith & L. Kendall)于 20 世纪 60 年代提出的。该方法的实质是图尺度评价法与关键事件法的结合,兼具两者的优点。该方法在评估的过程中需要确定一定数量的考核维度,与图尺度评价法有所区别的是在考核每个维度的绩效等级时,不再用简单的"好、中、差"或"A、B、C"描述,而是在不同的级别都有一个关于该级别的一些关键事件描述(即列举一个该级别的典型事例)。在实施考评时,根据这些描述来确定员工究竟在哪个级别上。行为锚定法的目的在于:通过等级评价表,将关于特别优秀或特别劣等绩效的表述加以等级性量化,提高评价结果的客观性,降低评价结果的主观性(见表 6-2)。

表 6-2　行为锚定等级评价表

等　级	关　键　事　件
优秀	关注顾客的潜在需求,起到专业参谋作用
良好	为顾客而行动,提供超常服务
合格	与顾客保持紧密而清晰的沟通
较差	被动地回应顾客,有问必答
非常差	被动地响应顾客的需求,回答拖延、含糊

设计行为锚定法通常按照以下步骤进行:
(1) 获取关键事件,对一些代表优良绩效和劣等绩效的关键事件进行描述;
(2) 建立绩效评价等级,将关键事件合并成为数不多的几个绩效要素(如 5 个或 10 个),并对绩效要素的内容加以界定;
(3) 对关键事件重新加以分配,将所有这些关键事件分别放入最合适的绩效要素中去;
(4) 对关键事件进行评定,以判断它们能否有效地代表某一工作绩效要素所要求的绩效水平;
(5) 建立最终的工作绩效评价体系。

六、排序法

排序法(ranking method)包括简单排序法、对偶比较法和配对排序法。

简单排序法就是在全体被考评员工中挑选出绩效最出色的一个排在第一位,然后在剩下的员工中寻找最为出色的人将其排在第二位,以此类推,直到剩下最后一个员工,排在末位。

当有较多的员工需要进行等级评价时,可以采用对偶比较法(alternative ranking)。对偶比较法是逐个将员工两两比较,在所有被考评的员工中找出最优者,排在第一位,然后在剩下的员工中找出表现最差的员工将其排在最后一位;继而在剩下的员工中找出一个最优者将其排在第二位,然后再在剩下的员工中找出最差的一个,将其排在倒数第二位。按照这样的程序,不断地在剩下的员工中挑选出最好的和最差的,直到所有的员工都被排列完为止。

配对排序法(paired comparison method)是将全体员工逐一配对比较,按照逐对比较中被评为较优的总次数来确定等级名次。足球联赛中的排行榜就是一种最为典型的配对排序。每支球队都和所有的对手进行比赛,赢了得 3 分,平了得 1 分,输了得 0 分,最后看谁的积分最多。与足球联赛不同的是,绩效评估中的配对比较在两个员工之间只比较一次。当然,这种方法在员工人数较多的时候工作量将会很大。

为了使评价能够拉开等级，可以采用员工间比较的方法，即对员工相互之间的工作表现进行比较，获得一个相对的考核结果。最容易和最常用的员工间比较的方法是等级排序法。这种方法将员工的每一个相关维度按照优劣排序，最后求出所有维度评价等级的平均分数作为对该员工的最后的评价等级，其操作方法如下：

（1）将需要进行评价的所有人员名单列举出来，然后将不是很熟悉因而无法对其进行评价的人的名字划掉。

（2）运用表格显示，在被评定的某一特点上，哪位员工的表现是最好的，哪位员工的表现是最差的。

（3）在剩下的员工中挑出最好的和最差的。以此类推，直到所有必须被评价的员工都被排列到表格中为止。

七、目标管理法

1. 目标管理法的基本概念

目标管理的概念首先是由彼特·德鲁克（Peter Drucker）在20世纪50年代作为一种目标激励的方法提出的。目标管理（management by objective，MBO）是根据重成果的思想，先由企业确定，并提出在一定时期内期望达到的理想总目标，然后由各部门和全体员工根据总目标确定各自分目标并积极主动、想方设法使之实现的一种管理方法。

当前，目标管理已广泛运用于各行各业的管理中。目标管理强调制订目标的参与性，组织上下协商制订各级组织以及个人的目标，并以此确定彼此之间的成果责任；强调人人为实现目标而努力，进行自我调节和控制；强调通过绩效考评来对整个管理工作进行引导、监督、验证和激励。目标管理的考评是以"事"为主，以员工年初制订的工作目标的达成状况作为考评内容。

目标管理的基本思想是企业首先根据其发展的要求制订一段时期内的总目标，然后再将总目标层层分解，从而得到各层次的部门和员工个体的阶段目标。各部门及个人的工作围绕其分目标开展，其过程强调自我约束和上级的监督检查，把完成目标的情况作为评价员工绩效的主要依据。因此，目标管理的目标转化过程既是"自上而下"的，又是"自下而上"的。最终结果是一个目标的层级结构，在此结构中，某一层的目标与下一级目标连接在一起，而且对每一位雇员，目标管理都提供了具体的个人绩效目标。因此，每个人对他所在单位成果的贡献都很明确，如果所有的人都实现了他们各自的目标，则他们所在单位的目标也将达到，而组织整体目标的实现也将成为现实。

目标管理的考评，旨在年底对未来一年的工作和成果予以规划，着重未来12个月的绩效。换言之，目标管理的考评，主管与部属在事先对考评的项目或标杆均有充分沟通的机会，也会定期商谈目标的进度，因此，双方对考评结果较有共识，纷争较少。目标管理的考评方法可以进一步训练和培养人才。

（1）训练员工向更困难的目标挑战。目标的设定水准力求进步，困难度一年比一年提高，经得起这种考验的人，必成骨干。

（2）发挥员工的自主性与创造性。目标管理的推行使员工可自行设定目标，给予员工相当大的自主性，更要求员工拟达到目标的工作计划，让员工发挥创意与潜力，目标的进度与达成也由员工自行控制。换言之，员工经过目标管理的磨炼将成为独当一面的人才。

（3）主管和部属成为生命共同体。在目标管理的考评中，主管和部属的目标是连贯的、整合的,部属的目标未能达成,主管的目标也必然无法达成。因此,主管会尽力协助部属提高其专业知识和技术能力,部属在主管的指导之下,自然比较容易获得学习与成长的机会。

(4) 经过目标管理考评,可以了解员工不能达到目标的原因是欠缺专业知识还是沟通能力不足,可针对问题安排个别或全体、外界的或内部的教育训练,使培训与工作绩效的提升结合在一起。

2. 确定目标的 SMART 原则

建立有效的目标管理,需要坚持一个重要的 SMART 原则。SMART 是五个英文单词首字母的缩写。

S 代表具体(specific),指绩效考核要切中特定的工作目标,不能笼统,而是应该适度细化,并且随情境变化而发生改变。

M 代表可度量(measurable),指目标是数量化或者行为化的,验证这些目标的数据或者信息是可以获得的。

A 代表可实现(attainable),指绩效目标在付出努力的情况下可以实现,避免设立过高或过低的目标。

R 代表现实性(realistic),指绩效目标是实实在在的,可以证明和观察到的,而并非假设的。

T 代表有时限(time bound),指绩效目标应在限定的时间内完成,注重完成绩效目标的特定期限。

3. 典型具体步骤

1) 绩效目标的设定

管理者给下属制订工作目标的依据来自部门的关键绩效指标 KPI(key performance index),部门的 KPI 来自上级部门的 KPI,上级部门的 KPI 来自企业级的年度目标。只有这样,才能保证每个职位都是按照企业要求的方向去努力。因此,根据企业战略的要求和规划,制订出企业在未来一段时期内(一般为一年或半年)的总目标。然后,将目标层层分解落实,制订出相应的部门目标和个人目标。由于部门专业化能力的差异,在设定部门的 KPI 时,必须有部门共同性的 KPI,以及部门专业化能力的 KPI,当然,这些部门专业化能力的 KPI 是达成共同性 KPI 的必要基础。

2) 目标的执行、追踪与修改

目标已经设定,各部门主管应就目标卡所制订的项目,按照工作计划,自己负责推行。目标的达成必须"由下而上"地将执行成果累积起来,因此,如何通过部属的努力来达成既定的目标,并接受最后的成果与责任便是每个主管的职责。在执行目标的过程中,主管必须有正确的领导方式,适当地授权、适当地控制、适时适地交换意见、提高下属的工作意愿以及给予必要的支持和协调。

有效的反馈和过程监督控制是确保目标实现的必要手段。追踪目标的目的是切实掌握目标的执行状况与实绩,主管应对无法达成的目标深入探讨。目标的追踪应由其执行人定期将工作实际进度及检讨结果填列于目标卡上,送直属主管查核后发还;或另行填写目标管理追踪卡,一份由执行人自己保存,一份送直属主管查核,一份送企划部门以便综合检讨。主管人员对于部属填制的追踪卡应详细审阅;对于部属执行目标遭遇困难的原因,要加以深入研究,并提供解决的意见。因此,定期的追踪与检讨不但能增加上下级之间意见交流的机会,还具有加强部属对目标承诺的作用。

3) 目标成果的考评和奖励

各级目标经设定并由部属加以执行后,根据初期制订的目标,与实际的工作结果相比较,确定工作目标的达成程度,从而对每个员工的绩效作出评价,并且把绩效评价的结果反馈给每位员工,以达到"检讨过去,激励未来"的目的。

首先,由部属自我评定目标执行期间内的成果,并将主要事项记载在目标管理卡或目标管理追踪卡后,向其直属主管提出。然后,直属主管根据部属的自我考评,以及有关的说明与证件,审定其成绩并填载于目标评分表上,送呈上级主管鉴核。最后,将目标评分表送至目标管理推行单位,以便综合计算各单位的绩效与应得的奖惩,并呈报最高管理层核定。

现以博能公司的目标管理和绩效考评规程为案例,说明目标管理的具体操作。①

步骤一 目标的制订

(1) 公司年度总目标、部门目标及其分解。

(2) 个人岗位目标制订的原则及要点:目标应尽可能具体,结果可评估,尽可能量化(如时间、日期、金额、数量等),综合目标可用阶段或期限表示;任务量适度,即经过努力能够达成;可对比,同一岗位、不同的人有可比性,体现公平;挑战性,目标需要努力才能达成;必须促进工作的改善;上级目标必须在下级目标之前制订,上下目标保持一致性,避免目标重复或断层。

(3) 个人岗位目标制订的步骤:上级向下级说明自己当月的目标;上级请下级设立自己的重点目标;上级请下级设定目标计划书;检查下级目标书;与下级谈话,决定其目标(此工作必须在每月 5 日之前完成)。

(4) 目标内容:每项目标应包括数量目标、质量目标、时限目标、成本目标四方面的内容。

步骤二 目标的执行

(1) 目标执行过程中应注意的事项:目标监督人应充分授权、及时跟进并提供帮助和指导;目标执行人应主动汇报。

(2) 目标执行中的问题处理:列出可能出现的问题,并提出相应的解决办法。

步骤三 目标完成情况的评估

(1) 评估步骤:员工先作自我评估,并在目标书后附每项目标的完成情况报告;直属主管审核、谈话后确定。

(2) 评估要点:包括数量目标、质量目标、时限目标、成本目标四方面,都有细则。

步骤四 评估结果的兑现

$$员工奖金实得额 = 基本工资 \times 40\% \times 目标完成率$$

步骤五 对目标监督人的监督

如果目标监督人对下属的工作监管不力,则有相应的处罚细则。

综上所述,每一种评价方法都分别有其优点和不足,例如等级排序法能避免居中趋势,但是在所有员工的绩效确定都应该被评定为"高"的情况下,这种评价方法会引起员工的不良感受。图尺度评价法使用起来较为简单,能为每一位员工提供一种定量化的绩效评价结果,然而绩效评价标准可能不够清楚,晕轮效应、居中趋势、偏松倾向等评价者偏见问题都有可能发生。关键事件法有助于确认员工的何种绩效为"正确",何种绩效为"错误",从而确保主管人员是对

---

① 李剑,叶向峰.员工考核与薪酬管理[M].北京:企业管理出版社,2002.

员工的当前绩效进行评价,然而困难在于对员工之间的相对绩效进行评价或排列。目标管理法有利于评价者与被评价者对工作绩效目标的认同,但是耗费时间。各种绩效考评方法的主要优点和缺点如表6-3所示。

表6-3 各种绩效考评方法的主要优点和缺点

考评方法	优 点	缺 点
图尺度评价法	使用起来较为简单;能为每一位员工提供一种定量化的绩效评价结果	绩效评价标准可能不够清楚;晕轮效应、居中趋势、偏松倾向等评价者偏见问题都有可能发生
排序法	便于使用(但可能不如图尺度评价法简单),能够避免居中趋势以及图尺度评价法所存在的其他一些问题	可能会引起员工的不同意见,而且当所有员工的绩效事实上都较为优异的时候,会造成不公平
强制分布法	在每一绩效等级中都有预定数量的人数	评价结果取决于最初确定的分布比例
关键事件法	有助于确认员工的何种绩效为"正确",何种绩效为"错误";确保主管人员是对员工的当前绩效进行评价	对员工之间的相对绩效进行评价或排列比较困难
行为锚定法	能够为评价者提供一种"行为锚",评价结果非常精确	设计较为困难
目标管理法	有利于评价者与被评价者对工作绩效目标的认同	耗费时间

(资料来源:宝利嘉.如何评估和考核员工绩效[M].北京:中国经济出版社,2001.)

第三节 绩效考评的指标体系

一、确定绩效考评指标的原则

绩效考评结果客观与否的首要问题是要建立与考核内容相适应的考评指标体系。考评指标体系把考评客体、考评主体、考评方法与考评结果联结在一起,成为人力资源考评工作指向的中心。考评指标的设计既应注意科学性,又当兼顾其可操作性,因此应坚持以下原则:

(1) 考评指标与职务需求相一致,不同的职务有不同的指标;

(2) 指标必须是某一职务要求的关键要素,职务对能力、素质的要求是多方面的,测评指标不可能包罗万象,一一罗列,要抓住其中最关键的;

(3) 指标间要有相对的独立性,不能相互包容、交叉,每个指标都有相对独立的内涵和外延;

(4) 具有普遍性和足够的代表性,适用于所有考评对象,不能仅反映或适用于个别的考评对象,因此要选择那些具有共性的特征作为考评指标;

(5) 具有完备性,指标体系总体上要能反映考评对象的主要特征;
(6) 指标的定义必须明确、具体,不能让人感到模棱两可,难以操作;
(7) 指标必须与企业目标相结合,且能够适应当前环境的要求。

二、关键绩效指标

《公务员考核规定》第四条规定:"对公务员的考核,以公务员的职位职责和所承担的工作任务为基本依据,全面考核德、能、勤、绩、廉,重点考核工作实绩。"组织中每个职位的工作和人都可以从素质结构、智力结构、能力结构和业绩结构这四个角度来进行考核和评价。素质结构主要指员工的文化层次;智力结构是员工所在岗位对其智力的要求,考核其是否能完成工作内容;能力结构是员工处理问题和应变能力的强弱;业绩结构就是员工完成的业务实绩,可以从工作数量、工作质量、工作效率等角度评价。至于员工的生活习惯、行为举止、个人癖好等是否应纳入绩效考评内,企业有不同的观点。不支持的企业认为,绩效考评是考评员工的工作水平,所以员工个人的隐私不宜作为考评项目出现,如果这些内容妨碍到工作,其结果自然会影响到相关工作的考评成绩。支持的企业则认为,只有员工的生活习惯和行为举止遵循公司的组织文化和企业政策,员工才有好的绩效表现。

正如意大利经济学家维弗烈度·帕累托(Vilfredo Pareto,1897)发现的著名 80/20 定律指出,企业 80%的价值往往是由 20%的员工创造的。在每一位员工身上,80/20 定律同样适用,即 80%的工作任务是由 20%的关键行为完成的。对人和事的评价指标很多,考评要素也可以分为核心要素、基本要素和辅助要素。根据成本效益原则,绩效考评不可能面面俱到,并且对所有的绩效指标进行量化是不现实的,因此选择关键性的绩效指标进行考评被广为接受。

那么,什么是关键绩效指标(key performance indicator or index,KRI)? 确定关键绩效指标的原则是什么? 程序如何?

1. 关键绩效指标的概念

关键绩效指标是用于评估被评价者绩效的定量化或行为化的标准体系,体现绩效中对组织目标增值的部分。关键绩效指标的概念包括两个方面的含义。首先,关键绩效指标是一个标准体系,它必须是定量化的,如果难以量化,那么也必须是行为化的;如果定量化和行为化这两个特征都无法满足,那么就不是符合要求的关键绩效指标。其次,关键绩效指标体现绩效中对组织目标增值的部分。这就是说,关键绩效指标是连接个体绩效与组织目标的桥梁。关键绩效指标是针对对组织目标起到增值作用的工作产出来设定的,基于这样的关键绩效指标对绩效进行评价,就可以保证真正使得对组织有贡献的行为受到鼓励。

为达到不同目的,考评和引导的重点不同,关键绩效指标也有所差别,应根据不同的目的选择不同的考评要素作为关键绩效指标。对人的评价包括以素质为核心的潜能评价系统和以中期述职报告为核心的绩效改进系统。调整工资分配着眼于员工过去的工作表现(工作业绩或工作行为),相对应的关键绩效考评指标主要是与岗位工作有关的要素。例如,神州数码股份有限公司以关键绩效指标为基础制订岗位责任书,考核和评价分开。考核从总体目标开始,一层一层往下分解,考查工作目标达成的结果,考核工具就是关键绩效指标;评价以岗位要求为标准,考查管理过程以及过程管理中员工的行为表现和工作能力。此外,有些企业将员工的变动薪酬的奖金部分与关键绩效指标挂钩,以激励员工努力达成关键绩效指标。

2. 关键绩效指标的确定原则

(1) 重要性原则。指标对公司的整体价值和业务重点的影响较大。

(2) 可操作性原则。指标必须有明确的意义和计算方法，以及数据来源。

(3) 职位可控性原则。该岗位人员有较大控制力的指标。

例如：某公司的目标为确保市场份额，该目标所对应的关键绩效指标就遵循了重要性原则、可操作性原则和职位可控性原则，如图 6-1 所示。

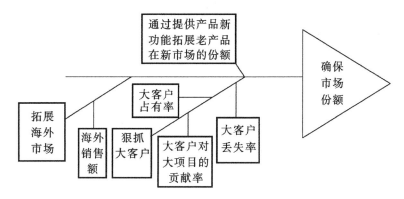

图 6-1 某公司关键绩效指标确定的鱼刺图

（资料来源：张建国，徐伟.绩效体系设计——战略导向设计方法[M].北京：北京工业大学出版社，2003.）

3. 确定关键绩效指标的程序

具体来说，确定关键绩效指标的过程如下：

(1) 找到关键绩效指标，针对目标职位的业务，运用价值创造树进行仔细分析，找到影响该职位对企业贡献大小的关键因素；

(2) 再根据关键因素找出该职位的关键业绩指标，并确定各个指标的权重和评分标准；

(3) 最后，与该职位及相关职位人员讨论关键绩效指标的可行性和可操作性，以及职位的可控制性。

例如：根据某公司销售片区经理工作特征，其绩效指标包括市场占有率、销售量、销售额、销售毛利、销售净利、销售费用、回款额、应收账款额等多种。选择哪些指标作为判断销售人员绩效的关键指标呢？

(1) 重要性。销售人员的业绩指标中，销售额、销售费用、应收账款额等是对公司的整体价值和利润都有较大影响的关键绩效指标。

(2) 可操作性。虽然产品的市场占有率是一个销售人员工作业绩中很重要的指标，但由于目前往往不能取得准确计算该指标的初始数据，所以一般不将该指标作为关键绩效指标。

(3) 职位可控性。销售收入增长率和人均销售收入作为销售部经理的关键绩效指标是合适的，而作为一般销售人员的关键绩效指标则是不公平的。

经过仔细地比较和分析之后，可以确定销售人员关键绩效指标包括销售收入完成率、毛利率、销售费用率、应收账款额。

三、平衡计分卡

国外关于平衡计分卡的研究和应用始于 20 世纪 90 年代。在经过对 12 家业绩优秀的企业进行一年多时间的研究后,罗伯特·S.卡普兰和大卫·P.诺顿(Robert S. Kaplan & David P. Norton)于1992年在《哈佛商业评论》上发表了《平衡计分法:良好绩效的测评体系》一文,由此正式提出了新的绩效衡量系统;通过持续的应用实践和不断完善,平衡计分卡已经从一个得到改善的绩效衡量系统变成一个具有核心重要性的管理系统,罗伯特·S.卡普兰在1996年发表于《哈佛商业评论》的《把平衡计分卡用于战略管理系统》一文中对平衡计分卡的发展趋势作了总结。

自平衡计分卡方法提出之后,其对企业全方位的考核及关注企业长远发展的观念受到学术界与企业界的充分重视,许多企业尝试引入平衡计分卡作为企业管理的工具。据Gartner研究集团研究表明,到2000年为止,《财富》中列出的前1 000家公司中40%的公司在管理体系中运用了平衡计分卡的方法;在2002年由伟世咨询有限公司(William M. Mercer)对214个公司的调查中发现,88%的公司提出平衡计分卡对于员工报酬方案的设计与实施是有帮助的,并且平衡计分卡所揭示的非财务的考核方法在这些公司中被广泛运用于员工奖金计划的设计与实施中。除被企业广泛采用外,平衡计分卡还在非营利机构、政府机关以及军事机构获得高度认可,如美国、欧洲各国等国家政府部门、警察局,美国、英国等国家的国防部门也采用平衡计分卡作为管理系统。

1. 平衡计分卡的基本理论

平衡计分卡(balanced score card,BSC)理论认为,传统的财务会计模式只能衡量过去发生的事情(落后的结果因素),但无法评估组织前瞻性的投资(领先的驱动因素)。在工业经济时代,注重财务指标的管理方法还是有效的。但是,在信息社会,传统的业绩管理方法并不全面,组织必须通过在客户、供应商、员工、组织流程、技术和革新等方面的投资,获得持续发展的动力。正是基于这样的认识,平衡计分卡的核心思想就是通过财务、客户、内部经营流程、学习与成长四个方面指标之间相互驱动的因果关系展现组织的战略轨迹,实现从绩效考核到绩效改进以及从战略实施到战略修正的战略目标实现过程(见图6-2)。平衡计分卡给管理人员带来了一种思维上的转变,不但完全改变了企业绩效评价思想,还推动企业自觉去建立实现战略的目标体系,在产品、流程、顾客和市场开发等关键领域使企业获得突破性进展。

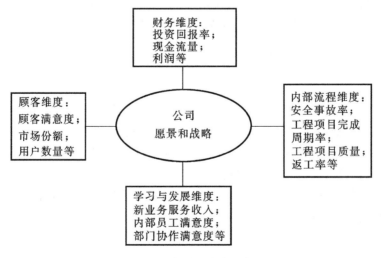

图6-2 平衡计分法卡示意图

1) 以财务为核心

在业绩评价过程中,从股东及出资人的立场出发,树立"企业只有满足投资人和股东的期望,才能取得立足与发展所需要的资本"的观念。从财务的角度看,公司包括"成长"、"保持"及"收获"三大战略方向;与此相配合,就会形成三个财务性主题:"收入成长及组合"、"成本降低—生产力改进"、"资产利用—投资战略"。企业应根据所确定的不同的战略方向、战略主题而采用不同的业绩衡量指标。因为企业所重视的战略方向和战略主题不同时,其财务的衡量内容及重点就会发生变化。例如:当公司立足于"成长"战略而追求"收益与组合"的主题时,其重视的指标就应当是"新产品(服务)及新顾客的收益百分比"。当重视生产力的提高时,可能选用的指标是每位员工创造的收益等。

2) 以顾客为核心

所设计的平衡计分卡一般包括五个方面,即市场占有率、顾客的获得、顾客的保持、顾客满意度及顾客获利能力,并且每一方面都有其特定的衡量指标。顾客因素在平衡计分卡中占有重要地位,如果无法满足或达到顾客的需求,企业的愿景及目标就很难实现。

3) 以内部业务为核心

通常企业内部的业务包括以下三个方面:革新流程,营运流程,售后服务流程。企业因资源有限,为了有效地运用和发挥内部资源及流程的有效性,首先需要以顾客的需求和股东的偏好为依据,需要重视价值链的每个环节,设法分析企业的优势在哪里,应向哪个方向发展,如此才能创造全面和长期的竞争优势。

4) 以学习和成长为核心

将企业的员工、技术和组织文化作为决定因素,分别衡量员工保持率、员工生产力、员工满意度的增长等指标,以此考核员工的才能、技术结构和企业组织文化等方面的现状与变化。如果企业改善了这些方面,则员工的潜能就可能得以充分发挥,而企业的技术结果就会进一步得到提高,企业的组织文化氛围就会向更好的方向发展。

例如:ECI公司将平衡计分卡看做是公司最高层对公司愿景进行阐明、简化并使之实际运作的一条途径,其平衡计分卡评价指标如表6-4所示。

表6-4　ECI公司的平衡计分卡评价指标

财务指标	顾客指标
(1) 现金流 (2) 各事业部的季度销售增长率和经营收入 (3) 市场份额增加额和权益报酬率	(1) 新产品销售所占百分比 (2) 按时交货率 (3) 重要账户的购买份额 (4) 合作性工程活动的数量
内部运作指标	学习、创新与成长指标
(1) 相对于竞争的生产规律 (2) 循环周期单位成本报酬率 (3) 硅片效率 (4) 工程效率 (5) 相对于计划的实际新产品引入进度	(1) 开发新一代产品所需时间 (2) 产品成熟过程所需时间 (3) 占销售额8%的产品所占百分比 (4) 相对于竞争的新产品收入

(资料来源:罗伯特·S.卡普兰,大卫·P.诺顿.平衡计分法:良好绩效的测评体系[J].哈佛商业评论,1992,70(1):71-79.)

2. 平衡计分卡的基本内容

财务、顾客、内部经营流程、学习与成长四个模块是相互联系、有机组合的整体,指标和指标之间互相驱动,以体现企业的战略和目标。平衡计分卡以平衡为诉求,寻求如下指标之间的平衡。

1) 财务指标和非财务指标的平衡

目前,企业考核的指标一般是财务指标,而对非财务指标(顾客、内部经营流程、学习与成长)的考核却很少。即使对非财务指标的考核,也只是定性的说明,缺乏量化的考核,缺乏系统性和全面性。平衡计分卡是从四个维度全面地考察企业,这四个维度是财务、顾客、内部经营流程和学习与成长,它体现财务指标(财务)与非财务指标(顾客、内部经营流程和学习与成长)之间的平衡。

2) 长期目标和短期目标的平衡

平衡计分卡主要是一种战略管理工具,如果以系统理论的观点来考虑平衡计分卡的实施过程,战略是输入,财务是输出。由此可以看出,平衡计分卡是从企业的战略开始,也就是从企业的长期目标开始,逐步分解到企业的短期目标。平衡计分卡既关注企业长期发展,也关注企业近期目标的达成,使企业的战略规划和年度计划很好地结合起来,解决企业的战略规划可操作性差的缺点。

3) 结果性指标与动因性指标的平衡

平衡计分卡以有效完成战略为动因,以可衡量的指标为目标绩效管理的结果,寻求结果性指标与动因性指标之间的平衡。

4) 组织内部群体与外部群体的平衡

平衡计分卡中,股东与顾客为外部群体,员工和内部业务流程是内部群体,应认识到在有效实施战略的过程中平衡这些群体之间的矛盾的重要性。

5) 领先指标与滞后指标的平衡

财务、客户、内部经营流程、学习与成长这四个方面包含领先指标和滞后指标。财务指标就是一个滞后指标,它只能反映公司上一年度发生的情况,不能告诉企业如何改善业绩。平衡计分卡对于领先指标(客户、内部经营流程、学习与成长)的关注,使企业更关注于过程,而不仅仅是事后的结果,从而实现领先指标和滞后指标之间的平衡。

根据平衡计分卡,对销售人员从以下四个方面考核:关键绩效指标(KPI,包括销售额、毛利率等,由公司的总经营指标向下分解);管理制度建设(如内部销售报表管理制度);客户管理(包括老顾客的维持和新顾客的开发);学习与成长(大客户管理和如何提高销售技能)。在四个方面中,关键绩效指标是结果,其他三个方面是导致这一重要结果所作的努力,应合理地衡量员工之间的业绩差异。

3. 平衡计分卡的实施流程

(1) 简洁明了地确立公司的使命、愿景与战略。

(2) 成立实施团队,解释公司的使命、愿景与战略。

(3) 在企业内部各层次展开宣传、教育、沟通。

(4) 建立财务、顾客、内部经营流程、学习与成长四类具体的指标体系及评价标准。

(5) 根据指标体系收集原始数据,通过专家打分确定各个指标的权重,并对数据进行综合处理、分析。

（6）将指标分解到企业、部门和个人，并将指标与目标进行比较，从而发现数据变动的因果关系。以部门层面的平衡计分卡作为范例，各部门将自己的战略转化为自己的平衡计分卡。在此过程中要注意结合各部门自身的特点，在各自的平衡计分卡中应有自己独特的、不同于其他部门的目标与指标。

（7）预测并制订每年、每季、每月的绩效衡量指标具体数值，并与公司的计划和预算相结合。

（8）将每年的报酬奖励制度与经营绩效平衡表相结合。

（9）实施平衡计分卡，进行月度、季度、年度监测和反馈实施的情况。

（10）不断采用员工意见修正平衡计分卡指标并改进公司战略。

四、权重系数的确定

对定性指标和定量指标单项评分后，通常采用算术平均法，此法不能反映各指标因素在评价中的地位和作用差别。员工都是有理性的，根据公司考评标准和权重作出决策并朝此目标努力，因此比重的决定反映了考评目的和公司价值观念。与此同时，随着考评主体的多元化，不同考评主体对被考评人的熟悉程度以及考评要素和考评标准的把握程度不同，可以通过权重系数提高不同考评主体的可信度。目前，权重系数确定主要有头脑风暴法、排序加权法、对偶加权法、倍数加权法和层次分析法五种方法。

1. 头脑风暴法

头脑风暴法的主观成分比较多，但常常很有效。做法是首先邀请一些该领域专家，以及公司的领导等，事先通知会议内容。会议主持者在讨论时引导大家大胆设想，请他们尽情地提出自己的看法和意见，并对各考核要素以及不同考评主体提出自己的权重系数以及依据，然后进行归类整理。最后召集相关人员讨论，明确各考评要素以及考评主体的权重系数。

2. 排序加权法

排序加权法是最简单、最常用的加权方法。首先根据各考核要素的重要性从大到小进行排序；其次对它们赋予不同的权数，例如设立最重要的要素值为100，然后以15为阶差递减赋值；最后再把它们按照比例进行分配，即各要素的分数值在要素总分值中所占的比重。

3. 对偶加权法

对偶加权法包括0～1或0～4评分法，将各考核要素双双进行比较，重要的因素得1分，相对不重要的因素得0分，然后将比较结果进行汇总比较，即可得出各考核要素重要性排序，从而得出权重。为拉开各考核要素的合理差距，也可以采用0～4评分法。对偶加权法与排序加权法一样，只能进行等额加权，无法区分两个考核要素之间重要性的具体差异。与排序加权法不同的是，对偶加权法更适合于考核要素数目繁多的情况下使用。

4. 倍数加权法

倍数加权法首先选择出最次要的考核要素，也可以选用更具代表性的考核要素，以此为1；其次将其他考核要素的重要性与该考核要素相比较，得出其他要素重要性的倍数；最后再进行归一处理。倍数加权法的优点在于它可以有效地区分各考核要素之间的重要程度。倍数关系表如表6-5所示。

表 6-5 倍数关系表

考核要素	与客观贡献的倍数关系
年度目标实现	2
工作质量	1/2
工作改善情况	1/2
客观贡献	1

四项合计倍数为 $2+1/2+1/2+1=4$,所以进行归一处理(将每项指标的倍数得分除以 4)得到年度目标实现、工作质量、工作改善情况和客观贡献的权重系数分别为 0.5、0.125、0.125、0.25。

5. 层次分析法

层次分析法(analytic hierarchy process method,简称 AHP 法)是以某种能对事物作出重要程度区别的相对度量作为评价事物合意度的指标,将这个相对度量称为权重或优先权数是相对于某考评要素而言的,它是用两两比较的方式确定层次中诸因素的相对重要性的指标,指标值越大,权重越大,说明重要程度就越高;指标值越小,权重越小,说明重要程度就越低。

假设 n 个要素的权重因子为 $\boldsymbol{W}$:$\boldsymbol{W}^\mathrm{T}=[w_1,w_2,\cdots,w_n]$,通过对 n 个要素分别进行两两比较,得到相对重要度矩阵 $\boldsymbol{A}$:$\boldsymbol{A}=(a_{ij})$,其中,$a_{ij}=w_i/w_j$;$a_{ji}=1/a_{ij}$。于是,有 $\boldsymbol{AW}=n\boldsymbol{W}$。当 $\boldsymbol{A}$ 为一致性矩阵时,n 是 $\boldsymbol{A}$ 的特征值,$\boldsymbol{W}$ 是 $\boldsymbol{A}$ 的特征向量,则有 $\boldsymbol{AW}=\lambda\boldsymbol{W}$,$\lambda_{\max}\geqslant n$。

例如,对工作业绩、工作能力和工作态度三个评价指标进行比较,得到相对重要程度矩阵:

$$\boldsymbol{A}=\begin{bmatrix} 1 & 5 & 3 \\ 1/5 & 1 & 1/3 \\ 1/3 & 3 & 1 \end{bmatrix}$$

(1) 将矩阵按列归一化(使列之和为 1)处理。

$$b_{ij}=\frac{a_{ij}}{\sum_{i=1}^{n}a_{ij}}$$

$$\sum_{i=1}^{3}a_{i1}=1+1/5+1/3=1.53$$

$$\sum_{i=1}^{3}a_{i2}=5+1+3=9$$

$$\sum_{i=1}^{3}a_{i3}=3+1/3+1=4.33$$

$$\boldsymbol{B}=\begin{bmatrix} 0.652 & 0.556 & 0.692 \\ 0.130 & 0.111 & 0.077 \\ 0.218 & 0.333 & 0.231 \end{bmatrix}$$

(2) 按行求和。

$$v_i=\sum_{j=1}^{3}b_{ij},\quad \boldsymbol{V}=\begin{bmatrix} 1.900 \\ 0.318 \\ 0.782 \end{bmatrix}$$

(3)归一化处理。

$$w_i = \frac{v_i}{\sum_{i=1}^{3} v_i}, \quad \mathbf{V} = \begin{bmatrix} 0.633 \\ 0.106 \\ 0.261 \end{bmatrix}$$

(4)一致性(相容性)检验。

$$C.I. = \frac{\lambda_{\max} - n}{n-1}$$

$$\lambda_{\max} = \frac{1}{n} \sum_i \frac{(\mathbf{AW})_i}{w_i}, \quad \mathbf{AW} = \begin{bmatrix} 1 & 5 & 3 \\ 1/5 & 1 & 1/3 \\ 1/3 & 3 & 1 \end{bmatrix} \begin{bmatrix} 0.633 \\ 0.106 \\ 0.261 \end{bmatrix} = \begin{bmatrix} 1.946 \\ 0.319 \\ 0.787 \end{bmatrix}$$

$$\lambda_{\max} = \frac{1}{3} \left[\frac{1.946}{0.633} + \frac{0.319}{0.106} + \frac{0.787}{0.261} \right] = 3.033$$

$$C.I. = \frac{3.033 - 3}{3 - 1} = 0.0165$$

$$C.R. = \frac{C.I.}{R.I.}$$

$R.I.$ 为平均随机一致性指标,需要查表。当 $C.R. < 0.1$ 时,可以接受判断矩阵的一致性。因此,工作绩效、工作能力和工作态度的权重系数分别为 0.633、0.106、0.261。

五、绩效考评标准的确定

指标体系确立之后,还需要设定评价标准。一般来说,指标指的是从哪些方面衡量或评价工作,解决"评价什么"的问题;而标准指的是在各个指标上分别应该达到什么样的水平,解决"被评价者怎样做,做多少"的问题。只有将指标和标准结合起来才能完整解释工作的要求情况。

在考核中用来衡量员工的尺度标准必须明确、具体,不能使人感到模棱两可。否则,考评主体很难具体操作,容易出现偏差。考评标准包括标准等级、标准要示(即评语)和标准单位。标准等级通常用字母"A、B、C、D"或"优、良、中、差",标准要示即每一等级对应的技术要求或评语。标准单位即每一等级相对应的标准数量单位,反映考核项目或考核要素的程度差异与状态的顺序和刻度。考评标准的确定方法主要有工作绩效基准法和目标管理法。工作绩效基准法是根据工作分析确定组织对其成员的期望和要求,即最低的绩效要求,包括工作的责任、使命和投入;目标管理法是根据目标说明意图、方向和期望的结果,确定目标达成度。

工作绩效基准法与目标管理法不同,目标是为个人或部门而不是为工作而制订,而目标的典型特征是必须具有挑战性。因此,一个主管其下有多人从事相同的某项工作,他应该制订出一套工作标准,但对每个部属可能设有不同的目标,该项目标依据个人的经验、技术和过去的表现而有所不同。例如:对于从事某项相同工作的员工来说,工作标准是相同的,然而每个员工的目标依据个人的经验、技术和过去的表现而有所不同。

有效的工作绩效标准具有以下特征:

(1)标准是针对工作而不是针对工作者确定的。绩效标准应该依据工作本身来建立,而不是依据谁在做这项工作来建立,不管谁来执行该工作均应达到此标准。

(2)标准是可以达到的。所有在职的员工实际上都应该能达到这些标准。大多数工作标准应该在实际的情况下每一个员工都能达到,而且有许多人都达到125%的水准。

(3) 标准为人所知。毋庸置疑,主管及部属对标准都应该清楚明了,但事实上,各方面对标准的正确意思常会混淆不清。

(4) 标准是执行者和主管协商而定的。主管和部属都应同意该标准的确公平。

(5) 标准尽可能具体且可以衡量。标准必须具体且能衡量,坚持标准要以数字、百分比、销售额或其他能量化测度的方式表示。即使无法定量化,非要用主观的判断不可,标准也应尽可能地具体说明。

(6) 标准有时间的限制。标准必须清楚说明,是否要求在规定的某个时间内达成,或者标准是否对今后仍然继续适用。

(7) 标准记录在案。主管和部属都应各有一份彼此同意并写好的工作标准。

(8) 标准是可以改变的。因为标准需经同意并需切实可行,进行一个循环过程后,往往要调整原标准。但这样变动的原因也许是因新方法的改进,或因新设备的添置,或因其他工作事项发生了变化,除此之外,工作标准不要仅仅因为员工无法达成而轻易变更。

第四节 绩效考评的实施与反馈

在绩效考评的方法与标准确定以后,接下来就是进行具体的绩效考评实施。绩效考评实施是由绩效考评者在评估指标体系的宏观调控下,根据选取的考评方法对被考评员工进行工作绩效考核和评估的过程。

一、考评主体的确定

考评主体是指考评责任的承担者,主要是考评者和被考评者。考评主体最初局限于领导者及其下属,考评结果往往是领导者凭自己主观的感受和臆测来评定下属的成绩。而现代绩效考评更强调员工参与,即自我陈述、自我考评以及结果反馈,考评主体也逐渐多元化。参与评估的人一般有四种:直接上级、同事、下属和自己。每一种人的评估都有其优点与不足。布鲁图斯等人(Brutus et al,1998)对有关工作绩效与各类考评者评价结果之间关系研究的分析发现:员工工作绩效与上级评价结果的相关系数为0.45,与自我评价的相关系数为0.10,与同级评价的相关系数为0.28,与下级评价的相关系数为0.20。

1) 直接上级考评

直接上级是指被评估员工的直接主管,通常是绩效考评中最主要的考评者。在企业里,直接上级参与评估的优点如下。

(1) 绩效考评较为准确。直接上级比较了解员工的工作表现,掌握的信息较多,能够较为准确地从组织的角度进行绩效评估。

(2) 评估可与加薪、奖惩等结合。直接上级在员工的薪酬等级和职务晋升方面有较大的决策权,因此,直接上司进行评估可以有效地把绩效评估与加薪、奖惩等结合起来,使激励的作用更为明显。

(3) 有利于把培训和员工职业发展与绩效评估结合起来。直接上级有机会与下属更好地沟通,了解下属的想法,发现下属的潜力,从而把考评和培训、工作安排更好地结合起来。

然而，直接上级参与考评也有其自身的缺点，具体表现在以下方面。

（1）产生主观性评价。由于直接上级与下属员工平时在一起工作，因而，可能会把一些私人感情方面的因素带入绩效评估中来，难以保证评估的公平性和公正性，甚至挫伤下属员工的积极性。

（2）容易造成单向沟通。由于上级与下属在职位上的差距的现实存在，因而会使被评估者不敢发表相反的意见或者对评估的结果进行辩解。这样的评估只会造成简单的说教，从而失去其本来的意义和作用。

2）同事考评

所谓同事评价，就是员工之间相互评价。同事评价经常用在一个相对固定的工作小组或团队里面。在这样的集体里，每个人的工作表现都能被其他人所了解，这样评估的结果才能比较准确和可信。每个人都希望在身边的人群中获得较高的评价，同事之间的合理比较、公平竞争可以提高组织的整体绩效。需要注意的是，这种评价方法有其固有的局限和不足。譬如，同事之间的私人关系往往会影响到评价结果的公正性和真实性，甚至出现通过"轮流坐庄"获得奖励或避免惩罚的不负责任的行为。

3）下属考评

下属考评的方法就是由被评估员工的直接下属对被评估员工的工作进行评定打分。该方法对企业民主作风的培育、企业员工之间凝聚力的提高等方面起着重要作用。当然，该方法只适用于管理者。下属考评法的优点主要表现在以下方面。

（1）能够建立起上下级之间信息沟通的渠道。通过下属评估，可以使上级了解下属对其态度并促使上司改善工作作风，以使工作更有效。

（2）能够达到权力制衡的目的。下属评估使上司明白其在工作中也受到监控，而不至于有独裁武断的倾向。

（3）能够帮助上级发展其管理才能。评价的结果对上级主管的培训、晋升等有重要的参考意义。

采用下属考评法同样存在一些缺点，具体表现在以下方面。

（1）由于顾虑上级的态度及反应，下属在评估的过程中会做"好好先生"。为了避免上司的报复，下属往往会给上级过高的评价，造成"只报喜不报忧"的现象，使考评失去客观性。

（2）下属可能仅仅从自身的角度而不从公司的角度评价直接上级主管，从而使评估的结果与事实产生较大偏差。例如：公司的某位员工因为经常办事拖沓而受到上司的批评，当对上司进行评估时，该员工就很可能给予其上司较低的评价。

（3）下属对上级的评价可能会片面。下属对上司的工作内容、工作难度等方面缺乏真实和全面的理解，因此在评估时往往侧重于个别方面，容易产生片面的看法。

4）自我评估

顾名思义，自我评估就是员工按照既定的评估细则对自己进行评价。其内容一般包括工作总结、经验教训和自我评价等。自我评估的优点如下。

（1）自我评估的推行压力小。当自我评估的结果可以当作上级主管对其评价的参考时，员工对评估基本上不会抵制，而且会积极参与。

（2）自我评估有利于帮助员工改善绩效。由员工自己评价可以帮助其了解自身工作的结果与岗位要求之间的差距，考评结果往往较有建设性。

当然，自我评估也有一些不可避免的缺点：员工对自身要求的标准可能会与岗位的基准要求有偏差，评估的结果可能会与上司、同事的考评结果有些差别。那些自我要求高的人，可能会对自己的评价偏低，而那些自我要求低的人，可能会倾向于高估自己的绩效。

5) 客户考评

对于服务行业的许多企业来说，客户是唯一能够在现场观察员工绩效的人，因此，许多公司都已经把客户纳入自己的员工绩效考评系统中。例如，联邦快递公司和美国电报电话公司都使用了外部客户考评。由于客户考评过程比较复杂，为保持过程的客观性，企业都外包给顾问公司负责采集客户考评的信息，并不是所有的公司都适用该方法。一般来说，下列两种情况比较适合采用客户考评：①员工所从事的工作是直接为客户提供服务的；②公司希望通过收集信息来了解客户的需求。

客户考评的优点如下：考评结果较为客观、公正。客户是企业的外部人员，不受企业内部各种因素的牵制，因此，能够真实地反映员工的绩效。当然，客户考评也存在许多弊端：操作具有一定的难度，没有统一的标准；考评成本比较高；只适用于评价与客户接触较密切的员工，例如销售人员、客户服务人员等。

二、360度考评反馈

绩效考评最初是将考评者和被考评者之间的关系局限于领导对下属的纵向关系，员工不知道考核内容和程序、考核结果，考评过程完全如同"黑箱"操作。员工对上司或领导的考评"知其然，不知其所以然"，常用考核方法是臆断考核法，领导者凭自己主观的感受和臆测来评定下属的成绩。根据对某企业员工调查结果显示：考核之前，46%的员工对考核内容和程序并不了解；考核之后，52%的员工不知道考核的结果如何；对考评效果的评价，50%的人认为效果一般，37%的人认为效果不好。

从泰勒开始的现代管理科学主要是以横向分工和纵向控制的研究为基础，但随着社会环境日益复杂、多变，组织成员之间平等地了解、沟通、合作已经成为决定组织成效的首要问题。美国加利福尼亚大学人力资源系罗杰斯·戴维斯（Rogers Davis）教授认为绩效考评是管理者和员工双方交流的过程，强调沟通的核心地位。绩效考评逐渐强调员工参与，即自我陈述、自我考评以及结果反馈，考评主体也相应地逐渐加入了自我评价以及横向的同级评价。甚至在实际工作过程中，根据工作的多方面性以及工作业绩的多维度，不同主体对同一工作得出的印象并不完全相同，人们开发出360度全视角考核法，不同考评主体全方位、准确地考核员工的绩效，从而提高了考评的可信度。360度全视角考核法就是通过不同的评估者（上级、下级、同事以及自我）从不同的角度来评估，全方位、准确地评估员工的工作业绩。

360度员工绩效考评反馈技术从不同侧面反映了员工的绩效，成为研究和推广的热点。安东尼奥尼（Antonioni）于1996年研究了如何设计有效的360度评价反馈系统。浙江大学管理科学研究所的王安全等（2001）把传统的360度评估模式和互联网技术结合起来，提出了基于互联网的360度评估模式，克服了地域性差异，降低了成本。方振邦（2001）分析了我国试行360度绩效考评反馈技术时常见的误区，并提出应将360度绩效反馈与本企业的发展战略、文化等结合起来。陈同扬等（2012）在中国企业实施360度绩效考评的过程中考虑了中国文化这一重要因素，指出中国人受儒家文化影响较大，国人性格内敛，重关系，因此，企业在实践中要加强对考评者的培训，并注重考核文化的建立。360度员工绩效考评反馈技术逐渐被国内外的公司所接受,其中几乎包括所有财富500强中的著名公司,如AT&T公司、GE公司、IBM公司、SHELL石油公司等。

360度反馈评价(360-degree feedback)如图6-3所示,也称为全方位反馈评价或多源反馈评价(full-circle appraisal)。传统的绩效评价,主要由被评价者的上级对其进行评价;而360度反馈评价则由与被评价者有密切关系的人,包括被评价者的上级、同事、下属和客户等,分别匿名对被评价者进行评价。被评价者自己也对自己进行评价。然后,由专业人员根据有关人员对被评价者的评价,对比被评价者的自我评价向被评价者提供反馈,以帮助被评价者提高其能力水平和工作业绩。

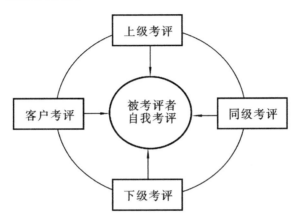

图6-3 360度反馈评价示意图

奥里利(Oreilly,1994)通过研究发现:当360度绩效考评结果作为个体发展的依据时,各考评者的评价结果比较相似,但是当考评结果作为绩效实施360度反馈评价时,是一项系统工程,需要投入大量的财力和人力,首先必须获得高层管理人员的支持。此外,最好让高层管理人员能公开承诺公司引进360度反馈评价是服务于员工的发展,而不是服务于公司的行政管理需要,以获得员工的信任和配合。有些企业在进行组织变革时,为使每一位员工不再依据旧的企业价值观工作,而是采用企业新规定的组织文化和企业政策,采用360度反馈评价。例如:AT&T公司在购并NCR公司4年后,要求NCR公司的管理团队放弃NCR公司的价值观,推行AT&T公司的组织文化,就采用360度反馈评价制度,让NCR公司所有员工的行为必须以AT&T公司的组织文化为准则。

360度反馈评价之所以如此盛行,就在于它有以下几项优点。

(1) 保证了评估的全面性。多方位的评估集中了多个角度的信息,使对被评估员工的工作成果认定更为准确,不会把好的(或坏的)工作表现遗漏掉。"群众的眼睛是雪亮的",一个人的积极行为或消极行为可能被主管忽视,但全方位的考评确保了考评的全面性。

(2) 从与员工接触的多个个人获取评价的反馈信息,综合性强,可以抵消偏见对评估结果的影响。

(3) 从员工周围的人那里获取反馈信息,可以促使员工改善其工作的所有方面,使评估实际上变成了对员工工作的360度监督,从而增强了员工的自我约束意识。

三、考评前的培训

绩效考评是一项复杂的工作,往往需要投入较大的人力、物力、财力,但不一定可以达到预期的效果。美国咨询师莫林(Maureen)通过对大约 260 家大型工业企业研究后指出,只有 10% 的经理认为他们的公司通过运用绩效考评提高了生产水平。绩效考评没有取得预期的效果,原因是多方面的,其中一个不容忽视的原因就是在绩效考评前没有进行有效的动员与培训。为了最大限度地减小绩效考评误差,在正式的绩效考评实施之前,要对所有考评人进行一次业务培训。培训的目的是为了使考评人了解绩效考评的目的、作用和原则,了解各岗位的绩效考评的内容,掌握进行考评的操作方法和考评沟通技巧,识别和预防考评中的误差。

1. 培训内容

绩效考评前的培训包括两个方面,一是对管理人员的培训,提高他们的业务能力,减少考核评定中人为的非正常误差。培训的内容一般包括两个方面:①培养正确的态度,提高对绩效考评及其意义、人力资源开发与管理和考评关系的认识;②提高专业知识和技术水平,包括考评中容易产生错误的原因及其防止对策、考评方法、文件资料和数据处理的方法、专用工具与设备的使用技术等。二是对员工的培训。使员工正确认识到绩效考评对于他们的意义。此外,由于绩效考评更加强调员工的主动参与,因此,也需要员工提高与之相关的各方面综合技能,包括参与目标设定、自我管理行为等,这些都是不可忽视的方面。

培训的具体内容如下:
(1) 绩效考评的含义、用途和目的;
(2) 企业各岗位绩效考评的内容;
(3) 企业的绩效考评制度;
(4) 考评的具体操作方法;
(5) 考评评语的撰写方法;
(6) 考评沟通的方法和技巧;
(7) 考评的误差类型及其预防。

2. 培训程序

美国学者韦恩·F.卡肖提出了培训绩效考评人员的具体程序:
(1) 受训者首先看一部反映一名员工工作情景的录像带;
(2) 受训者根据确定的评价方法对这位员工进行评价,并把评语写在卡片上;
(3) 教员引导受训者对不同的评价及其原因进行讨论;
(4) 受训者就工作标准和有效与无效工作行为的界限达成一致;
(5) 重新播放录像带;
(6) 受训者在看录像带时记录典型的工作行为,然后重新对该员工进行评价;
(7) 根据上一批受训者最终达成的共同评价结果,对这一批受训者的评价进行衡量;
(8) 给每位受训者以具体的反馈。

四、考评的周期

所谓考评周期,就是指多长时间进行一次考评,可以是一个月、一个季度、半年或者一年等。考评的目的、被考评的职位、被考评的工作性质和考评指标等因素影响考评周期的长短。

考评的目的是为了向人力资源部门和相关领导提供足够的信息进行决策,基本上,企业人力资源部门规定年度绩效考评的周期、年度调整薪资的期间、年度职位调整的期间和年度员工大会等,则绩效考评周期应该配合上述的人力资源管理的政策。

基层人员考核周期短,较频繁些;中高层人员考核周期略长,但通常不超过半年。一般而言,基层生产或销售人员进行月度考核、季度考核(季度考核将通过综合该季度每月员工考核成绩产生)以及年度考核;中层管理人员则实行季度考核结合年终考核;高层管理人员将实行半年和年终考核。

事实上,考评周期还与考评指标类型有关,不同类型的绩效考评指标也需要不同的考评周期。对于工作业绩考评指标,考评周期比较短,例如一个月。一方面,在较短的时间内,考评者对被考评者在这些方面的工作结果有较清楚的记录和印象,如果到年底再进行考评,恐怕就只能凭主观感觉;另一方面,对工作结果及时进行评价和反馈,有利于员工及时地改进工作,避免问题的扩大化,例如,考核销售人员的销售收入、销售费用等业绩指标。对于工作行为考评指标,则适合于在相对较长的时期内进行考评,例如季度、半年或一年,因为关于人的行为、表现和素质的因素相对具有一定的隐蔽性和不可观察性,需较长时间考查和必要的推断才能得出趋势或结论。

五、考评结果的统计和分析

根据企业情况,各部门的绩效考评工作既可以并行实施,也可以按顺序实施。在第一次实施时,建议按顺序实施,以便人力资源部门进行监督、指导。实施的时间以不影响各部门的正常工作为宜,但实施时间不能过长,以免影响实施的效果。

绩效考评可以先从员工自评开始,然后进行员工互评,最后由上级进行考评并撰写考评评语。上述工作完成后,人力资源部门应该对考评资料进行审核,确定无误后,进入考评沟通阶段。

绩效考评完毕后,人力资源部门应该及时地对绩效考评结果进行归档、整理,并进行统计和分析。企业人力资源部门可以根据不同的需要,进行不同的统计和分析。例如:杰克·韦尔奇按业绩把员工分为三类,前面最好的20%,中间业绩良好的70%和最后面的10%。它有助于人力资源部门更科学地制订和实施各项人力资源管理政策,如招聘政策、选拔政策、培训政策等。需要进行的统计和分析主要有以下几项:

(1) 各项结果占总人数的比例是多少?其中优秀人数比例和不合格人数比例各为多少?
(2) 不合格人员的主要原因是什么?是工作态度问题,还是工作能力问题?
(3) 是否有明显的考评误差出现?如果出现,是哪种误差?
(4) 能胜任工作岗位的员工比例是多少?

六、考评结果的反馈

1. 工作绩效考评的应用

表6-6说明了工作绩效考评在人力资源管理中的具体应用。它可以为确定员工发展计划、完善组织决策、推动组织发展、实现组织目标提供科学的依据。

表 6-6　工作绩效考评的应用

一 般 应 用	具 体 应 用
（1）员工发展	① 从员工发展的角度确定员工培训的需要 ② 工作绩效的反馈，将结果告诉员工，及时调整员工的行为 ③ 确定员工的调动和分配，实现人力资源的优化配置。例如，对于不符合岗位要求的员工，可以调整、培训；也可以调动、招聘，确定将合适的人用在合适的位置上 ④ 指出员工的优点和需改进的地方，通过考评促进个人发展 ⑤ 根据德、能、勤、绩的考评结果考虑该员工的使用
（2）管理决策	① 工资标准的制订、个人奖励标准的制订 ② 组织内员工的去留，根据工作绩效的考评作出决定
（3）组织发展 （组织层次分析：通过绩效评价，从战略上、客观上决定组织的发展）	① 人力资源规划的制订，基础是考评结果 ② 从组织需要的角度确定培训的需要 ③ 评估组织目标达成度 ④ 评价组织的人力资源管理系统的效用性 工作绩效考评在人力资源管理的各个子系统中效用如何，可以通过对考评结果的分析作出评价。总的效用性可归结为组织的工作绩效（含有形、无形）。因为不仅是经济效益，还有社会效益，应进行综合考评。即从总体上把握：如果组织的绩效差，说明该组织人力资源管理有问题。因为人力资源管理的效用性可以从员工绩效考评的结果中得到检验

2. 建立全面的绩效考评结果反馈系统

绩效考评最后能不能改善被评价者的业绩，在很大程度上取决于评价结果的反馈。评价结果的反馈应该是一个双向的反馈。一方面，应该就评价的准确性、公正性向评价者提供反馈，指出他们在评价过程中所犯的错误，以帮助他们提高评价技能；另一方面，应该向被评价者提供反馈，以帮助被评价者提高能力水平和业绩水平。当然，最重要的是向被评价者提供反馈。在评价完成之后，应该及时提供反馈。

1）书面通知

人力资源部把考评结果以通知书形式送给被考评者，考评结果只对总裁、被考评人主管、被考评人、人力资源部经理、人事绩效主管、人事培训主管以及人事薪酬主管公开，任何人不得将考评结果告诉无关人员。考评结果和考评文件交由人力资源部存档。

2）当面反馈（面谈）

沟通是绩效考评的关键环节，在实际工作中，很多企业忽视了考评沟通，从而影响了绩效考评的最终效果。它的主要任务是让被考评人认可考评结果，客观地认识自己并且改进工作，这也正是进行绩效考评的根本目的。面谈正是上下沟通的重要渠道，直接上级与被考评人当面反馈是必要的，重点实行当面反馈办法。面谈反馈的内容主要有下列方面：肯定下属优点所在，指出下属待改进之处，双方共同拟定绩效改进计划，以及下属在下一考核期的工作要点和

第六章 员工绩效考评与管理

计划目标。在面谈过程中做好记录,整理成文,反馈结果由人力资源部汇总审查。为了防止在考评沟通中考评人与被考评人对考评结果发生争执,考评人应该事前做好考评沟通的准备工作。比如考评人可以根据被考评人自评结果找出可能产生争执的项目,并对相关内容进行客观而广泛的调查,这样才能有效地解除争执。

一般可由被评价者的上级、人力资源工作者或者外部专家根据评价的结果,面对面地向被评价者提供反馈,帮助被评价者分析在哪些方面做得比较好,哪些方面还有待改进,该如何来改进。还可以比较被评价者的自评结果和他评结果,找出评价结果的差异,并帮助被评价者分析其中的原因。如果被评价者对某些评价结果确实存在异议,可以由专家通过个别谈话或者集体座谈的方式向评价者进一步了解相关情况,然后再根据座谈结果向被评价者提供反馈。当然,如果公司有着良好的信息共享机制和氛围,也可以让员工在专家的辅导下,自由地就评价结果进行沟通交流。

3) 考评结果与工资、晋升等挂钩

根据考评设计思想,有功者授禄,有能者授权。月度考评结论与工资结合,为了使工资分配或奖金分配对应于所作的贡献,应该参照业绩考核的评语进行。对考评结果优秀者给予一定的物质奖励,并作为以后增资、年度述职考评工作业绩的参考依据之一。依据月度工作业绩考核结果的不同等级,将本月的岗位工资按标准数增加或降低相应比例,从而达到奖优惩差、激励员工努力工作的目的。

教育培训、调动调配、晋升等应该综合考虑年度工作业绩、工作能力和工作态度评价的评语。根据年度述职评价结果和建议意见,对不同等级的员工给予不同的建议意见;优秀者,给予晋升;良好者,作为上级管理干部储备;合格者,继续聘用;差者,公司给其一个月的培训提高机会,如仍没有改进和变化就要被降职;很差者,给予降职处理。

第五节 绩效考评中的问题

在企业人力资源绩效管理的具体实践中,存在各种各样的问题,严重地妨碍和削弱了人力资源绩效管理应起的作用。据调查,有30%~50%的员工认为,企业所谓的正规的绩效考核是无效的。追根溯源,往往是由于企业在设计、实施人力资源绩效管理时出现了各种问题所致。

一、绩效考评的影响因素

在绩效考评中,有许多因素容易导致考核结果出现误差。为了提高绩效考核的效度和信度,就必须注意这些因素,从而尽可能避免误差。在绩效考核中,我们要注意克服影响绩效评价的因素,从而使绩效考核真正促进和提高员工的工作积极性。下面对各种影响因素作简要分析。

1) 环境因素

环境因素主要包括时间、地点等因素。在考核时,应注意时间对绩效的影响,例如:在较长时间内完成的任务,如果在短期内就加以考核,则会产生误差。在考核时,应注意不同的地点对绩效的影响,例如:对一个连锁店经理完成利润指标的考核,要考虑处于闹市的店与处于边远地区的店的营业额和利润会有较大区别。若考核时不考虑这种情况,则会产生误差。

2) 绩效标准因素

考核标准不明确,即含义模糊或可随意解释,考核者对同一类被考核者使用的考核方法不一致,不同的考核者对同一考核者的评价产生重大分歧,则会产生误差。

3) 考核者的因素

在考核的过程中,考核者的一些主观因素,如晕轮效应、个人偏见、对比效应、优先效应和近因效应、心境与健康等都会影响到考核的客观结果。

4) 被考核者的因素

被考核者对考核标准的不认同、抵触情绪、夸张效应、心境与健康等都会影响员工的工作绩效。

二、考评指标体系中易出现的问题

1) 考核指标不合理,导致考核失去效度

一方面,单位各部门的考核结果都很好,个人考核结果都不错,但单位的整体绩效目标并不好。另一方面是员工的考核内容与员工的实际工作内容不一致,在制订员工的考核标准时只集中于员工个体标准的德、能、勤、绩四个方面,而没有对具体岗位所应承担的业务目标和工作责任进行深入分析,简单地依靠想当然或追求理论上的完美性,导致考核失去效度。

2) 绩效考评标准不明确

绩效考评标准不明确是导致工作绩效评价工具失效的常见问题之一。绩效考评如果要具有客观性和可比性,就必须使实际绩效相对于标准的进展程度或标准的完成情况是可以衡量的,并且包括质量上的标准。有些评价标准看上去很客观,但它却很可能会导致不公正的评价。这是因为评价要素及其好坏程度的解释是开放式的,不同的评价者可能会对绩效标准作出不同的解释。有的评价者非常严厉,而有的评价者则非常宽松。一些部门人才济济,竞争激烈,员工获得一个高等级的评价很不容易。而在另一些部门员工普遍水平一般,同样会有人得到很高的评价等级。

三、考评过程中易出现的误差

影响考核结果合理性的要素很多,包括考核工具是否得当、考核者是否客观进行考核、考核信息是否准确等。在实际的考核中,考核者的主观因素是决定考核结果是否合理分布的决定性要素。实践中,虽然有科学的评估体系,但仍可能出现打分偏差,通常绩效考评时出现的偏差有以下几种。

1) 晕轮效应

晕轮效应或称哈罗偏差(Halo effect),意味着考评者在绩效考评时,对被考评者某一绩效要素的评价较高,会导致对该人所有的其他绩效要素也评价较高。也就是说,局部信息代替全局信息,在信息缺乏的情况下,想当然打分。例如:一个员工彬彬有礼,考评者对他有好感,就会认为他各方面都优秀;相反,对于一个不善言谈、工作懒散的人,就会产生不好的印象。实际上,后者的设计能力、创造能力并不比前者差。

2) 趋中误差

当考评统计数据表明大多数员工的绩效水平被评价为接近中等水平时,就产生了趋中误差(central tendency)。这主要是由于考评人害怕承担责任或对被考评人不熟悉所造成的。在考评前,对考评人员进行必要的绩效考评培训,消除考评人的后顾之忧,同时避免让与被考评人不熟悉的考评人进行考评,可以有效地防止趋中误差。在确定评价等级时,评价者为了保持部门内部的和气,很容易造成一种居中趋势的评价结果。居中趋势意味着所有的员工都被简单地评定为"中",这样,过于集中的结果会使绩效评价失效。结果从长期来看,各个员工的业绩考评结果都相差不大,从而损害了那些优秀员工的工作积极性。

3) 近因误差

当对员工的绩效考评是依据其最近完成的工作,一般是评价前 1~2 个月完成的工作时,就产生了近因误差(recency effect)。在正常情况下,由于人们对最近发生的事情记忆深刻,而对以前发生的事情印象淡薄,所以容易产生近期误差。在绩效考评时,就会出现只重视近期表现和成绩,以近期表现代表整个考评期的表现,这样会导致偏差的出现。消除近期误差的最好方法是考评人每月进行一次当月考评记录,在每季度进行正式的考评时,参考月度考评记录来得出正确的考评结果。

4) 个人偏见误差

在绩效考评时,由于考评标准没有量化,考评者会将个人感情带入考评活动中,会不由自主地导致考评结果出现偏差。考评人喜欢或不喜欢(熟悉或不熟悉)被考评人,都会对被考评人的考评结果产生影响。考评人往往会给自己喜欢(或熟悉)的人较高的评价,而对自己不喜欢(或不熟悉)的人给予较低的评价,这就是个人偏见误差。例如,一个雷厉风行的经理往往不喜欢性格稳重的人,认为这样的人工作效率低下;而一个性格稳重的经理往往不喜欢性子急的人,认为这样的人做事不稳妥,欠考虑,容易出漏洞。总之,工作绩效评价的主观性太强,评价者应避免个人偏见,对员工工作绩效作出公正的评价,因此,采取小组评价或员工互评的方法可以有效地防止个人偏见误差。

5) 定势误差

定势误差(刻板效应)是指考评人根据过去的经验和习惯的思维方式,在头脑中形成了对人或事物的不正确的看法。例如:高绩效的男性职员所得到的评价通常会高于高绩效的女性职员所得到的评价;老年员工(60 岁以上)在工作能力和发展潜力等方面所得到的评价一般比年轻员工要低;员工过去的绩效状况也可能会影响他们目前所得到的绩效评价水平。结果使得工作出色的员工的成绩在评价中受到压抑,而工作平庸者却得到较高的绩效评价。

6) 压力误差

当考评人了解到本次考评的结果会与被考评人的薪酬或职务变更有直接的关系,或者惧怕在考评沟通时受到被考评人的责难时,考评人可能会作出偏高的考评。解决压力误差,一方面要注意对考评结果的用途进行保密,一方面在考评培训时让考评人掌握考评沟通的技巧。如果考评人不适合进行考评沟通,可以让人力资源部门代为进行。

在评估时需要引起注意,若出现某人的得分每一项都很高,或出现某人的得分每一项都很低的情况时,应该进行认真复查,尽量控制人为的打分偏差。另外,制订科学而合理的评价指标体系,可以提高评估系统的信度和效度。

四、考评反馈过程中易出现的问题

绩效反馈不良是企业在绩效考核中常犯的错误,主要表现在以下几个方面。

(1) 反馈制度不健全。有的企业甚至根本就没有反馈制度,更不用谈如何反馈。

(2) 反馈方式有问题。有些管理者不具备较好的沟通能力,与被考评者谈话时,不能把握谈话的氛围,也不了解对方的特点、状态、反应,当然不能有效地沟通。

(3) 反馈出发点有问题。有些经理片面地强调批评或表扬,使对方获得片面的反馈信息,或者觉得上司对自己评价不公,使得自己没有信心,前途无望;或者沾沾自喜,盲目乐观,不知道今后如何改进。

(4) 反馈内容不客观。在反馈沟通时,没有以绩效评价标准为尺度,而是谈主观想法。绩效反馈以绩效评价标准为尺度,可以带来两个方面的好处:一方面,进一步让员工了解自己的工作目标,有利于今后工作的改进;另一方面,让员工觉得对自己的评价是依据客观标准来衡量的,而不是考评者的主观评价,从而让员工更容易接受考评结果。

(5) 消极沟通。在评价过程中,评价者或被评价者持一种消极态度,例如以固有的偏见、防范心理以及消极的、非建设性的态度等进行沟通,使沟通受到阻碍,从而使绩效反馈效果不好。

复习思考题

1. 员工绩效考评有哪些类型?每种类型的优、缺点和适用范围分别是什么?
2. 员工绩效考评方法有哪些?各有什么优、缺点?
3. 如何建立评估指标体系及绩效评估系统的标准?
4. 绩效考评中常见哪些方面的问题?如何解决这些问题?

综合案例研讨

Z 公司基于岗位诚信的绩效考核体系

随着市场经济的发展,无论企业性质、规模大小,诚信都应被视为企业生存和发展的最高理念。

Z 重工机械股份有限公司前身为矿山机械厂,是我国第一个五年计划期间兴建的 156 项重点项目之一。2008 年 1 月改制成立 Z 重工机械股份有限公司(以下简称 Z 公司)。Z 公司在业内独树一帜,提出岗位诚信体系,并构建了基于岗位诚信的绩效考核系统,成为企业快速发展的强大动力。

2005 年年初,在公司快速发展的过程中,长期内部管理的问题愈显突出,质量问题层出不穷,产品交货拖期严重,国内外客户投诉不断,已严重影响和制约了公司的快速发展。国内外客户的投诉和屡屡发生的产品质量问题的情况令人深思:由于防护不当,产品在存放或发往客户时发生锈蚀,无法使用;发往客户的产品油漆表面印有脚印,产品内夹杂铁屑;发到甲客户的包装箱内放的却是乙客户的零部件,客户无法安装;经过多工序精加工的表面在吊运时被钢丝绳划伤,造成报废……这些问题是可以避免的,也是不应该出现的,但却大量地出现在实际生产过程中。公司对接到的用户投诉进行分类统计分析后发现,员工履行岗位职责时的岗位责任心和岗位行为缺失造成的客户对公司质量的投诉占投诉总量的76.06%。

在这种情况下,公司领导提出建立企业诚信管理体系,把诚信管理融入企业生产经营的各个环节,对员工的日常行为进行规范化管理。企业诚信管理体系包括:企业诚信宣言、诚信员工的评价标准、员工岗位诚信度的考核、员工岗位诚信档案的建立与管理、员工岗位诚信度与本人薪酬的挂钩办法。

(1) 岗位诚信宣言。每一名Z公司员工,无论在什么岗位工作,无论是干部还是工人,都必须做出诚信员工的承诺。诚信宣言由公司统一起草,经员工认可后签名并归入本人的岗位诚信档案。

(2) 员工岗位诚信表现的关键事件记录。员工岗位诚信表现的关键事件记录由员工所在单位的主管领导提出,经单位领导班子集体讨论后记入员工岗位诚信档案。Z公司通过在全公司开展"群策群力"活动,规定了121条员工岗位诚信缺失关键事件及相应的扣分标准。

(3) 对员工的年度岗位诚信考核评价。公司成立员工岗位诚信度评价小组,依据员工岗位诚信档案,采用排序法、等级评定法、360度考核法等,将诚信员工的行为规范进行量化处理,确定了10个员工岗位诚信度评价维度及相应评分标准,对员工的岗位诚信度按百分制进行考核评价。员工年度岗位诚信度的评价得分等于单位员工岗位诚信度评价小组对其的评价得分减去记入诚信档案的关键事件的扣分。

(4) 岗位诚信考核结果的应用。员工岗位诚信度年度评价结果在次年重新评定前有效,员工个人的薪酬收入按原考核办法计算后,与员工岗位诚信度年度评价结果挂钩。计算公式为:

员工个人薪酬=按原考核办法计算结果×岗位诚信度薪酬挂钩系数

岗位诚信度薪酬挂钩系数=员工岗位诚信度年度评价分数÷单位员工岗位诚信度年度评价加权平均分数

同时,岗位诚信绩效考核成绩还与员工年终奖金、评优以及晋升挂钩。

通过岗位诚信管理体系,Z公司大大降低了质量损耗和客户投诉数量,一年迈上一个新台阶,呈现出创新能力强、资产效益高、发展前景好的喜人局面,实现了跨越式发展。

分析与讨论题

1. Z公司的"岗位诚信"考核与传统的岗位绩效考核有什么区别?

2. 将岗位诚信列入绩效考核内容,在考核实施过程中可能会遇到什么困难?应该如何解决?

3. 岗位诚信考核在不同的企业或行业是否具有普遍适用性?

第七章

激励与薪酬管理

第一节　激励的基本概念和基本理论

第二节　激励机制的设计与运行

第三节　工资

第四节　奖金与津贴

第五节　员工福利

激励是应用于动力、愿望、需要、祝愿以及类似力量的整个类别。我们可以把激励看成是一系列的连锁反应：从感觉的需要出发，由此引起要求或要追求的目标，这便出现一种紧张感，引起为实现目标的行动，最后满足要求。在新经济迎面而来的时候，如何对知识型员工进行激励就显得格外重要。

——哈罗德·孔茨

第七章 激励与薪酬管理

学完本章后,你应当能够:
(1) 掌握激励的基本含义和相关经典激励理论;
(2) 了解激励机制的基本概念和激励机制的设计及运行;
(3) 掌握薪酬的构成以及不同的工资制度;
(4) 了解奖金、津贴和福利的相关概念及实施办法。

某软件开发公司经过8年的打拼,发展成为今天业内的知名高科技公司。在创业初期,公司仅10名员工,谁技术过硬、贡献大,工资、奖金就高,全凭总经理说了算。然而,人人干得都开心,也没有怨言。随着公司的规模逐渐扩大,人员增多,私底下员工开始议论,人心浮动。于是,总经理要求人力资源部了解市场薪酬情况,并且在公司内部建立一个初步的薪酬体系。新的薪酬分配方案经过一段时间的运作之后,人力资源部主管开始抱怨开展招聘工作非常困难。经过了解,并非公司提供的待遇偏低,而是因为公司的工资结构是基本工资加奖金。应聘者认为,基本工资偏低,而奖金有可能是公司画的空饼,从而不愿意到公司来工作。

由于公司的业务处于快速扩展的关键时期,正需要大量引进高素质人才,公司高层意识到应该就工资结构进行调整。于是,人力资源部根据公司高层讨论决定将工资结构调整为基本工资加浮动工资,浮动工资与月度业绩考核挂钩。绩效优秀的员工不仅可以拿到全额工资,还可以拿到超过个人工资标准的超额浮动工资;绩效差的员工就要扣除部分或全部浮动工资。

刚刚开始实行浮动工资制时,部门经理还很配合人力资源部工作,认为这个制度有利于促进部门管理。但是,浮动工资制实施不久,出现了新的问题:被扣除浮动工资的员工觉得公司在变着法子克扣员工的工资,并且部门经理掌握着"生杀大权";那些绩效优秀的员工,即便是拿着超额工资,也觉得不自在,因为他们多拿的钱,就是和他们同一个部门的员工被扣工资的部分,同事之间总是抬头不见低头见,钱拿得多也不好意思;部门经理在实施过程中,也感受到来自员工的压力,如果浮动工资扣得过严,员工抱怨增多;如果放松标准,优秀员工又得不到奖励。

最终,部门经理迫于压力放松了考核标准,部门所有员工都合格,没有特别差的员工,也没有特别突出的员工。整个公司的浮动工资体系就这样失去了效应。虽然发牢骚的员工少了,但是优秀员工却开始在心里滋生不满。

到底怎样进行薪酬分配,才能最大限度地调动员工的积极性,同时又能促进企业的和谐发展呢?一个尖锐的问题摆在了人力资源部经理的面前。

第一节 激励的基本概念和基本理论

一、激励的基本概念

1. 激励的定义

弗隆(Vroom)认为,激励就是"……一个过程,这个过程主宰着有机体在各种自愿活动的备选形式中所做出的抉择"。

霍杰茨(Hodgetts)认为,激励是激发人们按一定方式行为的过程。

罗宾斯(Robbins)对激励则做了如下阐述:"个体为实现组织目标而付出高水平的愿意程度,而这种程度又是以其个体某些需要得到满足为条件的。"

本书认为,激励就是创设满足员工所需要的各种条件,激发员工的动机,使之产生实现组织目标的特定行为的过程。① 激励的出发点是通过满足组织成员的各种需要以达成组织目标,即通过系统设计适当的奖酬制度和提供合适的工作环境,以此来满足员工的外在性需要和内在性需要。激励的最终目的是实现组织预期目标,同时让组织成员实现其个人目标,以达到组织目标和员工个人目标在客观上的统一。可以从以下几个方面来理解激励的含义。

(1) 激励以员工需要为基础。需要意味着使特定的结果具有吸引力的某种内在状态。未被满足的需要会带来紧张,进而在躯体内部产生内驱力。这些内驱力会产生寻求行为,去寻找能满足需要的特定目标。② 因此,激励贯穿于企业人力资源工作的全过程,包括对员工个人需要的了解、个性的把握、行为过程的控制和行为结果的评价等。

(2) 信息沟通贯穿于激励全过程。信息沟通是否通畅,是否及时、准确,直接影响着激励制度的运用效果和激励工作的成本。因此,从对激励制度的宣传、企业员工个人的了解,到对员工行为过程的控制和对员工行为结果的评价等,都要强化信息沟通的作用。

(3) 激励需要奖励和惩罚并举,既要对员工表现出来的符合企业期望的行为进行奖励,又要对不符合企业期望的行为进行惩罚。

(4) 激励的前提是员工的潜在能力,激励应该是适度的,不能超过人的生理和能力的限度。

2. 激励的作用

对一个企业来说,科学的激励制度的作用是十分显著的,具体表现在以下几个方面。

(1) 有利于吸引优秀的人才。人力资源是企业的第一资源,是企业竞争力的最终决定要素,因此,企业要通过各种优惠政策、丰厚的福利待遇、明确的晋升制度等激励手段来吸引企业需要的人才,以增强企业的竞争优势。

(2) 有利于开发员工的潜在能力,促进员工充分发挥其才能和智慧。美国哈佛大学的詹姆士(W. James)教授在对员工激励的研究中发现,按时计酬的分配制度仅能让员工发挥20%~30%的能力,而受到充分激励的员工,其能力可以发挥出80%~90%,两种情况之间60%的差距就是有效激励的结果。这说明,同样一个人在通过充分激励后所发挥的作用是激

---

① 张德.人力资源开发与管理[M].2 版.北京:清华大学出版社,2001.
② 斯蒂芬·P.罗宾斯.组织行为学[M].7 版.北京:中国人民大学出版社,1997.

励前的 3～4 倍。

（3）有利于留住优秀人才。每一个组织都需要具备直接的成果、价值的实现和未来的人力发展三个方面的绩效，缺少任何一方面的绩效，组织将面临瓦解。所以，每一名管理者都必须在这三个方面作出贡献。其中，对"未来的人力发展"的贡献就是来自激励工作。

（4）有利于创造良性的竞争环境。科学的激励制度包含一种竞争精神，它的运行能够创造出一种良性的竞争环境，进而形成良性的竞争机制。良性的竞争机制固然会对员工产生压力，但这种压力也是促使员工努力工作的动力。

二、激励的基本理论

1. 需求层次理论

马斯洛（A. H. Maslow）在 1943 年出版的《调动人的积极性的理论》一书中阐述了需求层次理论的重要激励思想，并在 1954 年出版的《动机与个性》一书中提出了需求层次理论。马斯洛认为，人类有五个层次的需要，如图 7-1 所示。

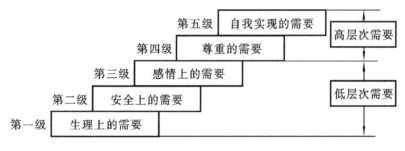

图 7-1 马斯洛需求层次理论

1）生理上的需要

生理上的需要是人类维持自身生存的基本需要，包括饥、渴、衣、住、性等方面的要求。如果这些需要得不到满足，人类的生存就成了问题。从这个意义上来说，生理需要是推动人们行动的最强大的动力。马斯洛认为，在这些需要还没有得到足以维持生存的满足以前，其他的需要都不能起到激励人的作用。

2）安全上的需要

安全上的需要是人类要求保障自身安全、摆脱失业和丧失财产威胁、避免职业病的侵袭等方面的需要。马斯洛认为，整个有机体是一个追求安全的机制，人的感受器官、效应器官、智能和其他能量主要是寻求安全的工具，甚至可以把科学和人生观都看成是满足安全需要的一部分。

3）感情上的需要

感情上的需要包括以下两个方面。一是友爱的需要，即人人都需要伙伴之间、同事之间的关系融洽或保持友谊和忠诚；人人都希望得到爱情，希望爱别人，也渴望接受别人的爱。二是归属的需要，即人都有一种归属于一个群体的感情，希望成为群体中的一员，并相互关心和照顾。

4）尊重的需要

人人都希望自己有稳定的社会地位，渴望个人的能力和成就得到社会的承认。尊重的需要又可分为内部尊重和外部尊重。内部尊重是指一个人希望在各种不同情境中有实力、能胜任、充满信心、能独立自主。外部尊重是指一个人渴望有地位、有威信，受到别人的尊重、信赖和高度评价。马斯洛认为,尊重的需要得到满足,能使人对自己充满信心,对社会满腔热情,体验到自己活着的用处和价值。

5) 自我实现的需要

自我实现的需要是最高层次的需要,是指一种能使人最大限度地发挥自己的潜能并完成某项工作或某项事业的欲望。马斯洛提出,为满足自我实现需要所采取的途径是因人而异的。自我实现的需要是努力挖掘自己的潜力,使自己越来越成为自己所期望的人物。

马斯洛认为,五种需要像阶梯一样从低到高,按层次逐级递升,某一层次的需要相对满足了,就会向更高层次发展,追求更高层次的需要就成为驱使行为的动力。相应地,获得基本满足的需要就不再是激励力量。

2. 成就需要理论

成就需要理论是麦克利兰(D. C. McClelland)于20世纪50年代在一系列文章中提出的。麦克利兰把人的高层次需要归纳为对权力、友谊和成就的需要。

1) 权力需要

权力需要是指影响和控制别人的一种愿望或驱动力。权力需要较高的人喜欢支配、影响他人,喜欢对别人"发号施令",注重争取地位和影响力。他们常常表现出喜欢争辩、健谈、直率和头脑冷静,善于提出问题和要求,喜欢教训别人,并乐于演讲。麦克利兰认为,权力需要是管理成功的基本要素之一。

2) 友谊需要

友谊需要就是寻求被他人喜爱和接纳的一种愿望。高友谊需要的人更倾向于与他人进行交往,而且这种交往会给他带来快乐。一般而言,高友谊需要的人渴望友谊,喜欢合作而不是竞争的工作环境,希望彼此之间能进行沟通并获得理解,他们对环境中的人际关系更为敏感。有时,友谊需要也表现为对失去某些亲密关系的恐惧和对人际冲突的回避。麦克利兰指出,注重友谊需要的管理者容易因为讲究交情和义气而违背或不重视管理工作的原则,从而导致组织效率下降。

3) 成就需要

成就需要就是争取成功并希望做得最好的需要。具有强烈成就需要的人渴望将事情做得完美,提高工作效率,获得更大的成功。他们追求的是在争取成功的过程中克服困难、解决难题、努力奋斗的乐趣,以及成功之后的个人成就感,他们并不看重成功所带来的物质奖励。同时,他们喜欢设立具有适度挑战性的目标,不喜欢凭运气获得的成功,不喜欢接受那些在他们看来特别容易或特别困难的工作任务。高成就需要者事业心强,有进取心,敢冒一定的风险,比较实际,大多是进取的现实主义者。

麦克利兰认为,具有高度成就需要的人对于企业和国家都有重要作用。一个公司如果有很多具有成就需要的人,公司就会发展得很快;一个国家如果有很多这样的公司,整个国家的经济发展速度就会高于世界平均水平。

3. ERG 理论

ERG 理论是阿尔德弗在1969年提出的。他认为,人们存在三种核心的需要,即生存的需要、相互关系的需要和成长发展的需要。①

---

① Alderfer C P. A new theory of human need[J]. Organizational Behavior and Human Performance,1969,4:142-175.

1) 生存的需要

生存的需要关系到机体的存在或生存,包括衣、食、住以及工作组织为使其得到这些因素而提供的手段。这实际上相当于马斯洛需求层次理论中的生理上的需要和安全的需要。

2) 相互关系的需要

相互关系的需要是指发展人际关系的需要。这种需要通过工作中或工作以外与其他人的接触和交往得到满足。它相当于马斯洛需求层次理论中的感情上的需要和一部分尊重的需要。

3) 成长发展的需要

成长发展的需要是个人自我发展和自我完善的需要。这种需要通过发展个人的潜力和才能得到满足。这相当于马斯洛需求层次理论中的尊重的需要和自我实现的需要。

阿尔德弗认为,人在同一时间内可能有不止一种需要起作用,如果较高层次需要的满足受到抑制的话,那么,人们对较低层次需要的渴望会变得更加强烈。此外,各类需要层次并不是刚性结构,比如,即使一个人的生存的需要和相互关系的需要尚未得到满足,他仍然可以为成长发展的需要而工作,而且这三种需要可以同时起作用。

4. 双因素理论

双因素理论来自于赫茨伯格对皮兹堡地区9个工业企业中203名工程师和会计师的调查研究结果。根据所得资料,赫茨伯格认为,使职工不满意的因素与使职工感到非常满意的因素是不同的,前者往往由对工作环境的不满所引起,后者则通常由工作本身所产生。于是,赫茨伯格断言:工作的满意因素与工作内容有关,称为激励因素,包含员工认同、员工权责合法性和晋升机会等;工作的不满意因素与工作的周围事物有关,称为保健因素,包含组织政策、报酬、员工技术能力和管理类型等。

双因素理论表明,采取了某种激励机制的措施并不一定带来满意,同时满足各种需要所引起的激励深度和效果是不一样的。因此,要调动人的积极性,不仅要注意物质利益和工作条件等外部因素,更重要的是用一些内在的因素来调动人的积极性。

5. 公平理论

公平理论由亚当斯(J. S. Adams)提出,是一种关于社会的比较过程的理论。该理论从奖酬角度着手,侧重于研究报酬分配的合理性、公平性及其对员工生产积极性的影响。当员工受到强烈的激励后,会更投入地工作,并期望工作与报酬之间能维持一定的平衡。之后,员工将考虑其对工作所作出的贡献与报酬的比例,并与其他员工进行比较,进而认定组织对待员工是否公平。

公平理论表明,影响激励效果的不仅有报酬的绝对值,还有报酬的相对值。同时,在激励过程中应注意对被激励者进行引导,使其树立正确的公平观:一是要认识到绝对的公平是不存在的,二是不要盲目攀比,三是不要按酬付劳,按酬付劳是在公平问题上造成恶性循环的主要原因。

6. 期望理论

期望理论由弗洛姆(V. H. Vroom)于1964年在《工作与激励》一书中提出。期望理论是通过考察人们的努力行为与其所获得的最终报酬之间的因果关系,来说明激励过程,并通过选择合适的行为达到最终的报酬目标的理论。期望理论认为,当人们有需要,又有达到目标的可能时,积极性才会高。期望理论涉及三个关键的变量:期望值、效价和关联性。所谓期望值,是指人们对自己的行为能否导致所想得到的工作绩效和目标(报酬)的主观概率,即主观上估计达到目标,得到报酬的可能性。效价是指人们对某一目标(报酬)的重视程度与评价高低,即人们在主观上认为报酬的价值大小。关联性是指工作绩效与所得报酬之间的联系。所以,要激励员工更好地工作,管理人员应做好三件工作:首先,要明确做什么工作给什么报酬;其次,要使员工认识到这种报酬与工作绩效有联系;第三,要使职工相信只要努力工作,绩效就能提高。

三、激励的基本原则

1) 目标导向原则

激励的最终目的是实现组织预期目标,同时让组织成员实现其个人目标。因此,在设计激励机制的过程中,必须同时考虑组织目标和员工个人需要。

2) 公平公正原则

任何激励措施的制订和执行都必须做到尽量公平,这包括两层含义:其一,激励的措施要适度,要根据所实现目标本身的价值大小确定适当的激励量;其二,奖惩要公平。激励措施如果不公平,不仅达不到激励员工的效果,反而可能引起员工对企业的不信任,产生消极的工作态度和行为。

3) 及时针对性原则

激励要把握好时机,雪中送炭和锦上添花的效果是不一样的。激励越及时,就越能激发人们的潜力,使其创造力连续、有效地发挥出来。同时,员工的需要因人而异、因时而异,并且只有满足最迫切需要(主导需要)的措施,对个人和组织的效果才好,对个人的激励强度才大。因此,领导者必须深入地进行调查研究,不断了解员工需要层次和需要结构的变化趋势,结合组织发展和目标的需要,及时有针对性地采取激励措施,才能达到激励的目的。

4) 物质激励与精神激励相结合的原则

物质激励从满足人的物质需要出发,对物质利益关系进行调节,以激发个体向上的动机并控制其行为的趋向。精神激励从满足人的精神需要出发,对人的心理施加必要的影响,从而产生激发力,影响人的行为。物质激励是基础,精神激励是根本。在两者结合的基础上,逐步过渡到以精神激励为主。

5) 正激励与负激励相结合的原则

所谓正激励,就是对员工的符合组织目标的期望行为进行奖励;所谓负激励,就是对员工违背组织目标的非期望行为进行惩罚。正激励是从正方向予以鼓励,负激励是从反方向予以刺激,它们是激励不可缺少的两个方面。在激励过程中,只有做到奖功罚过、奖优罚劣、奖勤罚懒,才能使先进受到奖励、后进受到鞭策,真正调动员工的工作热情,形成人人争先的竞争局面。

第二节 激励机制的设计与运行

一、激励机制

机制泛指一个工作系统的组织或部分之间相互作用的过程和方式。所谓激励机制,是指通过一系列科学的制度来反映激励主体与激励客体之间相互作用的方式①。简单地说,激励机制就是组织中用于调动其成员积极性的所有制度的总和,完整的激励机制包括诱导因素集合、行为导向制度、行为幅度制度、行为时空制度和行为归化制度五个方面的内容。

1) 诱导因素集合

诱导因素是指能满足一个人的某种需要、激发一个人的某种行为、诱导他作出一定绩效的东西。诱导因素是管理者用于调动员工积极性的各种奖酬资源的集合。对诱导因素的提取,必须建立在对员工个人需要进行调查、分析和预测的基础上,然后根据组织所拥有的奖酬资源的情况设计各种奖酬形式,包括各种外在性奖酬和内在性奖酬,在满足个体需要的同时完成组织的目标。

2) 行为导向制度

行为导向制度是指对被激励对象的努力方向和其倡导的价值观的规定。在组织中,诱导因素所诱发的个体行为可能会朝向各个方向,不一定都与组织的目标保持一致。另一方面,个人的价值观也不一定与组织的价值观相一致。这就要求在制订激励制度时明确所期望的行为方式和应树立的价值观。

3) 行为幅度制度

行为幅度制度是指对由诱导因素所激发的行为在强度方面的控制规则。由期望理论公式($M=V\times E$)可知,对个体行为幅度的控制是通过改变一定的奖酬与一定的绩效之间的关联性以及奖酬本身的效价来实现的。通过行为幅度制度,组织可以将个人的努力水平调整在一定范围以内,以保证奖酬对员工的激励效率。

4) 行为时空制度

行为时空制度是指奖酬制度在时间和空间方面的规定。这方面的规定包括特定的外在性奖酬和特定的与绩效相关联的时间限制,员工与一定的工作相结合的时间限制,以及有效行为的空间范围。这样的规定可以防止员工的短期行为和地理无限性,从而使所期望的行为具有一定的持续性,并在一定的时间和空间范围内发生。

5) 行为归化制度

行为归化是指对成员进行组织同化和对违反行为规范或达不到要求的成员进行处罚和教育。行为归化制度的实施必须具备两个条件。其一,在人生观、价值观、工作态度、合乎规范的行为方式、工作关系、特定的工作机能等方面进行教育,使员工的行为向着对组织有利的方向前进;其二,事先向员工交待清楚各种处罚制度,对他们进行负强化。当员工的行为偏离组织目标时,不仅要让当事人对不合要求的行为承担后果,还要对其进行行为规范方面的再教育。

二、激励机制的设计

激励机制的设计是指组织为实现其目标,根据其成员的岗位职责和个人需要,制订适当的行为规范和分配制度,以实现人力资源的最优配置,达到组织利益和个人利益的一致。② 管理者应以人性化的观点进行激励机制的设计,通过恰当的制度来规范员工的行为,调动员工的工作积极性,谋求管理的人性化和制度化之间的平衡。激励机制的设计包括以下几个方面的

---

① 刘正周.论组织的激励机制及其设计[J].当代财经,2000(6):58-61.
② 刘正周.管理激励[M].上海:上海财经大学出版社,1998.

内容。

第一,激励机制的设计要以满足员工的需要为出发点。只有未满足的需要才有激励作用,因此,设计激励机制时,要充分调查、了解员工的需要,有针对性地制订奖酬方案,从而形成一个诱导因素集合,以满足员工个人的外在性需要和内在性需要。

第二,激励机制的设计要以调动员工的积极性为目的。组织目标的实现是通过员工的努力最终达成的。因此,激励机制要谋求组织利益和个人利益的一致,并建立一个组织目标体系来指引个人的努力方向。

第三,激励机制的设计要以分配制度和行为规范为核心。分配制度将诱导因素集合与组织目标体系连接起来,规定达到特定的组织目标将会得到什么样的奖酬。行为规范将员工的性格、能力、素质等个性因素与组织目标体系连接起来,规定员工以何种行为方式来完成组织目标。

第四,激励机制的设计要满足效率准则。效率准则要求在费用相同的两个备选方案中,选择目标实现程度较好的一个方案;在目标实现程度相同的两个方案中,选用费用较低的一个方案。激励机制运行所需的信息决定了机制的运行成本。同时,信息沟通贯穿于激励机制运行的各个环节。因此,激励机制的设计要积极采用新技术,在保证沟通效果的前提下降低沟通成本。

第五,激励机制运行的最佳效果是实现员工与组织的双赢,即同时实现员工个人目标和组织目标,使员工个人利益与组织利益达到一致。

在激励机制的设计模型中,分配制度将诱导因素集合(奖酬资源)与组织目标体系连接起来,行为规范将个人因素集合与组织目标体系连接起来,信息交流将个人因素集合与诱导因素连接起来。因此,我们可以把分配制度、行为规范和信息交流称为激励机制设计模型的三条通路(见图7-2)。通过三条通路间的相互关联,设计符合组织利益、满足个人需求、可行高效的激励机制。

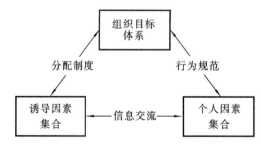

图 7-2　激励机制模型中的三条通路

1) 分配制度

分配制度是组织奖酬资源(诱导因素)与组织目标体系之间的通路。分配制度要明确告诉员工通过努力工作得到奖酬的可能性及奖励的价值。同时,分配制度是组织奖酬资源分配的指导制度,决定着员工完成目标后会获得什么样的奖酬资源。

2) 行为规范

行为规范是个人能力和素质与组织目标之间的通路。员工的目标并不总是与组织的目标相一致,因此,只有设定一定的行为规范,才能将不同员工的努力方向引向组织的目标。另一方面，员工也必须遵守组织设定的行为规范，才能获得组织认可，才能通过个体的努力去实现工作目标进而获得期望的奖酬。同时，行为规范也是组织控制和监督员工工作的重要依据。

3）信息交流

信息交流是个人需要与诱导因素之间的通路。激励过程中的信息沟通与交流，一方面使组织能及时、有效、准确地把握员工个人的各种需要和工作动机，从而确定相应的奖酬形式；另一方面，通过信息交流，员工也可以了解组织有哪些奖酬资源，以及怎样才能获得自己所需要的奖酬资源。

三、激励机制的运行模式

激励机制运行的过程就是激励主体与激励客体之间相互作用的过程，也就是激励工作的过程。图 7-3 所示是一个基于双向信息交流的全过程的激励运行模式。这种激励运行模式是

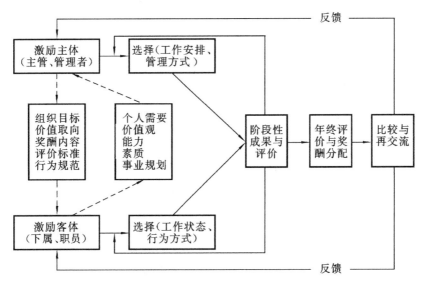

图 7-3　基于双向信息交流的全过程的激励运行模式

注：---▶ 表示信息反馈和交流；──▶ 表示激励工作逻辑程序。

从员工进入工作状态之前开始的，贯穿于实现组织目标的全过程，故又称为全过程激励模式。

这一激励模式应用于管理实践中可分为五个步骤，其具体工作内容包括双向交流、各自选择行为、阶段性成果与评价、年终评价与奖酬分配、比较与再交流五个方面。

第一，双向交流。双向交流的目的是使管理者了解员工的个人需要、职业规划、能力和素质等，同时向员工阐明组织的目标、组织核心价值观、组织分配制度、绩效考核标准和行为规范等。在双向交流过程中，员工个人可以把自己的能力和特长、个人要求和打算恰如其分地表达出来，同时了解组织对自己的要求和期望。

第二，各自选择行为。通过双向交流，管理者将根据员工个人的特长、能力、素质和工作意向给他们安排适当的岗位，并对其提出适当的工作目标和考核办法，采取适当的管理方式并付诸行动；而员工则采取适当的工作态度、行为方式和努力程度开始工作。

第三，阶段性成果与评价。阶段性评价是对员工已经取得的阶段性成果和工作进展及时进行评价，以便管理者和员工双方作适应性调整。阶段性评价要选择适当的评价周期，周期的

选择除了考虑工作本身的特性外,还要考虑组织的薪酬管理制度和其他人事管理制度。

第四,年终评价与奖酬分配。这一步的工作是在年终进行的,员工要配合管理者对自己的工作成绩进行评价并据此获得组织的奖酬资源。同时,管理者要善于听取员工自己对工作的评价。

第五,比较与再交流。此时,员工把自己从工作过程和任务完成后所获得的奖酬与其他从事同类型的员工进行比较,以及与自己的过去相比较,根据公司的制度评价自己从工作中所得到的奖酬是否满意、是否公平。通过比较,若员工觉得满意,将继续留在原组织工作;如不满意,可再与管理者进行建设性磋商,以达成一致意见。若双方不能达成一致意见,则双方的契约关系可能会中断。

第三节　工　资

一、薪酬的基本含义

报酬是作为个人劳动的回报而给予员工的各种形式的酬劳。广义上讲,报酬分为经济类报酬和非经济类报酬两种。经济类报酬是指员工的工资、津贴、奖金等;非经济类报酬是指员工获得的成就感、满足感或良好的工作气氛等。报酬的狭义概念仅指经济类报酬,也叫薪酬。

从最本质的意义上说,薪酬是对人力资源的成本与吸引和保持员工的需要之间进行权衡的结果。一般来说,大多数企业都力图借助薪酬制度对其员工的知识、技能、能力和对公司的贡献程度提供尽可能合理的酬劳。另外,薪酬制度也是支持实现企业目标和战略的重要手段之一。

从某种意义上说,薪酬是以工作的吸引力和酬劳数量为基础,在企业之间进行人员配置的一种机制。为了雇用和保持所需要的员工,企业就必须在几种类型的薪酬方面与同行业其他企业相比具有竞争力。薪酬可以是有形的,也可以是无形的。有形的(财物的)薪酬分为两大类:直接薪酬和间接薪酬(见图 7-4)。

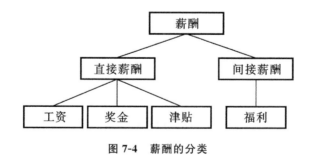

图 7-4　薪酬的分类

二、工资的基本概念

工资是企业支付给员工较为稳定的金钱,是企业薪酬体系的主要组成部分。[①]

---

① 胡君辰,郑绍濂.人力资源开发与管理[M].2版.上海:复旦大学出版社,1999.

1. 影响工资水平的因素

影响员工工资水平的因素可以分为内在因素和外在因素两大类。

1) 影响工资水平的内在因素

影响工资水平的内在因素是指与劳动者所承担的工作或职务的特性及其状况有关的因素,主要有以下几种。

(1) 劳动者的劳动。劳动者的劳动可分为三种形态。起初是潜在劳动形态,也就是蕴藏在劳动者身上的劳动能力。潜在劳动形态发挥的结果首先表现为流动劳动形态,它可用劳动时间来计量,成为计时工资的依据。流动劳动形态最终会凝结为物化劳动形态,它可以用生产的产品数量或工作数量的多少来衡量,成为计件工资的依据。

(2) 职务的高低。一般而言,职务的高低是与员工的工作能力和工作业绩密切相关的。职务既包含着权力,同时也意味着相应的责任。因此,职务也是确定工资水平的重要依据。

(3) 受教育水平。员工所受的教育水平越高,则意味着员工的潜在能力越强,因此,很多企业将员工的受教育水平作为确定工资水平的依据之一。

(4) 工作的时间性。相对于从事长期工作的劳动者而言,那些从事季节性或临时性工作的劳动者,由于存在固定的失业周期,同时在受雇期间可能没有社会保障,而且他们工作时一般不能享受企业的各种福利,所以,对这部分劳动者,工资支出应适当高一些,为他们的生活提供一定的保障。

(5) 工作的危险性。在确定工资水平时,对于从事具有危险性、有害人体健康工作的劳动者,以及工作环境比较恶劣的劳动者,其工资水平要适当的高一些,以补偿他们的体能消耗、耐力和冒险精神。

(6) 工龄。工龄也是影响工资水平的一个重要因素,其目的是补偿劳动者过去的投资和减少员工流动。

2) 影响工资水平的外在因素

影响工资的外在因素是指与工作的状况、特性无关,但对工资的确定产生重大影响的一些经济因素。与内在因素相比,外在因素更为具体而易见,主要包括生活成本与物价水平、企业负担能力、地区和行业的工资水平、劳动力市场的供求状况、劳动力的潜在替代物等因素。

2. 工资标准

工资标准是按单位时间规定的各等级的工资金额。工资标准表示某一等级的工作在单位时间上工资收入的水平,是工资收入的基础,分为最低工资标准、固定工资标准和浮动工资标准三种形式。

1) 最低工资标准

最低工资标准是指企业中从事最简单、最不熟练劳动者,单位工作时间的工资数额。最低工资标准是确定工资差别的基础,其水平的高低在很大程度上反映工资的总体水平。企业最低工资标准的确定主要根据企业自身特征,但也要考虑国家的相关法律法规。

2) 固定工资标准

固定工资标准是指每一个工资等级只规定一个工资数额,一旦确定,长期稳定不变,与企业经济效益没有直接关系。

3) 浮动工资标准

浮动工资标准是指每一个工资等级规定 2~3 个工资数额,随企业经济效益和个人劳动贡献上下浮动。

3. 工资等级数目

工资等级数目是指划分多少个等级的工资标准。等级数目的确定需要考虑劳动复杂程度、劳动熟练程度、工资级差三个因素。

1）劳动复杂程度

工资等级表要覆盖一个工资系列的全部职务、岗位和工种,所以在确定工资等级数目时,要考虑同一企业工种内,或不同工种间劳动复杂程度的差别。一般而言,劳动复杂程度越高,差别越大,工资等级数目设置就越多。

2）劳动熟练程度

工作要求的劳动熟练程度越高,需要积累的经验越多,则工资等级数目设置就越多。

3）工资级差

在一定的工资总额下,工资等级数目与工资级差呈反向关系,工资级差越大,工资等级数目就越少。

三、工资形式

工资形式也称为工资给付方式,我国现行的工资形式主要有计件工资和计时工资两种。[①]

1. 计件工资制

计件工资是直接以一定质量的产品数量和计件单位计算员工劳动报酬的一种工资形式,有直接无限计件工资、间接计件工资、累进计件工资和集体计件工资等形式。

直接无限计件工资是按照员工所生产的合格品的数量和统一的计件单价计算劳动报酬的计件工资形式。员工完成的合格产品,不论数量多少,均用同一个计件单价计酬。这种工资形式适用于在定额管理比较科学、合理的条件下实行。

间接计件工资是依据员工所服务的主要生产工人的生产(工作)成果计算工资的工资形式。它适用于某些辅助工种,这些工种的生产成果无法直接计量,而其工作的好坏又与主要生产工人的产量、质量有直接的联系和影响。因此,可根据其所服务的主要生产工人的生产(工作)成果折算其工资。

累进计件工资是员工完成产量定额部分按一般的计件单价计算,超过定额部分则按更高的、累计的计件单价计算的工资形式。这种工资形式适用于劳动强度大、劳动条件差、增产特别困难,但又迫切需要增产的企业或工种。

集体计件工资是按作业班组共同完成生产任务量的多少来计算计件工资,然后在作业班组内将工资合理分配到个人的工资形式。它适用于机器设备和工艺过程要求员工集体完成某种产品或某项工程,而又不能直接计算个人的产品数量和质量,或者虽然可以计算个人的产品数量和质量,但生产过程要求在上、下工序之间或班次之间密切协作,生产方能顺利进行的连续性生产岗位等情况。

计件工资的实行要求企业必须具有一定的管理水平,有合理的劳动定额,有适当的技术组织措施,同时员工的生产成果要能够直接统计计量。

---

① 张德.人力资源开发与管理[M].2版.北京:清华大学出版社,2001.

2. 计时工资制

计时工资是根据员工的实际工作时间、工资等级、工资标准核算和支付劳动报酬的工资形式，分为以下三种形式：

（1）小时计时工资，根据员工的小时工资标准和实际工作小时数计算工资；

（2）日工资，根据员工的日工资标准和实际工作天数计算工资；

（3）月工资，根据规定的月工资标准按月支付工资。

计时工资直接以劳动时间计量报酬，考核和计量简单易行，适应性强，实行范围广。但是，计时工资只能反映员工的技术熟练程度、劳动繁重程度和劳动时间长短的差别，不能全面反映同等级员工在同一工作时间内的劳动强度和劳动成果的差别，在一定程度上造成平均主义。所以，企业在实行计时工资时，辅以超额计件工资，才会取得比较好的效果。

四、工资制度

合理的工资制度能够调动员工的生产积极性，进而提高生产效率。总体而言，主要有如下几类工资制度。

1. 技术等级工资制

技术等级工资制是根据劳动的复杂程度、繁重程度、责任大小、精确程度和劳动条件等因素划分技术等级，按等级规定工资标准的工资制度。技术等级工资制由工资等级表、工资标准表和技术等级标准等要素组成，适用于技术复杂程度高、工人劳动熟练程度差别大、分工粗和工作物不稳定的工作和岗位，如机械行业的车、钳、铆、焊、插、铣、刨、磨等工种。

技术等级标准包括三项内容：专业知识、工作技能和工作实例，一般简称为应知、应会和操作实例。应知是指员工为了完成某一等级的工作所应具备的专业理论知识，如工艺过程、材料性能、机器结构和性能等；应会是指员工为胜任某一等级工作所应具备的操作能力和实际工作经验，如设备操作、维修、识图等；工作实例是员工应能够完成的典型工作案例。

2. 职务工资制

职务工资制是首先对职务本身的价值（职务重要性、责任大小、技术复杂程度等）作出客观的评估，然后根据这种评估的结果赋予担任这一职务的从业人员与其职务价值相当的工资的一种工资制度。由于职务工资制是对于从业人员现在所担任的职务的工作内容（价值）进行工资支付的制度，因而能够比较准确地反映劳动的质与量，贯彻同工同酬的原则。同时，在职务工资制下，工资是根据职务确定的，工资的确定必须考虑到与职务有关的各种要素，并加以客观的分析、评价，由于不掺杂容易导致偏好的个人因素，因此，客观性较强。

职务工资制实现了同工同酬，有利于鼓励从业人员提高业务能力和管理水平。同时，职务工资制有利于按职务系列进行工资管理，使责、权、利有机地结合起来。但是，单纯地采用职务工资制容易形成管理独木桥，员工晋升的机会比较小，影响了员工工作的积极性，可能会造成人员流动率过高等问题。

3. 岗位技能工资制

岗位技能工资制是以员工的实际工作岗位以及员工技术水平来规定工资标准的工资制度，由技能工资和岗位工资两个单元组成。岗位技能工资制是1990年后我国国有企业工资制度改革中推行的一种工资形式，适用于专业化程度较高、分工较细、工种技术比较单一、工作对象和工作物等级比较固定的产业和企业。

(1) 技能工资。技能工资根据员工的劳动技能水平确定，与劳动技能要素相对应。技术工人、管理人员和专业技术人员的技能工资都分为初、中、高三大工资类别，每类又可分为不同的档次和等级。

(2) 岗位工资。岗位工资根据岗位的劳动责任、劳动强度、劳动条件三个要素的评估分数确定。根据岗位评估的分数，将岗位划分为几个不同的档次，进而确定工资标准。

4. 年功序列工资制

年功序列工资制是依据员工个人年龄、工龄、学历、经历等要素来确定工资标准的工资制度，与终生雇用制相关联。其基本特点是：年龄越大，企业工龄越长，工资越高。年功序列工资制起源于第二次世界大战，20世纪50年代在日本广为流行。由于年功序列工资制最大限度地稳定了企业员工，增强员工对企业的认同感和归属感，这对于战后日本的经济复苏和企业发展是至关重要的。

在年功序列工资制中，工龄是工资收入差别和增长的主要因素，为了增加收入，员工必须长期在一个企业工作。因此，对企业来说，年功序列工资制有助于激励员工为本企业服务降低员工特别是工作经历长的老职工离职率。对员工来说，这种工资制度也增加了员工对企业的依赖性和安全感，避免了失业风险。

5. 绩效工资制

绩效工资制的前身是计件工资制，但它不是简单意义上的工资与产品数量挂钩的工资形式，而是建立在系统的业绩考核和管理程序基础上的工资体系。它的基本特征是将员工的薪酬收入与个人业绩挂钩。根据美国2006年《财富》杂志对500家公司的排名，55%的企业实行了以绩效为基础的工资制度，而在20年前，仅有7%的企业实行这种办法。

与传统工资制相比，绩效工资制有利于员工工资与可量化的业绩挂钩，将激励机制融于企业目标和个人业绩的联系之中；同时，绩效工资制有利于工资向业绩优秀者倾斜，提高企业效率和节省工资成本；而且，绩效工资制有利于突出团队精神和企业形象，增大激励力度和员工的凝聚力。

但是，绩效工资制也有不完善的地方，如容易导致对绩优者的奖励有方、对绩劣者约束欠缺的现象，而且在对绩优者奖励幅度过大的情况下，容易造成一些员工谎报业绩的行为。因此，实施绩效工资必须具备对员工业绩进行准确评估和有效监督两个条件。

6. 结构工资制

结构工资制根据决定工资的不同因素和工资的不同作用，将工资划分为几个部分，通过对各部分工资数额的合理确定，构成劳动者的全部报酬。结构工资制吸收了职务工资制、岗位技能工资制和绩效工资制等的优点，由基础工资、职务（岗位、技术）工资、工龄工资、绩效工资四部分构成。

基础工资是保障劳动者基本生活的部分，主要目的是维持劳动者劳动力再生产。基础工资的发放标准可以是整个公司采用统一的标准，也可以根据本人意见按照其标准工资的一定比例确定。

结构工资考虑的因素比较全面，较好地体现了工资的几种不同功能，有利于实行工资的分级管理，且适应面比较广，是一种优秀的工资制度。

7. 经营者年薪制

年薪是指以企业会计年度为时间单位计发的工资收入，主要用于公司经理、企业高级职员的收入发放。年薪制以往主要在国外一些企业中实行。1993年,国务院首次提出"经营者年薪制"考核管理制度。经营者年薪制有以下几个基本的特点:

(1) 年薪是以企业一个生产经营周期——年度为单位发放经营者的报酬,故称为年薪制;

(2) 年薪制的核心是把企业经营者的劳动收入以年薪的形式发放,是对企业经营活动这种特殊性质的劳动支出的一种回报形式;

(3) 年薪制是一种风险工资制度,依靠激励和约束相互制衡的机制,把经营者的责任和利益、成果和所得紧密地结合起来,以保护股东的利益,促进企业的发展。

年薪由基薪和风险收入两部分构成。基薪的确定因素包括两部分,一部分是企业的经济效益,另一部分是企业(资产)经营规模、职工人数、当地物价和本企业员工的平均工资水平等。风险收入以基薪为基础,由企业的经济效益情况、生产经营的责任轻重、风险程度等因素确定。风险收入部分视经营者的经营成果分档浮动发放,可能超过原定额,也可能是负数,如果是负数则从基薪或风险抵押金中扣除。两部分收入的发放方式不同,风险收入一般以年作为计发的时间单位,基薪采取按月预付,最后根据当年考核情况,年终统一结算,超出应得年薪而预支的部分退回。国外企业经营者的报酬一般由五部分构成,如表7-1所示。

表7-1 国外企业经营者报酬的构成

构成部分	说　　明
薪水	为固定收入,其基本职能是保证经营者个人及家庭的基本生活费用。薪水并不是绝对不变的,根据经营者的工作年限、生活费用和工作表现等作适当调整
奖金	是对经营者短期经营业绩(1~2年)的奖励,为非固定收入部分,一般占总收入的25%
长期奖励	时间为3~5年,占总收入的35%左右,通常以股票期权的形式支付
福利	主要是为经营者提供休假和各种保险待遇等
津贴	主要支付方式是提供良好的办公和生活条件等

作为一种特殊的企业薪酬制度,经营者年薪制的实施需要良好的实施环境,主要体现在以下几个方面:首先,需要以现代企业制度为基本运行条件;其次,需要有科学的外在评估机制作保证;再次,需要理顺经营者与出资者的关系、经营者与企业其他员工的关系;最后,需要建立、完善企业家市场,促进经营者职业化、市场化。

第四节　奖金与津贴

一、奖金

1. 奖金的定义

奖金是指由于员工杰出的表现或卓越的贡献,企业支付给员工工资以外的金钱,是一种补充性薪酬形式。奖金具有以下基本特点。

(1) 较强的针对性和灵活性。企业可以根据工作需要,灵活决定奖金的标准、范围和奖励周期等,有针对性地激励某项工作的进行;也可以抑制某些方面的问题,有效地调节企业生产过程对劳动数量和质量的需求。

（2）较强的激励功能。奖金的激励功能来自依据个人劳动贡献所形成的收入差别。利用这些差别，使员工的收入与劳动贡献结合在一起，起到奖励先进、鞭策后进的作用。

（3）体现了员工收入与企业效益的一致性。奖金的发放不仅要随着企业的经济效益而波动，还要根据个人对企业效益的贡献不同而有所差别。一般而言，当企业效益好的时候，企业和员工的总体奖金水平都提高，但个人奖金不一定与总水平同步提高，因为每个人的贡献是有差异的；反之亦然。

（4）弥补了基本工资制度的不足。任何工资形式和工资制度都具有功能特点，也都存在功能缺陷。例如：计件工资主要是从产品数量上反映劳动成果，难以反映产品品质方面的劳动成果，如果给予那些产品优秀率较高的员工一定的奖金，则可以弥补计件工资的不足。

2. 奖金标准

奖金标准的作用有两个：一是规定奖金提取的额度；二是规定奖金分配的各种比例关系。在奖金标准的确定中，必须处理好以下几个关系。

首先，处理好奖金与基本工资的比例关系，按照一般的工资结构和工资职能原理，基本工资的比重应超过奖金，这种比例关系是由两者的不同性质和作用所决定的。

其次，处理好奖金与超额劳动之间的比重关系。一般而言，奖金在超额劳动报酬中所占的比重，应高于基本工资在其定额劳动中所占的比重。

再次，处理好各类人员奖金标准比例之间的关系，这主要是一些共同创造的超额劳动成果在集体成员之间的报酬分割。在一般情况下，根据指标完成情况和工作责任两个因素确定内部奖金分配比例，即主要职务（工种）高于辅助职务（工种），繁重劳动高于轻便劳动，复杂劳动高于简单劳动。

3. 奖励类别

奖励类别的选择是在特定的奖金制度下，根据奖励目标确定奖励对象。例如：为了刺激员工全面或超额完成生产计划，要设立超额奖；为了鼓励员工多提建议，要设立建议奖。奖励一般分为单项奖和综合奖两大类别。

1）单项奖

单项奖是企业常用的奖励形式，它的设置是为了奖励员工在某一方面对企业的贡献。常见的单项奖包括节约奖、革新发明奖、特殊贡献奖等。单项奖具有灵活、易于管理、针对性强等特点。但是，单项奖容易引导员工片面追求单项目标，影响企业生产和工作的全面发展。

2）综合奖

综合奖是为了促进生产和工作的全面发展，将反映各种超额劳动贡献的具体奖励指标有机地结合在一起，成为一个综合性的奖励体系，对员工全面考核计奖。质量、产量、劳动生产率、原材料消耗等指标在综合奖励体系中均被作为分指标，按相应的考核条件进行考核之后，衡量出一个综合的奖励水平。综合奖具有评价全面、统一支付奖酬等优点；但是，如果计奖指标过多，容易导致重点不突出、差距偏小，达不到激励目标。

因此，在一般情况下，应以综合奖励为主；在特殊情况下，要发挥单项奖励的作用，并注重两者的协调与配合。

4. 奖励条件

奖励条件是指特定奖项所要求的超额劳动的数量和质量标准,在确定时要注意以下原则:

(1) 以劳动者的超额劳动为奖励基准,实行多超多奖、少超少奖、不超不奖的奖励原则;

(2) 考核超额劳动创造的价值,对不同性质的超额劳动采用不同的评价指标和奖励方式;

(3) 奖励要突出重点,将奖励的重点放在与企业效益有关的生产环节和工作岗位上,以实现提高企业生产经营效益、降低生产成本的最终目的;

(4) 奖励条件做到公平合理,科学化、数量化和规范化的工作评估体系是奖励工作的基础。

表 7-2 所示是企业中常用的奖励指标和奖励条件。

表 7-2 企业中常用的奖励指标和奖励条件

部门	奖励指标	奖励条件
生产部门	产量或工作量	超出目标量的部分,按比例计奖
	产品质量	合格率、优良品率,超标计奖
	产品投入产出	产出量与投入量比值,超标计奖
	原材料消耗	单位产品消耗、允许消耗,从节约额中计奖
	利润	超出生产利润指标,从超值中计奖
	劳动纪律	按违纪项目、次数扣奖
	操作规程	按违纪项目、次数扣奖
	客户投诉	按投诉次数、性质、程度扣奖
销售部门	销售或订货	单位时间完成销售量或订货量
	货款回收	在限定期限内货款的回收
	毛利率	产品定价和成本比率
服务部门	所属部门效率	按所属部门绩效奖金的一定比例计奖
	部门特定效率	如盘存错误率、维修及时率、故障率
	其他	出勤、用户投诉

5. 奖金总额的确定

奖金总额是指将多少工资收入作为企业全体员工奖励基金。目前,较为常见的奖金总额的确定方法有以下几种:

(1) 按照企业利润的一定百分比提取奖金。此时奖金总额随企业利润水平和计奖比例而波动,在利润水平一定的条件下,计奖比例是可以调整的。具体计算公式为:

$$奖金总额 = 报告期利润额 \times 计奖比例$$

(2) 按照产量、销售量计算奖金总额,比较常见的方式有以下三种:其一,按企业实际经营效果和实际支付的人工成本因素决定奖金的支付,在这种方式中,节约的人工成本便是奖金总额;其二,按企业年度产量(销售量)的超额程度提取奖金,此时,奖金按目标产量(销售量)的超额程度等比例提取;其三,按照成本节约量的一定比例提取奖金总额,其主要目的是奖励员工在企业生产和经营成本节约中作出的贡献。

6. 奖金的分配方法

奖金的分配方法随着奖金性质的不同而不同。对较为固定的生产奖,一般采取计分法和系数法进行分配;而对于不固定的临时性奖项,则需要根据具体情况决定其分配方法。

1)计分法

计分法是将各项奖励条件规定最高分数,有定额的员工按照超额完成情况评分,无定额的员工按照任务完成情况评分;最后按照奖金总分求出每位员工奖金的分值。具体公式为:

$$个人奖金额 = 企业奖金总额 \times 个人考核得分 / \Sigma(个人考核得分)$$

2)系数法

系数法是在按岗位进行劳动评价的基础上,根据岗位贡献的大小来确定岗位的奖金系数;然后根据个人完成任务的情况,按系数进行分配。具体公式为:

$$个人奖金额 = 企业奖金总额 \times 个人岗位计奖系数 / \Sigma(岗位人数 \times 岗位系数)$$

相对而言,计分法适用于生产工人,系数法适用于企业的管理人员。但无论采用哪种方法,为了保证奖金的公平性,必须开发客观的评价指标体系,最大可能地避免人为因素的干扰。

二、津贴

津贴是企业对在特殊劳动条件下工作的员工所付出的额外劳动消耗、生活费支出及身体健康的损害所给予的物质补偿。津贴作为一种补偿性的劳动报酬,所体现的主要是劳动所处的环境和条件的差别。

一般而言,津贴有劳动津贴和生活津贴两大类。劳动津贴是对在特殊劳动条件下工作的员工的额外劳动消耗的补偿,与劳动岗位、职务和工种等劳动条件直接相关。其中,特殊劳动条件包括时间、空间和环境三个方面,如非正常工作时间、高温、潮湿和接触有害物质等。生活津贴是为了保障员工实际工资收入的稳定,补偿员工由于特殊工作需要而造成的额外生活支出,包括补偿员工在生产过程中的额外生活费支出,如出国公务、劳务人员的国外津贴等。

为了提高津贴的激励性,必须对某一生产岗位或工作单位是否具备发放津贴的条件,各种岗位、职务、工种的员工是否符合津贴领取条件进行全面审核。首先,要规定明确、具体的发放津贴的资格和条件;其次,对申请岗位、工种进行测试,符合规定者方可发放津贴。

津贴与劳动者的实际劳动贡献、劳动能力等没有直接的联系,它的发放只考虑客观的工作环境和工作性质对劳动者额外劳动和生活消耗的补偿,为避免冲淡工资的激励作用,津贴一般不能设立太多项目,津贴在工资中所占的比例也不能太高。

某项津贴在单位时间内应支付金额的确定有两种方式:一是按照员工基本工资的一定百分比计算;二是按照绝对数额计算。第一种方式比较少见,大多数是按照绝对数额计算。

确定津贴标准时需要考虑以下几个方面的因素:首先,工资标准是否已经考虑了对特殊劳动的补偿,如果已经考虑了,就没有必要设立津贴;其次,测量劳动的特殊性及其对员工的影响;再次,评估特殊工作条件对劳动者身体健康造成的损害,根据对员工身体的损害程度确定津贴标准。对一些特殊的工作和工种,我国有国家、地方和行业规定的统一津贴标准。另外,企业有权根据生产经营状况和工作需要制订和调整本企业的津贴发放标准。

一般情况下,与额外劳动补偿有关的津贴直接支付货币,并构成辅助工资的一个组成部分;与身体健康补偿有关的津贴可采取实物支付的形式,也可采取货币支付的形式。津贴的支付周期通常以出勤日累计,并按月随工资支付。

第五节 员工福利

福利是企业为员工提供的除金钱之外的一切物质待遇。据调查,在跨国大公司中,在过去的50年里工资增加了40倍,而福利增加了500倍。

企业之所以愿意花这么多钱来支持福利项目,原因在于良好的福利项目不仅能够吸引优秀的人才,提高员工工作士气,还可以降低员工流失率,提高员工满意度,从而在员工得到实惠的同时使公司在员工身上的投资获得更大的回报。

企业提供给员工的福利受到很多因素的影响,具体而言,主要包括以下几点。一是高层管理者的经营理念。不同的管理者对员工福利有不同的观点,有的认为能省则省,有的认为合法就行,而有的管理者认为,员工的福利应该尽可能好。二是政策法规。许多国家都通过法律规定了企业员工应该享受的福利。三是受工资的控制。由于所得税的原因,一般企业为了控制成本,不会提供很高的工资,但可以提供良好的福利。四是医疗费用的增加。近年来,医疗费用大幅增加,使员工更加需要福利。五是竞争性。由于同行业的类似企业都提供了某种福利,为了不影响员工的积极性,迫于竞争的压力,企业不得不为员工提供该种福利。六是来自工会的压力。工会经常因员工福利问题与企业资方进行谈判,有时资方为了缓解与劳方的冲突,不得不提供某些福利。

一、集体福利与个人福利

1. 集体福利

集体福利是由企业提供的或者企业通过社会服务机构提供的、供员工集体享用的福利性设施和服务,是员工福利的主要形式。集体福利包括以下三种。

1) 住宅

过去,我国实行的是福利分房政策,由国家或企业进行住宅建设,低租金分配给员工使用。随着改革的不断深入,这种制度已不适应市场经济发展的需要,目前已有公司实行住宅的商品化改革和企业货币化分房制度。例如:杭州娃哈哈集团有限公司为了留住核心人才,推出了员工购房支持计划,公司会根据员工为企业作出的贡献提供数额不等的购房资助。

2) 集体生活设施和服务

集体生活设施和服务包括员工食堂、员工浴室、卫生设施及医疗保健、文娱体育设施、集体交通工具等,这些设施都对本企业员工实施集体免费或低费用服务。目前,在许多企业中,提供的免费工作餐、班车接送、年度体检等都具有集体福利的性质。

3) 享受休假、旅游待遇

传统的企业集体福利主要是满足员工一些基本的生活需求,现代企业集体福利已经包括一些高层次的福利项目,例如文化娱乐、旅游观光和假日休养等。目前,我国一些效益较好的企业已经实施了带薪休假的福利项目。例如:杭州娃哈哈集团有限公司近年来推出了每人每年可以享受7天的带薪休假,而且每人报销3 000元/年的旅游费。

2. 个人福利

员工个人福利主要是指由员工福利基金开支的,以货币形式直接支付给员工个人的福利补贴,是员工福利的非主要形式,主要包括:

(1) 两地分居的员工享受探亲假期、工资补贴和旅费补贴待遇;

(2) 上下班交通费补贴;

(3) 冬季宿舍取暖补贴;

(4) 生活困难补助;

(5) 生活消费品价格补贴和婚丧假、年休假工资等。

员工个人福利从法律意义上讲,只具有任意性规范的性质,意思是这些规定如果在集体合同、内部劳动规则和劳动合同中被规定,就具有约束力,否则没有法律效力。员工个人福利主要由员工和企业共同决定。

二、员工福利

对企业员工而言,广义的福利包括三个层次:其一,作为一名国家公民,有权享受政府提供的文化、教育、卫生、社会保障等公共福利和公共服务;其二,作为企业的成员,有权享受由企业兴办的各种集体福利;其三,有权享受除工资收入以外的、企业为员工个人及其家庭所提供的实物和服务等福利形式。

狭义的员工福利是企业为满足劳动者的生活需要,在工资收入之外,向员工本人及其家属提供的货币、实物及其他服务形式。

员工福利具有补偿性、均等性和集体性三个特点。补偿性是指员工福利是对劳动者为企业提供劳动的一种物质补偿,也是员工工资收入的一种补充形式。均等性是指本企业员工只要履行了劳动责任,均有权享受各种企业福利。员工福利的均等性特征,在一定程度上起着平衡劳动者收入差距的作用。兴办集体福利事业,员工集体消费或共同使用公共物品等是员工福利的主体形式,因此,集体性也是员工福利的一个重要特征。

员工福利基金是企业依法筹集的、专门用于员工福利支出的资金,它是员工福利事业的财力基础。员工福利基金的来源有三个渠道:按法律规定从企业财产和收入中提取;企业自筹;向员工个人征收等。

我国主要是依据相关国家规定提取企业员工福利基金,有些企业也通过其他途径自筹基金,用于大型集体福利开支。此外,通过兴办一些直接服务于员工本人或其亲属的项目,例如,员工互助基金会、分期购买项目定金、住房公积金,以及向社会开放的福利服务机构等作为福利基金的补充来源。

员工福利基金不同于一般企业财产,与全体员工的基本利益密切相关,受到法律的特别保护。我国立法中对员工福利基金的特别保护措施有:

(1) 任何部门不得没收员工福利基金;

(2) 员工福利基金有优先受偿权,企业宣告破产时,尚未依法提取的员工福利基金应先依法足额提取;

(3) 不提取或少提取员工福利基金的企业将受到行政和经济处罚,侵占和贪污员工福利基金的,从重追究其刑事责任。

许多企业从自身发展出发,非常重视对员工福利的投入。有些企业的福利基金与工资基金几乎持平,而且主要不是通过企业兴办福利实体和提供服务的形式,而是增加员工薪酬中福利收入的比重。员工福利基金作为企业管理的一个重要组成部分,其目的是增加员工对企业的认同感、增强企业的凝聚力和贯彻员工分享企业发展成果的新的企业管理原则。

三、福利管理

福利管理是一个越来越受到重视的问题,原因在于:一方面,许多国家的法律规定企业必须制订出具体的福利计划并对员工及其组织作出承诺;另一方面,企业为了加强对员工的激励,也把提高福利水平、加强福利管理作为调动员工积极性的重要措施。一般而言,福利的管理涉及以下几个方面:福利的目标、福利的成本核算、福利的沟通、福利的调查和福利的实施。

1) 福利的目标

每个企业福利的目标各不相同,但是有些内容是相似的。一般而言,福利的目标应该符合企业的长远目标,符合企业的报酬政策和相关法规;同时,在企业能够担负的范围内,能够满足员工的需求,能激励大部分员工,还要考虑员工的短期需要和长远需要。

2) 福利的成本核算

福利的成本核算是福利管理中的重要部分,管理者必须花较多的时间与精力投入其中。福利的成本核算主要涉及以下方面:通过销量或利润计算出公司最高的可能支出的福利总费用;与外部福利标准进行比较,尤其是与竞争对手的福利标准进行比较;作出主要福利项目的预算;确定每一个员工福利项目的成本;制订相应的福利项目成本计划;尽可能在满足福利目标的前提下降低成本。

3) 福利的沟通

要使福利项目最大限度地满足员工的需要,福利沟通相当重要。研究显示:并不是福利投入的金额越多,员工就越满意;员工对福利的满意程度与对工作的满意程度呈正相关。

福利沟通可以通过问卷调查、录像带介绍有关的福利项目、典型的员工面谈、内部刊物或其他场合介绍有关的福利项目、员工对各种福利项目的反馈和公布一些福利项目让员工自己挑选等方式来实现。

4) 福利的调查

福利的调查对于福利管理来说十分必要,主要有三种类型的调查:一是制订福利项目前的调查,主要了解员工对某一福利项目的态度、看法与需求;二是员工年度福利调查,主要了解员工在一个财政年度内享受了哪些福利项目,各占比例多少,满意程度如何;三是福利反馈调查,主要调查员工对某一福利项目实施的反应如何,是否需要进一步改进,或是否要取消。

5) 福利的实施

福利的实施是福利管理最具体的一个方面,在福利实施的过程中要围绕既定目标,按照各个福利项目的计划有步骤地进行;同时,实施过程要根据预算进行,保持一定的灵活性,定时检查实施情况,防止漏洞产生。

复习思考题

1. 请阐述激励的定义和基本作用。
2. 激励机制包括哪些主要内容?

3. 如何才能设计出一套运行良好的激励机制?
4. 请阐述全过程激励机制的运行模式。
5. 工资的主要形式有哪些?
6. 现代企业的福利管理主要有哪些内容?

综合案例研讨

L科技光缆公司主要生产制造通信光缆。现该公司产品在中国国内光缆市场所占份额雄居市场第二位,其成绩的取得不但有其先进科技产品的优势因素,更有其卓越的管理制度和激励机制来吸引和保留优秀人才的因素。该公司的薪酬机制有其独特之处。

(一) 该公司的薪酬结构

1. 工资。工资体系共有十个级别,除十级外(副总经理级),每个级别都有A、B两个等级,而每个等级又有最高和最低工资。工资从一级到十级差别为20多倍。工资标准不固定,而是随着所在地区薪资行情的变动而做相应修订,总体水平要比国有企业同类人员的标准高出许多。

2. 奖金。奖金分为两种类型:一为常规半年奖、年底奖。奖金发放根据公司经济效益和对员工个人绩效评估后而定。二为非常规季节奖、随机奖。这两种奖根据员工的工作表现而定,每次获奖名额不超过员工总额的10%,奖金一般相当于员工半个月到一个月的工资水平。

3. 其他福利。公司除支付按当地政府规定的社会保险外,还为员工购买人身意外保险和个人财产商业保险、门诊医疗商业保险等,并且每年在员工住房、教育、培训疗养、旅游、工会活动等基金领域做出预算开支,供员工福利消费。

4. 股权认购和股权奖励。股权认购为每个员工认购公司股票100股。而股权奖励只发给不超过员工总数5%的优秀员工,具体数目不定。无论是股权认购还是股权奖励,都不用员工自己掏腰包,而是由公司将股权在名义上赠给员工,但不能出售,必须等到3年后才可出售归自己。

(二) 公司薪酬运作及其特点

1. 底薪调整。为保持竞争优势,公司每年由人力资源部单独组织一次相关外部企业的薪酬调查,并对调查结果进行系统分析比较,其调查内容主要有:①当地物价指数的变动,它有时可以左右公司是否马上决定调薪;②当地所有企业年度平均增资水平;③各相关公司的最高增薪和最低增薪水平情况;④各相关公司各职位的全部薪酬水平情况,最高及最低水平变化;⑤各相关公司各职位的薪酬结构比例;⑥当地各相关公司和全国同行业公司的总体人员流失率情况,经理、专业技术人员流失情况。

2. 员工职务晋升增薪。经理人员可以参照公司的工资级别提出员工晋升增资建议。通常是逐级晋升,但有时业绩异常优秀的员工也有连升三级的。正常晋升增资的幅度在10%～25%的水平,越级晋升的幅度在25%～40%的水平。

3. 员工招聘时的定薪。决定招聘新员工定薪的因素有学历、经验、专长、经历。

(1) 学历。刚毕业本科生工资在专业管理人员最低一级。刚毕业研究生相应高出15%。

(2) 经验。有两年以上工作经验的本科生比没有经验的高出20%,有两年经验的研究生比没有经验的同类人员高出30%。

（3）专长。如果在招聘时发现一个人将能发挥的作用会大于其他员工时,则公司可提供超出规定的工资级别,极有可能会高于在相同岗位上已经工作了几年的员工工资。

（4）经历。新员工在不同行业、不同领域、不同公司工作过,特别是在著名企业工作过,其工资定级会被公司着重考虑。

4.工资的正常晋升,半年奖、年底奖的发放与绩效评估。这三类薪酬是严格按照员工半年和一年度的绩效评估结果决定的。公司在员工的绩效评估中采取矩阵式正态分布法,共分5个档次:一是"不能接受";二是"勉强接受";三是"基本完成任务";四是"完成任务";五是"超额完成任务"。规定必有5%的员工考核结果落在第一类,10%的员工考核结果落在第五类,其余的则以不同的百分比分布在其他三类中。落在"不能接受"类的员工不能发奖金,而且要限定3个月内改进,如没有明显的改进,将会面临被公司请走的危险。落在"勉强接受"类的员工发奖幅度最低,工资部分不能有所增长。落在"基本完成任务"类的员工发奖幅度为标准额,其年度工资的晋升,也是按公司反复测算的标准额增薪。落在"超额完成任务"类的员工,其奖金和工资晋升幅度最高,有时比平均增幅高出一倍以上。

L科技公司就是充分地利用了薪酬这个杠杆,对员工不断激励,调整员工的工作效率,以期达到最佳状态。

分析与讨论题

1. 你认为L科技公司的薪酬机制有什么特点?
2. 你认为L科技公司的薪酬机制和其市场竞争力有什么相关性?
3. L科技公司的薪酬机制对你有什么启示?

第八章

员工培训与开发

第一节 培训的相关概念

第二节 培训理论与方法

第三节 培训实施

第四节 培训管理

第五节 培训机制

唯一持久的竞争优势，也许就是比你的竞争对手学习得更快的能力。

——阿瑞斯·德格

第八章 员工培训与开发

学完本章后,你应当能够:
(1) 了解培训的基本概念、原则及类型;
(2) 掌握培训的基本理论与方法,以及常见培训方法的有效性比较;
(3) 熟练运用相关理论实施培训需求分析、编制培训计划和评估培训效果;
(4) 理解积分制、指导人计划和培训机制。

为适应石化行业全球化竞争的要求,中国石化集团公司编制和下发了《中国石化2005至2010年人才培训工作规划》,对整个集团公司所属的企业强调了人才资源培训开发的重要性。其在总体要求中指出:要紧紧围绕集团公司主业发展和人才强企战略需要,改革培训体制,完善培训机制,以能力建设为核心,以高素质、高层次、国际化人才培养为重点,全面提高经营管理人员、专业技术人员和技能操作人员队伍整体素质,为推进企业改革与发展、建设具有较强国际竞争力的企业集团提供人才保证和智力支持。并明确提出了今后几年人才培训总体目标,即"到2010年,高素质、高层次、国际化重点人才和全员素质基本适应主业改革发展需要;能力建设贯穿于人才培训的全过程,施教能力和培训质量达到同行业国际水平;培训体制和机制适应人才队伍建设的要求;全员学习的体系逐步形成,员工个人与企业共同发展、相互促进"。

上海石化培训中心主任指出,公司要在日益全球化的市场竞争中赢得主动,建成具有较强国际竞争力和可持续发展的企业,其最重要的资源已从过去的资金、技术转向人才资源。人才资源的有效开发和合理利用,是公司持续发展的重要一环,而培训工作是人才资源开发的基石。围绕公司的发展战略,加大人才培训力度,不断提升培训工作水平,建设一支适应上海石化发展的经营管理人员、专业技术人员和技能操作人员队伍,大幅度提高人才队伍整体素质,是公司今后几年乃至更长时期生存和发展的根本。

有效的培训活动可以提高人员素质,降低成本,提高经济效益,从而增强企业的市场竞争能力。任何组织对员工的培训都不能掉以轻心。本章从培训的基本概念入手,系统介绍培训的基本理论和方法、工作流程、管理模式和培训机制,其中重点探讨培训的方法以及培训机制。

第一节 培训的相关概念

一、培训的基本概念

雷蒙德·A.诺伊(Raymond A. Noe,1999)提出:培训是指公司有计划地实施有助于提高员工学习和工作及相关能力的活动,这些能力包括知识、技能或对工作绩效起关键作用的行为。该定义强调让员工掌握知识、技能和养成良好的行为习惯,并要求他们将这些知识、技能和习惯应用于日常工作中。

加里·德斯勒将培训定义为:给新雇员或现有雇员传授其完成本职工作所必需的基本技能的过程。

印度培训专家克里斯汉·泰姆尼(Krishan K. Taimni)认为:从广义上来看,培训可以理解为人才资源开发的中心环节;从狭义上而言,培训是指提高人们实际工作能力而实施的有组织、有计划的介入行为,培训就是帮助人们学习。

随着市场竞争日益激烈,企业已经意识到要获得竞争优势,培训不能仅仅局限于基本技能的开发。马特里奥和拜德温(Martocchio & Baldwin,1997)的研究也表明:培训所关注的重点正从帮助员工掌握具体技能转变为对知识的创造和分享,强调更高层次的目标。因此,随着越来越多组织通过知识管理来获得竞争优势,培训的内涵也得到了延伸和扩展。

培训是指组织着手进行的以促进组织成员学习的过程,是组织员工学习的过程。因此,从广义上来说,培训是创造知识和共享知识的途径。培训的主要目的是使员工学到新的知识和技能,不断地开发其智力,发挥其潜能。从组织的角度看,它有助于实现组织的目标。从个人的角度看,它可有效地满足员工的个人需求,实现个人的价值。

培训和开发实际上是不同的概念。培训和开发的目的相同,都是为了提高人们的知识和技能。但二者的目标不同。培训所针对的是为了完成近期的某一工作所需要的专门知识和技能的学习,例如,员工为操作一台特殊的机器参加培训。而开发是指为员工未来发展而开展的正规教育、在职体验、人际互动以及个性和能力的测评等活动。一般来说,培训通常是针对工人等普通员工而言的,他们的工作易融入相关的技能和一系列任务中。针对中高层管理人员,则重在开发,因为他们的工作性质更多地体现出综合性和可变性。两者的主要特征比较见表8-1。

表8-1 开发与培训的主要特征比较

特 征	培 训	开 发
目标对象	普通员工	管理人员、专业技术人员
场所	在职	脱岗
收益	短期见效	长期
与工作的相关性	着眼于当前工作	侧重于未来的工作需要
每次参与员工数量	多	少
持续时间	短期	长期
参与原则	强制	自愿
预期结果	具体、明确、可衡量	综合、不确定、难以衡量

与培训相关的概念还有教育,但它们的针对性与目的不同。培训强调针对性,强调内容的应用性,主张以问题为中心;而教育更强调学术性、系统性、结构性。培训的目的是按具体的工作要求和需要对员工的行为方式进行改造,是使员工可能的行为方式类别减少;教育的目的是传授知识、拓展员工的可能行为方式,使其能够适应多种可能出现的情况,并在其中选择最适合的一种情况去承担任务。在人力资源管理中,培训和教育已经呈现出一种融合的趋势。

二、培训的原则

人力资源是企业所有资源中增值潜力最大、最具有投资价值的资源。在组织培训活动中,要确保培训的效率,提高培训投资的收益,必须遵循以下五项原则。

1) 层次性

培训的层次性是指对经营及管理的各阶层(如上层、中层、基层等)人员分层次进行培训。一般来说,企业培训对象分为决策层、管理层和操作层。对决策层的培训着眼于提高其决策能力和战略管理能力,对管理层的培训致力于沟通技能和管理技能的提高,对操作层的培训主要立足于提高其专业知识和工作技能水平。

2) 针对性

培训必须讲求针对性。培训课程的设计应从企业的经营目标、业务发展出发。各级、各类人员培训均应坚持学以致用、注重实效的原则,按专业、分层次、有重点并结合业务发展需要有组织、有针对性地开展。

3) 系统性

培训是一种"投资"行为,只有与组织的战略、目标紧密联系,才能持久推进改善绩效与发展企业竞争力作用;只有与人力资源结构、政策密切统一,才能发挥其效力并保持正常推进步骤;只有在员工职业发展管理中发挥作用,才会有效调动员工的培训热情,从而使员工的培训由被动转化为主动。兼顾现实与未来,保持培训的持续性与继承性,才能达到全面提高员工综合素质的目的。

4) 科学性

采用的培训方法与技术科学与否将直接影响到培训效果的好坏。培训的基本方法有讲授、研讨、实践、模拟和游戏等。近年来,培训方法和技术已有很大的发展,每种方法各有其优缺点和适用范围。在选用培训手段和方法时,应力争做到科学化和个性化,运用科学的教学方法和形式,广泛使用先进的培训手段以取得更迅速有效的培训效果。

5) 实用性

培训内容的设计要讲究实用性。培训内容应与员工工作需要相挂钩,力争做到干什么学什么,缺什么补什么,从而达到学以致用的效果。员工培训应着眼实际工作需要,从员工完成实际任务的情况中发现问题,并针对问题设计培训内容,使参训员工能将所学到的知识运用到实际工作中。

三、培训的类型

1. 按培训途径划分

培训可以分为内训和外训两种形式。内训是为了帮助员工尽快适应工作,调整工作状态。包括对组织的发展历史、文化理念、行为规范以及岗位工作等方面的学习与了解。内部培训是定期或不定期的,主要根据组织发展需要以及组织的人才结构调整目标来确定。可以安排内部人员授课,也可从外面邀请讲师。在组织内对人员进行培训,主要有集中培训、在职辅导、交流讨论、个人学习等。

外训就是根据获得的各种培训资讯,依据各部门业务特点,外派人员参加培训班、研讨班或讲座,以达到拓宽知识面、提高专业技能或个人素质的目的。一般来说,外训主要包括外部短训、MBA 进修、专业会议交流等。

每种培训方式各有优缺点,培训方式的选择应根据不同发展阶段的具体情况作出安排。在创业阶段,员工专业分工涉及面广,从成本效益角度考虑,主要应以外训为主,以内训为辅;

随着组织长期发展,员工数量的增多,培训主要以内训为主,以外训为辅。

2. 按受训者与岗位关系划分

按受训者与岗位关系,分为职前培训、在职培训和脱产培训。

1) 职前培训

职前培训是指组织对新员工在分配其工作前所进行的培训,也称为岗前培训。职前培训可以分为一般性的职前培训和专业性的职前培训。例如:根据新员工的需求和公司要求,联想集团将"入模子"培训内容设计为认识篇、感知篇和成长篇三个部分。其中,认识篇主要介绍公司概况、产品和业务等;感知篇告诉新员工联想公司倡导的文化和行为模式,树立团队意识;成长篇介绍公司人力资源政策、员工的职业生涯规划,以及员工基本的技能,如沟通、演讲等。通过"入模子"培训,联想集团让新员工知道了"联想是什么"、"联想要什么"以及"联想给什么"。

2) 在职培训

在职培训是实施员工继续教育的一种常见的培训方式。员工在培训期间一般带职带薪,不脱离目前的岗位。按培训性质和目的的不同,在职培训又可分为岗位应知应会的知识补充培训、听取专家讲座专题培训、在职研究生课程班学习、集体智慧思考培训等。其中,集体智慧思考培训是指组织为解决有关问题指定部分员工集合在一起,激励参加的员工高度运用智慧与思考,群策群力,提出处理问题的策略、程序与方法,以协助领导解决问题。

3) 脱产培训

脱产培训是指组织的员工暂时离开现职,脱产到有关学术机构或学校以及别的组织参加为期较长的系统知识培训。按培训时间的长短,脱产培训可以分为短期脱产培训和长期脱产培训。此外,按培训目的,脱产培训还可以分为学历培训和更新技能培训。其中,学历培训是以取得学历证、资格证为目的的培训,更新技能培训是以补充或更新知识、掌握新技能为目的的培训。

3. 按培训内容划分

培训的内容包括开发员工的专门技术、技能和知识,改变工作态度的企业文化教育等。具体培训内容可以依照参训对象不同而分别确定。徐庆文和裴春霞在《培训与开发》(2005)中将培训内容归纳为三分法和五分法。三分法包括技术技能培训、人际关系能力培训和解决问题能力培训,五分法包括知识、技能、态度、思维和心理培训。比较典型的培训内容如下。

1) 技术技能培训

在知识爆炸、知识更新速度快的背景下,组织对员工的要求也越来越高,必须用不断更新的知识来武装员工。技术技能培训就是为了使员工更好地完成本岗位工作,提高员工的业务工作能力或技能而采用的培训,是培训体系中最基本的培训内容。例如:深圳万科物业管理有限公司每年要求员工参加礼仪方面的强化课程培训;广州本田汽车有限公司针对中高级管理人员安排了工商管理硕士(MBA)培训,针对研究开发人员组织了CAD应用培训,针对企业管理人员提供了AS/400高级应用培训。

2) 创新能力培训

创新能力就是产生新想法、发现和创造新事物的能力或者能力倾向。在全球化、数字化和网络化的商务环境下,员工的创新能力能帮助企业在不确定的市场环境中赢得竞争优势。创新能力被认为是企业生存和发展的最重要的能力,如果一个企业失去创新能力,就会面临失去市场竞争的可能。企业创新能力的培育来源于企业员工创新能力的形成,其中公司决策层、管理层和技术人员的创新能力尤为重要。

创新能力培训旨在提高员工开拓新思想、打破成规、勇于创新的能力,使员工能够创造性地开展本职工作,从而促进整个企业核心能力的培养。日本本田公司特别重视来自一线员工的合理化建议,在每一个工厂,都有员工自发组建改善小组。对于改善小组针对质量、成本、灵活性和环保提出的改进建议,本田公司都大胆采纳,从而促进了员工和公司的创新能力。

3) 团队精神培训

员工整体协作对企业的发展起着越来越重要的作用,团队合作也已成为企业文化的重要组成部分。为了加强团队内部的合作,增强团队的工作能力,企业经营者们都非常关注如何增强团队的凝聚力,团队精神培训应运而生。团队精神培训是通过集体性活动,使培训者在共同生活、共同学习、协同解决问题的过程中提高员工对集体的认知程度,从而达到提高团队凝聚力效果的培训活动。

团队精神培训的表现形式有很多,主要有拓展训练、团队活动、建立学习型组织、在企业内部建立非正式组织等。其中,拓展训练通常是利用崇山峻岭、河流等自然环境,通过精心设计的活动达到"磨炼意志、陶冶情操、完善人格、熔炼团队"的目的。拓展训练包括水上活动、野外活动和场地活动三种类型。水上活动包括游泳、跳水、扎筏、划艇等;野外活动包括远足露营、登山攀岩、户外生存等;场地活动是在专门的训练场地上,利用各种训练设施,如高架绳网、跨越栏杆等,开展攀岩、跳越等心理训练活动。

4) 时间管理培训

在现实生活中,许多高效的经理在努力维持日常运营的同时,还能让自己做到有求必应。这自然引起理论界许多学者的关注,研究结果发现:时间管理是提高工作效率的关键。正如美国著名管理学家杜拉克(Drucker)所说,有效的经理不是从他们的任务开始,而是从掌握时间开始。显然,时间管理非常重要。

时间管理培训是旨在提高时间观念和工作效率的培训活动。与团队精神培训的集体性活动正好相反,时间管理培训基本上是以改善个人行为为主要培训目的的培训活动。工作清单、各种卡片、邮箱提醒、日历标记和项目计划软件,都是非常有用的时间管理工具。例如:日本NEC公司培训员工的办事程序时,通常是从如何接打电话、留言等小事上开始,培训内容是公司多年业务经验的积累。

5) 心理培训

随着市场竞争的日益激烈,员工生活和工作的节奏加快,压力加大。面对激烈的竞争和工作的压力,员工容易出现心理紧张、挫折感、痛苦、自卑等不良心理状态。心理培训是为了保证员工外在和内在的健康而进行的培训活动,它集培训、指导、咨询三种功能于一体,实现企业管理者与员工之间的良好沟通。

目前,开发的企业心理培训课程主要有职业心理培训、入职心理培训、文化心理培训、生涯心理辅导、压力管理培训、员工沟通培训和员工激励培训等。随着心理培训课程的日益丰富多彩,心理培训在企业的应用日益得到重视。例如:联想集团定期邀请心理学专业人士为员工提供压力管理、沟通技巧等方面的培训;TCL集团、实达公司等常年邀请心理学家为员工开展心理培训。

四、核心员工的界定

核心员工(key employee)是近年来人力资源管理领域中流行的一个概念。尽管"核心员工"一词已被广泛采用,频频见诸各类媒体,但从文献搜索的结果来看,目前,对企业核心员工培训的研究还没有形成系统性:国内外学者只在核心员工的定义、界定和激励等有限的几个方面作出了零散的阐述。从现有文献看,对于核心员工的界定,主要存在以下几种观点。

英国管理学家查尔斯·汉迪(Charles Handy)在《非理性时代》中象征性地使用三叶草来说明未来组织是由具有专业素质的管理人员和技术人员、组织以外但能为组织服务的人、灵活使用的兼职工人和临时工人所组成。其中,三叶草的第一片叶子代表核心工作者,由合格的专业人员、技术人员和管理人员组成。这些人是组织的核心人员,拥有组织的关键知识。

美国马里兰州大学学者大卫·利帕克(David Lepark)和斯科特·A. 斯内尔(Scott A. Snell)于1999年将组织中的人力资本根据人力资本的价值和人力资本的独特性双重维度分为四种类型。其中,第一类型的人力资本具有高价值并且是独特的,即这些员工拥有特定技能,这些技能在劳动力市场上难以获得,并且员工为企业带来的战略性利益远远超出雇用和开发他们的管理成本。对于高价值和高独特性的人力资本,企业将其视为产生竞争优势的核心员工。

美国联邦航空管理署(FAA)对核心员工的定义为:占据组织核心位置的员工,在组织内无法立刻找到合格的替代者,他的职责无法转让给其他员工;他因突发事件而被另外赋予职责时,将严重影响和损害原部门的功能和连续性。

杨佑国(2001)认为:所谓核心员工,必须是核心价值岗位(即关键岗位)上的人员,比如对企业目标和经济效益影响很大的岗位;是知识面宽、经验丰富的员工;是培养周期长的员工;是专业特殊,难以找到替代者的员工;此外,核心员工还必须是理解企业核心价值观的人才。根据杨佑国对核心员工的界定,核心员工包括有创新能力的技术创新者、有杰出管理才能的企业家、有丰富销售经验的销售经理、有较高专业技能和技术的财务总监等。

唐效良(2002)不仅给出了核心员工的定义,而且还估计了核心员工的大致比例,并提出核心员工的界定方式,这在企业核心员工的研究上又前进了一步。唐效良认为,核心员工就是指那些拥有专门技术、掌握核心业务、控制关键资源、对企业产生深远影响的员工。一般来说,核心员工占企业总人数的20%~30%,集中了企业80%~90%的技术和管理,创造了企业80%以上的财富和利润。他还进一步建议采用因素评分法来确定企业的核心员工。也就是说,企业根据每个职位所得分数的多少进行排序,然后根据公司实际需要确定核心员工的比例,最终得出企业核心员工名单。但是,核心员工名单并不是一成不变的,而是随着企业的发展和市场的变化不断调整和变动的。

UPS公司认为,其公司的核心员工是司机,因为司机是公司业务运转的枢纽。UPS公司认为,司机具有在速递业务中所需要的重要技能,他们了解路线的特征,主导着与客户的关系。分析师的流失一直是令华尔街头疼的一个问题,在"时间就是金钱"的华尔街,一个分析师的离去,给公司带来的损失是无法估计的,所以华尔街把分析师作为核心员工。华安财产保险股份有限公司人力资源部总经理李煌华认为,对于保险企业而言,关键员工就是保险企业能实现其战略目标不可或缺的重要的关键人物,如杰出的团队主管、专业明星、风险管理专家、财务专家、高级经理人员等。因此,核心员工的界定要结合企业所处的行业来分析,即核心员工具有行业特色,不同行业的组织有不同的核心员工。

另外,彭剑锋等多位学者都认为,企业人力资源管理的重心要遵循 20/80 规律,即重点要关注那些能够为企业创造巨大价值的人,他们创造了 80% 的价值,而在企业人员数量中仅占 20%。

根据以上有关核心员工的界定,可以归纳如下:核心员工是指占据企业关键岗位,具有与该岗位需要相适应的较高能力,具有较高人力资本稀缺性且对于企业文化有较高认同度的员工。具体来说,核心员工就是支撑企业发展、实现企业战略目标不可或缺的、掌握核心资源、以职业化为特点的员工。

第二节 培训理论与方法

一、培训理论

自从美国古典管理学家、科学管理之父泰勒于 1911 年在其出版的《科学管理原理》一书中第一次提出培训的理论以来,培训理论相继被提出并运用于指导实践。从最早的改变行为方式培训理论,到分析与评估培训理论、资本培训理论、集体培训理论、终生教育培训理论、成人学习理论等,从各个不同的角度阐述并丰富了现代培训理论体系。

1. 改变行为方式培训理论

美国教育心理学家桑代克(E. L. Thorndike)提出尝试—错误理论,该理论认为:人类的学习都是通过"尝试—错误"方式形成各种各样情境与反应的联结;通过尝试—错误形成的环境和反应联结,须经过反复练习才能加强,不进行练习就会削弱;通过尝试—错误形成的环境和反应的联结,受到奖励就会得到加强,受到惩罚则会减弱。

1913 年,德国心理学家苛勒(W. Kohley)提出顿悟理论,该理论认为:学习是学习者积极组织自己的知觉经验,重视学习过程中人的内在心理结构的变化,强调学习者的主动性和能动性。

美国社会心理学家班杜拉(A. Bandura)提出模仿理论,该理论认为:人是通过观察榜样行为而学会新的行为的。人可以通过个人的直接经验模仿榜样的行为,但人更多的是模仿别人的榜样行为,从而通过模仿学会新的行为模式。该理论强调模仿在学习中的作用,从理论上为在教育实践中经常强调榜样、示范的作用提供了依据。

2. 分析与评估培训理论

马斯洛的需求层次理论和阿尔德弗的 ERG 理论认为,人有一系列复杂的需求,包括生理上的需求、安全上的需求、感情上的需求、尊重的需求以及自我实现的需求,较低层次需求的满足会引起满足较高层次需求的愿望。

阿尔德弗的 ERG 需要理论强调:多种需求可以同时存在,需求层次没有严格的阶梯式序列;而且,当满足较高层次需求的努力受挫时,会导致倒退到较低层次的需求满足上来。

美国心理学家麦克利兰经过长期研究于 20 世纪 60 年代提出成就需要理论,曾专门设计培训项目来挖掘满足人的成就需求的影响因素。

上述需要理论解释了员工对某一种学习成果的价值取向,说明为了激励学习,培训者应了解受训者的需要并使培训内容与这些需要相一致。

美国哈佛大学心理学教授斯金纳(1956)提出强化理论,该理论强调:人们愿意采取或避免某些行为是依据这些行为过去导致的结果来决定的。从培训角度来分析,强化理论说明为了让学习者获得知识,改变行为方式或调整技能,培训需要知道哪些是学习者认为的正向成果或反向成果,然后培训者将这些成果与学习者知识、技能的获取或行为的改变联系起来。

1967年,美国的洛克(E. A. Locke)提出目标设定理论,该理论认为:个人的有意识的目标规范着他的行为方式,目标会通过精力和注意力的分配,激励个人为达到目标而进行战略开发来影响行为方式。

1964年,美国心理学家佛隆(V. H. Vroom)在美国心理学家托尔曼(E. C. Tolman)研究成果的基础上作了进一步研究和发展,正式提出了系统的期望理论。期望理论强调:一个人的行为基于行为预期、实现手段和效价三个因素,不同的行为选择要根据它们的行为预期、实现手段和效价来进行评估。从培训角度看,期望理论说明学习最有可能在下列情况下发生,即员工相信自己能够完成培训项目内容(行为预期),而且学习与更高的工作绩效、加薪、同事的认同(实现手段)这些成果有关,员工进一步认为这些成果有价值。

3. 资本培训理论

企业培训是经济学家一直关注的问题。美国经济学家明瑟尔(Jacod Mincer)首次建立个人收入与其接受培训量之间关系的经济数学模型,认为人力资源培训是企业一种必需的资本投资。

美国经济学家舒尔茨认为,人的知识和技能的提高对经济发展的影响与土地、资本等占有量的增加具有同等功能。

贝克尔(Gary S. Becker)认为,工人在生产过程中学习新技术,能增加工人身上人力资本的存量,如果再加上培训,就会使人力资本存量继续增加。

资本培训理论的核心思想就是:通过人员培训可以大大提高用人成本的使用效益,培训理念由"培训是一种费用"向"培训是最大的投资"转变。

4. 集体培训理论

20世纪30年代,人本主义心理学家罗杰斯(C. R. Rogers)提出了集体培训理论,该理论提出以下观点。

(1)培训是非结构性的,没有固定的教学程式,没有固定的教学目标,学员在自由气氛中讨论。

(2)鼓励思考。强调学员独立进行有创造性的思考,通过群体学习,使学员的态度、价值和行为得以"重建",不是期待教师的指引、评价、确认和裁决,而是自我思考提高,形成创造性思维。

(3)接纳。在以学员为中心的群体培训环境中,教师通过营造使整个学员群体互相充分接纳的氛围,让学员从群体气氛中感到一种自由,从而更好地接纳自己与他人,并感到自己被提升到一个更高的境界,促使学习者对各种问题的看法更加开通、开放、开明,也竭力去了解和接纳别人。

汉弗莱(Humphrey,1990)提出了集体培训理论,从组织角度考虑员工培训问题,并且通过培训改变复杂的组织行为。

以上集体培训理论强调,学员通过培训不仅获得知识,而且掌握人际交往技能。

5. 终生教育培训理论

达夫(Dave)在《终生教育与学校的回顾》一书中将终生教育定义为:"终生教育包括人一生中的正规的、不正规的和非正规的各种学习;把教育看做一个整体,包括家庭、学校、社区和工作场所的各式各样的学习活动。"

1965年,法国成人教育专家保罗·郎格朗(P. Lengrand)在其出版的《终生教育引论》一书中率先提出了终生教育培训的创新理念,认为终生教育应遵循下列原则:

(1) 保证教育培训的连续性,以防止知识过时;

(2) 使教育培训计划和方法适应每个社会组织的具体要求和创新目标;

(3) 在各个阶段都要努力培育适应时代的新人;

(4) 大规模地调动和利用各种训练手段和信息;

(5) 在各种形式的活动与教育培训目标之间建立密切联系。

1985年,美国约翰·奈斯比特和阿布尔丹(John Naisbitt & P. Aburdene)在其出版的《再创公司》一书中指出,在只有变化是唯一不变的信息社会,不能期望某种教育是万无一失的,已经没有能持续一生的教育和技能。因此,为了吸引杰出人才,企业必须努力创造一个有利于学习和发展的环境,把企业创办成一个能让员工"干到老、学到老"的大学校。

1988年,组织学家戴维斯(S. M. Davis)在《2001年的管理:现在管理将来》一书中,特别强调了学习在信息社会的重要性,认为"尽管资源的增长是有限的,但是,学习却是无限的,是最根本的可再生资源"。

美国的伦纳德·赛利斯和乔治·斯特劳斯(Leonard Sayles & George Strauss)在他们合著的《人力资源管理》一书中也讨论了持续培训问题,认为:新问题、新工序、新设备、新知识、新工作都在不断地创造着培训员工的需要,因此,管理者应把培训当作一个不间断的、连续的过程,而不是一种短期行为。

6. 成人学习理论

教育心理学家认识到正规教育理论的局限性,开发了成人学习理论(adult learning theory)。1962年,美国约翰·斯通和里弗拉(John Stone & Rivera)进行的大规模调查表明:成人学习者重视知识的实用性而非学术性,重视应用性而非理论性,重视技能而非信息。美国管理学家汤姆·W. 戈特(Tom W. Good)博士在其所著的《第一次做培训者》一书中,总结了关于成人学习的16条原理,这些原理的主要内容如下。

(1) 成人主要是通过干中学方法进行学习的。经验告诉我们,通过干某件事来学习,是最终意义上的学习,亲自动手达成的结果能给学员留下深刻的感性认识。此外,成人学习新东西时希望通过动手来加以印证的想法,能激起更高的学习积极性。

(2) 运用实例。成人学习总是习惯利用所熟悉的参考框架来促进当前的学习,因此,需要采用大量真实、有趣、与学员有关的例子,吸引学员的注意力,激发他们的兴趣。

(3) 成人是通过与原有知识的联系、比较来学习的。成人丰富的背景和经验对其学习过程产生影响,他们习惯将新东西与他们早已知道或了解的东西加以比较,并倾向于集中那些他们了解最多的东西。因此,在培训开始时,应让学员相互认识,了解学员各自的背景,为培训班定下基调,尽快调动学员参与的积极性,避免抽象、空洞的说教,否则成人学员难以与其经验进行比较,从而可能陷入迷茫,失去对学习的兴趣。

(4) 在非正式的环境氛围中进行培训。这点是提醒培训组织者设法使学员在心情轻松的环境下接受训练,避免严肃、古板的气氛。

(5) 增添多样性。在培训中通过灵活改变进度、培训方式、教具或培训环境等以帮助学员增加学习兴趣,取得良好的培训效果。

(6) 消除恐惧心理。在培训中将学习信息反馈给学员是必要的,但应该经常以非正式方式提供反馈为宜,如能将成人学员担心学习成绩与个人前途直接挂钩的恐惧心理排除掉或将之减小到最低程度,那么,每个学员都能学到更多东西。

(7) 培训师是推动学习的促进者。成人学习要避免单向讲授,培训师是一个学习促进者,灵活有效的培训方式能大大促进学习的进程。学习促进者的主要职责包括:保持中立;促使学员履行学习的职责;识别学员参加学习的主要目的;达成对预期学习效果的认同;强化学习的基本原则;强化有效的学习行为;指导学员群体实现学习目标;鼓励全体学员;引导学员高效学习的激情;成为学习评判者;帮助学员明确学习目标;讲解、演绎和答疑解惑。

(8) 明确学习目标。明确的目标会成为积极的学习动力,目标应被学员清楚、了解与认同,并在培训过程中反复强调,这样学员才能经常注意自己是否走在通向成功的正确道路上。

(9) 反复实践,熟能生巧。实践是帮助学员完成学习目标的有效手段,通过实践,可将理论转化为学员在实际工作中能运用自如的工具,并真正成为属于他们自己的方法。

(10) 引导启发式的学习。告诉学员一个结果只能帮助他解决当前的一个问题,而通过引导、启发学员投入学习,同时提供资料、例子、提问、鼓励等帮助,成人学员就能自己找出结果,并完成所期望的任务,这才是培训所期望的最终效果。

(11) 给予信息反馈。及时、不断的学习信息反馈能使学员准确知道自己取得了哪些进步,哪些方面还需进一步努力。

(12) 循序渐进,交叉训练。学习过程的每一部分都建立在另一部分的基础上,因此,某一阶段的学习成果可在另一阶段的学习中得到应用与加强,使学员的能力逐步得到强化和提高。

(13) 培训活动应紧扣学习目标。紧扣学习目标将使培训过程中所有的活动沿着预期的轨道进行。

(14) 良好的初始印象能吸引学员的注意力。培训初始给学员的印象非常重要,如果培训准备工作做得很不充分、拖沓,则很难引起学员对培训的充分重视,从而影响学习效果。

(15) 要有激情。培训师的表现对学习气氛具有决定性的影响,一个充满激情的讲师能感染学员,引导、激发他们投入到学习的角色中。

(16) 重复学习,加深记忆。通过多样性的培训方法,使重复学习变得更加有趣与富有吸引力。这是遵循关于重复记忆的一条原理,通常至少将所学内容重复三次,但最好通过不同的方式去学,以此来反复加深认识。

美国教育家马尔科姆·诺尔斯(M. Knowles)自1935年起就一直从事成人教育的实践活动和理论研究。1989年,他指出,成人教育至少有三个含义:成人教育是成人学习的过程,是由一些机构为实现某些特定的教育目标而组织的一套活动,是社会实践的第一领域。在这三条含义中,成人教育的职业性和实践性得以全面阐述。并且,在1990年,马尔科姆·诺尔斯罗列了成人学习理论对培训的启示,如表8-2所示。

表 8-2 成人学习理论对培训的启示

设计问题	启 示
自我观念	相互启发和合作指导
经验	将学习者的经验作为范例和应用材料
准备	根据学习者的兴趣和能力进行开发指导
时间角度	立即应用培训内容
学习定位	以问题为中心而不是以培训主体为中心

(资料来源:雷蒙德·A.诺伊.雇员培训与开发[M].徐芳,译.北京:中国人民大学出版社,2001.)

现代培训理论不仅阐述了培训的内容,例如分析与评估培训理论,而且描述了培训的方式,例如改变行为方式培训、集体培训。更为重要的是,还提出了具有深远影响的培训理念,例如资本培训、终身教育培训。成人学习理论显示出企业培训对象不同于正式学历教育中的学生,也表明企业培训具有自己独立的教学规律。

二、培训方法

国外学者对培训的研究发展于 20 世纪 30 年代,成熟于 20 世纪 70 年代。培训理论层出不穷,培训方法也不断地得到创新。例如美国的敏感性训练、方格训练,日本的魔鬼训练,哈佛大学的案例教学法。

当前,企业培训的方法有很多种,企业培训的效果在很大程度上取决于培训方法的选择。李(Lee,1990)将培训方法分为三大类:演示法、传递法和团队建设法。其中,演示法是指将受训者作为信息的被动接受者的一种培训方法;传递法是指要求受训者积极参与学习的培训方法;团队建设法是用以提高团队或群体绩效的培训方法。

从强调知识的获取这一角度来说,有讲座、讨论会、案例研究、程序化教学等培训方法;从强调培训的实践性来说,有干中学方法、行动学习法(action learning)和角色扮演法等培训方法。因此,培训方法可以分为两类:认知培训和体验培训。其中,认知培训侧重知识的灌输,主要解决知不知道的问题。认知培训可以在课堂上,采用讲授、自学、阅读等方式来实施。所谓体验培训,是指员工通过参与某项活动获得初步体验,与团队成员共同交流、分享个人体验并提升认识,并将理论或成果应用到实践中的培训方式。体验培训经历一个"从实践(个人的体验)—理论(包括个人的认识)—实践(企业的具体活动)"的过程。联想集团、清华紫光、北大方正等都把体验培训作为员工教育的必修课。

以下逐一介绍企业培训常用的八种方法。

1) 讲授法

讲授法属于传统的培训方式,由培训师通过口头语言向受训员工描绘情况、叙述事实、解释概念、论证原理和阐明规律,系统地向受训者传授知识。知识的传授基本上是以讲授法为主,该方法要求培训师具有丰富的知识和经验。在讲授过程中,讲授内容要有系统性,条理清晰,重点、难点应突出。正如著名教育心理学家让·皮亚杰(Jean Piaget,1972)所言,知识必须通过对物体的积极主动的活动才能获得,仅凭言语教学是不行的。在培训活动中,尽量配备必要的多媒体设备,例如视听技术、计算机和多媒体,以增强培训的效果。

美国肯尼斯·汉森(Kenneth Hansen)说:"尽管讲授法受到当代教育家们的许多批评,但仍幸存了这么多年,这足以证明它具有某些独特的长处。"讲授法的优点主要有:操作简单方便,可以同时对许多人进行培训,所以讲授法是经济高效的;讲授法有利于学员系统地接受新知识,加深对较难问题的理解;在讲授过程中,培训师易于掌握和控制学习的进度。

当然,讲授法也存在许多缺点:学习效果易受培训师讲授水平的影响;讲授法主要是单向传递信息,缺乏培训师和学员之间必要的相互交流和反馈;虽然通过讲授法,受训员工可以获得经验知识,但是经验知识的移植性较弱,导致企业绩效难以通过传统的培训方法得到改善。

"讲师讲、学员听"的讲授法存在两种分离:从组织角度来说,存在工作与学习的分离;从员工角度来看,存在工作所需知识与培训所获知识的分离。

2) 研讨法

研讨法就是在培训师的引导下,学员围绕某一个或几个主题进行交流和讨论,在讨论过程中相互启发的培训方法。研讨法培训的目的是传授知识、训练能力、交流信息、训练心理。该方法适宜各类学员围绕特定的任务或过程独立思考、判断及评价问题的能力和表达能力的培训,尤其适合于管理人员的训练或解决某些有一定难度的管理问题。

培训师将学员提出的问题进行筛选,挑选出重点的、普遍性的问题,进行深入的研讨。研讨法一般采用先小组讨论、后集体交流的方式,培训师从中引导、点拨。研讨法不同于讲授法,强调学员积极参与、相互交流和启发。

3) 案例研究法

案例研究法(case study)由美国哈佛大学商学院推出,目前广泛应用于企业管理人员(特别是中层管理人员)的培训。奥尔登和科克罕(Alden & Kirkhorn,1996)为案例研究法给出了如下定义:案例研究法是指为参加培训的学员提供员工或组织如何处理棘手问题的书面描述,让学员分析和评价案例,提出解决问题的建议和方案的培训方法。案例研究法的目的是训练学员具有良好的决策能力,帮助学员学习如何在紧急状况下处理各类事件。

案例通常分为描述评价型案例和问题解决型案例两大类。前者描述的是解决某种管理问题的全过程及其后果(成或败),这类案例留给学员的分析任务只是对案例中的做法进行评价,提出"亡羊补牢"性的建议;问题解决型案例则只介绍待解决的问题,要求学员系统分析,并且提出解决问题的方法。

4) 工作轮换法

邦克和摩尔(Burke & Moore,2000),奥特加等人(Ortega et al,2001)认为,工作轮换是指员工从一个工作岗位变换到企业内部同一层面的其他工作岗位的过程。从培训角度来说,工作轮换法就是指让受训者在预定的时期变换工作岗位,使其获得不同岗位的工作经验。一般来说,工作轮换法有两种类型:纵向轮换和横向轮换。纵向轮换是指纵向的工作变化,也就是通常所说的升职或降职;横向轮换则是指在水平方向上的工作变化,通常所说的工作轮换是指横向轮换。工作轮换、工作丰富化、工作内容扩大化等之间的差异如表 8-3 所示。

美国学者卡兹(Karz)在研究科研组织时,通过大量的调查统计绘制出一条组织寿命曲线,即卡兹曲线,如图 8-1 所示。卡兹曲线表明,一个科研组织的成员在一起工作相处的时间,在一年半至五年这个期间里,信息交流的水平是最高的,获得的成果也最多。在不到一年半或超过五年的时间里,成员信息交流水平不高,获得的成果也不多。这是因为相处不到一年半,成员之间不熟悉,尚难以敞开心扉进行交流;相处超过五年,已成为老相识,相互之间失去新鲜感,从而可供交流的信息减少。

表 8-3 工作设计的类型及特点

类　型	工 作 内 容	特　点
工作专业化	只做很少的工序	劳动生产率高、员工满意度低
工作轮换	不同岗位间的轮换	拓宽工作领域、提高员工满意度
工作扩大化	增加上、下工序的内容	拓宽工作领域、提高员工满意度
工作丰富化	增加部分主管人员的工作	员工责任感加强
工作团队	工作围绕团队来设计	增强员工之间的协作和自我管理

（资料来源：楼旭明，段兴民.工作轮换的价值[J].企业管理，2004(9):90-92.）

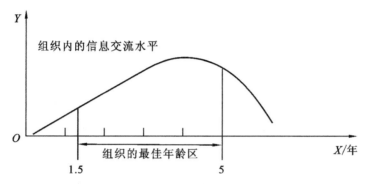

图 8-1 卡兹曲线

（资料来源：谢晋宇.员工流动管理[M].天津：南开大学出版社，2001.）

美国学者库克(Kuck)根据对研究生参加工作后创造力的发挥情况所作的统计绘制库克曲线，如图 8-2 所示。该曲线中，OA 段表示研究生在 3 年的学习期间创造力的增长情况；AB 段表示研究生毕业后参加工作初期(1.5 年)，第一次承担任务的挑战性、新鲜感，以及新环境的激励，促使其创造力快速增长；BC 段为创造力发挥峰值区，这一峰值水平大约可保持 1 年，是出成果的黄金时期；随后进入 CD 段，即初衰期，创造力开始下降，持续时间为 0.5~1.5 年；最后进入衰减稳定期，即 DE 期，创造力将在低水平上徘徊不前。为激发研究人员的创造力，库克理论认为，应该及时变换工作部门和研究课题，即进行人才流动。

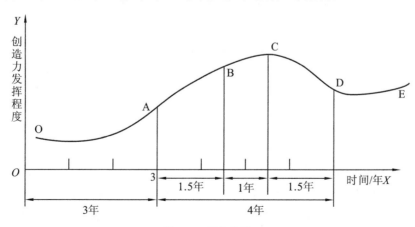

图 8-2 库克曲线

（资料来源：谢晋学.员工流动管理[M].天津：南开大学出版社，2001.）

卡兹曲线和库克曲线都强调组织的人才流动，通过人才流动来加强员工的创造力发挥和相互交流，工作轮换就是组织内人才流动的重要方式之一。现在，很多企业采用工作轮换培养新进入企业的员工或有管理潜力的未来管理人员，例如联想集团、华为集团、日本丰田公司、摩托罗拉公司、马自达汽车公司等。为了增强员工的职业技能，美国波特曼丽嘉公司非常重视员工的内部流动，在跨职务培训中，公司会让财务部负责贷款业务的人员学习薪酬管理；在跨部门培训中，则会让餐饮部的员工去销售部服务。目前，从众多企业运用工作轮换的实践来看，工作轮换对组织具有激励员工、促进员工职业成长、适应组织变化等作用。

5) 工作指导法

工作指导法就是由一位富有经验的技术能手或直接主管人员在工作岗位上对受训者进行培训，包括师傅带徒弟模式、指导人计划（mentoring program）。教练的任务是指导受训者如何做，以及怎样做好，并对受训者进行鼓励。师傅带徒弟模式应用于基层生产工人，指导人计划广泛运用于技术人员或管理人员。

师傅带徒弟模式对师傅和徒弟是一个双赢的局面，徒弟通过师傅的言传身教学习基本的技能、行为规范、待人接物的方法。另外，对于师傅来说，这种方法能刺激他们去弥补自己业务的不足，在带徒弟的过程中更加熟悉自己的业务、实践自己的经验。一般来说，技能培训采取的最常用的办法就是师傅带徒弟，例如汽车驾驶员培训。在世界500强企业中，很多企业的内训均采用师傅带徒弟模式。实践证明，师傅带徒弟模式不仅相当有效，而且节省成本。

近年来，职业管理领域中非常流行指导人计划。指导人计划是基于"对子"式的人际互动关系，是一种基于心理契约的长期开发方案。一方是指导者（mentor），是经验丰富、高级职务、颇具权威的组织领导或技术专家；另一方是被指导者，是初入组织的新员工或潜在的培养人才。指导者在指导人计划中承担特殊使命，为尚处于职业生涯早期的新人（被指导者）提供职业指导、关怀发展。指导人计划的实施离不开企业高层管理人员的支持，正如指导人计划的提出者、组织心理学专家克雷姆（Kram）所说，如果企业的CEO能担当指导人的工作，那么，计划成功将是必然的。

微软公司、联想集团、惠普公司等企业通过长期的指导人计划，在凝聚文化、营造氛围方面成效显著。微软公司通过熟练员工来指导新雇员，这些熟练员工来自组长、某些领域的专家以及正式指定的指导教师。除了本职工作以外，熟练员工还要担负起教导新雇员的工作。联想集团为每一个新员工在公司内部配备一个指导人，这些指导人都是联想集团在业绩方面特别是对联想企业文化的理解突出的老员工；在技术人才储备和培养方面，联想集团通过建立技术职称体系，推行技术指导人计划和学术带头人机制。在惠普公司，指导人奖励制度、和谐的人际气氛、信息沟通的规范性均记入了公司的培训章程。

6) 视听技术法

视听技术法（audiovisual instruction）是指利用现代视听技术（如投影仪、录像、电视、电影、电脑等工具）对员工进行培训。该方法可以用来提高学员的沟通技能、谈话技能和为顾客服务技能，并能详细阐明一道程序（例如焊接、手术等）的要领。心理学家曾经对交谈中言谈与行为传递信息的效果进行了因素分析方面的研究，研究结果发现：在交谈中，言辞传递的信息占7%，声音传递的信息占38%，而通过体态传递的信息却达到55%。因此，在视听技术法中，声像结合的传递渠道，在教学训练如演示、欣赏、情感交流的活动中能起到传统的书本载体所无法替代的作用。库珀·G.伯顿和库珀·P.伯顿（Cooper G. Burton & Cooper P. Burton, 1995）通过研究发现：多媒体技术在培训中的应用，能使学习速度提高30%、学习效果增加25%。

随着计算机技术的发展和视听技术在计算机领域的应用，形成了新兴的多媒体教学应用技术。多媒体技术在教学中的应用，是将文字、声音、图像、图形等多种表达知识的媒体结合在一起，通过计算机进行处理和控制，实现一系列交互性的操作，例如，多媒体培训辅助软件、个人学习软件、远程教育和计算机仿真模拟操作等。

7）角色扮演法

角色扮演法（role plays）是指在一个模拟的工作环境中，指定参加者扮演某种角色，借助角色的演练来理解角色的内容，模拟性地处理工作事务，从而提高处理各种问题的能力。它是由精神医学专家雅各·莫雷（Jacok Morley）所开发的心理剧发展而来的。在雅各·莫雷的心理剧中，由医生担任舞台总监，患者担任没有任何脚本而自由发挥的演员。医生通过观察患者在演出过程中流露出来的情感和需求了解其病况，然后针对患者的病症，进行集体心理治疗。

角色扮演法可以在决策、管理技能、访谈等培训中使用，适用于对实际操作人员或管理人员进行态度、仪容和言谈举止等人际关系技能的培训。具体来说，角色扮演法主要是运用于询问、电话应答、销售技术、业务会谈等基本技能的学习和提高。角色扮演法应与授课法、讨论法结合使用，才能产生更好的效果。在角色扮演法实施之前，培训师为角色扮演准备好背景材料以及一些必要的道具。为了激励演练者的士气，在表演开始之前及结束之后，全体学员应鼓掌。演出结束，培训师针对各演示者存在的问题进行分析和评论。

8）网上学习法

跨国公司员工遍布世界各地，传统的培训方法根本无法满足这么大规模的培训需求，于是网上学习应运而生。网上学习是一种新型的计算机网络信息培训方式，主要是指企业通过内部网，将文字、图片及影音文件等培训资料放在网上，形成一个网上资料馆，网上课堂供员工进行课程的学习。从计算机辅助学习，到视听培训和计算机辅助学习相结合的多媒体教学，再到以内部网和互联网为基础的网上学习，已经对传统的课堂培训产生了很大的影响。

基于移动互联网与移动通信的新型学习方式将被越来越多地应用。培训的网络化的及时性使得接受培训者可实现即时学习。电子互动课程将课程内容"碎片化"、"交互化"，通过移动互联网平台推送到受众中去，也可以和线下课程很好地结合起来。

远程教学、网上培训、网上学校在企业中越来越普及。根据摩托罗拉公司人力资源部的统计，摩托罗拉公司网上培训时间约占总培训时间的50%。由于上海贝尔有限公司在职员工分布在近20个海外办事处和国际业务片区，还有大量工程人员常年在各地工作，因此，大批人员需要在异地通过学习及时了解产品及技术动态，通过网上学习平台实现了这种需要。美国通用汽车公司通过网上学习平台为经理和专业技术人员提供网上MBA课程和其他短期教育，员工还可以在网上学习哥伦比亚商学院、斯坦福大学和芝加哥大学商学院的课程。

三、培训方法比较

不同的培训方法具有不同的特点，其自身也是各有优劣，无法笼统地讲一种培训方法比其他的方法优越。1972年，美国学者卡罗尔、佩因和伊凡采维奇（S. J. Carroll & F. T. Paine & J. J. Ivancevich）发表了一项对人事专家进行调查的结果，这次调查的方法是让那些人事专家评价各种培训方法在帮助员工获取知识、改变态度、提高解决难题的技巧、发展人际沟通技能、获得参与许可以及保持知识等方面的有效性。具体如表8-4所示。

表 8-4 培训方法有效性的比较

培训方法	获取知识	改变态度	解决难题的技巧	人际沟通技能	参与许可	保持知识
案例培训	2	4	1	4	2	2
讨论会	3	3	4	3	1	5
讲课（讨论）	9	8	9	8	8	8
商业游戏	6	5	2	5	3	6
培训方法	获取知识	改变态度	解决难题的技巧	人际沟通技能	参与许可	保持知识
程序化教学	1	7	6	7	7	1
角色扮演	7	2	3	2	4	4
敏感性训练	8	1	5	1	6	3
电视教学	2	9	8	9	9	9

（资料来源：孙健.海尔的人力资源管理[M].北京：企业管理出版社，2002.）

1999年，雷蒙德·A.诺伊从学习环境、培训转化、培训效果、学习成果、培训成本等方面对培训方法进行了评价，每个方面都给出了高、中、低的分数。其中，学习成果包括言语信息、智力技能、认知策略、态度和运动技能，一种培训方法可能会影响一种或几种学习成果；为了使学习行为发生，创造良好的学习环境也是非常重要的。受训者必须要理解培训目标，培训内容要有意义；受训者要有实践机会并能获得反馈，观察别人并与之交流也是一种有效的学习途径；培训成果的转化是指培训内容在工作中的应用程度；培训成本包括开发成本和管理成本，开发成本是指与培训项目的设计有关的成本，管理成本是指每次使用培训方法时发生的成本。表8-5摘录了部分培训方法的比较情况。

表 8-5 培训方法的比较

比较项目		讲授法	研讨法	案例研究法	工作轮换法	工作指导法	视听技术法	角色扮演法	网上学习法
学习成果	言语信息	是	是	是	是	是	是	否	是
	智力技能	是	是	是	否	是	否	否	是
	认知策略	是	是	是	是	否	否	是	是
	态度	是	否	否	否	否	否	是	否
	运动技能	否	否	否	是	是	否	否	否
学习环境	明确目标	中	中	中	高	高	低	中	高
	实践机会	低	中	中	高	高	低	中	中
	有意义的内容	中	中	中	高	高	中	中	高
	反馈	低	中	中	高	高	低	中	中
	观察别人并与之交流	低	高	高	高	高	中	高	低
	培训成果的转化	低	中	中	高	高	低	中	中

续表

比较项目		讲授法	研讨法	案例研究法	工作轮换法	工作指导法	视听技术法	角色扮演法	网上学习法
成本	开发成本	中	中	中	中	高	中	中	高
	管理成本	低	低	低	低	高	低	中	低
效果		对言语信息效果好	一般	一般	好	好	一般	一般	中

(资料来源:雷蒙德·A.诺伊.雇员培训与开发[M].徐芳,译.北京:中国人民大学出版社,2001.)

由于企业内部人员结构复杂、工种繁多、技术要求各不相同,企业培训必然是多层次、多内容、多形式与多方法的。培训方法的选择需要根据企业组织的需求和实际能力来决定,需要考虑到培训的目的、培训的内容、培训对象的自身特点及企业具备的培训资源等因素。例如,由于组织内培训对象不同,培训内容不同,所以采用的培训方法也不同。对新员工可以采用上课面授的方式,系统进行岗前培训;对老员工可以采取定期举办座谈会、介绍经验等方式,共同解决工作中的难题。在企业实际运作中,可以按照需要选用一种或若干种培训方法并用或交叉应用。

第三节 培训实施

自 20 世纪 60 年代起,系统培训模式已经开始形成。在实践中,各企业根据自身的情况对这一模式进行了调整,但通常包括以下几个方面:制订培训政策、确定培训需求、制订培训目标与计划、实施培训计划、对计划的实施进行评估。根据哥德斯坦和福特(Goldstein & Ford)研究设计的培训系统,完整的培训系统至少包括需求评估、培训计划、培训与开发、效果评价等四个阶段。雷蒙德·A.诺伊(1999)在《雇员培训与开发》中总结提出了开发培训项目的系统方法——指导性设计过程,包括需求评估、确保员工做好受训准备、营造学习环境、确保培训成果在工作中的应用、选择培训方法和项目评估六个步骤。培训是一个系统工程,能否建立一套完善、科学、合理的培训工作流程,是整个培训工作能否有序、有效地进行的重要保证和根本所在。培训流程如图 8-3 所示。

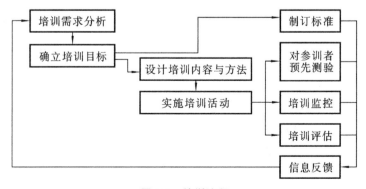

图 8-3 培训流程

一、培训需求分析

有效的培训体系首先要从需求分析入手,在此基础上设计培训体系,有针对性地确定培训内容,从而提高培训的质量和效果。培训需求分析是制订培训计划的前提,也是进行培训评估的基础。培训需求产生于实际状态与期望状态之间存在的差距。培训需求分析是指在规划与设计每项培训活动之前,由培训部门、主管人员、工作人员等采取各种方法和技术,对企业及其成员的目标、知识、技能、态度等方面进行系统的鉴别与分析,以确定是否需要培训及培训内容的一种活动或过程。

1. 培训需求分析模型

1)三项分析模型

1961年,迈克格希和泰耶尔(McGehee & Thayer)出版了《企业与工业中的培训》一书,提出编制培训计划的三种分析方法:组织分析、任务分析和人员分析。三项分析法至今仍是学者们研究的热门课题。I. 哥德斯坦、布雷弗曼和H. 哥德斯坦(I. L. Goldstein & E. P. Braverman & H. Goldstein,1991)经过长期的研究将培训需求评价方法系统化,从三个方面入手进行分析:组织分析、任务分析和人员分析(见图8-4)。

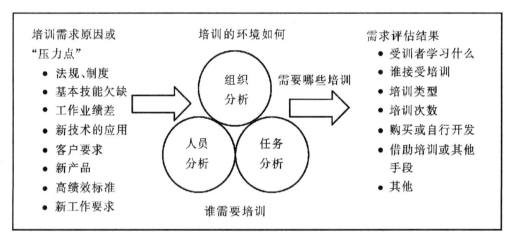

图8-4 培训需求评估过程

(资料来源:Raymond A Noe,John R Hollenbeck,Barry Gerhart,et al. Human Resource Management[M]. 3rd Edition. 北京:清华大学出版社,2000.)

组织分析:在给定公司经营战略的条件下,决定相应的培训——判断组织中哪些员工和哪些部门需要培训,以保证培训计划符合组织的整体目标与战略要求,为培训活动提供可利用的资源以及管理者和员工对培训活动的支持。

任务分析:确定职位的各项培训任务,精细定义各项任务的重要性、频率和掌握的困难程度,并揭示成功地完成该项任务所需要的知识、技能和态度等培训内容。

人员分析:从员工实际状况出发,分析现有情况与完成任务的要求之间的差距,鉴别培训因素及非培训因素的影响,确定谁需要培训。

2)需求差距分析模型

美国的培训专家汤姆·W. 戈特(Tom W. Goad)将"现实状态"与"理想状态"之间的差距

称为"缺口"。该模型是通过对"理想技能水平"和"现有技能水平"之间关系的分析来确认培训需求的。

需求差距分析模型表明:只要"理想状态"形成,"现实状态"便会与之构成差距。理想状态和现实状态之间的差距包括:现有知识程度与希望达到的知识程度之间的差距,现有能力水平与希望达到的能力水平之间的差距,现有认识、态度水平与希望达到的认识、态度水平之间的差距,现有绩效与预期绩效之间的差距,已经达到的目标与要求达到的目标之间的差距,现实中的劳动者素质与理想中的劳动者素质之间的差距等。随着差距的形成,就产生了"培训需求",即培训需求=理想状态-现实状态。例如,通过比较个人技能与其从事或想要从事的工作所需技能之间的差距来确定技能培训需求。技能差距分析的目的是正确地理解哪些技能是员工在将来急需提升的,使其能够在现在或将来的岗位上成功工作。

需求差距分析模型所关注的是员工"必须学什么"以缩小差距,然后对学习需求作出响应,并给出相应的培训活动。因此,汤姆·W.戈特强调:"培训的职能是促进学习。它通过精心的安排来帮助个人发现、确认并获得某些重要能力,以使他们更好地完成本职工作。"培训实践证明:培训活动无一不为消除或者缩小这种差距而存在,又为满足由差距导致的"需求"而展开。

3) 胜任力分析模型

20世纪中后期,哈佛大学的麦克利兰教授提出了胜任特征分析法。该方法对人员进行全面系统的研究,从外显特征到内隐特征给予综合评价。胜任力(competency)是指能将某一工作(或组织、文化)中表现优异者与表现平平者区分开来的个人的表层特征与深层特征,主要包括知识、技能、社会角色、自我概念、特质和动机。胜任力的概念促使学者思考的不仅仅是知识本身,更重要的是那些完成工作绩效所需要的知识(Morgan,1988;Sandberg,2000)。

胜任力模型(competency model)则是指担任某一特定的任务角色所需要具备的胜任特征的总和。泰勒(1911)认识到优秀工人与平庸工人在完成他们工作时的差异,建议管理者用时间和动作分析方法界定工人的胜任力是由哪些成分构成的。斯潘塞·L.和斯潘塞·S. (Spencer L. & Spencer S. ,1993)探讨了在200多种不同的工作中哪些胜任力是工作优胜者正在使用的,研究结果发现:高绩效通常是一组具体的胜任力按照一种特殊方式组合的产物。

1989年,尤格尔(Gary Yukl)将管理者工作划分为三类技能或胜任力:技术、人际和概念。其中,技术技能包括方法、程序、使用工具和操纵设备的能力;人际技能包括人类行为和人际过程、同情和社会敏感性、交流能力和合作能力;概念能力包括分析能力、创造力、解决问题的有效性、认识机遇和潜在问题的能力。

1983年,帕维特和范恩(Pavett & Fan)提出胜任力的概念、技术、人际和政治技能四种类型。其中,概念技能和技术技能与尤格尔的分类内容相同,人际技能涉及同他人一起工作、理解和激励的能力,政治技能包括构建权力基础等。

1990年,维里斯(Veres)认为,工作者所拥有的属性包括知识、技能、能力和有效工作的个人品质,前三种属性可简称为KSA(即knowledge、skills和abilities)。

时勘等(2002)认为"胜任力"指能把某岗位中绩效表现优异者和表现平平者区别开来的个体潜在的、较为持久的行为特征,这些特征可以是认知的、意志的、态度的、情感的、动力的、倾向性的等等。

胜任特征分析法不只局限于组织、任务或人员分析的某一个层面,同时强调需求分析和培训结果应能提高受训者对未来职务的胜任特征。基于胜任特征分析法针对岗位要求结合现有人员的素质状况,为员工量身定做培训计划,突出了培训的重点。

2. 培训需求分析思路

从需求的主体来划分,培训需求有三个层次:组织需求、部门需求和个人需求。因此,在员工培训管理工作中,有必要采用"组织需求—部门需求—个人需求"的思路来确定每位员工的培训需求。组织需求反映员工在整体上是否需要进行培训,保证培训计划符合组织的整体目标和战略要求。组织发展战略和外部环境对员工的能力水平提出的要求就是"期望状态",而员工本人目前的实际水平即为"实际状态",两者之间的"缺口"就是差距。努力缩小这一"缺口",就形成了组织需求。例如:企业正在推进办公自动化和信息化,就需要考虑员工整体上计算机水平是否能够满足企业办公自动化需要。因此,从组织层面分析培训需求,高层经营管理者和人力资源部着重分析组织的战略目标、资源和环境。

各部门负责人根据部门目标、部门业务特点对本部门员工的能力水平提出要求,与目前员工的实际水平之间的差距就是个人培训需求,就形成部门需求。在每年年底,各部门负责人独立进行本部门的培训需求分析,确定与部门目标、部门业务相关的培训需求。部门层面的需求分析信息来源途径主要有部门职责、部门目标、顾客反映和部门负责人填写的培训需求调查问卷。

在每年年底,员工个人根据自己的实际情况,确定与个人绩效、个人发展相关的培训需求。个人需求分析是从员工面向未来考察培训的需求,简单公式如下:目前或日后的工作所需达到的能力水平－员工目前的实际工作能力水平＝个人培训需求,即员工个人发展期望的能力水平与目前的实际水平之间的差距就是个人培训需求。个人层面的需求分析信息来源包括业绩考核的记录、员工技能测试结果以及员工个人填写的培训需求调查问卷。

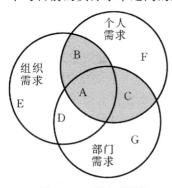

图 8-5 三层交集模型

在通过调查统计和比较分析之后,可以得到组织需求、部门需求和个人需求。组织需求、部门需求和个人需求三者是辩证统一关系,既相互区别又相互联系,三者之间的关系如图 8-5 所示。

1) 相互独立部分

图 8-5 中 E、F、G 表示组织需求、部门需求和个人需求三者之间相互独立的部分。如果把 E、F、G 的任何部分培训需求列入培训计划,都不能把组织需求、部门需求与个人需求有机地结合起来。为了满足组织需求 E 或部门需求 G,就必须从外部引进组织或各部门需要的人才,以满足组织发展战略或部门业务目标的实现;为了满足个人培训需求 F,组织鼓励员工利用工作之外的时间自费参加培训或自学,以实现员工个人的发展目标。

2) 两层交集部分

图 8-5 中,B、D、C 表示组织需求、部门需求和个人需求两两之间存在的相互重叠部分,即两两之间存在共同的培训需求。

B:组织需求和个人需求之间存在的共同培训内容。
C:部门需求和个人需求之间存在的共同培训内容。
D:组织需求和部门需求之间存在的共同培训内容。

为了满足组织未来发展需要,B 和 C 的培训内容纳入培训计划,安排和组织相关员工参加培训活动。D 表示组织需求或部门需求之间相互联系,而与员工个人需求相矛盾。首先与员工进行沟通协调,适当调整培训内容,化解组织发展与个人发展之间的矛盾。经过充分的沟通之后,若不能化解矛盾,则从组织外部引进拥有所需知识和技能的优秀人才。

3) 三层交集部分

图 8-5 中,A 表示在组织需求、部门需求和个人需求三者之间存在重叠部分,即三者之间存在共同内容的培训需求。共同的培训需求既反映了组织发展需要以及部门业务目标需要,又反映了个人发展需要,是制订培训计划的主要依据。在此基础上制订的培训计划,能够实现组织发展、部门目标和个人发展的有机结合。

二、培训计划制订

从新员工的入职培训到管理人员开发,组织都必须制订一个全面的、可操作的培训计划。培训计划在整个培训体系中都占有比较重要的地位。培训计划制订的好坏直接影响培训效果,因此,人力资源管理部门和各级管理人员都必须重视培训计划的制订。

郭京生等人(2002)给出培训计划的定义如下:培训计划是根据企业的近、中、远期的发展目标,对企业员工培训需求进行预测,然后制订培训活动方案的过程。同时,他们进一步指出,培训计划包括确定组织目标、分析现阶段差距、确定培训范围、制订培训内容、选择培训方式、确定培训时间以及培训计划的调整方式和组织管理等内容。

伯罕和佩斯柯里卡(Byham & Pescuric,1996)指出,有效的培训项目设计包括课程描述、培训目标、课程时间安排表和详细的课程计划。其中,课程计划包括课程名称、学习目的、涉及的专题、目标听众、培训时间、培训教师的活动、学员的活动和其他必要事项。

从国内外企业组织员工培训的实践来看,培训计划的编制大体包括以下几个步骤。培训计划的制订流程如图 8-6 所示。

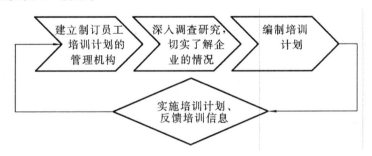

图 8-6 培训计划的制订流程

1. 建立培训管理机构

培训是企业组织的一个系统工程。培训计划的编制,不仅仅是人力资源管理部门的事情,它还涉及企业内的许多部门。因此,有必要建立一个培训管理机构,以便协调各个部门的工作。泰勒也强调,员工培训是获取一流工人的重要途径。科学的培训计划应由专门机构和培训师一起制订。一般来说,规模较大的企业,设有负责培训的专职部门或岗位,例如训练中心或培训主管等,为不同层次的员工制订培训计划。

2. 调查研究企业的情况

一般来说,培训计划的制订依据主要有:企业或部门培训需求分析结果、发展战略规划、部门工作计划、可利用的培训资源和管理理念。在建立培训管理机构后,应预测企业短、中期的生产和技术发展情况,以及企业在短、中期计划期内对各种人员的需求数量;调查企业在培训方面的条件和能力,例如培训管理人员、师资、培训资料和教材的编写、培训设施及培训经费等;应掌握企业员工素质方面的情况,了解员工个人对培训与发展的要求。

3. 编制培训计划

详尽的培训计划主要包括如下内容:明确培训目标、确定培训内容、选择培训对象、确定培训时间和地点、聘请培训主讲人、评估培训效果以及如何实施等,即5W1H。所谓5W1H,就是指 why(为什么)、who(谁)、what(内容)、when(时间)、where(地点)、how(如何进行)。具体来说,5W1H 就是要求明确组织培训的目的是什么(why);培训的对象是谁,并由谁负责,授课教师是谁(who);培训内容如何确定(what);培训的时间和期限有多长(when);培训的场地、地点在何地(where);如何进行正常的教学(how)。

4. 反馈与改进

培训计划的设计是一个系统工程,需要不断地改进与完善。应在培训的实施过程中获取反馈信息,并根据这些反馈意见不断修改完善。

三、培训效果评估

为了使有限的培训资源用在刀刃上,需要对培训活动的效果进行评估。美国的雷蒙德·A.诺伊认为:培训效果是指公司和受训者从培训当中获得的收益,培训评估指收集培训成果以衡量培训是否有效的过程。英国管理服务委员会(MSC)将培训效果评估定义为:判断培训是否达到既定目标的过程。对某些培训项目的效果评估较为容易,例如外语培训、打字培训;对有些培训项目的效果评估则比较困难,例如领导力培训。

1. 培训效果的评价尺度

日本学者提出了在职培训完成率和培训手段适用率两个单项指标用于培训效益评估分析;匈牙利的斯赞美特(Szamet)教授提出"三角形面积理论",认为培训效果是三角形面积,三条边分别是理论知识、应用技能、思维能力,协调好三者关系,就能增加三角形面积。

1959 年,柯克帕特里克(Kirkpatrick)分别从评估的广度和深度提出多标准评估系统,此系统从反应、学习、行为和结果四个层次评估培训效果。其中反应和学习层次评估偏重于学习的过程,在受训者返回工作岗位前进行;行为和结果层次评估偏向于衡量培训在工作中的转化程度(见表 8-6)。

表 8-6 柯克帕特里克的多标准评估系统

序 号	标 准	重 点
1	反应	受训者对培训的感受,是否对培训满意
2	学习	受训者通过培训对知识、技能、态度、行为方式的掌握程度如何
3	行为	受训者在工作中行为是否有改变
4	结果	培训对组织产生的影响,例如产量、员工流动率等

考夫曼(Kaufman)发现柯氏四级评估模型存在某种缺陷,增加了第五级评估来讨论社会问题,包括反应和可能性、掌握、应用、组织效益,以及社会效益等评估要素。其中反应和可能

性评估中可能性因素说明的是针对确保培训成功所必需的各种资源的有效性、可用性、质量等问题,而反应因素旨在说明方法、手段和程序的接受情况和效用情况;掌握评估用来评估个人和小组的掌握能力情况;应用评估主要评价受训者在接受培训项目后,个人和小组在工作中知识、技能的应用情况;组织效益评估审查和评价培训项目对组织的贡献和报偿情况;社会效益评估评价社会和客户的反映,以及利润、报偿情况。

汉姆布林(Hamblin)提出,培训效果评估从以下五个角度进行:反应、学习、工作行为、执行和最终评估。汉姆布林的评估方法与柯氏模型很相似,其中,反应评估包括学员对一系列因素的反应;学习评估评价学员的知识、技能和态度的进步;工作行为评估确认由培训项目导致的学员在工作中表现的变化;执行评估是量化培训项目给学员所在部门、组织带来的影响;最终评估主要评价培训项目对组织营利能力和对抗危机能力的大小。

沃尔(Warr)、伯德(Bird)、雷克汉姆(Lackham)提出一个划分评估程序的独特方法,描述了四种基本的评估级别,即背景评估、投入评估、反应评估、产出评估。其中,背景评估审查培训项目运行背景的基本条件,确定培训的需求和培训最终要克服的问题,以及在中间阶段组织行为的变化,目标完成程度;投入评估指收集佐证,并利用这些佐证来评估培训项目本身,从而进一步完善人力资源培训的实施方法;反应评估评价学员在培训项目中和项目完成后的反应;产出评估涉及收集和利用人力资源培训项目的结果或成果方面的信息。

2. 培训效果的评价思路

培训效果有些是有形的,有些是无形的;有些是直接的,有些是间接的;有些是短期的,有些是长期的。因此,培训效果的评估十分复杂。综合国外关于培训效果评估的研究文献,培训效果主要从有效性和效益性两方面进行评估。培训效果的有效性是指培训工作对培训目标的实现程度。培训效果的效益性则是判断培训工作给公司带来的经济效益,而不仅仅是判断培训目标的实现程度。

1) 有效性评估

有效性评估主要是检验公司培训的效果是否显著,对培训的成效进行检查与评价,然后把评估结果反馈给相关部门,作为下一步培训计划与培训需求分析的依据之一。员工完成培训回到部门工作后,应及时向人力资源部反馈培训效果。通过人力资源部部门主管与该员工之间的双向交流以及培训后的跟踪调查,了解培训目标的完成情况,检查员工掌握的新知识、新技能,判别员工工作态度的变化。

(1) 反应层次。这是培训效果评估的最基本层次,评估受训者的满意程度。受训者的反应涉及培训内容是否实用、培训方式是否合适、教学安排是否合理等,主要利用问卷调查、与受训者面谈、培训时的观察等方法进行。这个层次的评估最易进行,但也有缺陷,由于主要是受训者的主观感受,容易出现偏差,影响到可信度,例如出于对培训师的好感而将其他项目都给予好评。因此,一般以大多数人的反应作为对培训效果的基本评价。

(2) 学习层次。这是培训效果评估的第二个层次,评估受训者通过培训在知识、技能、态度等方面的收获,可以运用书面测试、操作测试、讲演、受训者完成心得报告等方法来测定。这一层次的评估是同时对受训者和培训者的验收,这种验收对受训者和培训师都有压力,促使受训者更加集中精力学习,促使培训师更精心准备和更用心授课。测试最好在培训前和培训后分别进行,两次测试的差距可以反映出培训的效果。还可以采用对照组来排除培训外的其他因素对培训效果的影响,提高评估的效度。对照组是没有参加培训项目的一组员工,他们应具有和受训者相似的年龄、教育水平、技能水平、工作年限等个性特征。

（3）行为层次。这是培训效果评估的第三个层次，评估受训者在工作中行为的变化，主要使用观察法、问卷调查法、访谈法。评估一般在培训结束之后的一段时间的工作中进行。最好是受训者在工作中实施与培训内容相关的工作时通过上级、同事、下级等相关人员进行观察，评价受训者在受训后行为是否有改善，是否运用了培训中学习的知识、技能，服务态度是否有改善等。客户的意见也非常重要，但不容易得到，如果太麻烦客户可能会影响和客户的关系。此层次的评估可以增加高层管理者对培训的信心，使其更加支持培训。但是有时培训的效果潜移默化，需要较长的时间才能显现出来，而培训以外的因素也会起到一定作用，剔除这些因素的影响也有些困难。可以考虑采取对照组的方法。如果可能，也可以充分利用专业的培训咨询管理公司的经验和力量。

（4）结果层次。这是培训效果评估的第四个层次，评估培训对企业绩效产生的影响。可以通过对产品质量和产量、事故发生率、销售额、成本、利润、流动率、出勤率、客户抱怨率等指标在培训前后的对照来进行评估。由于是对企业绩效产生的影响，培训效果显现的时间往往更长，需要半年、一年甚至更长的时间，评估也更困难，需要投入更长的时间和更多的精力，同时需要高层管理者的合作以获得相应的数据信息。但这也是企业的高层管理者最关注的部分。这个层次上的培训效果最能够打动高层管理者，从而获得他们的支持。

2）效益性评估

有效性分析仅能判断培训的效果是否显著，不能分析培训方案在经济上是否可行，即在整个培训期及收益期内是否收益大于支出。如果不对培训过程及培训后的经济效益进行评估，就很难全面、有效地评价培训的整体效果。培训作为公司的一项特殊的支出，具有一个投资项目的基本特征，因此，对培训效果的效益性评估主要是培训成本的控制和培训收益的测评。效益性评估的优点显而易见，公司高层管理者了解培训成本的信息，可以就培训开发、管理和评估方面进行培训成本控制；通过翔实的、令人信服的调查数据，了解培训收益后，可以指导培训计划，把有限的培训费用投入到为公司创造经济效益的培训课程上。

3. 培训效果评价的具体操作

1）参训员工培训后的感受

通过参训员工的情绪、注意力、满意度等，要求每一个接受培训的人员对培训效果作出评价，结合所有人员的总体反应得出对培训效果的基本评价。培训结束后，应了解参训员工对培训的看法及参加培训的具体收获，例如，通过培训学习到了什么，培训内容和方法是否合适、有效，培训的每一学习过程是否满足和达到了培训所提出的要求。为保证评估结果有较高的效度和信度，必须选择恰当的评估方法，通常采用问卷调查法、面谈法等。

培训完毕后，参训员工需完成培训效果反馈表，并递交人力资源部。由于内训和外训之间、前阶段培训和后阶段培训之间存在差异，所以培训效果反馈表也略有不同，见表8-7、表8-8和表8-9。内训的培训效果反馈表侧重于评价培训内容和培训教师；周期性培训的培训效果反馈表的主要目的是帮助了解前阶段培训的学习效果以及组织安排，为是否继续开展下阶段的培训计划提供决策信息；外训的培训效果反馈表主要评价参训员工的培训内容以及培训机构的组织安排。人力资源部根据反馈表对培训课程、培训教师、培训效果、培训机构进行综合评估，评估结果作为下阶段培训工作的决策依据。

第八章　员工培训与开发

表8-7　培训效果反馈表（内训）

培训活动全名：_____
时间：_____
参加人：部门_____　职务_____　姓名_____
说明：本表的主要目的是帮助了解本次培训活动的培训内容和教师水平，各位的意见将有助于培训工作的改进。根据了解程度，请大家就下列问题提供客观而真实的意见。我们一定对您的意见加以保密。谢谢您的配合！

1. 课后意见（根据实际情况，在评价等级对应的"□"内打"√"）

项　　目		差	一般	好
培训内容	①内容	□	□	□
	②难度	□	□	□
	③时间安排	□	□	□
	④满足需要	□	□	□
主讲人	①表达	□	□	□
	②专业知识	□	□	□
	③讲授方法	□	□	□
	④态度	□	□	□
个人满意度	①对个人/未来工作的帮助	□	□	□
	②提高个人知识和技能	□	□	□
服务	①设施	□	□	□
	②服务态度	□	□	□
总 体 评 价		□	□	□

2. 您觉得本次培训活动对您工作最有效的内容是什么？
3. 您认为公司今后应该提供哪些内容的培训？
4. 您对本次培训活动的改进有何建议？

表8-8　培训效果反馈表（周期性培训）

培训活动全名：_____
时间：_____
参加人：部门_____　职务_____　姓名_____
说明：本表的主要目的是帮助了解前阶段培训的学习效果以及组织安排，各位的意见将有助于后阶段培训工作的改进。根据了解程度，请大家就下列问题提供客观而真实的意见。我们一定对您的意见加以保密。谢谢您的配合！

1. 前阶段培训意见（根据实际情况，在评价等级对应的"□"内打"√"）

续表

项　目		差	一般	好
培训内容	①内容	☐	☐	☐
	②难度	☐	☐	☐
	③时间安排	☐	☐	☐
	④满足需要	☐	☐	☐
主讲人	①表达	☐	☐	☐
	②专业知识	☐	☐	☐
	③讲授方法	☐	☐	☐
	④态度	☐	☐	☐
个人满意度	①对个人/未来工作的帮助	☐	☐	☐
	②提高个人知识和技能	☐	☐	☐
服务	①设施	☐	☐	☐
	②服务态度	☐	☐	☐
总 体 评 价		☐	☐	☐

2. 后阶段培训的时间安排是否与您的工作计划存在冲突？（若有冲突，请说明具体情况）
3. 在前阶段培训中，您是否学到了现实工作中可以利用的知识？后阶段培训课程对您工作最有效的内容可能是什么？
4. 通过前阶段培训，您认为后阶段培训主要在哪些方面需要进行改进？

表 8-9　培训效果反馈表（外训）

培训活动全名：_____
时间：_____
参加人：部门_____　职务_____　姓名_____
说明：本表的主要目的是帮助了解本次培训活动的培训内容以及组织安排，各位的意见将有助于培训工作的改进。根据了解程度，请大家就下列问题提供客观而真实的意见。我们一定对您的意见加以保密。谢谢您的配合！
1. 在培训前，您对本次培训内容的了解程度如何？
　　☐完全了解　　☐基本了解　　☐了解少许　　☐完全不了解

第八章　员工培训与开发

续表

```
2. 在培训后,您对本次培训内容的了解程度如何？
   □完全了解        □基本了解        □了解少许        □完全不了解
3. 您对此次培训活动组织机构的服务是否满意？
   □非常满意        □比较满意        □基本满意        □不满意
4. 您觉得本次培训活动对您工作最有帮助的内容是什么？
5. 您认为本次培训活动最突出的特点是什么？
6. 您对本次培训活动的总体评价怎样？
   □非常好          □好              □一般            □不好
7. 您认为公司今后应该提供哪些内容的培训？
8. 您对本次培训活动的改进有何建议？
```

2) 对知识、技能的掌握程度

参训人员在培训结束后完成培训小结,见表 8-10,其目的是促使参加培训的人员将学习到的理论知识和实际工作有机地结合起来。有些知识、技能培训,可在培训后对参训者进行考试或测试,通过成绩来客观反映培训效果。由于考试本身就是对培训效果的检验,因此,培训后参加考试的参训人员可以不再填写培训小结。

表 8-10　培训小结

```
培训活动全名：_____
时间：_____
参加人：部门_____    职务_____    姓名_____
说明：本表的主要目的是帮助了解本次培训活动的培训效果,各位的意见将有助于培训工作的改进。根据
实际情况,请大家就下列问题提供客观而真实的意见。我们一定对您的意见加以保密。谢谢您的配合！
1. 在培训后,您的工作是否有了较大改变？
   □很大改变        □有些改变        □较少改变        □完全没有改变
2. 此次培训对您的工作的现实指导和帮助程度如何？
   □非常有帮助      □比较有帮助      □基本有帮助      □没什么帮助
3. 下次培训,您还会积极主动参加吗？
4. 您在工作中是否采用了在培训中传授的知识和技能？如果是,请列举。
5. 您认为哪种培训方式最有效？
6. 如果再次参加此类培训,您有什么改进意见和建议？
7. 参加了本次培训,您有什么收获和心得？
```

3) 培训知识技能的应用

培训知识技能的应用,主要分析和评价培训是否带来了员工行为和工作方式的改变。培训的目的是提高能力,而能力是通过行为表现出来的。因此,评价培训的效果就要看参训者在培训前后工作行为的变化程度,了解参训者是否真正提高了能力或在工作行为上有了明显的改进。

每次培训结束一段时间后,通过观察、问卷调查、测试和考核的形式,跟踪考核员工接受培训后工作成效的变动情况,以此考核培训效果。例如：如果对中层管理人员进行了行为方面的培训,培训知识技能的应用则主要在于考核和观察参训后他们的行为是否发生了变化,管理能力、业务能力有无提高；如果针对基层人员进行了提高工作技能的培训,则要评估培训后其工作业绩有无改善,完成工作的数量或质量是否提高等。

4）培训回报

培训的最终评价应该是以公司的工作绩效为标准，也就是说，员工工作行为的改变带来的是工作绩效的提高。因此，可以直接对接受培训之后的员工工作的业绩、所在部门集体工作的成绩以及公司绩效进行测量、分析和判断，以确定培训的效果。

每年年末，应对全年的培训活动进行综合评价，评价内容包括相关费用是否节约、产品质量是否得到提高、顾客满意度是否提高、利润是否增长等。常用的方法有面谈、文件检查和对关键事件进行问卷调查等。在此基础上，培训管理机构总结本年度各种培训效果的评价意见，以及培训为公司带来的影响和效益，并提出改进意见，为下一年度培训计划提供决策依据。

5）投资效益评估

培训项目的投入资本一般包括以下七项：培训项目开发或购买成本；为培训提供的设备、材料和各种必需品的费用；培训场地费用；培训者及辅助人员的工资和福利；受训者的工资和福利；交通、住宿、餐饮费用；企业因受训者参加培训而损失的生产率或其他收益。其中，同一培训课程可能重复进行，所以，培训项目开发或购买成本及培训设备、使用资料等费用应根据培训次数来分摊。

培训的收益通过考察培训项目为企业带来的绩效改善来确定，如降低的生产成本；提高的销售量；提高产品质量，降低次品率；观察、访谈确定受训者和未受训者的绩效差异等。评估时需将这些改变转化为定量的数据。如安全培训后事故发生的次数降低了六次，而事故带来的损失平均为5 000元，那么，收益就有30 000元。当然，有些软收益，如培训后态度的改善等，很难确定其价值，就只能对它们作出合理的估计了。

控制实验法是收集培训收益数据的最佳方法。具体操作是：建立培训组和控制组进行培训管理和培训前、后测试，在实验中，应分别采集培训组与控制组的受训者在培训前、后相应时期的有关数据。这种方法能确定受训者的工作绩效是由培训而不是由整个企业的某些变化引起的。但是，国内外大多数企业根本不收集受训者培训前、后的反应，更谈不上运用控制实验法来评价培训收益。

若考虑资金的时间价值，则可以使用效益性评估动态模型。企业开展员工培训，需要在培训期间投入一定数量的培训费用。培训后，可从销售收入、工作效率、工作错误减少、客户满意和员工满意等方面使企业得到正向的效果，带来培训收益。

由于收益包含了比较复杂的时间因素，因此培训的收益是企业对培训的一种预期，由于收益是未来之事，因此，在计算时，应该加以贴现。计算企业培训收益的公式应表示为：

企业的培训净收益(L)＝培训总收益现值(I_0)－培训总成本现值(M_0)

公式中的假设培训总收益现值I_0与培训总成本现值M_0的差值即为贴现后的净收益。其中M_0表示培训投入的现值成本，假设企业培训第t年的直接成本为M_{td}，间接成本为M_{ti}，培训的年限为n年，贴现率为r，则对于基年（可看成进行企业培训的前一年）的培训成本现值M_0可由下式求得：

$$M_0 = \sum_{t=1}^{n} \frac{M_{td} + M_{ti}}{(1+r)^t}$$

假设因企业培训引起的第T年教育收益为I_T，贴现率为R，收益年限为N，则对于某一基年来说，其收益现值I_0为：

$$I_0 = \sum_{T=1}^{N} \frac{I_T}{(1+R)^T}$$

在应用和比较上面两个式子时,应注意以下两点:一是培训年和收益年的时间跨度可能不同;二是由于时间跨度不同,两者的时间表示和收益表示也不一定会相同。因此,在培训成本计算式里时间和贴现率用 t、r 表示,在收益计算式里时间和贴现率用 T、R 表示。

在整个培训期及收益期内,如果培训综合收益现值大于或等于培训成本现值,即在培训投资与产出之间有产出剩余(L),则该培训活动从经济角度来说是成功的。如果考虑公司为培训所付出的机会成本的话,即员工由于培训需要付出时间和精力而不能正常工作,从而导致企业的相应损失,则只有在产出剩余(L)大于机会成本(C)(即 $L>C$)时,该培训活动才是成功的。

第四节 培 训 管 理

随着知识更新和技术变革速度的不断加快,培训越来越显示出其重要性。如何才能保证培训效果?如何才能使培训真正成为人力资本保值增值的手段?这些问题引起管理者和学术界的共同关注。具有针对性的培训内容、科学的培训方法、优秀的培训教师固然重要,但是培训过程的管理也不容忽视。构建适合企业特点的培训管理模式,有利于提高培训的收益,使得员工能够学以致用。

一、积分制

积分制是培训的一种综合考核方式。学分制在大学教育中是衡量学生完成规定学习内容的一种计量方法,它通常以课程为单位,是将课程内外所需的学习时间合并折算为学分的一种教学管理制度。其中,学分是计算学生完成课程学习和训练的必要时间和成效单位。学习时限的灵活性、学习内容的选择性、成绩考查的变通性、学生学习的自主性、培养过程的指导性、质量评定的综合性都是学分制的基本特性。

由于学分制比学年制在教育途径上具有多样性、在教育时间上具有机动性、在教育形式和方法上具有灵活性,因此许多企业将学分制管理从高校学历教育的领域移植到培训领域中,充分发挥学分制管理的特性。也就是说,把应培训的学时折算成学分,每个受训员工在规定期限内必须完成规定的学分。这种培训管理方法称为积分制。积分制的原则是不能降低而是要提高培训质量。积分制最大的意义在于"以人为本",让受训员工积极、主动地参加学习,把学习的主动权还给受训员工。

员工参加各种培训并结业后,可以向培训管理部门申报积分,积分将是员工参加培训的最全面记录。从计分范围看,积分制的实现形式多种多样,包括参加专题培训、参观考察、撰写论文、参加与专题相关的学术活动等。国外大体采用的是累计积分制的办法。每次培训折合成一定的分数,个人每参加一次培训,就积累一定的分数。年度累计积分的多少是员工晋级或晋升的参考标准。

例如:深圳万科物业管理有限公司推行全员培训,并通过培训积分的形式将培训工作量化，人均培训时间每年在20小时以上。深圳万科物业管理有限公司将员工每年获得培训积分的多少作为衡量员工学习进步的标准之一，并将积分作为职务晋升和获奖的必要条件，规定了职务晋升和获奖的最低积分。江苏移动通信有限责任公司正在大力推广"网络商学院"在线教育，规定每个岗位上的员工都必须结合自己的实际有选择地学习，每学完一门课程都需要参加在线考试，实行积分制，规定一年需要累积50个学分，并列入个人发展计划。

学分定多少为宜？如何确认？这些都是设置积分制必须解决的问题。一般来说，具体规定如下。

(1) 规定课程的得分系数。将要举行的课程依据重要程度规定相应的得分系数，每个全过程参加的人员都可以获得积分。

(2) 规定得分要求。即规定正式员工全年必须获得 n 个积分，达不到要求的则可通过扣除部分年底奖金等予以处罚。若要提升职务，必须在晋职之前12个月内获得 n 个积分，否则不能提升。

(3) 规定听课时间。每年每人必须听 m 时间的课程，例如摩托罗拉公司每年为员工培训投入了大量的人力、物力和财力，规定每位员工每年至少接受40小时与工作有关的学习。

以国内Y研究院为例，该研究院按照国家对工程技术人员年内学习必须达到40学时的规定，将员工年内学分定为40学分。根据学习的不同方式，学分分为培训类和成果类，每一类都有不同的核定标准。35岁以下的年轻人正处于知识及工作经验的累积期，以培训类获取学分较为适宜；35岁以上人员已经进入工作成熟期，正是出成果的黄金年龄段，成果类学分占的比重更大。培训类和成果类学分考核方式能够优势互补，目标容易实现。

为保证积分制的有效运作，需要建立与之相适应的保障体系。

(1) 设立"以专家组为主导、以协调员为纽带"的培训网络体系。专家组成员对本企业科技发展状况和未来发展方向有着深刻的了解，他们"参教议教"使培训计划的制订更为科学；协调员在网络体系中处于中介地位，其任务是沟通教学双方，既可将基层科技人员的学习需求反映给施教方，又可将新的科研信息传播到科研一线。专家和协调员的共同努力为培训活动增添活力。

(2) 建立提升、晋级和培训考核结果相结合的配套管理机制。学分认定每年与职称考试同步进行，认定后的结果作为职称评聘的重要依据。在选拔使用管理人员时，选修学分情况也作为考核的重要内容。此外，还要有一系列配套的管理办法，例如《教育研(进)修班办班管理办法》、《选题管理办法》、《办班质量评估奖励办法》、《研修论文考核及评价标准》、《研修成果调查与认定》等。这些配套管理办法使积分制培训管理工作更加规范化。

(3) 学分登记。积分制实施前应在各基层单位进行广泛宣传，组织网络协调员对相关管理办法进行学习。根据培训层次、时间和考核结果计算培训分值，记入员工个人培训档案。积分制的登记办法以某科技人员为例进行说明，例如：国内Y研究院2006年培训部门共开设培训班18期，某员工参加进修班一期(20学时)、研修班一期(3天)、讲座两期(各1天)，写出科技报告、工作总结各一篇，那么，其年度内学分登记如表8-11所示。

表 8-11　2006 年度学分登记表

培训类 核定标准	培训 学分	成果类 核定标准	成果 学分	学分登记	学分核准
进修课 1 分/学时	20 分	工作总结 2 分	2 分	全年共完成培训类学分 35 分，成果类学分 5 分	经核准该同志全年共完成 40 个学分
讲座课 3 分/天	6 分	科技报告 3 分/篇	3 分		
研修课 3 分/天	9 分	论文 8 分/篇			
		编写教材 10 分/本			
		参与授课（培训类课程翻倍）			
学分认定 办法	① 培训类学分由个人及培训部门分别记录。经认定双方记录相符，学分有效，外训学分计算与之相同，但必须提供有效证明。 ② 成果类学分由个人记入学分登记手册。其中工作总结、专题报告由所在单位认定；其余须向培训部门提供有效证明。				

二、指导人计划

"抓两头，促中间"是很传统、很实用又很现代的管理模式。在培训管理模式中，"抓两头"是指：对后备学科（专业）带头人这一头，重点加强综合技术能力和重点专业业务水平的培养；对新员工实行"一带一"的适应期强化培养。"促中间"就是通过"抓两头"，促进介于两者之间的大批员工的自我提高和培养。在"抓两头，促中间"管理模式实施过程中，通常采用指导人计划（或称导师制）。

1. 指导人计划的内涵

克雷姆（1983）提出：所谓指导关系，是指组织或职业中级别较高、年龄较长、经验更为丰富的个体（指导人）为年轻的、缺少经验的个体（被指导人）提供职业及心理上支持和帮助的活动。指导人通常由稍微年长的，经验丰富的，可以充当老师、建议人或者帮助人的人士担任，指导人对被指导人进行个人以及职业生涯指导，类似于师徒关系。

指导人计划是以成人发展和职业生涯理论为指导，基于心理契约的长期开发方案。指导人计划的核心思想就是：通过具有扎实的理论基础和丰富实践经验、具备较高造诣的导师（专家）结合各种科研生产任务及重点项目对中青年业务骨干进行"传、帮、带"，尽快提高中青年业务骨干的业务水平和解决实际问题的能力。

克雷姆和罗切（Roche）认为，从被指导者角度来看，接受来自两方面内容的指导：一是职业行为，例如指导者的保护、辅导、支持和提供挑战性任务，明确职业发展愿景；二是心理支持，包括接纳认同、角色塑造、咨询解惑和友情关怀。

雷金斯和科顿（Ragins & Cotton）则从正式和非正式的角度对指导形式展开了研究。正式指导是由组织硬性指派人员结成"对子"，针对某一特定项目进行指导，项目达成后关系随即解散，该形式多以职业行为为主；非正式指导形式中"对子"之间志趣相投而达成默契，关系持久稳固，该形式多以心理支持为主。

2. 指导人计划的具体做法

下面以国内某研究所的导师制为例介绍指导人计划的具体做法。

在实施导师制之初,该研究所制订了一系列导师制的工作文件:《培养导师制暂行办法》、《人才培养目标责任书》、《后备学科带头人及其导师的遴选办法》、《导师制跟踪考核的有关规定》、《人才队伍建设基金使用管理有关规定》、《大中专毕业生见习期管理办法》等,同时成立了以所长为组长的导师制领导小组,由人力资源部负责日常管理工作。

1) 对学科带头人的培养

(1) 确定重点专业方向。经过广泛征得所内员工的意见,领导小组确立了计算机软件、计算机应用、计算机工程、舰载技术研究、仿真技术研究、计算机图形图像、自动控制等重点专业后备人才培养实施指导人计划。

(2) 遴选导师。一个综合素质好的导师能对培养对象起到良好的表率作用,在选择导师时,不仅要看技术水平,更重要的是看他的自身素质即无私奉献的精神、兢兢业业的工作态度、还有严谨踏实的工作作风。

(3) 选拔后备学科(专业)带头人。并不是每一位员工都将成为组织要培养的核心员工,决定恰当的人选是非常关键的。该所导师制领导小组规定:后备学科(专业)带头人必须专业基础知识扎实,思维敏捷,钻研精神强,有一定的组织管理能力,具有培养潜质。

对导师和后备学科(专业)带头人的选拔非常严格,首先由基层单位进行遴选,将推荐名单和相关材料报导师制领导小组进行综合评估,然后通过差额投票,确定人选。最后,由导师和培养对象确定培养目标、培养计划、培养内容,在所领导主持的仪式上正式签订《人才培养目标责任书》。

(4) 导师制工作交流会。每半年举行一次导师制工作交流会。导师与培养对象在会议上进行自我小结,介绍培养方法与心得,提出问题及解决问题的方法。领导小组对半年工作进行总结,提出下一步工作的设想及要求。与此同时,导师制办公室对目标责任执行情况进行为期半年的跟踪考核,根据考核结果实施奖励与惩处。

2) 对新员工的培养

该研究所新员工来源一般是每年从学校招聘的大学毕业生。新员工通过培训,逐渐熟悉、适应组织环境并开始初步规划自己的职业生涯、定位自己的角色、发挥自己的才能。各基层单位根据新员工在校所学专业及今后所要担负的科研项目要求制订培养目标、选派导师。

导师首先向培养对象介绍所从事科研项目的情况、推荐查阅有关参考资料。在平时的研究与学习中,导师与培养对象经常接触和联系,导师针对发现的问题有的放矢地解决,力争帮助新员工在较短时间内将书本知识转化为实际工作经验。

导师制工作办公室对这项工作进行定期考核,根据考核结果兑现导师津贴,并对表现突出的导师及其培养对象进行表彰。

研究表明:培训的功效在经理成长的过程中只占10%,而在基层经理身边的优秀经理,他们的言传身教所起的功效是培训的两倍。因此,许多企业在培养新员工或后备人才时,采用了指导人计划。

泰康人寿保险股份有限公司施行了指导人计划,由管理委员会针对分公司总经理执行,一个管委会成员分管五六个分公司总经理,对他们的需要负责。人力资源部门告知每个管委会成员他们分管经理们的优势、劣势,由管委会成员来设法提高经理人的素质,并由人力资源部门监督实施效果。神州数码公司全面启动指导人计划,每半年都要从民意调查中选出 80 名"伯乐"。"伯乐"的衡量标准就是:能用最快的速度培养出能够独立工作、尽责敬业的新员工。

三、读书活动计划

企业竞争是人力资本的竞争,说到底是学习力的竞争。学习型组织特别强调团队学习,正如康费索尔和科普斯(Confessore & Kops,1998)所言,学习型组织的关键特点是员工无论在什么情况下都能够发现和抓住学习的机会。因此,组织内部学习的制度化是提高竞争力和实施有效服务的关键战略武器。读书是学习的重要途径,读书活动的核心是营造公司内部浓厚的读书学习氛围,创建一个良好的成才氛围。通过读书交流活动,丰富企业文化生活,增强广大员工"自我教育、自我管理、自我服务、自我提高"的能力。以团队学习带动个人学习,个人不断的学习反过来促进组织的学习。

1. 活动形式

读书学习活动的形式主要有:"读一本好书,写一篇心得"、"读书心得交流会"、"天天读书一小时"、"读书论坛"等。交流会、研讨会可以让各部门负责人交流学习心得,有助于学习的深化。

(1) 举办读书博览会:研读教材,例如《A管理模式》(上、下册)。

(2) 音像制品观赏会:欣赏培训录像,例如《成功经理人讲座》(11讲)和《一分钟经理》。

(3) 综合讨论交流会:研讨内容围绕如何将学到的知识应用于实践,例如每周高层经营管理者的务虚会、每月部门务虚会。

(4) 学习成果展示活动:读书心得发表和经验分享。

(5) 其他合适项目。

培训部门于每年6月及12月先行公告下半年度的读书活动主题、方向和范围。读书活动的主题丰富多彩,员工坚持每天自学1小时,每年至少读完24本书;每年组织12次集体读书活动,每次都有主讲题目、主讲人,并组织员工积极发言,每次读书活动都有记录。在此基础上,每人每年必须写12篇以上读书心得。

2. 实施计划

培训部门根据企业及员工的特点,围绕企业发展形势和社会研究热点,本着灵活多样、务求实效的原则,可以采取分两阶段确定活动主题,分步逐步推进的方式。在开展读书活动之前,先训练好各部门负责人及企业高层,说明读书活动的精神、意义,读书学习材料的准备方向,领头人应有的态度,读书活动的进行方式及读书活动气氛营造等,以达到事半功倍的效果。此外,汇集各部门的智慧及学习心得,适时在企业内部网上公布,以促进交流及学习。各个部门负责人成为企业内学习的有心人,主动将自己部门的学习成果公布于公司网页,让各部门互动起来,让读书活动带领大家共同学习,实现由点到线、由线到面,组织和引导广大员工读书学习。

1) 第一阶段:研读学习资料,交流读书心得

本阶段读书活动在部门负责人级别以上开展。在企业高层的指导下,每个季度初,由培训部门选定5~6本优秀的书刊,在企业部门负责人之间传阅后,发动部门负责人写读后感或书评,择优在网页上发表,以便公司内部交流。

首先选定学习资料,学习资料可以是文字资料,包括书籍、杂志和企业的规章制度,例如《A管理模式》《学习的革命》;也可以是声像资料,包括录像带、录音带和光盘,例如《企业人力资源整体解决方案》《成功经理人讲座》。

然后,规定学习的完成时间和要求。读书活动参加对象在规定的时间内阅读完指定的学

人力资源开发与管理(第三版)

习资料,自己安排学习进度。

最后,各部门负责人在每月最后一周星期一的务虚会上进行读书心得交流,并形成会议记录。

2) 第二阶段:开办网上书屋,举办网上读书论坛

经过第一阶段读书活动的进行,参加对象可以进一步扩展到企业全体员工,可以以部门为单位分组开展。每月的第一个工作日,各部门负责人组织本部门员工进行读书心得交流活动,并形成会议记录上交培训部门。培训部门将对各部门读书心得进行择优,将优秀的读书心得和读书务虚会议记录在企业网页"读书风采"上发表。

培训部门将在企业网页开设"读书心得大家谈",员工可在网上交流如何塑造新世纪公司形象、员工形象,读书体会、工作心得、建议,以及对企业管理者、优秀员工的期望。为了引导员工充分利用网络图书资源多读书、读好书,培训部门可以与咨询公司或信息公司合作开设网上书屋和网上课程,开展网上读书讨论活动。

3. 组织管理

读书活动领导小组由企业领导和培训部门负责人组成,培训部门具体开展,各部门负责人起引导、辅导、促进的作用。要明确规定读书活动的具体工作内容及各部门的工作职责范围,做到严格管理、责任到人。培训部门是读书活动的主要组织者,其职责范围如下:

(1) 拟定每年的读书活动计划,组织征订活动用书,策划各类专题讲座、报告会;

(2) 负责主持、引导每次读书活动的进行,以及教材准备和分发等事宜;

(3) 统一管理读书活动材料的选、收、交、管工作;

(4) 对读书活动效果进行检查、评价和年度总结评比,负责联络、统筹、记录出勤、缺勤状况等。

在读书活动实施前,培训部门要着手建立《图书借阅管理制度》和《读书小组学习交流制度》。《图书借阅管理制度》就图书的日常管理、借阅程序、借阅要求及相关内容作出具体规定和说明,既方便员工阅读,又保证书籍的正常使用周期。《读书小组学习交流制度》明确规定各读书小组要定期开展读书经验交流会,交流读书心得、开展读书评比,不断深化读书效果,并及时树立读书先进典型,列入评先、推优计划,为员工成长、成才创造有利条件。

读书活动取得实效,离不开企业各部门的默契配合。各部门负责人协助培训部门组织读书活动,例如办公室负责购买培训部门所列书目清单的书籍以及音像制品。部门负责人根据各部门存在的思想状况,以部门为单位,有针对性地提出专业主题,推荐书目。然后大家共同探讨,开展丰富多彩的读书研讨活动,如报告、座谈、演讲、征文、主题部门会等。从而帮助广大员工真正地解答疑难问题,最终在部门内形成一个读书活动组织,不定期地带动全部门开展读书活动。

4. 奖励办法

奖励先进、激励后进,持续推动读书活动持续深入开展。可以设立读书优秀奖、优秀组织奖等。培训部门制订具体的读书活动评优考核办法,读书活动领导小组按季度对所有成员进行考核,根据活动的开展情况,对表现突出的员工和部门给予一定奖励。同时,为了集思广益,可以对能够策划出富有创意或读书活动表现突出的个人或部门给予一定的物质奖励。

1) 读书优秀奖

在各部门推荐的基础上,评选出读书优秀奖一、二等奖。各部门根据企业读书活动的要

求,举办企业和部门内部的读书活动,并向培训部门推荐读书活动先进分子。读书活动领导小组根据各部门推荐情况,汇总评出一等奖一名,二等奖两名。从学习作风、学习积极性、基础工作、读书效果等方面,制订如下读书活动优秀读者评选标准:

(1) 积极参加读书活动,在规定时间内认真读完指定学习材料,按要求完成并上交读书心得;

(2) 每季度至少有三篇读书心得在企业网页上发表或内部传阅;

(3) 积极参加企业和部门组织的各类读书学习活动,表现比较突出;

(4) 能够将读书活动所学习的知识与职位工作结合,工作绩效得到提高。

2) 优秀组织奖

培训部门负责汇总各部门读书活动的有关资料,并呈送读书活动领导小组评阅。读书活动领导小组根据各部门的重视程度、组织力度、读书普及率、活动开展情况等综合审定,评出优秀组织奖一个。读书活动先进单位评选标准如下:

(1) 成立部门读书活动兴趣小组,每月举行一次读书活动交流会;

(2) 每次读书活动,各部门应有90%以上人员参加并上交读书心得;

(3) 向培训部门投稿或递交读书心得,稿件一经采用,按每篇0.5分计入部门总评分;

(4) 参加读书活动获奖个人将按等级折算评分计入各部门的总评分,其中一等奖1分,二等奖0.5分。

第五节　培 训 机 制

通常,培训投入和受训员工流失之间的矛盾关系成为企业高层管理者最感头痛的问题,甚至出现员工培训的管理陷阱,即"马太效应"。目前,企业约束受训员工流动的方法有签订培训合同、内部承认学历并给予相应待遇等。与此同时,有些学者提出"心理契约"理论,从员工角度分析信用问题,延伸扩展解决培训投入与受训员工流失问题。这些方法在一定程度上降低了受训员工流失的风险,然而并没有解决深层次问题。中国人民大学赵履宽教授认为:"人才竞争的背后,实质是体制、制度的竞争。"因此,采用哪种培训机制决定着培训活动的好坏与成败。

一、培训机制类型

随着我国对外开放逐步深入,国内企业需要大力引进人才,以及跨国公司推行人才本土化战略,人才争夺战日益白热化,因此,培训已成为企业获取高质量人力资源的重要手段。与培训相关的课题成为研究和推广的热点。目前,我国学者对员工培训的研究主要集中在培训方法、培训效果、培训计划、培训管理模式、培训内容以及培训对象等方面,对培训机制的专门研究很少。在参阅了大量相关文献与企业培训具体实务的基础上,我们将培训机制按企业培训投入和利益补偿的大小设计了培训机制分类模型。如图8-7所示,OY代表企业培训投入的大小;OX代表利益补偿的大小。这样,可以得到A、B、C、D四个象限,分别代表四种类型培训机制。

A象限:培训投入大,利益补偿大,即双高平衡型。

B 象限：培训投入小，利益补偿大，即利益导向型。
C 象限：培训投入大，利益补偿小，即投资导向型。
D 象限：培训投入小，利益补偿小，即双低平衡型。

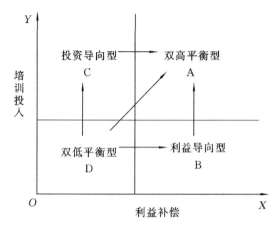

图 8-7　培训机制分类

1）投资导向型

投资导向型培训机制的特点：企业十分注重培训投入，员工能够获得全方位的系统培训；员工在经济利益方面补偿相对而言比较少。员工追求充实和发展，充分发挥自己的潜能来实现自己的价值，因此，企业加大培训投入，给员工提供和创造学习条件和机会，从而激励他们去努力工作。在培训投资过程中，企业的投资包括：培训费用、培训期间员工工资、培训期间由于受训员工不在工作岗位而给公司造成的其他间接损失。

国内外许多企业逐步树立"培训投入是效益最大的生产性投入"的观念，每年逐步加大培训经费的投入。例如，美国 IBM 公司每年投入于内部员工培训的费用高达 20 亿美元以上，美国通用电气公司拥有克劳顿维尔管理发展研究所，英国罗弗集团设立了罗弗学习基地，日本的日立公司拥有自己的日立培训中心。这些知名公司的成功经验表明：只有投入时间和金钱去做培训，企业才能实现发展目标。

2）利益导向型

利益导向型培训机制的特点：企业在员工培训方面的投入少，主要通过建立一套公开、公正、公平的利益补偿机制鼓励员工自学或自费进修。企业建立了一套完整的补偿措施来鼓励员工平时自学，如果员工在自己的专业领域获得某个认证，就给予一定的物质奖励或晋升等，从而使员工有一种自发学习的动力，促使员工注重平时知识的积累。

3）双高平衡型

双高平衡型培训机制的特点：公司既注重培训投入，又通过物质利益和晋升等利益补偿和认可，促进员工自学或进修以提高自身技能素质。企业和员工之间是互相信任、互相尊重的关系。通用性培训作为一种投资，并非是企业单方面的投资，而是企业与受训员工的共同投资。例如：为了实现人事培训和职业规划的整合及人力资源职能活动发挥整体效用，台湾宏基电脑公司强调"培训是公司和个人的共同投资"。

4）双低平衡型

双低平衡型培训机制的特点：企业在培训方面的投入少，员工从企业得到的利益补偿也微不足道。双低平衡型主要存在如下情形：①企业不重视员工发展；②某些职位员工不需要培训，从劳动力市场或人才市场招聘，马上就可以胜任；③某些培训项目不需要企业和员工很多的投入，例如上岗引导培训。因此，企业和员工在培训方面投入很少，双方从培训后得到的经济利益也少，从而企业为员工提供的利益补偿也相应小。

二、培训所带来的人力资本增量产权归属

舒尔茨和贝克尔在20世纪60年代创立的人力资本理论中，将资本划分为人力资本和物质资本，突破了传统理论中资本只是物质资本的束缚。从内容上来定义人力资本，舒尔茨认为，人力资本是体现在人身上的资本，即对生产者进行普通教育、职业培训支出以及其在接受教育培训的机会成本等价值在生产者身上的凝结，它表现为蕴含于人身上的各种生产知识、劳动与管理技能和健康素质的存量总和。从形成的角度来定义人力资本，贝克尔认为，人力资本是通过人力投资形成的资本；用于增加人的资源，影响未来的货币和消费能力的投资为人力资本投资。从人力和资本两个方面出发定义人力资本，国内学者兰邦华认为，人力资本是指特定行为主体通过投入一定费用可以获得的，并能够实现价值增值的，依存于某个人身上的价值存量。

根据人力资本理论，人力资本同物质资本一样，并不是天生具有的，而是通过教育与培训投资得到的。没有接受一系列教育、培训的人，只能算是生理意义上的自然人，而不能称其为人力资本的载体，主要原因在于他不具备知识和相应劳动技能。人力资本表现为各种生产知识、劳动与管理技能、健康素质的存量，因此，员工在进入企业前，通过教育就已经具备一定的人力资本存量，进入企业后，培训投入创造了人力资本增量。在市场经济社会，不管是哪一种投资，其目的就是要在未来一定时期内获得利益回报。产权包括人力资本的所有权、使用权、收益权和处分权等，所有权应表现为对人力资本价值自身的补偿，即获得劳动力生产和再生产所必需的生产资料。员工在进入企业前获得的人力资本存量，资本产权理所当然归属于员工个人，员工获取工资收入使人力资本存量得到利益体现。如何界定培训投入创造人力资本增量的产权归属显得有些困难，根据"谁投资谁受益"的原则，资本增量产权归属取决于投资主体。上述四种培训机制类型体现的投资主体不同，因而，人力资本增量的产权归属也不同(见表8-12)。

表 8-12　培训机制与人力资本增量产权归属匹配

培训机制类型	培训投资主体	人力资本增量产权归属
投资导向型	企业	企业
利益导向型	员工	员工
双高平衡型	企业与员工	企业与员工
双低平衡型	无	无

1) 投资导向型培训机制与人力资本增量产权归属

投资导向型培训机制体现出企业作为第一投资主体，强调人力资本的优先投资。人力资源是企业所有资源中增值潜力最大、最具有投资价值的资源，因此，员工培训是企业所有投资中风险最小、收益最大的战略性投资。企业优先投资于人力资本，以期达到企业培训投资→劳动生产率提高→成本减少→较高的产出→企业培训投资……这一良性循环。根据"谁投资谁

受益"的原则,人力资本增量产权主要归属于企业。

2) 利益导向型培训机制与人力资本增量产权归属

员工追求自身学习能力和就业能力,通过培训投入增加自身的人力资本价值。然而,员工在接受培训的支出时,以减少现期消费来增加未来的知识与技能,从而期望在未来获得更大的经济利益回报:个人培训投资→知识与劳动技能提高→工作效率提高→较高的经济利益回报→个人培训投资……员工作为第一投资主体,人力资本产权当然归属于员工。企业从员工方融入人力资本,当然也就需要为资本付出使用成本,也就是说,企业通过为员工加薪或晋升来换取员工的人力资本使用权。如果员工自费培训创造的人力资本增量得不到回报,员工就会另谋高就。

3) 双高平衡型培训机制与人力资本增量产权归属

企业和员工共同投资培训,通常的做法如下:①企业投资某些培训项目,员工投资其他培训项目;②企业和员工共同负担培训费用。人力资本投资如同物质资本投资,仅是投资对象不同而已。因此,共同投资意味着企业和员工共享人力资本增量产权,分享培训带来的直接或间接经济利益。

4) 双低平衡型培训机制几乎不存在人力资本增量

知识经济时代,科技飞速发展,知识更新周期越来越短,如果企业和员工在培训方面很少的投入,那么,就仅能维持原有人力资本存量不被贬值,人力资本存量没有增加。培训带来的经济效益也得不到显著增加,因此,企业和员工几乎不能从培训中得到经济利益。

三、培训机制类型的应用范围

随着我国学者们对教育培训投资理论研究的深入,经济学家舒尔茨等人在20世纪60年代创立的"人力资本理论"也获得了企业和员工的广泛共识。"教育培训是人力资本投资,是生产性投资"、"教育产业化"等观念已经广为民众接受,从而全国各地出现"考研热"、"出国热"、"考证热"、"培训热"等现象。毕竟企业资源和实力有限,员工培训不可能像跨国公司那样成百上千万地投入经费,只能在有限投入的情况下期望获得高回报。因此,企业培训机制改革必须结合中国国情,考虑员工的可接受程度,逐步完善和优化,实现平稳过渡。

1. 从宏观层面分析企业培训机制改革

目前,从宏观层面分析企业培训机制改革方向,既应考虑近期计划,又需要考虑长期总体规划,主要改革方向如下。

(1) 从双低平衡型过渡到利益导向型。在实现上述培训机制初步转变后,企业实力逐步增强,并且依靠企业核心资源培育核心竞争力,分阶段逐步转变为双高平衡型培训机制。

(2) 从双低平衡型直接过渡到双高平衡型。企业在分配有限资源时,尽量加大员工培训投入,实现个人和企业共同投资的培训机制。

(3) 当然,也不排除有些实力雄厚的垄断型高科技企业(如计算机行业)考虑到:虽然员工的工资收入高于其他行业,然而该行业知识技术更新快,培训投入大。因此,培训机制改革从双低平衡型过渡到投资导向型,最终实现向双高平衡型培训机制转变。

2. 从微观层面分析企业培训机制改革

员工的才能和个性千差万别,培训形式和培训计划也不同。常见的培训计划分为管理能力培训、专业技能培训、基本技能培训和基础性培训。不同培训计划针对的对象不同。管理能力培训对象主要是企业中高层管理人员；专业技能培训对象主要是不同业务和职能部门的专业人员；基本技能培训和基础性培训的对象包括企业全体员工（见表8-13）。

表8-13 培训类型与培训机制类型匹配

培训类型	培训内容	培训对象	培训机制类型
管理能力培训	领导能力、项目管理等	中高层管理人员	双高平衡型
专业技能培训	市场营销、财务、专业技术等	专业人员	利益导向型
基本技能培训	团队协作、沟通等	全体员工	投资导向型
基础性培训	上岗引导、公司文化等	全体员工	双低平衡型

企业在设计培训机制时，可以运用培训机制分类模型，针对不同的培训计划采取不同的培训机制类型。例如：国内某银行非常重视员工培训开发工作，除对员工进行有针对性的人员提高培训和转型培训外，还有计划、有组织、系统性和周期性地培养银行每位员工，引导员工制订自身职业生涯发展规划。同时，银行制订有关利益补偿政策，鼓励员工以多种方式自我培训，参加与银行经营管理相关的在职继续学历教育和专业水平考试。由此可见，在银行的培训体系中，对员工提高培训和转型培训实行投资导向型培训机制，对专业技能培训采用利益导向型培训机制。

3．处于不同寿命周期阶段的企业培训机制改革

产品有产品的寿命周期，技术有技术的寿命周期，企业也有企业的寿命周期。企业一般要经过创业期、成长期、成熟期和衰退期四个阶段。根据企业处于不同寿命周期阶段的特点，可以采取不同的培训机制类型（见表8-14）。

表8-14 寿命周期阶段与培训机制类型匹配

寿命周期阶段	特 点	培训机制类型
创业期	市场占有率低，管理水平差，风险较高；员工较有活力	利益导向型
成长期	经济实力增强，市场占有率提高，竞争激烈	双高平衡型
成熟期	市场占有率较高；高工资、优厚的福利待遇	双低平衡型
衰退期	企业失去了活力或生命力	投资导向型

1) 创业期

企业在创业初期阶段，生存能力还比较弱，市场占有率低，管理水平差，市场地位还不稳定，风险性较高。然而，处于创业期的企业能够为员工提供施展才华的广阔舞台，因此，企业员工较有活力。企业管理者在此阶段可以考虑采用利益导向型培训机制激励员工。

2) 成长期

处于成长期的企业可以在短时间内获得高速成长，企业经济实力增强，市场占有率提高，抵御市场风险的能力也得以加强。与此同时，处于成长期的企业也面临激烈的竞争环境。因此，企业管理者根据此阶段特点可以考虑采用双高平衡型培训机制激励员工。

3) 成熟期

企业在成熟期因生产规模已经很大，市场占有率也较高，竞争企业已经不太容易撼动其地位,因而,少量投入就可以获得比较好的收益。处于此阶段的企业员工享有高工资、优厚的福利待遇,企业在行业内比较引人注目。因此,企业管理者根据此阶段特点可以考虑采用双低平衡型培训机制。

4) 衰退期

处于衰退期的企业失去了活力或生命力,如果不能成功地进行二次创业或三次创业,就会断送企业生命。因此,处于此阶段的企业必须加大培训投入,即实施投资导向型培训机制,促使员工获取新知识、学习新技能,从而增强企业的科研开发能力。

复习思考题

1. 什么是培训?培训与开发、教育有何异同点?
2. 请结合本章所学理论知识,谈谈如何制订核心员工的培训计划。
3. 如何确定培训需求?如何评价一个培训项目的效果?
4. 培训的机制有哪些类型?其特点及适用范围各是什么?

综合案例研讨

授权上岗培训

某公司是我国第一家专业化的核电工程建设管理公司,近几年开始进入了快速发展阶段。但与此同时,该公司人员构成也在发生深刻变化,开始出现人才紧缺、人员队伍结构不合理等现象,现有的培训体系呈现出重视度不高、力度不强、培训监察缺乏深层次评估等问题。

为了适应公司工程建设的需要,公司人力资源部通过不断探索和完善公司培训体系,形成适合多项目特点的授权上岗培训模式。培训体系总体思路如图1所示。

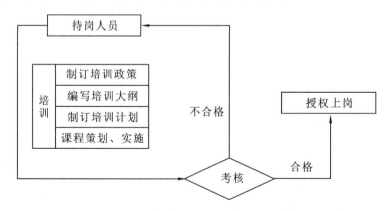

图1 授权上岗培训体系总体思路

在授权培训管理系统中,授权是针对技术而言,区别于行政授权。授权是指由部门经理或其代表确认其部门员工通过特定的培训并合格,基本具备岗位职责要求的知识和技能,作为上岗履行职责的基础。公司员工在培训的基础上取得相应的岗位授权后方可从事相应授权岗位的工作。授权培训主要针对公司的新员工和将要调任新岗位工作的员工。

授权上岗培训政策规定,公司执行全员培训和"培训—考核—授权—上岗"的政策。对处级干部及其以下工程技术人员实行授权上岗。其在上岗工作前,必须完成岗位授权所要求的培训课程(或通过等效途径证明已具备与其相当的工作技能),并取得授权。对新员工,公司按照各类人员的特点制订授权计划,按照培训大纲实施授权培训,新员工完成授权上岗所要求的课程后,公司再对通过考核的员工逐步实施授权,授权上岗计划如图2所示。

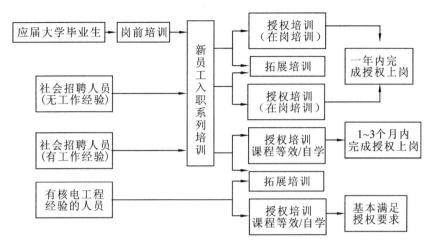

图 2 各类人员授权上岗计划

分析与讨论题

1. 该培训体系与传统培训方法有什么区别?
2. 为了让该培训体系能够更好的实施和取得更好的效果,您有什么改进建议?

第九章

员工关系管理

第一节　员工关系管理的基本理论

第二节　劳动合同管理

第三节　劳动争议管理

第四节　员工援助计划

自始自终把人放在第一位，尊重员工是成功的关键。

——托马斯·沃森

第九章 员工关系管理

学完本章后,你应当能够:
(1) 掌握员工关系管理的内涵、内容和意义;
(2) 了解劳动合同的概念、内容和合同管理;
(3) 了解劳动争议的内涵、内容、分类和处理;
(4) 理解员工援助计划的内涵、分类和实施。

美国福特汽车公司在2003年迎来了百年寿诞。据介绍,福特汽车公司的劳资关系一度十分紧张,员工曾以对管理层极为不信任而闻名。管理层也很少关注员工的各种要求,双方关系可以用"水火不相容"来形容,由此导致生产效率低下,并产生巨额亏损。福特二世上任后,首先从拙劣的人力资源管理入手,努力改善管理者与员工(工会)的关系,实施了一系列新的举措。

1. 员工参与制度

在福特(中国)汽车公司,每位员工都有许多机会充分地表达想法。公司实施了面向全体员工意见的"脉动调查(Pulse Survey)",通过这份包括55个核心问题的详尽调查,员工能够毫无保留地表达个人观点,而且不必担心身份被泄漏;管理层可以从中掌握更多工作中的信息,包括问题、机会和障碍等,从而更好地与员工互动。

目前,福特汽车公司内部已实施了"员工参与计划",员工的投入感、合作性不断提高。福特汽车公司一辆车的生产成本减少了195美元,大大缩短了与日本汽车的差距。这些改变就在于公司上下能够相互沟通。领导者关心职工,也因此引发了职工对企业的"知遇之恩",从而努力工作促进企业发展。

除了加强管理层和员工沟通以外,公司还采取了更为激进的措施——"全员参与制度"。该制度赋予员工参与决策的权利,员工的独立性和自主性得到尊重和发挥,积极性也随之高涨。在福特汽车公司,员工可以要求召开越级会议,可以直接与高于自己几个级别的管理者进行会谈,表达自己的意见,而管理者会尽快给予解决方案。

"全员参与制度"的另一项重要措施就是向员工公开财务信息,每位员工都可以就财务问题向管理层提出质疑,并有权获得合理解释。这种做法对员工来说,无疑产生了强大的凝聚力,使员工从内心感到公司的盈亏与自身利益息息相关,公司繁荣昌盛就是自己的荣誉,分享成功使他们士气更旺盛,而且也会激起他们奋起直追的热情。

2. 员工的可持续发展计划

福特汽车公司格外强调员工的可持续发展,员工的个人发展已成为公司整体发展的一个重要组成部分。目前,福特汽车公司在员工发展方面的投资占到公司总支出的10%。对员工持续发展的投入分两个部分:对员工健康与安全的投入;对员工教育、培训的投资。

福特(中国)汽车公司特别设立了员工健康服务项目,并确定其使命是:保障员工安全和健康,使之免于受伤和生病。公司为此专门设立了相关职位,例如产业卫生工程师、有毒物品工程师、生物工程师和医生、护士等。

与其他生产型企业相比,福特汽车公司为员工提供了更为全面的教育、培训机会和资源,例如网站上的电子课程、面授课程、领导和管理技巧培训以及其他业务相关技能培训。公司还大力资助员工进行后续学历的学习,每年都会选出多名员工,出资送其进修MBA课程。

福特汽车公司在重庆的合资企业长安福特汽车有限公司,在成立之初就制订了详尽的员工培训计划,培训课程根据不同工作的具体要求而确定,使员工能更快成为各自岗位的专家。到正式投产时,员工的平均受训时间达到340小时,远远超过行业平均水平。

3. 企业公民计划

福特汽车公司是最早提出"企业公民"概念的企业。福特汽车公司提出"企业公民"这个概念主要是出于社会责任的考虑,一个企业就像一位公民一样,不能只考虑索取权利,还要主动承担责任。比如,福特汽车公司在中国设立了奖金为100万元人民币的"福特汽车环保奖",旨在奖励并支持在环保领域做出贡献的团体和个人。这些做法极大地鼓舞了员工士气和自信,使其坚信自己不仅仅是为企业工作,更是为整个社会做贡献。

福特汽车公司的"企业公民"策略主要基于四项基本承诺:第一,制订了一套清晰的商业原则,以便每位员工的行为都符合福特"企业公民"的价值观,其中非常重要的一点是观念与行为相一致,即言出必行;第二,与利益相关人不断沟通,以深入认识和理解"企业公民"的理念和可持续发展;通过分享理念,共同规划福特如何成为"企业公民"的领导,以及如何为社会的不断发展做出更大贡献;第三,设立更高的"企业公民"和可持续发展目标,通过利用各种政策、资源和衡量体系来确保目标的达成;第四,通过各种途径与利益相关人分享进步。通过相互交流和沟通,使企业和相关群体切实感受到努力的成果,从而坚定信心。

公司组建了专门的"企业公民委员会"来决定其未来发展方向和负责"企业公民"事务的整体管理,范围涉及公共事务、市场销售和服务、人力资源及政府事务等方面。委员会定期举行会议,讨论有关企业公民策略、活动回顾和机会发掘等内容,并指导各个部门具体执行决议。公司为此授予了"企业公民委员会"很高的权力,在福特(中国)有限公司则由公共事务副总裁担任委员会主席。

4. 具有竞争性的薪酬、福利

为了保证客观和公平,福特(中国)汽车公司每年都会参与一项第三方提供的薪资调查。依据对薪资市场的了解,为员工提供有竞争力的薪资和福利。薪资评定由几个部分组成,分别由员工的工作技能和职责、教育背景和工作经验、对公司做出的贡献等决定。为此,福特(中国)汽车公司内部的员工发展委员会定期对员工进行评估,并通过评估为员工制订详尽的培养计划,包括晋升和加薪。

除了政府规定的社会福利外,福特(中国)汽车公司还为员工提供了一些额外的福利项目,例如各种员工活动、进修计划、购车计划和协助购房项目等。

经过数年的努力,将工会由对立面转为合作伙伴,化敌为友,福特汽车公司的转机也由此开始。

福特汽车公司之所以赢得强大的盈利能力和良好的发展势头,与其创立独特的员工关系管理存在紧密的关系。导入案例说明:和谐的员工关系能够提升企业品牌形象,帮助企业赢得人才、留住人才,从而促进企业的可持续发展。本章首先阐述员工关系的基本理论,接着对劳动合同和劳动争议的相关内容进行归纳,最后介绍员工援助计划的相关知识。

第九章 员工关系管理

第一节 员工关系管理的基本理论

随着市场环境的日益成熟,竞争日趋激烈,客户资源日显重要。企业无不希望通过提高客户和员工的满意度增强他们对企业的忠诚度,从而提高其对企业的贡献。因此,对外实行客户关系管理,对内实行员工关系管理就成为必然趋势。

一、员工关系

劳动者与用人单位之间的关系存在多种叫法。按照出现的时间先后顺序,主要有产业关系或工业关系、劳资关系、劳动关系或劳工关系,以及员工关系。

产业关系,也常被翻译成工业关系,一般指产业社会领域内,政府、雇主和劳工(工会)围绕有关劳动问题而发生的相互关系。[①] 产业关系有时可以等同于劳资关系,但是严格地区分,它比劳资关系的含义要广。产业关系的主体不仅包括劳方和资方,而且包括政府;产业关系涉及的相互关系也是多重的,不仅涉及劳资双方及各自组织之间的关系,还包括政府与雇主、政府与劳工(工会)、雇主组织之间的关系。

劳动关系,在西方国家也称劳资关系、劳工关系,主要指劳动者与所在单位之间在劳动过程中发生的关系。[②] 劳动关系不是泛指一切劳动者在社会劳动时形成的所有的劳动关系,而仅指劳动者与所在单位之间在劳动过程中发生的关系,包括劳动者与用人单位之间在工作安排、休息时间、劳动报酬、劳动安全、劳动卫生、劳动纪律及奖惩、劳动保护、职业培训等方面形成的关系。

"员工关系"一词,源自西方人力资源管理体系。员工关系是企业内部劳动力提供者(员工)与劳动力使用者(企业)的个别关系与集体关系的总称。[③] 与广义的劳动关系相比,员工关系不涉及劳动力市场关系与政府关系。员工从内部关系角度看是企业的关系对象,从外部关系角度看又成了关系主体。

员工关系一般由公司和员工的利益引起,它表现为合作冲突力量和权力关系的总和。它以员工作为企业内部关系的主体和出发点,注重个体的交流和合作,和谐与合作是员工关系蕴涵的重要精神。

企业内部所涉及的员工关系是多种多样的,且是错综复杂的。其中,员工关系按是否在企业工作范围内发生为标志,分为正式员工关系和非正式员工关系。正式员工关系包括纵向关系和横向关系,纵向关系主要包括企业与员工之间、领导与群众之间、上级与下级之间的关系;横向关系主要包括部门与部门之间、员工与员工之间的关系。非正式员工关系是在企业工作范围之外所发生的种种员工关系,主要涉及企业与员工家属之间、企业与非正式群体之间的关系等。[④]

[①] 曹艳春.入世与我国劳资关系协调的探讨[OL]. http://www.btophr.com/expertteam/lunwen/002.htm.
[②] 吴慧育编著.如何进行员工关系管理[M].北京:北京大学出版社,2004.
[③] 彭光华.员工关系决定企业成败[OL]. http://quanguo.chinahr.com/News/Themes/default/Forms/.
[④] 赵晓兰,朱琪.企业员工关系公关预警指标体系之探讨[J].企业经济,2002(7):74-75.

二、员工关系管理

1. 员工关系管理的内涵

从广义上讲,员工关系管理是在企业整个人力资源体系中,各级管理人员和人力资源职能管理人员,通过拟订和实施各项人力资源政策和管理行为,调节企业与员工、员工与员工之间的关系,从而实现组织目标。因此,广义的员工关系管理涉及企业价值观体系的确立、内部沟通渠道的建设、组织结构的设计和调整,以及人力资源政策的制订和实施等。从狭义上讲,员工关系管理就是企业和员工的沟通管理,这种沟通更多采用柔性的、激励性的、非强制的手段,从而提高员工满意度,促进组织目标的实现。①

从关系主体、实现目标、解决方式和学科性质等方面分析,员工关系管理和劳动关系管理之间既有联系,又有很大的差异。二者之间的区别如表 9-1 所示。

表 9-1 劳动关系管理与员工关系管理的关系

	产生时间	关系主体	解决方式	实现目标	研究内容	涉及学科	发展趋势
劳动关系管理	18 世纪 40 时代西方资本主义工业革命时期	劳动者个人或组织与雇主个人或组织	政府的法律法规和工会的集体谈判	缓和劳资矛盾	劳资冲突及其解决办法	经济学、政治学、社会学、管理学、法学等	劳资关系与员工的融洽
员工关系管理	19 世纪末 20 世纪初垄断资本主义形成时期	管理方(企业所有者、各级管理人员)与员工个体	企业内部显性的规章制度和隐性的企业文化、心理契约等	实现企业内部和谐以及企业与员工的双赢	协调和解决企业与员工之间的内部关系	人力资源管理	劳资关系与员工关系的融合

(资料来源:史保金.西方企业员工关系管理理论的逻辑发展[J].企业活力,2006(6):78-79)

2. 员工关系管理的内容

员工关系管理来源于人力资源管理领域,也是人力资源管理的关键环节之一。就员工关系而言,人们自然而然想到的就是处理员工的申诉、抱怨和劳资纠纷。实际上,员工关系贯穿在人力资源管理全过程,所有涉及企业与员工、员工与员工之间关系的方方面面,都是员工关系管理体系的内容。

员工关系管理的主要内容如下:

(1) 劳动关系管理。包括劳动争议处理,员工入职、离职面谈及手续办理,处理员工申诉、人事纠纷和意外事件等。

(2) 人际关系管理。引导员工建立良好的工作关系,创建利于员工建立正式人际关系的环境,组织员工进行人际交往、沟通技巧等方面的培训。

(3) 沟通管理。保证沟通渠道的畅通,引导公司上下及时的双向沟通,完善员工建议制度。

---

① 程延园.员工关系管理的基本内涵[J].中国劳动.2004(4):31-32.

(4) 员工状况管理。组织员工心态、满意度调查,预防、监测及处理谣言和怠工,解决员工关心的问题。

(5) 企业文化建设。建设企业文化,引导员工价值观,维护公司良好形象。

(6) 心理咨询服务。提供有关国家法律、公司政策、个人身心等方面的咨询服务,协助员工平衡工作与生活。

(7) 员工关系培训。对员工进行沟通技巧的培训和指导。

此外,员工关系管理的内容还包括工作场所的安全健康、工会关系的融洽、危机处理等。

三、和谐员工关系

1. 和谐员工关系

2002年,党的十六大报告首次提出构建和谐社会的思想。2004年以来,中国领导人明确提出并逐渐丰富"和谐社会"的理念,经历了从宏观逻辑向微观机制的探索过程。2004年,党的十六届四中全会明确了构建社会主义和谐社会所要达到的目标。2006年,党的十六届六中全会审议通过了《中共中央关于构建社会主义和谐社会若干重大问题的决定》,全面、深刻地阐明了社会主义和谐社会的性质和定位,明确了构建社会主义和谐社会的目标任务。

和谐是中国传统文化的核心理念和根本精神。"和"即是"谐","谐"即是"和",引申为各种事物有条不紊、井然有序和相互协调。和谐员工关系强调以员工为主体和出发点,注重和谐与合作是员工关系所蕴涵的精神。2006年7月,劳动和社会保障部、中华全国总工会、中国企业联合会/中国企业家协会联合发出《关于开展创建劳动关系和谐企业与工业园区活动的通知》,明确了和谐员工关系与和谐社会之间的关系。和谐稳定的员工关系,既是构建和谐社会的重要内容,也是构建和谐社会的基础和前提。因此,员工关系的状况成为社会是否和谐的晴雨表。

社会和谐与企业和谐是互动的,企业和谐是社会和谐的基础,社会和谐又能够促进企业和谐。企业和谐的关键标志应该是人与人之间的和谐。如果员工关系内部的双方始终处于一种紧张、对立的状况,经常发生摩擦和冲突,不但会影响企业的正常经营,而且这种状况的持续和扩大,也会影响社会和谐目标的最终实现。因此,营造和谐的员工关系既是企业构建和谐社会的基本责任,更是以盈利为目标的企业组织提升经营效率的根本途径。事实证明:成功企业无论行业是否相同都有一个共同的特征,就是拥有和谐的员工关系。例如,韩国大多数成功企业倡导"公司的成长与健康的劳资关系是同步的",积极培育劳资双方共同利益体意识和和谐气氛,从而使企业的经营活动能够在和谐劳资关系基础上顺利地进行。

2. 和谐员工关系的特征

自从1987年席酉民教授提出和谐管理理论以来,"和谐"成为国内管理活动中最为常见的词汇之一。"和谐管理"的概念首先包括人与人关系的和谐,特别是劳动者与用人单位之间关系的和谐,即员工关系的和谐。和谐员工关系对和谐社会的构建和企业的可持续发展非常重要,那么和谐的员工关系应该体现在哪些方面呢?根据和谐的相关理论,可以看出,和谐员工关系应该体现在以下几个方面。

1) 和谐员工关系是全面的

和谐的员工关系应该是员工与企业、员工与岗位、员工与管理者、员工与员工之间的全面融洽。其中,企业的核心价值观和个人的核心价值观是相辅相成的,应该追求两者的融合。在个人价值观与企业文化相匹配时,员工会感觉工作是件快乐的事情,工作才有激情。员工与岗位匹配包含着两层意思:一是岗位要求与个人素质匹配;二是工作报酬与个人动力匹配。管理者与员工,通过互相尊重,换位理解,使上下级关系更加融洽,最大限度地发挥好各自的积极性和创造性。此外,员工与员工之间,通过相互学习、互相帮助,不断强化团队精神。

2)和谐员工关系是全员参与的

和谐员工关系是企业自下而上所有员工都参与其中的,员工关系管理是针对所有员工,而不是仅仅是企业管理层、高层或核心员工。员工在企业中的作用、价值是通过其在岗位的工作实现的,只有每一个岗位都发挥出应有的作用,企业才能运转正常。因此,所有岗位上的员工都应该纳入员工关系管理的范畴。

3)和谐员工关系是全过程的

员工关系管理包括从员工招聘到离职后的全过程。很多企业会努力做到绩效管理的公平性、薪酬管理的外部竞争性及内部公平性等,但是员工的招聘过程和离职管理通常会被忽视。其实,作为企业人力资源的入口和出口,员工招聘和离职管理对企业建立和谐员工关系都是非常重要的。为了降低人才风险,国内外部分企业开始加强对潜在员工进行关系管理,例如企业老总、部门主管和技术骨干到高校授课,他们既是对企业的潜在员工进行培训,又是在向潜在员工推销企业,吸引潜在员工加盟企业。

以前,为了防止人才流失,扣住房、扣档案、设置违约金等做法在国有企业中普遍存在。这种做法的直接后果就是使离职员工和企业的关系势如水火。但是,随着企业之间竞争的加剧和对人力资源的日益重视,员工的流动是不可避免的。例如,硅谷的人才流动率达到30%,印度班加罗尔的软件人才流动率达20%。并且,离职员工对企业来说仍然具有很大的价值,可以成为企业的重要资源,例如成为企业的拥护者、客户或商业伙伴。为了更好地管理离职员工,发挥离职员工对企业的价值,在离职员工正式离开企业后,仍然应该将其纳入员工关系管理的范畴。离职时要进行离职面谈,例如摩托罗拉公司建立有规范的离职面谈制度,并有专门的辞职面试表格来填写他们的辞职档案,实行程序化管理。甚至,有些企业进行离职后的延伸管理,关注离职员工的职业发展和动态,维护与离职员工的关系。例如麦肯锡咨询公司把员工的离职视为"毕业离校",并建立"麦肯锡校友录"的花名册,保持联系。事实表明,这些人给麦肯锡咨询公司带来了许多商机。

四、员工关系管理的目的

员工关系管理已经引起了学术界和企业界人士的广泛关注,并在实践中证实了自身的价值。归纳起来,员工关系管理的主要目的如下。

1. 和谐员工关系促进团队效率的提高

团队凝聚力的大小对工作效率有着重要的影响。一般情况下,凝聚力强的团队比凝聚力弱的团队更有效率。和谐的员工关系有利于在团队中形成互相帮助、协调开展工作的良好氛围,从而促进团队整体工作效率的提高。因而,妥善管理好员工之间、员工与企业之间的关系,是增强团队凝聚力、战斗力的重要环节。

2. 员工的参与和投入是企业制胜的保证

员工关系管理的最终目的不仅仅是让员工满意,而是使企业在竞争中赢取胜利,员工的积极参与和投入是企业制胜的保证。和谐的员工关系有利于塑造一种具有吸引力的工作环境,使员工在被充分激励的状态下,激发工作的热情。尤其重要的是,进行有效的员工关系管理,不仅能够预防或降低企业的劳资关系风险,还能够大幅提升企业管理和业务运作效率,从而让企业保持持续的竞争优势。

3. 和谐员工关系降低劳资双方的矛盾

和谐的员工关系不仅可以降低劳资双方的矛盾,提高企业的核心竞争力,而且可以促进双方紧密合作、互相信任,使企业目标和个人目标共同实现。一个典型的反面案例就是:员工持股多达55%的美国联合航空公司,居然会因为员工反对以减薪渡过难关的方案而被迫申请破产保护。2002年12月,美国联合航空公司的管理层和机械师工会举行了非公开谈判,希望代表1.3万名机械师的工会同意减薪方案,结果却遭到拒绝。员工关系的僵局最终将美国联合航空公司逼上了破产保护之路。

4. 和谐员工关系可以提高客户满意度

和谐员工关系的影响力是巨大的,可以通过员工间接影响其家庭,影响到企业的潜在员工、潜在客户等。员工满意是客户满意的前提。员工对企业不满意,就不会积极地对待工作,在这种情况下奢谈客户满意和客户忠诚是不现实的。2006年,在搜狐财经与国研中心企业研究所及北京大学等单位发起的企业公众形象评价中,员工关系就是其中一个核心的评价指标。因此,员工是企业的内部客户,为了提升外部客户满意度,需要对员工进行和谐的关系管理,提升员工的满意度。

五、员工关系管理人员的职责

据统计,2004年中国劳动争议案件近22万件,全球范围内因未处理好劳资关系而发生的劳动纠纷甚至罢工事件也是层出不穷。相比较而言,外资企业的劳动纠纷要比国内企业少一些,即使发生了劳动纠纷也能迅速地得到解决。许多外资企业在中国的迅速扩张与他们注重员工关系是分不开的。例如,"美国友邦(广州)培育后进计划"使美国友邦保险有限公司广州分公司仅在华南地区就扩展到9 000多名员工,业务量也获得了大幅度提升;沃尔玛集团能够在中国获得发展也得益于建立伙伴式的员工关系:把员工作为企业的合伙人来对待,管理者与员工的关系也是真正意义上的伙伴关系。

1. 直线经理和人力资源经理

员工关系管理的问题最终是人的问题,主要是管理者的问题。所以,管理者,特别是中高层管理者的观念和行为起着至关重要的作用。在企业员工关系管理系统中,直线经理和人力资源经理处于联结企业和员工的中心环节。因此,直线经理和人力资源经理是员工关系管理的关键,是实施员工关系管理的首要责任人。他们的工作方式和效果,是企业员工关系管理水平和效果的直接体现。直线经理和人力资源经理相互支持和配合,通过各种方式,一方面协调企业利益和员工需求之间的矛盾,提高组织的活力和产出效率;另一方面,通过协调员工之间的关系,提高组织的凝聚力,从而保证企业目标的实现。

2. 员工关系专员

在人力资源部门设立员工关系管理的相关职位,目的是要处理好与员工的关系特别是劳动关系,与律师和法律顾问不同,他们的任务是事先预防与员工因劳动关系产生纠纷,而不是事后解决问题。员工关系专员已经存在较长一段时间,并在促进企业内部沟通、协调劳资关系等方面发挥了重要的作用。例如,雅芳化妆品有限公司、国际商业机器公司、美国宝洁公司等都有自己的员工关系经理,专门负责员工关系管理工作。深圳万科物业公司也设置了一个与众不同的岗位——员工关系专员,此岗位人员必须经过600多名员工投票选举产生,其主要职责是协调员工关系,反馈员工心声。从企业角度来看,员工关系专员能够将企业的想法以合理的方式传达给员工,并与员工的想法互相结合形成双赢,降低劳动争议发生的几率,减少企业的内耗;对于员工来说,他们获得了一条企业认可的正规渠道表达自己的见解和意见,从而提高对工作的满意度和对组织的认同度。

根据中共中央办公厅、国务院办公厅《关于进一步加强高技能人才工作的意见》(中办发[2006]15号)以及劳动和社会保障部于2006年发布的《关于印发第二批专项职业能力考核规范的通知》的精神,规范企业劳动用工、提升从业人员的执业资质和综合素质,建立企业员工关系管理人员职业准入制度。根据《员工关系管理专项职业能力考核规范》,我国员工关系管理人员的主要职责表现为六个方面:

(1) 劳动关系管理:起草劳动合同管理制度,办理订立、解除和终止劳动合同手续;制订集体协商的有关规章制度,安排集体协商日程,完善集体合同草案的内容,解决有关问题;代表企业依照法定程序解决劳动争议;运用有关程序管理劳动合同的订立、变更、解除、终止等信息。

(2) 员工关系诊断:调查员工满意度;分析诊断员工关系状况,及时报告发现的问题;制订员工关系改进计划,并对实施效果进行评估。

(3) 沟通与咨询服务:代表企业与员工进行沟通;为员工提供咨询服务,解决员工有关制度、心理、工作气氛等方面的问题;组织开展有利于建立和谐员工关系的活动。

(4) 组织员工参与管理:选择恰当的方式推进员工参与管理活动;建立员工参与管理保障制度。

(5) 纪律管理:开展纪律管理并进行奖惩;发现问题员工的形成原因,并采用适当的处理策略;制订员工申诉程序,正确处理员工申诉。

(6) 冲突化解与谈判:及时发现可能出现的冲突,预见发展趋势,并采取有效措施予以化解;处理员工之间的冲突和变革中的劳资冲突。

六、员工关系管理的有效性评估

员工关系管理的基础工作之一,就是分析诊断员工关系状况,及时报告发现的问题。员工关系管理需要及时进行评估和总结,这些工作同样需要量化,否则按照主观判断去制订员工关系政策,很容易导致管理效率的低下。在具体的评价中,指标体系的构建是评价的关键,它关系到评价的可行性以及评价结果的合理性。应建立科学的员工关系评价指标体系,以便于企业了解自身的员工关系状况,改进员工关系政策,同时能够进行不同企业和行业员工关系的比较。

员工关系有效性评估包括两个指标体系。

1. 员工关系测评指标体系

国内外学者在确立企业劳动关系评价指标的基础上,进行了相关研究,如表9-2所示。

表 9-2　国内外企业劳动关系评论指标对比

学　　者	劳动关系评价指标
Harry C. Katz, Thormas A. Kochan, Kenneth R. Gobeille	投诉率、受处分比例、合同数量、谈判时间、缺勤率、劳资态度
Mark R. Weber	抱怨率、缺勤率、受处分比例、员工满意度、员工意见的采纳率
I. R. Norsworthy, Carig A. Zabala	流失率、投诉数量、未解决投诉数量、未授权罢工数
Joel Cutcher-Gershenfeld	冲突频率、冲突的解决、投诉正式及非正式的解决、工作自主性、工作的反馈等
Jody Hoffer Gittell, Andrew Von Nordenflycht, Thomas A. Kochan	工会代表性、参与管理、劳资冲突、工作场所氛围
Robert Buchele, Jens Christiansen	平均工作年限、监督者和工人的数量比、工人最高最低收入比
Jeffrey B. Arthur	决策权的分散程度、员工参与状况、监督者和工人的数量比、劳资冲突的解决、工资及其结构等
姚先国，郭东杰	工资（包含奖金）、持股比例、对管理层和工会等的满意度、对改制方案的满意度、福利水平等
齐治国	员工满意度、流失率、合同签约率、集体合同数目、劳动争议频率及调解率、缺勤率、旷工率等
汪弘，邱羚	企业就业状况、企业就业合同、工资及其分配、社会保障、工会组织和企业经济收益等 5 个方面共 26 个指标

（资料来源：黄攸立，吴功德. 从理论和实证的视角构建企业劳动关系评价指标体系[J]. 中国人力资源开发，2006(8):90-94）

员工关系可以从动态和静态两个角度来理解。从动态角度看，员工关系是劳动者和用人单位在工作过程中相互作用，以确定就业条件和就业待遇的一个行为过程；从静态角度看，员工关系则是企业员工关系运行和管理的结果。黄攸立和吴功德（2006）基于对企业员工关系内涵的动态理解和静态理解，从关系管理行为和关系管理结果两个方面构建指标体系。其中，管理行为指标按照员工关系管理的基本职能分为基本业务管理指标、合作管理指标和冲突管理指标；管理结果指标则分为员工利益保障指标和企业绩效表现指标两个方面。员工关系测量评价指标体系见表 9-3。

表 9-3　员工关系测量评价指标体系

一级指标	二级指标	三级指标
管理行为	基本业务管理	合同签约率；员工平均工作期限；基层工会建设状况；受处分员工比例
	合作管理	员工参与企业管理状况；员工工作自主性；集体合同的覆盖情况
	冲突管理	劳动争议数量；劳动争议的解决状况；员工投诉数量；员工投诉的解决状况；工作场所的监督方式
管理结果	员工利益保障	员工的工资水平；福利项目与水平；员工的收入差距；社会保险缴纳情况；安全卫生事故
	企业绩效表现	员工满意度；员工对自身未来的乐观程度；员工流失率；员工缺勤状况；工作场所氛围；企业盈利状况

（资料来源：黄攸立，吴功德. 从理论和实证的视角构建企业劳动关系评价指标体系[J]. 中国人力资源开发，2006(8):90-94）

2. 员工关系景气指标体系

企业未来员工关系的稳定性也是许多企业非常关心的问题。员工关系景气评估是通过对现有数据的分析,对企业员工关系的未来发展趋势作出定量的评价。员工关系景气指标体系包括:①

(1) 对本企业经营者经营管理能力的信心;
(2) 对本企业发展前景的信心;
(3) 对目前生活保障水平的满意度;
(4) 对未来生活保障的乐观程度;
(5) 对目前工作岗位稳定性的乐观程度。

第二节 劳动合同管理

一、劳动合同概念与特征

1. 劳动合同的概念

自从资本主义生产方式出现以后,劳动合同就成为各国政府立法的重要内容之一。我国自1986年开始,按照《国营企业实行劳动合同制暂行规定》开始实行劳动合同制;1994年我国颁布了《劳动法》;2007年6月第十届全国人民代表大会常务委员会第二十八次会议通过了《劳动合同法》。劳动合同,也称劳动契约、劳动协议,《劳动法》第十六条将劳动合同定义为:劳动合同是劳动者与用人单位确立劳动关系、明确双方权利义务的协议。

2. 劳动合同的特征

劳动合同具有合同的一般特征,即签订合同是当事人双方的法律行为;只有当事人在平等自愿、协商一致的基础上达成一致时,合同才成立;合同一经签订,就具有法律约束力。劳动合同除具有上述一般特征外,还有其明显不同于其他民事合同的法律特征。

1) 劳动合同主体是劳动者和用人单位

劳动合同主体的一方必须是用人单位,主要包括:

(1) 在中国境内的企业单位,例如国有企业、集体企业、私营企业、联营企业、外商投资企业、外国公司在我国的分支机构、股份制企业等;
(2) 国家机关、事业单位、社会团体等与劳动者订立了劳动合同的单位;
(3) 个体工商户、个体承包经营户等个体经济组织。

劳动合同主体的另一方须是劳动者本人,即必须是16周岁以上,具有一定劳动能力的劳动者,包括本国公民、外国人和无国籍人。劳动者不受年龄(16周岁以下的未成年人除外)、性别、教育程度、民族、种族和宗教信仰等的限制,只要具备劳动能力和人身自由,同时为用人单位所录用,就能成为劳动合同的当事人。

2) 劳动合同内容是有关劳动的权利和义务

根据劳动合同,劳动者必须在一定期间内为用人单位完成工作任务,用人单位负责提供劳

---

① 汪泓,陈心德,邱羚.企业劳动关系测评与景气指标体系的研究[J].上海工程技术大学学报,2001,10(3):161-167.

动条件和工作报酬。劳动者通过劳动获得的收益来维持自己的生存和履行法定的赡养、抚养和扶助义务。用人单位通过支付报酬来换取劳动者的劳动力以取得利润。因此,在劳动合同中以劳动付出和劳动报酬互为条件,实现了劳动者和用人单位双方权利和义务的统一。

3) 劳动合同在一定条件下涉及第三人的物质利益

从整个社会看,劳动过程必须连续不断,是再生产的过程,劳动力本身也需要再生产。这决定了劳动合同的内容不仅限于当事人权利义务的规定,而且还涉及劳动者的直系亲属在一定条件下享有的物质帮助权。如果劳动者因生育、年老、患病(家属劳保)、工伤、残疾、死亡等原因全部或部分丧失劳动能力,用人单位不仅应对劳动者本人给予一定帮助,而且对劳动者所供养的亲属也应给予一定的物质帮助,例如困难补助、家属劳保、丧葬费、遗属补助等家属待遇。劳动合同所确立的工资不能低于法定最低工资,这已经考虑了劳动者赡养的人的生活费用因素。

4) 劳动合同当事人在职责上具有从属关系

劳动合同的签订意味着作为劳动者的当事人成为雇佣单位的一份子,享受单位的薪酬福利,同时承担单位的工作任务。这种关系具有明显的从属性,单位对员工在单位的工作具有部分控制权和指挥权。

5) 每个劳动者在同一时期内,一般只能签订同一个用工单位

在经济体制改革中,为了发挥技术人员的作用,允许他们在其他单位进行兼职,但即使如此,工作仍有主次之分,兼职工作只能利用业余时间。劳动合同的这一特点明显不同于一般的劳动民事合同和经济合同。

二、劳动合同的内容

劳动合同的内容,是指双方当事人通过协商达成的关于劳动权利和义务的具体规定。劳动合同应当载明用人单位的名称、住所、法定代表人或者主要负责人和劳动者的姓名、住址和居民身份证或者其他有效身份证件号码等基本情况。此外,《劳动合同法》规定,劳动合同应当以书面形式订立,包括必备条款和协商条款。其中,必备条款,也称法定条款,是指由法律、法规直接规定的劳动合同必须具备的内容;协商条款是指不需由法律、法规直接规定,而是由当事人自愿协商确定的内容。

1. 法定条款

1) 劳动合同期限

劳动合同期限是指当事人双方所订立的劳动合同起始和终止时间,也就是劳动关系具有法定效力的日期。根据《劳动合同法》第十二条规定:"劳动合同分为有固定期限劳动合同、无固定期限劳动合同和以完成一定工作任务为期限的劳动合同"。劳动合同期限采取哪一种类型主要由双方当事人商定。

(1) 有固定期限的劳动合同:合同的有效年限有明确的约定,一般有 5 年以上的长期劳动合同和 5 年以下的短期劳动合同之分。

(2) 无固定期限的劳动合同:合同中不明确约定有效年限,只要不出现法定或约定的终止事因,该劳动合同一直有效。

(3) 以完成一定工作任务为期限的劳动合同:以某项工作任务完成的期限为劳动合同的期限,某项工作任务完成时,劳动合同就期满终止,一般适用于建筑单位等的劳动合同。

根据《劳动合同法》第十四条的规定,如果用人单位与劳动者协商一致,可以订立无固定期限劳动合同。有下列情形之一,劳动者提出或者同意续订、订立劳动合同的,除劳动者提出订立固定期限劳动合同外,应当订立无固定期限劳动合同。

(1) 劳动者在该用人单位连续工作满十年的。其中,十年工龄按照劳动者在同一单位实际连续工作时间计算。

(2) 用人单位初次实行劳动合同制度或者国有企业改制重新订立劳动合同时,劳动者在该用人单位连续工作满十年且距法定退休年龄不足十年的。

(3) 连续订立两次固定期限劳动合同,且劳动者不存在以下情形:在试用期间被证明不符合录用条件;严重违反用人单位的规章制度;以欺诈、胁迫的手段或者乘人之危,使对方在违背真实意思的情况下订立或者变更劳动合同的;严重失职,营私舞弊,给用人单位造成重大损害的;劳动者同时与其他用人单位建立劳动关系,对完成本单位的工作任务造成严重影响,或者经用人单位提出,拒不改正的;被依法追究刑事责任的;劳动者患病或者非因工负伤,在规定的医疗期满后不能从事原工作,也不能从事由用人单位另行安排的工作;劳动者不能胜任工作,经过培训或者调整工作岗位,仍不能胜任工作。

此外,用人单位自用工之日起满一年不与劳动者订立书面劳动合同的,视为用人单位与劳动者已订立无固定期限劳动合同。

《劳动合同法》第八十二条具体规定:用人单位自用工之日起超过一个月不满一年未与劳动者订立书面劳动合同的,应当向劳动者每月支付两倍的工资;用人单位违反本法规定不与劳动者订立无固定期限劳动合同的,自应当订立无固定期限劳动合同之日起向劳动者每月支付两倍的工资。

2) 工作内容和工作地点

劳动合同涉及工作内容、工作地点等内容,一律要有清晰的表述。其中,工作内容是指在劳动合同中确定的劳动者应当履行的劳动义务的主要内容。工作内容是针对劳动者而言的。工作内容是用人单位对劳动者劳动的具体要求,也是劳动者获得劳动报酬的依据。根据劳动者的技能和企业的需要,可以规定劳动者从事劳动的工种、岗位、生产或工作应该达到的数量、质量指标或应完成的任务等。

实践中劳动者的工作地点可能与用人单位住所地不一致,有必要在订立劳动合同时予以明确。因为我国各地区经济发展不平衡,不同地区的薪金收入、消费水平差别很大,如果在劳动合同中不约定详细工作地点,劳动者可能会拿落后地区的薪酬到发达地区工作,利益就会受损,所以明确工作地点对保护劳动者具有特别的现实意义。在《劳动合同法》里,"工作地点"成为劳动合同的必备要素,也就是说,用人单位必须在劳动合同里注明"工作地点"。例如,在员工工作地点的填写上,不能采用"全省"、"全国"这样的表述,应该注明具体的地点。

用人单位只有在与劳动者协商后,才能变更工作地点。如果用人单位将工作地点搬迁到很远的地方,用人单位又不能提供后续服务,劳动者的生活水平下降及出现影响子女读书等问题,导致劳动者无法履行劳动合同,那么,经用人单位和劳动者协商无法达成一致意见的情况下,用人单位就应当支付员工补偿金。如果用人单位搬迁后,又提供厂车,在原工作地点接送劳动者到新地点上下班,使劳动者的生活条件及子女上学不受影响,并且给予劳动者原有待遇等,劳动者则应该服从用人单位的安排。

3) 工作时间和休息休假

工作时间是指劳动时间,在企业、事业、机关、团体等单位中,必须用来完成其所担负的工作任务的时间。工作时间包括工作时间的长短、工作时间方式的确定,如是8小时工作制还是6小时工作制,是日班还是夜班,是正常工时还是实行不定时工作制。国家实行劳动者每日工作时间不超过8小时、平均每周工作时间不超过44小时的工时制度。

休息休假是指企业、事业、机关、团体等单位的劳动者按规定不必进行工作,自行支配的时间。《劳动法》规定:"用人单位应当保证劳动者每周至少休息一日。"休息休假的具体时间根据劳动者的工作地点、工作种类、工作性质、工龄长短等各有不同,但是要符合劳动法和国家的相关规定。

4) 劳动保护、劳动条件和职业危害防护

劳动保护和劳动条件是指在劳动合同中约定的用人单位对劳动者所从事的劳动必须提供的生产、工作条件和劳动安全卫生保护措施。这是针对用人单位而言的,是对用人单位设定的义务条款。用人单位应根据国家的有关规定,结合自身实际情况,建立健全劳动卫生制度、劳动安全制度等,配备必要的劳动安全和劳动卫生方面的设施、设备和用品等。职业危害是指用人单位的劳动者在职业活动中,因接触职业性有害因素如粉尘、放射性物质,以及其他有毒、有害物质等而对生命健康所引起的危害。用人单位应将工作过程中可能产生的职业病危害及其后果、职业病防护措施和待遇等如实告知劳动者,并在劳动合同中写明,不得隐瞒或欺骗。

5) 劳动报酬

劳动报酬是指用人单位根据劳动者劳动岗位、技能及工作数量、质量,以货币形式支付给劳动者的工资、奖金、津贴等。一般来说,劳动报酬条款包括:工资分配制度、工资标准和分配形式;工资支付办法;加班、加点工资及津贴、补贴标准和奖金的分配办法;工资调整办法;试用期、事假等期间的工资待遇;特殊情况下工资(生活费)支付办法等。

劳动合同中规定的劳动报酬必须符合国家法律、法规和政策的规定。劳动报酬是劳动者权益的集中体现,劳动合同法对劳动报酬作了更为细致的规定。其中,第十一条规定:用人单位未在用工的同时订立书面劳动合同,与劳动者约定的劳动报酬不明确的,新招用的劳动者的劳动报酬按照集体合同规定的标准执行;没有集体合同或者集体合同未规定的,实行同工同酬;第十八条规定:劳动合同对劳动报酬和劳动条件等标准约定不明确,引发争议的,用人单位与劳动者可以重新协商;协商不成的,适用集体合同规定;没有集体合同或者集体合同未规定劳动报酬的,实行同工同酬;没有集体合同或者集体合同未规定劳动条件等标准的,适用国家有关规定。

全日制用工劳动者执行的是月最低工资标准,工资应当至少每月支付一次。根据《劳动合同法》第二十条规定:劳动者在试用期的工资不得低于本单位相同岗位最低档工资或者劳动合同约定工资的百分之八十,并不得低于用人单位所在地的最低工资标准。

针对现实生活中存在非全日制工作的情况,劳动合同法对最低小时工资标准作出了规定,以此来保障劳动者的合法权益。根据《劳动合同法》解释:非全日制用工是指以小时计酬为主,劳动者在同一用人单位一般平均每日工作时间不超过四小时,每周工作时间累计不超过二十四小时的用工形式。非全日制用工劳动报酬结算支付周期最长不得超过十五日。其中,第七十二条还规定:非全日制用工小时计酬标准不得低于用人单位所在地人民政府规定的最低小时工资标准。

6) 社会保险

社会保险是国家为员工的生活、医疗保障而实行的强制性保险。社会保险包括医疗、养老、失业、工伤和生育保险等。依法参加社会保险和缴纳社会保险费,是用人单位和劳动者的法定义务,无论用人单位与劳动者是否约定、如何约定,均应依法参加社会保险和缴纳社会保险费。社会保险条款可以强化用人单位和劳动者的社会保险权利义务意识。

7) 法律、法规规定应当纳入劳动合同的其他事项

这部分内容主要是指《中华人民共和国劳动法》、《中华人民共和国工会法》、《劳动保障监察条例》、最低工资规定和集体合同规定等相关法律条款规定的应当纳入劳动合同的事项。

2. 协商条款

《劳动合同法》除了规定上述劳动合同的法定条款之外,还规定双方可以协商约定的其他条款。协商条款主要集中在试用期、培训、保守商业秘密和竞业禁止、保险和福利待遇等事项。在日常工作中,常见约定的协商条款主要涉及以下方面。

1) 试用期

试用期是指用人单位对新录用的劳动者进行考察的期限。约定试用期的目的主要是:一方面,用人单位考察劳动者是否符合录用条件;另一方面,劳动者也要考察用人单位情况。根据《劳动合同法》第十九条的规定:劳动合同期限三个月以上不满一年的,试用期不得超过一个月;劳动合同期限一年以上不满三年的,试用期不得超过二个月;三年以上固定期限和无固定期限的劳动合同,试用期不得超过六个月。

同一用人单位与同一劳动者只能约定一次试用期,且包含在劳动合同期限内。以完成一定工作任务为期限的劳动合同或者劳动合同期限不满三个月的,不得约定试用期。

2) 培训

用人单位为了自身的发展,需要对员工进行必要的技能培训。但是,由于接受培训后的员工因其工作能力和劳动力价值提升,被其他用人单位挖走的事情时有发生。《劳动合同法》第二十二条规定:"用人单位为劳动者提供专项培训费用,对其进行专业技术培训的,可以与该劳动者订立协议,约定服务期。"所谓服务期,就是劳动者因接受用人单位给予的特殊待遇而承诺必须为用人单位服务的最低期限。如果劳动者违反服务期约定,应当按照约定向用人单位支付违约金,但是用人单位要求劳动者支付的违约金不得超过服务期尚未履行部分所应分摊的培训费用。

3) 保守商业秘密和竞业禁止

根据《反不正当竞争法》第十条规定,商业秘密是指不为公众所知悉、能为权利人带来经济利益、具有实用性并经权利人采取保密措施的技术信息和经营信息。构成商业秘密必须具备以下要素:①不为公众所知悉;②具有实用性;③能为权利人带来经济利益;④权利人对其技术信息和经营信息采取了保密措施。

越来越频繁的人才流动,给用人单位的商业秘密保护带来了极大的挑战。因此,用人单位为了保护自己的商业秘密可以在劳动合同中约定保密条款。《劳动合同法》第二十三条规定:用人单位与劳动者可以在劳动合同中约定保守用人单位的商业秘密和与知识产权相关的保密事项。

侵犯商业秘密的具体表现形式主要有以下五种:①以盗窃、利诱、胁迫或者其他不正当手段获取权利人的商业秘密;②披露、使用或者允许他人使用以前项手段获取的权利人的商业秘

密;③违反约定或者违反权利人有关保守商业秘密的要求,披露、使用或者允许他人使用其所掌握的商业秘密;④权利人企业的职工违反单位有关规定或者违反合同约定的保护商业秘密的要求,披露、使用或者允许他人使用其所掌握的商业秘密;⑤第三人明知或者应知上述违法行为,获取、使用或者披露他人的商业秘密,视为侵犯商业秘密。

竞业禁止已成为保护商业秘密的重要法律手段和措施。竞业禁止也称竞业限制,是指用人单位通过劳动合同和保密协议禁止员工在本单位任职期间同时兼职于业务竞争单位,限制并禁止他们在本单位离职后就职于与原单位有业务竞争的单位或者创建与本单位业务范围相同的企业。竞业禁止的人员限于用人单位的高级管理人员、高级技术人员和其他负有保密义务的人员。用人单位可以在劳动合同或者保密协议中与负有保密义务的劳动者约定竞业限制条款,并约定在解除或者终止劳动合同后,在竞业限制期限内按月给予劳动者经济补偿。劳动者违反竞业限制约定的,应当按照约定向用人单位支付违约金。在解除或者终止劳动合同后,高级管理人员、高级技术人员和其他负有保密义务的人员到与本单位生产或者经营同类产品、从事同类业务的有竞争关系的其他用人单位,或者自己开业生产或者经营同类产品、从事同类业务的竞业禁止期限,不得超过两年。

三、劳动合同管理过程

建立规范的劳动合同管理已经成为构建和谐劳动关系的基础性工作。劳动合同管理是一个系统工程、综合工程,涉及从合同订立到合同变更,从权利义务履行到劳动合同解除或终止。其中,劳动合同管理的关键是:如何技巧地与员工订立、变更、解除、续签、终止劳动合同。

1. 劳动合同订立

劳动合同的订立是指劳动者与用人单位之间经过相互选择和自愿协商,依法就双方的劳动权利和劳动义务达成一致,签订劳动合同来确定彼此之间劳动关系的行为过程。劳动合同的订立是劳动合同制度的一个首要和关键的环节,劳动合同订立是否合法、规范和严密,直接关系到劳动合同的履行。

1)订立劳动合同的原则

《劳动合同法》第三条规定:订立劳动合同,应当遵循合法、公平、平等自愿、协商一致、诚实信用的原则;第九条规定:用人单位招用劳动者,不得扣押劳动者的居民身份证和其他证件,不得要求劳动者提供担保或者以其他名义向劳动者收取财物。因此,签订劳动合同必须遵循两项原则:一是合法原则;二是平等自愿、协商一致的原则。

其中,合法原则包括以下几个方面:

(1)主体合法。用人单位必须是依法成立的企事业单位、国家机关、社会团体和个体经营户等用人单位;劳动者必须是具有劳动权利能力和劳动行为能力的公民。

(2)内容合法。劳动合同的各项条款不能违反国家法律、法规和政策的规定。

(3)形式和程序合法。劳动合同的订立必须按照国家法律、行政法规规定的步骤和方式进行,并以书面形式订立。

2)劳动合同的签订程序

对于已经建立劳动关系,未同时订立书面劳动合同的,应当自用工之日起一个月内订立书面劳动合同。劳动者和用人单位签订劳动合同时也要遵循一定的手续和步骤。根据劳动法的有关规定,签订劳动合同的程序一般为:

（1）提议。在劳动合同签订之前，劳动者或用人单位提出签订劳动合同的建议，称为要约；如果用人方通过招工简章广告等渠道提出招聘请求，另一方接受建议并表示完全同意，称为承诺。一般情况下，由用人单位提出和起草合同文本草案。

（2）协商。《劳动合同法》第八条规定：用人单位招用劳动者时，应当如实告知劳动者工作内容、工作条件、工作地点、职业危害、安全生产状况、劳动报酬，以及劳动者要求了解的其他情况；用人单位有权了解劳动者与劳动合同直接相关的基本情况，劳动者应当如实说明。劳动者和用人单位双方对合同草案的内容逐条进行认真磋商。协商内容包括工作任务、劳动报酬、劳动条件、合同期限、保险福利等，必须做到明示，充分表达双方的真实意愿和要求。

（3）签约。在劳动合同文书确认没有分歧后，用人单位的法定代表人或者其书面委托的代理人代表用人单位与劳动者签订劳动合同。劳动合同由双方当事人分别签字或盖章，并加盖用人单位印章。经双方当事人签字、盖章后，合同的订立阶段即告结束，所签合同即具有法律效力。

2. 劳动合同变更

劳动合同变更，是指在劳动合同履行过程中，合同当事人双方或单方依据情况变化，按照法律规定或当事人的约定，对原合同条款进行修改、补充的法律行为。一般情况下，劳动合同订立后，双方当事人必须认真履行，任何一方不得擅自变更劳动合同。但是，在履行劳动合同过程中，由于企业生产经营状况的变化，或者职工劳动、生活情况的变化，也可以变更劳动合同。例如，劳动者因意外事故致伤、致残，不能从事原岗位劳动，工作岗位需要作适当调整；国家颁布了新的法律、法规，原劳动合同的某些条款与新的法规、法规相悖；由于不可抗力（如水灾、地震、战争）等因素，造成企业或劳动者无法履行原劳动合同时，经双方当事人平等协商，都可以变更劳动合同的相关内容。

劳动合同变更包括两种类型：法定变更和约定变更。依据法律规定提起变更合同，简称法定变更。《劳动合同法》第三十五条规定："用人单位与劳动者协商一致，可以变更劳动合同约定的内容。"依据劳动合同的约定提起变更合同，简称约定变更。只要合同中约定了变更劳动合同的条件，当该条件出现时，双方就应就变更合同事项进行协商。劳动变更一般限于内容的变更，不涉及主体的变更。

劳动合同变更的内容主要反映在以下方面：

(1) 生产或者工作任务的增加或减少；

(2) 劳动合同期限的延长或缩短；

(3) 劳动者工种或职务的变化或变动；

(4) 对劳动者支付劳动报酬的增加或减少。

劳动合同变更的程序，原则上与订立合同的程序相同，需要经过提议、协商、签订三个阶段。由要求变更劳动合同的一方向对方提出变更建议，说明需要变更劳动合同的理由及变更内容；对方收到变更建议后进入协商阶段。如果一方同意接受另一方提出的变更建议，双方就可以签订新的劳动合同。

3. 劳动合同解除

劳动合同的解除，是指劳动合同订立之后，尚未全部履行之前，由于某种原因导致劳动合同一方或双方当事人提前解除双方权利义务关系的法律行为。劳动合同的解除分为法定解除和约定解除。其中，法定解除是指出现国家法律法规或合同约定可以解除劳动合同的情况时，合同就可以自然失去效力或单方提出提前解除；协商解除是指当事人双方因某种原因，在完全自愿的情况下，通过协商，一致同意提前解除劳动合同。

劳动者提前 30 日以书面形式通知用人单位，可以解除劳动合同。劳动者在试用期内提前 3 日通知用人单位，可以解除劳动合同。根据《劳动合同法》第三十八条的规定，用人单位有下列情形之一的，劳动者可以解除劳动合同：

（1）未按照劳动合同约定提供劳动保护或者劳动条件的；
（2）未及时足额支付劳动报酬的；
（3）未依法为劳动者缴纳社会保险费的；
（4）用人单位的规章制度违反法律、法规的规定，损害劳动者权益的；
（5）因以欺诈、胁迫的手段或者乘人之危，使对方在违背真实意思的情况下订立或者变更劳动合同，致使劳动合同无效的；
（6）法律、行政法规规定劳动者可以解除劳动合同的其他情形。

此外，用人单位以暴力、威胁或者非法限制人身自由的手段强迫劳动者劳动的，或者用人单位违章指挥、强令冒险作业危及劳动者人身安全的，劳动者可以立即解除劳动合同，不需事先告知用人单位。

根据《劳动合同法》第三十九条的规定，劳动者有下列情形之一的，用人单位可以解除劳动合同：

（1）在试用期间被证明不符合录用条件的；
（2）严重违反用人单位的规章制度的；
（3）严重失职，营私舞弊，给用人单位造成重大损害的；
（4）劳动者同时与其他用人单位建立劳动关系，对完成本单位的工作任务造成严重影响，或者经用人单位提出，拒不改正的；
（5）因以欺诈、胁迫的手段或者乘人之危，使对方在违背真实意思的情况下订立或者变更劳动合同，致使劳动合同无效的；
（6）被依法追究刑事责任的。

根据《劳动合同法》第四十条的规定，有下列情形之一的，用人单位提前 30 日以书面形式通知劳动者本人或者额外支付劳动者 1 个月工资后，可以解除劳动合同：

（1）劳动者患病或者非因工负伤，在规定的医疗期满后不能从事原工作，也不能从事由用人单位另行安排的工作的；
（2）劳动者不能胜任工作，经过培训或者调整工作岗位，仍不能胜任工作的；
（3）劳动合同订立时所依据的客观情况发生重大变化，致使劳动合同无法履行，经用人单位与劳动者协商，未能就变更劳动合同内容达成协议的。

市场形势的变化和企业自身的经营问题经常导致用人单位裁员。用人单位裁减人员直接关系到劳动者的利益，所以《劳动合同法》对用人单位裁员的条件作出了严格的规定。根据《劳动合同法》第四十一条规定，有下列情形之一，需要裁减人员 20 人以上或者裁减不足 20 人但占企业职工总数 10% 以上，用人单位需要提前 30 日向工会或者全体职工说明情况，听取工会或者职工的意见后，裁减人员方案经向劳动行政部门报告，可以裁减人员：

（1）依照企业破产法规定进行重整的；

(2) 生产经营发生严重困难的;

(3) 企业转产、重大技术革新或者经营方式调整,经变更劳动合同后,仍需裁减人员的;

(4) 其他因劳动合同订立时所依据的客观经济情况发生重大变化,致使劳动合同无法履行的。

为了保护一些特殊群体的利益,劳动者在一些特殊情况下,如果没有过错,用人单位不能解除劳动合同。根据《劳动合同法》第四十二条的规定,劳动者有下列情形之一的,用人单位不得按上述规定解除劳动合同:

(1) 从事接触职业病危害作业的劳动者未进行离岗前职业健康检查,或者疑似职业病病人在诊断或者医学观察期间的;

(2) 在本单位患职业病或者因工负伤并被确认丧失或者部分丧失劳动能力的;

(3) 患病或者非因工负伤,在规定的医疗期内的;

(4) 女职工在孕期、产期、哺乳期的;

(5) 在本单位连续工作满 15 年,且距法定退休年龄不足 5 年的;

(6) 法律、行政法规规定的其他情形。

4. 劳动合同终止

劳动合同的终止,是指劳动合同期满或双方当事人约定的劳动合同终止的条件出现,以及劳动合同一方当事人因某种原因无法继续履行劳动合同时终结劳动关系的法律行为。

根据《劳动合同法》第四十四条规定,劳动合同终止的条件包括以下方面:

(1) 劳动合同期满的;

(2) 劳动者开始依法享受基本养老保险待遇的;

(3) 劳动者死亡,或者被人民法院宣告死亡或者宣告失踪的;

(4) 用人单位被依法宣告破产的;

(5) 用人单位被吊销营业执照、责令关闭、撤销或者用人单位决定提前解散的;

(6) 法律、行政法规规定的其他情形。

其中,因为劳动合同期满而发生的劳动合同终止属于自然终止。以下两种终止为劳动合同非自然终止:如果在劳动合同履行期间,劳动合同一方当事人消亡,如劳动者一方死亡或用人单位宣告破产等,劳动合同关系即行终止;另外,如果劳动争议仲裁机关裁决或人民法院判决终止劳动合同,由劳动合同确定的关系也得以终止。

用人单位在解除或者终止劳动合同时出具相关证明,并在 15 日之内为劳动者办理档案和社会保险关系转移手续。劳动者按照双方约定,办理工作交接手续。如果用人单位依照劳动合同法有关规定应当向劳动者支付经济补偿的,在办结工作交接时支付。用人单位对已经解除或者终止的劳动合同的文本,应该保存 2 年以上。

5. 劳动合同续订

劳动合同的续订,是指劳动合同的期限届满,或者合同规定的任务已经完成,双方当事人一致同意继续保持劳动合同关系的行为。续订劳动合同是以原订劳动合同为基础,当事人双方继续享有和承担与原劳动合同有效期限届满前一样或基本相同的权利与义务。劳动合同届满前,用人单位应提前 30 日将《续订(终止)劳动合同意向通知书》送达劳动者。经双方协商同意续订劳动合同的,应在合同期限届满前办理续订手续。

劳动合同续订的条件:

(1) 必须双方当事人协商同意,一方当事人不同意续订,另一方当事人不得强迫续订;

(2) 可以续订的劳动合同只限于一定范围内的有固定期限的劳动合同。

劳动合同期满后,因用人单位方面原因未办理终止或续订而形成事实劳动关系的,视为续订劳动合同。由此给劳动者造成损失的,用人单位应当依法承担赔偿责任。因此,用人单位应及时与劳动者协商办理续订劳动合同手续。

第三节 劳动争议管理

一、劳动争议内涵

劳动争议,又称劳动纠纷或劳资纠纷,其广义定义泛指以劳动关系为中心所发生的一切争议,包括关于劳动关系的争议和关于与劳动关系密切联系的其他社会关系的争议。其狭义定义,就是专指劳动关系的双方当事人或其代表之间在实现劳动权利和履行劳动义务等方面所产生分歧而引起的争议或纠纷。① 在劳动法规和劳动法学中,一般取其狭义定义。

劳动争议主要具有以下特征。

1. 劳动争议的主体是特定的

劳动争议的主体是存在劳动关系的用人单位和劳动者。如果争议不是发生在劳动关系双方当事人之间,即使争议内容涉及劳动问题,也不构成劳动争议。例如,劳动者之间在劳动过程中发生的争议,用人单位之间因劳动力流动发生的争议,劳动者或用人单位与劳动行政部门在劳动行政管理中发生的争议,劳动者或用人单位与劳动服务主体在劳动服务过程中发生的争议等,都不属劳动争议的范畴。

2. 劳动争议在劳动关系存续期间发生

劳动关系存续期间是用人单位和劳动者双方存在劳动关系的期间。企业无论何种原因辞退员工,都应及时办理有关辞退手续。未办理辞退手续期间,仍然被视为劳动关系存续期间,企业要承担相应的责任。

3. 劳动争议的内容必须是劳动权利和义务

如果劳动者与用人单位之间不是为了实现劳动权利和劳动义务发生争议,就不属于劳动争议的范畴。其中,劳动权利和劳动义务的内容非常广泛,包括工资、工时、劳动保护、劳动保险、劳动福利、职业培训、民主管理、奖励惩罚等。

二、劳动争议内容

劳动关系双方当事人之间的矛盾可以分成四个层次:抱怨、不满、劳资纠纷以及劳动关系的冲突。早期的劳动争议主要集中在开除、除名、辞退违纪员工等方面。近年来,随着劳动关

---

① 郭庆松.企业劳动关系管理[M].天津:南开大学出版社,2001.

系日益复杂,劳动争议的内容也越来越复杂。劳动争议的内容主要有以下方面。

1. 因企业开除、除名、辞退员工和员工辞职、自动离职发生的争议

开除是用人单位对严重违反劳动纪律,屡教不改,不适合在单位继续工作的劳动者,依法令其脱离本单位的行政处分。

除名是用人单位对无正当理由经常旷工,经批评教育无效,连续旷工超过15天,或者1年以内累计旷工超过30天的劳动者,依法解除其与本单位劳动关系的行政处分。

辞退员工是用人单位对严重违反劳动纪律、规章制度或严重扰乱社会秩序但又不符合开除、除名条件的劳动者,经教育或行政处分仍然无效后,依法与其解除劳动关系的行政处分。

员工辞职是劳动者辞去原职务,离开原用人单位的行为。

自动离职是劳动者自行离开原工作岗位,并自行脱离原工作单位的行为。

上述情况均导致劳动关系终止,也是产生劳动纠纷的重要因素。

2. 因执行国家有关工资、保险、福利、培训、劳动保护的规定发生的争议

工资是劳动者付出劳动后应得的劳动报酬,包括标准工资、有规定标准的各种奖金、津贴和补贴。

保险是指社会保险,包括工伤、生育、待业、养老、病假待遇、死亡丧葬抚恤等社会保险待遇。

福利是指用人单位用于补助职工及其家属和举办集体福利事业的费用,包括集体福利、职工上下班交通补助费、探亲路费、取暖补贴、生活困难补助费等。

培训是指员工在职期间的职业技术培训,包括在各类专业学校(职业技术学校、职工学校、技工学校、高等院校等)和各种职业技术训练班、进修班的培训及与其相关的培训合同、培训费用等。

劳动保护是指为了保障劳动者在劳动过程中获得适宜的劳动条件而采取的各种保护措施,包括工作时间和休息时间、休假制度,保障劳动安全与卫生的措施,女职工的劳动保护规定,未成年人的劳动保护规定等。

由于上述规定较为繁杂,又涉及劳动者切身利益,因此容易发生纠纷,甚至导致矛盾激化。

3. 因履行劳动合同发生的争议

劳动合同是用人单位与劳动者为确立劳动权利义务关系而达成的意思表示一致协议。劳动合同纠纷在劳动合同的订立、履行、变更和解除过程中,都可能发生。因此,劳动合同争议包括因执行、变更、解除、终止劳动合同发生的争议。

4. 法律、法规规定应当依照本条例处理的其他劳动争议

2006年7月10日,由最高人民法院审判委员会第1393次会议通过,最高人民法院发布的《最高人民法院关于审理劳动争议案件适用法律若干问题的解释(二)》第七条规定了以下六类纠纷不属于劳动争议纠纷的范围:

(1)劳动者请求社会保险经办机构发放社会保险金的纠纷;

(2)劳动者与用人单位因住房制度改革产生的公有住房转让纠纷;

(3)劳动者对劳动能力鉴定委员会的伤残等级鉴定结论或者对职业病诊断鉴定委员会的职业病诊断鉴定结论的异议纠纷;

(4)家庭或者个人与家政服务人员之间的纠纷;
(5)个体工匠与帮工、学徒之间的纠纷;
(6)农村承包经营户与受雇人之间的纠纷。

三、劳动争议分类

劳动争议的分类不仅有利于理论上的分析,而且具有非常重大的实践意义。劳动争议按照不同的标准,通常可以划分为以下几类。

1. 国内劳动争议和涉外劳动争议

按照劳动争议中是否含有涉外因素来分类,可分为国内劳动争议和涉外劳动争议。国内劳动争议,是指具有中国国籍的劳动者与用人单位之间的劳动争议。外商投资企业是中国企业,它与中国职工之间的劳动争议属于国内劳动争议。涉外劳动争议,是指当事人一方或双方具有外国国籍或无国籍的劳动争议,包括中国用人单位与外籍员工之间、外籍用人单位与中国员工之间的劳动争议。涉外劳动争议的处理,应当按照用人单位所在地法的国际惯例,确定其适用的法律。因此,凡用人单位所在地在我国境内的涉外劳动争议的处理,应当适用我国法律。

2. 权利争议和利益争议

按照劳动争议的内容来分类,可分为权利争议和利益争议。权利争议是指当事人的权利义务已由劳动法律、法规或劳动合同予以确定,当事人就执行法律、法规,或履行劳动合同而发生的争议。利益争议主要是指就那些法律法规中没有规定或者规定不明确的内容而发生的纠纷。

3. 集体争议和个人争议

按照劳动者一方当事人涉及的人数来分类,可分类为集体争议和个人争议。个人争议是指劳动者个人与其所在的用人单位发生的劳动争议。集体争议是指劳动者在3人以上,并基于共同理由与用人单位发生的劳动争议。

4. 劳动争议的其他种类

按照劳动争议产生的原因,可以分为因企业开除、除名、辞退职工和职工辞职、自动离职发生的劳动争议,因执行国家有关工资、工时、保险、培训、劳动保护等规定而发生的劳动争议,因订立、变更、履行和解除劳动合同而发生的劳动争议等。

四、劳动争议处理

随着国家劳动人事改革和外资企业在中国的蓬勃发展,劳动争议处理越来越受到社会的关注,已经成为人力资源管理的重点和难点。根据《中国劳动统计年鉴》公布的统计数据,1992年,全国劳动争议案件仅8 150例;1995年,劳动争议案件有33 030例;1998年,劳动争议案件有93 649例;2001年,劳动争议案件有184 111例;2003年,劳动争议案件有226 391例,2005年,劳动争议案件案件则达到314 000例。2005年劳动争议案件是1992年的38.5倍,按照几何增长率计算年递增32.4%。

自从1987年我国正式恢复劳动争议处理制度以来,全国劳动争议处理工作有了较大的发展。特别是《劳动法》实施后,劳动争议处理工作在调整劳动关系、维护职工与企业合法权益方面发挥了重要作用。目前,我国关于劳动争议处理的现行立法,主要包括《劳动法》中的劳动争议处理专章规定,《劳动人事争议仲裁组织规则》《劳动人事争议仲裁办案规则》。根据《劳动法》等规定,发生劳动争议的当事人,可以采取调解、仲裁和诉讼方式解决争议。目前,我国已经建立企业调解委员会调解争议、仲裁委员会仲裁争议、人民法院审判争议的劳动争议处理体制。

劳动争议处理程序为:"一调一裁二审",即企业劳动争议调解委员会调解、劳动争议仲裁委员会仲裁和人民法院诉讼,表现为三者之间具有依次递进性。但是,后者并非必须以前者为前提条件。

1. 协商

劳动争议的协商就是当事人在自愿的基础上进行协调和商量,就劳动争议的解决达成协议的处理方法。

劳动争议发生后,当事人就争议事项进行商量,消除矛盾,找出解决争议的方法。当然,协商解决并不是解决劳动争议的必经程序。不愿协商或者协商不成的,当事人可以并有权申请调解或仲裁。

2. 调解

劳动争议的调解是指劳动争议调解委员会在查明事实、分清责任、促使争议当事人在法律法规的基础上本着相互谅解原则而达成协议的处理方法。

劳动争议发生后,当事人可以向本单位设立的劳动争议调解委员会申请调解。这种调解实行自愿原则,具体体现在两方面:一方面是只有在双方当事人都同意由劳动争议调解委员会处理该争议的情况下,调解委员会才能受理该案件;另一方面是当事人可以不经过调解而直接申请仲裁。调解委员会可由职工代表、企业代表及工会代表组成。职工代表由职工代表大会推举产生;用人单位代表或企业代表由厂长或经理指定;工会代表则由企业工会委员会指定。调解委员会组成人员的具体人数由职工代表大会提出并与用人单位法定代表人协商确定。其中,用人单位代表的人数不得超过调解委员会成员总数的三分之一。

劳动争议的调解一般需要经过申请、受理、调查和调解终结等步骤。首先,由当事人以口头或书面形式提出调解请求的意思表示,填写《劳动争议调解申请书》;其次,调解委员会受理案件,填写受理通知书,在收到当事人申请之日起4日内作出受理或不受理的决定,及时通知双方当事人;然后,调解委员会对事实进行全面调查取证,了解劳动争议发生的原因、发展过程、争议的焦点、申请人和被申请人的调解意见和要求,以及有关劳动法律法规和政策;最后,听取双方当事人的意见,相互协商,制作调解协议书等进行调解。

3. 仲裁

劳动争议的仲裁是指劳动争议仲裁委员会在查明事实、分清责任的基础上,根据国家法律法规对纠纷事实和当事人责任进行认定和裁决的办法。劳动争议仲裁与劳动争议调解的重要区别是劳动争议仲裁的处理结果具有法律约束力,弥补了劳动争议调解不具有强制力的弱点。

《劳动法》第八十一条规定:"劳动争议仲裁委员会由劳动行政部门代表、同级工会代表、用人单位方面的代表组成。"劳动保障行政部门的劳动争议处理工作机构为仲裁委员会的办事机构,负责办理仲裁委员会的日常事务。劳动争议仲裁委员会主任由劳动行政部门代表担任。

劳动争议仲裁的法定程序包括以下几个方面。

1) 仲裁申请

如果劳动争议发生,当事人必须向劳动争议仲裁委员会提出书面申请。根据《劳动法》第八十二条规定,当事人申请仲裁要求应自劳动争议发生之日起 60 日内向劳动争议仲裁委员会提出书面申请。对于下列情形,视为《劳动法》第八十二条规定的"劳动争议发生之日":

(1) 在劳动关系存续期间产生的支付工资争议,用人单位能够证明已经书面通知劳动者拒付工资的,书面通知送达之日为劳动争议发生之日。用人单位不能证明的,劳动者主张权利之日为劳动争议发生之日。

(2) 因解除或者终止劳动关系产生的争议,用人单位不能证明劳动者收到解除或者终止劳动关系书面通知时间的,劳动者主张权利之日为劳动争议发生之日。

(3) 劳动关系解除或者终止后产生的支付工资、经济补偿金、福利待遇等争议,劳动者能够证明用人单位承诺支付的时间为解除或者终止劳动关系后的具体日期,用人单位承诺支付之日为劳动争议发生之日。劳动者不能证明的,解除或者终止劳动关系之日为劳动争议发生之日。

申请劳动争议仲裁需要提供以下书面材料:

(1) 劳动争议仲裁申请书。劳动争议仲裁申请书的内容包括当事人基本情况(姓名、性别、民族、出生年月、原籍、现住址、联系电话;企业的名称、法定代表人姓名及职务、地址和联系电话)、具体的仲裁请求及金额、事实和理由。除提交申请书的正本外,还应按被诉人的人数提交副本。并且,仲裁申请书要由申诉人本人签名。

(2) 证据材料。证据材料包括与案件有关的各种证据复印(复制)件及证据清单。证据及证据清单除提交正本外,还应按被诉人的人数提交副本。

(3) 其他材料。如果申诉人是劳动者,还需提供以下材料:本人居民身份证复印件;如委托代理人代为仲裁,提交申诉人身份证原件和《授权委托书》;被诉人为企业的,提供"企业注册资料"原件一份;被诉人为事业单位的,提供"登记资料"原件一份;被诉人为其他单位的,提供其管理机构出具的"登记资料"一份,内容包括单位名称、地址、主要负责人姓名、职务、联系电话等。

如果申诉人是用人单位,还需提供以下材料:《营业执照》(副本)、法定代表人(主要负责人)身份证明书,授权委托书。

2) 仲裁受理

仲裁受理是指劳动争议仲裁委员会收到申诉书后,经过审查作出受理或不予受理的过程。劳动争议仲裁委员会接到仲裁申请书后,将对申请书进行认真审查,资料不全者给予补充。经审查合格者,填写《立案审批表》报仲裁委员会审批,自收到仲裁申请之日起 7 日内作出是否受理的决定,若不符合立案手续,应及时通知申诉人。对不予受理决定不服的,可自收到不予受理决定通知书之日起 15 日内向人民法院起诉。

3) 案件审理

劳动争议仲裁委员会首先听取双方的答辩,征询双方当事人意见,可先行调解。若不宜调解或调解无效,则应及时休庭合议并宣布裁决结果。

4) 仲裁裁决

在调解失败后,劳动争议仲裁委员会及时实施裁决。裁决需要经过庭审调查、双方辩论和陈述等过程。最后,由仲裁员对争议事实进行充分协商,按照少数服从多数的原则做出裁决。仲裁委员会收到申请后,应当在 60 日之内做出结案。如果案情复杂,可以适当延长时间,但是最长不得再超过 30 日。

5)仲裁文书的送达与执行

仲裁文书的送达是指劳动争议仲裁委员会依法定方式将仲裁文书送交当事人和仲裁参加人的行为。根据《劳动法》第八十三条规定:劳动争议当事人不服裁决,可在收到仲裁裁决书之日起,15日内向人民法院提起诉讼。若期满不起诉,裁决即发生法律效力。一方当事人在法定期限内不起诉又不履行仲裁裁决,另一方当事人可以向人民法院申请强制执行。

4. 诉讼

劳动争议的诉讼是指劳动争议当事人不服劳动争议仲裁委员会的裁决,在规定的期限内向人民法院起诉,人民法院对不服仲裁裁决而引起的劳动争议依法进行审理并作出判决的方法。根据《劳动法》第七十九条规定:"对仲裁裁决不服的,可以向人民法院提起诉讼。"因此,劳动争议发生后,当事人不能直接向法院起诉,必须先申请仲裁,不服仲裁裁决才可以进入诉讼程序。

人民法院对劳动争议案件的处理包括:起诉、受理阶段,调查取证阶段,进行调解阶段,开庭审理阶段和判决执行阶段。其中,起诉是指劳动争议当事人不服仲裁裁决向人民法院提出诉讼请求,要求人民法院行使审判权,依法保护自己合法权益的行为;受理是指人民法院对当事人的起诉经审查后,认为符合法定条件,决定立案审理,从而引起诉讼程序开始的诉讼行为。调查取证阶段的主要任务包括:送达起诉状副本和答辩状副本;告知当事人权利和合议庭组成人员;认真审核诉讼材料,调查收集必要的证据。法院在审理劳动争议案件时,需要首先进行调解。开庭审理是人民法院在劳动争议当事人及其他诉讼参与人的参加下,依照法定形式和程序,在法庭上对劳动争议案件进行审理的诉讼活动。开庭审理包括法庭调查、法庭辩论和法庭判决等过程。对于发生法律效力的调解书或裁决书,当事人应当依照规定的期限履行。

第四节 员工援助计划

一、员工援助计划的含义及内容

员工援助计划(Employee Assistance Program,简称EAP)起源于20世纪初的美国,直到20世纪70年代,才被广泛应用于企业。目前,美国有四分之一的企业为员工提供常年的EAP服务;在英国,近20%的员工能够受到EAP服务;在日本,爱抚管理模式就是EAP的部分内容。但是,关于EAP的概念目前还没有统一的定义,学者们对EAP的定义也是多种多样。

Arthur认为,EAP是针对存在心理问题的员工及其家属,提供心理评估、咨询辅导与治疗服务及家庭、法律、医疗与财务等方面援助的过程。

Dessler认为,EAP是企业内部正式、系统的项目,为面临情绪、压力、酗酒、赌博等问题的员工提供咨询、引导及有效的治疗措施,帮助他们渡过难关的过程。

Bohlander等认为,EAP是企业为员工提供诊断、辅导、咨询等服务,解决员工在社会、心理、经济与健康等方面的问题,消除员工各方面的困扰,最终达到预防问题产生,提高员工工作生活质量的目的。

Goodings等认为,EAP是企业通过合理的干预方法,积极主动地去了解、评估、诊断及解决影响员工工作表现及绩效问题的过程。

Gloria认为,EAP是管理者,或工会团体、员工协会与咨询顾问公司、社会团体、心理健康服务机构,为员工提供援助服务的总称。

综合上述典型的 EAP 界定，EAP 就是组织（企业和团体）为提升员工的个人绩效水平和组织效能，针对员工设置的系统的、长期的心理援助综合性的服务项目。

不同企业的 EAP 服务不尽相同，例如一些企业设立放松室、发泄室、茶室来缓解员工的紧张情绪，或制订员工健康研修计划和增进健康的方案，帮助员工克服身心方面的疾病。EAP 的内容相当广泛，许多研究者都提出了自己的看法，见表 9-4。

表 9-4　EAP 的具体内容

代表人物	EAP 的具体内容
Lewis	个体咨询：工作、个人及家庭问题 团体咨询：以团体为对象，目的在于解决团体面临的问题 咨询服务：提供各种咨询、社会资源及中介服务 教育培训：为员工提供援助服务培训、再培训，各种咨询培训 职业生涯规划：为个人或组织提供职业生涯规划方面的咨询 特别服务：酗酒矫正计划、健康促进计划或员工福利计划 研究工作：为员工援助计划的研究及推广提供支持 紧急服务：为各种紧急、重大事项提供服务
Bohlander 等	社会、心理、经济与健康
国际 EAP 协会	电话服务、面对面咨询、网络援助、EAPs 培训、管理援助、危急事件及压力管理、儿童与老人照顾及其他中介服务
国际服装组织（FGI）	专业咨询服务：个人问题、婚姻与家庭问题、工作方面问题与不良习惯 生活信息服务：儿童和老人的照料、营养咨询、医疗信息咨询服务、法律咨询服务、财务咨询服务与计算机网上服务 员工服务：管理人员员工援助培训、危急事件处理、工作场所性骚扰与全球工作调派服务

EAP 已经从最初酗酒、滥用药物等行为矫正发展到现在对个人问题的全面帮助，现在的 EAP 还涉及与员工心理问题相关的组织和工作设计、企业文化、管理风格、员工发展等方面。建设和谐社会的提出把心理健康从个体层面拓展到组织和社会的层面，为 EAP 提供了新的契机。归纳上述研究，完整的 EAP 包括以下三个维度。

（1）个人生活方面：健康问题、人际关系、家庭关系、经济问题、情感困扰、法律问题、焦虑、酗酒、药物成瘾问题。

（2）工作问题：工作要求、工作公平感、工作关系、欺负与威吓、人际关系、家庭/工作平衡、工作压力问题。

（3）组织发展：具有企业发展战略的服务项目，例如组织变革过程中员工对于裁员的适应等。

国际 EAP 协会的指导手册列出的 EAP 的核心内容有项目设计、管理和执行、保密和监管对权利保护的影响、员工帮助计划的直接服务、工作场所无毒品和药物滥用问题专家（SAP）的服务、战略伙伴关系、评价等七项内容。

世界知名企业对于帮助员工平衡工作与生活方面都有其独特之处。为了更好地理解 EAP，下面以花旗银行为例，说明 EAP 的具体内容。在平衡员工的工作与生活方面，花旗集团有着众多有效措施。花旗银行 EAP 的措施可以被归纳如下。

（1）毕生事业计划："毕生事业计划"面向员工及其亲属开放，帮助每一名员工及其亲属能够更好地管理每天的生活。该计划通过免费电话或网络提供服务，也有指定人帮助员工解决各种生活中常见的问题，例如养育小孩、教育子女、赡养老人等，还包括生活中遇到的各种法律问题。员工与家庭成员还可以进入"毕生事业"网站参加网上讨论，收到他们关注的时事通信，以及通过其他交互式的特别专题获得援助。

（2）免费咨询服务：通过连续不断的免费电话为员工提供服务，呼叫者会得到短时间的秘密咨询服务。如果需要长时间的咨询，经过专业训练的顾问与其他有资格的服务提供者，会为员工提供更长时间的咨询。咨询内容涉及私人生活、家庭和工作问题等广泛的领域，甚至包括对酒精与化学药物的依赖问题等。

（3）俱乐部与协会：花旗银行设有形形色色的员工俱乐部与协会，开展丰富多彩的活动，以减轻工作压力，平衡工作与生活之间的关系。员工俱乐部的负责人由每个业务部门的负责人轮流担任。

（4）SOS 服务：花旗集团提供或安排公司以外的医疗设施，为员工提供服务。SOS 服务包括全球免疫计划，随时可以提供建议与资源，以帮助员工确保安全与健康旅行；员工任命之前与年度身体检查，推荐合适的全球医疗专家，并开设了一个专门的服务电话。SOS 还帮助花旗集团传送数以万计的电子邮件，为那些出差员工提供医学上的警报。

二、员工援助计划的分类

根据不同标准，对员工援助计划可以进行如下分类。

1. 长期 EAP 和短期 EAP

根据实施时间的长短，EAP 可以划分为长期 EAP 和短期 EAP。EAP 作为一个系统项目，应该是长期实施，持续几个月、几年甚至没有终止时间。但是，有些企业只在某种特定情况下才实施 EAP，例如，在企业并购过程中由于业务再造、角色变换、企业文化冲突等导致的压力和情绪问题；裁员期间的沟通压力、心理恐慌和被裁员工的应激状态；交通事故、空难等灾难性事件，部分员工的不幸遭遇会导致企业内悲伤和恐惧情绪的蔓延。短期 EAP 能够帮助企业顺利地渡过一些特殊时期。

2. 内部 EAP 和外部 EAP

根据 EAP 的服务提供者的不同，分为内部 EAP 和外部 EAP。内部 EAP 是在企业内部配置专门机构或人员，为员工提供服务。比较大型和成熟的企业会建立内部 EAP，而且由企业内部机构和人员实施，更贴近和了解企业及员工的情况，因而能更及时有效地发现和解决问题。外部 EAP 由外部专业 EAP 服务机构操作。企业需要与服务机构签订合同，并安排 1~2 名员工援助计划专员负责联络和配合服务机构的工作，其余工作则主要由 EAP 服务机构具体操作。

一般而言，内部 EAP 比外部 EAP 更节省成本，但是员工对内部 EAP 的信任程度可能不如外部 EAP。专业 EAP 服务机构拥有广泛的服务网络，能够在全国甚至全世界提供服务，这是内部 EAP 难以达到的。此外，如果企业没有实施 EAP 的经验以及缺乏专业机构的指导和帮助，企业建立内部 EAP 会很困难。因此，绝大多数企业都是首先实施外部 EAP 形式，最后建立内部的、长期的 EAP 计划。

三、员工援助计划实施

EAP 计划是一个全面的、系统的服务过程,包括发现、预防和解决问题的整个过程。不同组织的 EAP 计划模式并不是完全一样的,但是任何企业实施的完整 EAP 计划都包括组织调研、宣传推广、教育培训和心理咨询四个环节。

1. 组织调研

这一阶段是 EAP 计划有效开展的前提,是有效实施 EAP 的基础。首先,由 EAP 咨询人员进行员工心理状况的调查、研究和诊断,运用问卷调查、访谈、座谈等方法考察员工的压力、心理健康、工作满意度、自我认知、人际关系等方面的心理状况,对员工的心理深入全面地了解,帮助企业发现一些问题,提出相关的管理建议。例如,2001 年北京师范大学心理系博士张西超主持联想客户服务部的员工援助计划,首先进行了员工心理状况的调查、研究和诊断,对员工心理进行全面和深入的了解,并且提出了相应的管理建议。

2. 宣传推广

宣传推广能使员工对心理知识有一个普遍的认识和了解,属于普及性的培训工作。宣传推广主要由 EAP 咨询人员运用海报、专题讲座等媒介宣传心理健康基础知识,提高员工的心理保健意识,鼓励员工遇到心理问题时积极寻求帮助等。在一定程度上,心理知识的宣传推广可以提高员工对 EAP 计划的关注和热情。

3. 教育培训

教育培训是对特定的员工群体进行针对性的心理知识培训。针对组织中不同的员工群体,根据群体的工作性质以及在组织调研中调查所收集的问题,EAP 服务机构提供有针对性的教育培训课程:针对管理者的培训,旨在促进管理者从心理咨询的角度、运用心理学的方法看待和处理管理中的问题,改变管理风格,使管理从"命令、惩戒"式转向支持和帮助员工解决问题;针对某一部分员工的培训,开展压力管理、保持积极情绪、工作与生活协调、自我成长等专题的培训或团体辅导。有条件的企业还可以开展心理旅游、团队拓展训练、员工体育比赛等活动,以提高员工自我管理、自我调节的技能,增强对心理问题的抵抗力,同时有助于融洽上下级之间的关系。

4. 心理咨询

这是 EAP 计划中解决组织成员心理问题的最后步骤。心理咨询服务主要由员工自愿前来,也可以由管理者推荐员工到专业心理咨询人员处接受咨询。在宣传推广和教育培训两方面的工作之后,组织中仍然会有一小部分员工由于问题比较特殊或者涉及个人隐私等原因,需要更加专业和深入的心理咨询服务,这就需要建立有效的求助渠道和服务平台,例如,开通热线电话、建立网上沟通渠道、开辟心理咨询室等,以保证员工能够顺利、及时地获得高效的心理咨询及治疗的帮助和服务。

为了顺利实施 EAP,首先需要争取高层管理人员的支持和认可,并将 EAP 纳入企业管理体系。只有高层管理人员充分认识到,对 EAP 的投入是必要的和有价值的,才能给予 EAP 物质和精神的支持。此外,影响企业执行 EAP 的因素主要有以下几个方面。

1) 组织实力

由于组织实施 EAP 需要支出一定的费用,因此只有那些实力较强和盈利能力较强的组织才有能力实施这些满足员工需要的项目。组织实施 EAP 的目的也可能是想借助 EAP 计划向社会大众传递一种信号,自己是一个有实力及重视人力资本的企业,从而达到树立良好企业形象,提高知名度与美誉度的目的。企业形象好,知名度高,企业员工就有一种优越感和自豪感。另外,理论研究也表明:大型、实力较强的组织会更加注重企业的名誉和影响力,更倾向实施EAP。所以,组织的实力越强,实施EAP计划的可能性就越大。

2)组织规模

随着组织规模的扩大,人员数量增多,组织实施EAP的可能性就越大。例如,Hartwell等人的研究表明,在超过1 000人的组织中,实施EAP的组织达到了76%。随着员工数量增加,组织感受到的压力与威胁会越大;员工的增加也会导致员工需求的多元化,组织势必采取多元化的EAP来满足不同员工需要。同时,组织实施EAP可以节约开支与成本,合理避税。

3)工会组织

工会在组织中扮演着重要角色,工会可以团结员工的力量向企业施加压力,使企业对所有的员工一视同仁,并关注员工的各种需要。研究发现,有工会的组织实施EAP的数量比没有工会的组织要多。[1]

4)组织特性

许多发达国家把EAP视做社会保障和福利。目前,财富500强企业中,80%以上的企业为员工提供EAP服务。例如摩托罗拉为员工提供每年80小时的带薪休假,以保证员工的身心健康和良好的工作状态。因此,当这些企业进入其他国家或市场时,由于母公司背景的影响,它们在当地会更多地实施EAP计划。

5)行业差异

行业性质也会影响企业是否实施EAP计划。例如,Hartwell等人发现:在高科技行业中,实施EAP计划的企业超过了50%;在传统行业中,实施EAP计划的企业只有20%左右。由于高科技行业的快节奏和全球性特征要求企业不断进行创新、加快速度并具备灵活性,高科技企业员工的工作压力也较大,从而出现身心健康问题的可能性也越大。相对于高科技行业,传统行业实施EAP计划的内部动力比较弱。

6)员工特性

研究发现,组织中员工的整体特性也是影响企业实施EAP计划的重要因素。一般来说,组织中员工的教育和学历水平越高,组织越倾向于实施EAP计划。这也说明,组织想通过实施EAP计划达到降低雇佣和培训成本,减少员工的旷工率与流失率。[2]

四、员工援助计划的实施效果评估

随着员工援助计划的普及,EAP的效果评估日益受到人们关注。EAP效果评估主要在四个层面进行:EAP的使用情况和服务满意度,EAP对个人改变的影响,EAP对组织运行的影响;EAP的投资回报率分析。其中,EAP的使用情况和服务满意度属于结果调查指标;EAP对个人改变的影响、EAP对组织运行的影响、EAP的投资回报率分析属于前后对比指标。表9-5是EAP评估指标体系,通过一级、二级、三级三个层次不断细化的指标,对EAP进行全面细致有效的评估。

---

[1] 王雁飞.国外员工援助计划相关研究述评[J].心理科学进展.2005,13(2):219-226.
[2] 张升飞.员工援助计划协助策略及资源整合分析[J].广西大学学报(哲学社会科学版),2006,28(2):22-27.

表 9-5 EAP 评估指标体系

一级指标	二级指标	三级指标	主要用途及注意事项
一、结果调查指标（多采用质化指标）	1. EAP使用情况指标	EAP服务的便捷性、及时性以及EAP的使用率	有助于发现和改善执行中的问题，提高效率。根据这个评估结果可以对EAP的有效性做初步判断
	2. EAP服务满意度指标	一般员工对EAP的满意度	有助于从一般员工和管理者两个角度全面对EAP的有效性做初步的满意度分析与判断
		管理者对EAP的满意度	
二、前后对比指标（主要收集员工首次使用EAP和随后的六个月治疗信息数据，多采用量化指标）	3. EAP对个人改变影响指标	使用了EAP服务后个人在知识、技能、态度、行为、心理健康、心理成长等方面较使用前的改变	对个人改变的测量有助于进一步分析EAP对组织的影响并最终计算出投资回报率
	4. EAP对组织运行影响指标包括硬性指标和软性指标	硬性指标包括：生产率、销售额、产品质量、总产值、缺勤率、管理时间、员工赔偿、招聘及培训费用等	采用的方法有时间损失法（时间损失的次数和损失的天数）等
		软性指标包括：人际冲突、沟通关系、员工士气、工作满意度、员工忠诚度、组织气氛等	
	5. EAP投资回报率分析指标	ROI（投资回报率）	ROI分析在操作过程中比较复杂而且需要较高成本。因此，如果使用企业不提出要求，一般做投资回报率分析

（资料来源：宁元元,张晓辉,朱月龙.浅析健全员工帮助计划（EAP）评估体系[J].经济与管理,2006,20(6):76-78.）

1. EAP的使用情况和服务满意度

EAP的使用情况和服务满意度，主要从以下指标考察：EAP服务的便捷性、及时性，EAP的使用率，一般员工对EAP的满意度，管理者对EAP的满意度等。这个层面的评估描述EAP的使用情况和相关反应，有助于发现和改善EAP计划执行中的问题。

2. EAP对个人改变的影响

EAP对个人改变的影响主要考察以下指标：使用了EAP服务后个人在知识、技能、态度、行为、心理健康、心理成长等方面改变。测量个人改变的结果有助于进一步分析EAP计划对组织的影响并最终计算出投资回报率。

3. EAP对组织运行的影响

该层面考察分为两个方面：硬性指标和软性指标。其中，硬性指标包括生产率、销售额、产品质量、总产值、缺勤率、管理时间、员工赔偿、招聘及培训费用等；软性指标包括人际冲突、沟通关系、员工士气、工作满意度、员工忠诚度、组织气氛等。

4. EAP的投资回报率

EAP的投资回报率分析有赖于前面评估结果的实效性，尤其是第二、第三层面的数据。

综合个人改变和组织运行两个方面的数据,运用一定的方法排除EAP之外的其他影响因素之后,可以计算出EAP的投资回报率。投资回报率分析虽然在原理上易于理解,但是在实际操作过程中比较复杂而且需要较高成本。

EAP计划不仅能够促进工作绩效的提高,而且能够降低员工管理的成本,减少由于人为因素发生的事故可能给组织带来的损失。当然,在实际操作中,对EAP执行效果的评估通常需要一个长期过程,难以在短期内看到它带来的效益。并且,需要对所有的相关资料进行比较系统的收集,才能准确评估EAP计划的实施效果。

复习思考题

1. 员工关系管理和劳动关系管理二者之间有何区别和联系?如何评价员工关系管理的有效性?
2. 劳动合同有何特征?劳动合同管理需要注意哪些方面的问题?
3. 劳动争议处理有哪些方式?这些方式之间存在什么关系?
4. 员工援助计划包括哪些内容?实施员工援助计划需要注意哪些方面的事项?
5. 如何评价员工援助计划的实施效果?

综合案例研讨

百度公司作为国内最优秀的中文搜索公司,一直被成功的光环与荣耀所笼罩。2005年,因百度公司成功上市所带来的财富效应,百度公司及李彦宏本人收获鲜花美誉无数,中央电视台慷慨地将"2005CCTV年度最佳雇主"的荣誉授予百度公司。但是,2006年却因两件员工关系事件处理不当,让百度公司一向良好的公众形象遭遇空前打击。

2006年2月17日,百度公司加班女职员夜宿公司所在地银科大厦,遭遇保安强奸,女职员因反抗被杀。随后,百度公司与银科大厦双方就保安归属问题发生争议,无法锁定赔偿主体,死者家属诉讼未决,百度公司因此被指责缺少必要的人性关怀。第二个事件是,2006年7月10日,百度"闪电裁员",引发员工在博客中持续抗议与维权。因为公司危机处理方式不当,错误地向博客所属网络公司发难,导致裁员事件迅速演绎升级,成为一场万人瞩目的公众事件,并将公众的注意力引向百度公司的商业竞争对手搜狐公司,给公众造成百度公司指责搜狐公司是因为担心搜狐公司崛起的印象。因为裁员事件,百度公司精心策划准备的业界重拳"百度世界"的发布并未抓住公众注意力。7月13日"百度世界"发布的当天,北京市劳动局开庭仲裁员工被裁案,"最佳雇主"百度公司输了。

员工关系事件对百度公司的影响是巨大的。可衡量的经济损失是,肯定超过了裁员企图收回的2 000万股票期权的价值;不可衡量的损失是,丧失了百度公司创业时建立起来的公众尊敬与信赖。

分析与讨论题

1. 百度公司在处理两件员工关系事件中存在哪些不妥之处?如何加以改进?
2. 通过剖析本案例,谈谈员工关系管理对企业持续稳定的发展具有哪些方面的影响。

第十章

知识经济与人力资源管理及开发

第一节　知识经济思想的发展及其特征

第二节　知识经济时代的人力资源管理

第三节　知识经济时代的人才开发

把我们顶尖的20个人才挖走，那么我告诉你，微软会变成一家无足轻重的公司。

——比尔·盖茨

第十章 知识经济与人力资源管理及开发

学完本章后,你应当能够:
(1) 了解知识经济的发展及其特征;
(2) 掌握知识经济对人才素质的要求及知识型员工的管理;
(3) 理解知识经济的人力资源管理和人力资源开发特点。

为了准确把握美菱公司知识型员工的需求特征,美菱集团陈昌胜副总经理和中国科学技术大学黄攸立副教授于2003年对美菱公司知识型员工的满意度现状进行了问卷调查。通过研究发现:传统激励理论无法解释对知识型员工需求的调查统计结果,在知识型员工的管理实践中遇到了许多挑战。

1. 公平理论解释不了知识型员工持久高昂的工作热情

美菱公司知识型员工尽管对个人收入很不满意,但还是选择个人发展作为优势需求。在美菱公司的 140 名调查对象中,月收入在 1 000 元以下的占 35.0%;月收入在 1 001~1 500 元的占 39.3%;月收入在 1 501~2 000 元的占 14.3%;月收入在 2 001~3 000 元的占 11.4%;所有调查对象的月收入都没有超过 3 000 元。美菱公司知识型员工的收入绝对额确实是处于较低的水平。美菱公司生产线上操作工的收入水平与产量、质量等指标挂钩,月收入一般在 1 000 元左右,旺季时期的收入可以达到 1 500 元左右。74.3% 的知识型员工月收入在 1 500 元以下,必然会产生一种不公平感。

公平理论认为,要使组织成员保持较高的工作热情,必须使工作报酬公平合理,使组织成员感到组织在这方面是公正的。根据调查统计结果可以发现,美菱公司知识型员工对他们的收入表示非常不满,其实不是指收入的绝对值,而是指收入的相对值,这种对收入不满意实际是不公平感的流露。然而,美菱公司知识型员工为什么在对个人收入非常不满意的情况下还能持久地表现出极大的工作热情呢?

2. 期望理论解释不了知识型员工精益求精的工作态度

期望理论认为,只有当人们预期到某一行为能给个人带来有吸引力的结果时,个人才会采取特定的行为。美菱公司实行岗位工资制,员工的实际收入与岗位挂钩,与业绩挂钩,但是,业绩首先是企业整体的业绩,其次是部门的业绩,最后才是员工个人的业绩。如果市场行情不好,企业效益下降,或者部门业绩不佳,员工个人的收入都会受到影响。也就是说,按照美菱公司目前的分配方式,员工对于自己的行为能够给自己带来什么样的结果,具有一定的不确定性;自己的努力有可能会给自己带来满意的收获,也有可能会使自己失望。

可是,美菱公司知识型员工为什么能一如既往地以高昂的热情来对待自己的工作呢?特别是从事工艺技术和品质管理的知识型员工,总是对自己的工作精益求精,总是力求使自己的工作尽善尽美,他们行为动机的激励因素到底是什么呢?

3. 需要层次理论解释不了知识型员工齐头并重的需要结构

调查结果表明,美菱公司知识型员工对于提高收入、个人发展、工作自主、业务成绩、良好人际关系的需要程度,相差无几,没有十分明显的优势需求。

根据马斯洛的需求层次理论,人的需求都有高低之分,某一层次的需要得到满足之后,另一层次的需要才会出现。这个论点与美菱知识型员工的实际需要情况显然是不相符的。另外,按照马斯洛的需求层次理论,当一组需要得到满足以后,这组需要就不再成为激励因素。然而,对美菱公司知识型员工优势需要的调查,却反映出他们对于自我实现需要有关的需求仍然十分旺盛,这也是马斯洛的需求层次理论所不能解释的。

4. 双因素理论解释不了知识型员工日趋频繁的"跳槽"现象

赫茨伯格的双因素理论认为,只有"工作本身"对员工才有激励作用,诸如薪金之类的"环境"因素只能起到"保健"作用;只有靠激励因素才能真正调动员工的积极性,才能提高企业的生产经营效率。

调查结果显示,美菱公司知识型员工对自己工作本身的满意度很高。因此,按照双因素理论,知识型员工都应该处于被激励的状态,工作热情高涨。然而,为什么却发生了少数知识型员工的"跳槽"现象呢?而且,"跳槽"现象呈现愈演愈烈之势?

随着人类逐渐步入知识社会,知识构成了企业最重要的核心竞争力。知识管理正以其不同于传统管理方式且可以快速创造企业价值的特质,吸引着企业高层管理人员的注意力。知识管理的关键之处在于对知识载体——知识型员工的管理,知识型员工是企业成败的关键因素。那么,如何加强对知识型员工的管理,如何提高知识型员工的工作积极性等问题,迫切需要企业家和专家学者进一步深入研究。本章将从知识经济的特征出发,着重介绍知识经济时代的人力资源管理和人才开发的特点。

第一节 知识经济思想的发展及其特征

一、知识经济思想的发展

随着知识经济的到来,人类社会发生着深刻的变革。诸多学者用后工业社会、信息社会、网络社会、数字社会、智慧社会等新理论来描述这种新社会形态的特征。知识经济是以知识为基础促进经济增长的新经济形态,是科技发展和社会进步的必然结果。在知识经济的逐渐形成过程中,知识经济思想经历了不断完善的过程。

20 世纪 60 年代初,以马克卢普(Fritz Maclup)、丹尼森(E. F. Danison)、德鲁克(Peter. F. Drucker)、波拉特(Porat)为代表,从实证角度具体论证并发展了知识经济思想;20 世纪 80 年代中后期,特别是 1996 年以来,在经济合作与发展组织(OECD)的报告等有关知识经济研究成果的推动下,形成了较为系统的知识经济思想。

1962 年,美国经济学家马克卢普根据美国从第二次世界大战至 20 世纪 50 年代末的社会生产发展和产业结构变化背景,提出了"知识产业"(knowledge industry)的概念,概念外延包括教育、R&D(研究与发展)、传播业、信息设备和信息服务。

1962 年,美国经济学家丹尼森认为:分析生产力要素贡献率,除资本和劳动贡献,还有资源配置、知识进展、规模经济等要素。丹尼森所说的知识进展是一个综合的概念,既包括技术的进步,又包括管理的改进。

1969 年,世界管理大师德鲁克在《不连续的时代》(The Age of Discontinuity: Guidelines to

Our Changing Society)一书中使用了"知识社会"(knowledge society)的概念。

1977年,美国学者波拉特认为,"信息劳动者"是以提供和生产信息为中心工作的劳动者。波拉特的信息劳动者与马克卢普的知识工作者,基本内涵大体是一致的。波拉特进一步把信息部门分为一级信息部门(直接向市场提供信息商品或服务的部门)和二级信息部门(为部门或企业内部提供信息产品或信息服务的部门)。一级信息部门包括八个部门:知识生产、信息传播和通信媒介、信息处理与服务、信息产品、风险经营、市场调研与调控、某些政府活动、信息基础设施;二级信息部门涉及国民经济的各个领域。

1977年,哈佛大学社会学家丹尼尔·贝尔(Daniel Bell)在《后工业社会的来临》中说,"前工业社会依靠原始的劳动力并从自然界提取资源","工业社会是围绕生产和机器这个轴心并为制造商品而组织起来的","后工业社会是围绕知识组织起来的,其目的在于进行社会管理和指导革新与变革,这反过来又产生新的社会关系和新的结构"。

1980年,美国未来学家阿尔温·托夫勒(Alvin Toffler)提出,人类社会经历了农业化浪潮、工业化浪潮,第三次浪潮——信息化浪潮即将到来。1990年,他在《权利的转移》中鲜明地提出:随着信息革命的发展,知识的权利正在代替财富成为主宰世界的力量。

1982年,未来学家约翰·奈斯比特(John Naisbitt)在《大趋势》一书中指出:"知识是我们经济社会的驱动力","信息经济社会是真实的存在,是创造、生产和分配信息的经济社会"。

1985年,日本著名经济学家介屋太一出版了《知识价值革命》一书,提出"知识价值社会"以取代"后工业社会"等概念,进一步认为:"进入20世纪80年代以后,多样化、信息化技术的发展和多品种小批量生产倾向的出现,就是知识价值革命发生的前兆。"

20世纪90年代初,美国阿斯奔研究所(The Aspen Institute)等单位联合组建信息探索研究所(The Institute for Information Studies),在出版的《1993—1994年鉴》中,以"知识经济:21世纪信息时代的本质"为总标题,发表了六篇论文,从六个不同方面预测了"明天信息社会"的特征和本质。在《技术在信息时代的地位:把信号转为行动》一文中,明确地提出:"信息和知识正在取代资本和能源而成为能创造财富的主要资产,正如资本和能源在200年前取代土地和劳动力一样。而且,本世纪技术的发展,使劳动由体力变为智力。"

1993年,德鲁克在《后资本主义》一书中提出:"我们正在进入知识社会,知识社会是一个以知识为核心的社会,智力资本已经成为企业最重要的资源,有知识的人成为社会的主流。知识生产率将日益成为一个国家、一个行业、一家公司竞争的决定因素。"

1994年,C.温斯洛(Winslow)和W.布拉马(Bramer)共同出版了《未来工作:在知识经济中把知识投入生产》一书,首次完整地阐述了知识经济的内涵和外延,阐述了知识经济形态下企业在市场取胜的基本条件和要求,并提出了"知识工人"(knowledge worker)的概念。

1996年,经济合作与发展组织发布了一系列报告,在国际组织文件中首次正式使用了"知识经济"(knowledge-based economy)这一概念。经济合作与发展组织在《以知识为基础的经济》报告中,对知识经济的内涵进行了界定:知识经济是建立在知识和信息的生产、分配和使用之上的经济。

1997年,美国总统克林顿(Clinton)公开采纳了"知识经济"的提法:新经济是知识经济,我们迈向21世纪的知识经济,需要一种新的经济战略,而实现教育领先将比任何时候更为重要;新经济形态的出现,其实质是知识经济,为迎接挑战,必须加大教育的投入,迅速以高新技术更新旧的教育手段,切实坚持教育优先的战略;终身教育是知识经济成功之本。

1997年,欧盟委员会在《迈向知识化欧洲》文件中指出:"欧盟正在进入知识社会,欧洲的经济竞争力、就业机会和个人成就不再主要以物质产品生产为基础。今后,实际财富的创造将与知识生产和信息传播息息相关,并首先依靠我们在研究、教育培训等方面作出的努力和我们促进创新的能力,所以我们要建立真正知识化的欧洲。"

1998年,美国政治经济学家和知识管理学家达尔·尼夫(Dale Neef)认为,知识经济是指在新的经济形态中,经济增长以知识为基础,知识成为最重要的生产要素和生产增长的动力。强调知识经济时代应该"把对工人的培训看做是基本的竞争优势——产品高质量和高产量的保证"。

1999年,国际知名的经济管理学者莱斯特·瑟罗(Lester C. Thurow)在其著作《创造财富》(Building Wealth)一书中提出"知识经济"的思想,描绘掌握新科技的应用乃未来创造财富之秘诀。人类的工业文明发展已经走到一个以知识为基础的国际经济过渡期。

高新技术的大量涌现,正迅速地改变我们过去所熟悉的工作方式和生活方式,而且改变的速度之快、规模之大,给人类带来了新的挑战与机会。"知识经济"的思想为人们所接受,"以知识为基础的经济"成为世界经济发展的现实和全球经济发展的必然趋势。

二、知识经济的特征

进入21世纪,在世界范围内,社会经济形态正在发生巨大的变化,即从工业经济和工业社会向知识经济和知识社会转变。"比尔·盖茨现象"是知识经济时代到来的一个标志。2007年3月8日,《福布斯》杂志公布的2006年度全球富豪榜显示,微软公司董事长比尔·盖茨连续13年排名该榜第一,资产达到560亿美元,而且其财富仍在以惊人的速度不断增值。相关资料也显示,目前美国经济增长的主要源泉是500家软件公司,它们的贡献并不亚于世界500强的企业。在软件业蓬勃兴起的同时,咨询业在社会经济发展中的重要性大为凸显,无形资产在众多企业中达到50%~60%。多种迹象表明:世界正在走向一个全新的知识经济时代。

成思危提出:"知识经济是以知识为基础、以科学技术为第一生产力、面向过程的灵活生产、权变式的管理以及由一国向全球化扩展,这些都是即将到来的经济时代的一些特点。"

1996年,经济合作与发展组织在一份报告中指出:"今天,各种形式的知识在经济建设中起着关键的作用,对无形资产投资的速度远远快于对有形资产的投资,拥有更多知识的人获得更高报酬的工作,拥有更多知识的企业是市场中的赢家,拥有更多知识的国家有着更高质量的产品。"同时,经济合作与发展组织在报告中归纳了知识经济的四个重要特征:科学研究系统在知识经济中起着知识的生产、传播和转移等关键作用;信息技术广泛应用;服务业在经济合作与发展组织中扮演重要的角色;以新技术和新知识武装起来的劳动力成为决定性的生产要素。

国内以吴季松为代表的专家预测,在未来知识经济条件下,社会经济具有如下特征:经济发展持续化——知识经济是促进人与自然协调、可持续发展的经济;资产投入无形化——知识经济是以无形资产投入为主的经济,知识、智力、无形资产的投入起决定性作用;经济联系全球化——知识经济是世界经济一体化条件下的经济,世界大市场是经济持续增长的主要因素之一;经济决策知识化——知识经济是以知识决策为导向的经济,知识经济的决策和管理知识化,科学决策的宏观调控作用在知识经济中表现日渐增强的趋势;经济动力创新化——知识经济是创新经济,发展动力来源于知识型员工的不断创新。

根据迄今为止的研究,与以往工业经济形态相比,知识经济的特征可以概括为以下方面。

1. 知识成为高价值的商品

在工业社会,劳动和资本是创造价值的主要因素;在知识经济,知识成为创造价值的主要因素。按照阿尔温·托夫勒的观点:"我们时代中最重大的经济发展乃是一个新体制的兴起,新体制下财富的创造不再依靠体力而是知识,知识越来越成为经济增长的主要动力。"

在知识社会,人们不会冲着物质资产来购买该公司的股票,股票的象征意义和其他新事物一样,抽象程度令人惊奇,资本从可触摸的形式,最终变成一纸文件或电子信号。因为在知识社会,在人们的头脑中,最重要的不是公司的建筑和机器等有形物质,而是市场销售人员的种种联系能力,是公司决策者的发展战略思想,是公司的人才队伍和员工头脑里萌发出来的新思想。例如,美国麦克唐纳公司每出售一份快餐,便会产生一组电子数据。该公司曾在近50个国家经营上万家快餐店,至少有20多个不同的网络收集、综合、发布信息。

2. 知识迅速扩散和应用

在知识经济时代,世界经济的发展比以往任何时候更加依赖于知识的扩散。经济合作与发展组织所有成员国的科研经费近66.7%投放到高新技术,主要成员国的50%以上国内生产总值是依靠知识来创造的。作为生产第一要素、第一资本和第一资源的知识,在经济生活、社会生活、文化生活中,充分发挥其核心的推动和促进作用。

知识的扩散和应用比知识的创造更加重要。梅特卡夫定律证明:网络资源的丰富程度与获取资源的人数成正比。一个人享有一种知识不妨碍其他人同时同质同量地享有这种知识。而且,知识在学习探索的过程中在质上更优,在量上更大,每个分享的人甚至可能同时得到这一整块更优更大的蛋糕。另外,只有推进知识的应用,才能实现高新技术成果产业化,提高生产力。

3. 创新是知识经济的核心

江泽民同志指出:知识经济的基本特征,就是知识不断创新,高新技术迅速产业化。知识社会的特点是把知识作为未来发展经济的源泉。社会知识存量的急剧变动使得知识和创新成为企业生存的必要条件,创新程度越高,知识的价值也越高,因此,知识经济的竞争实质上是知识创新和技术创新的竞争,创新活动逐渐成为知识型企业的日常活动。美国的硅谷吸引了大批世界各国的高级IT人才,他们之所以热衷于在硅谷创办新兴企业,正是因为美国硅谷拥有世界上最完善的高新技术保护法规、市场机制和金融服务体系,尤其是硅谷的创新氛围,有力地激发了硅谷人的创新热情和活力。

4. 经济区域化和全球化

在知识经济时代,经济发展具有明显的全球化、区域化趋势,科学技术发展也呈现出明显的全球化趋势。经济、科学技术的全球化趋势进一步推动知识的快速扩散,知识的扩散反过来加强经济的区域化与全球化。随着经济的区域化和全球化,决策者首先考虑的是效率,而不是地点,哪里的科研、设计、生产、销售最有效率就在哪里进行。在经济全球化时代,任何新产品一上市,都可能会被竞争者模仿,甚至超越,面临产品同质化的趋势。因此,品牌毫无疑问已经成为同类产品之间相互区分的主要标志,商品品牌将比产地更加重要。

第二节　知识经济时代的人力资源管理

一、知识经济时代人力资源管理的特点

在知识经济时代，科学技术只有借助于管理才能转化为生产力，只有科技和管理的共同发展，才能使知识经济得以快速发展。人本战略是知识经济的显著特征，所以，人力资源管理理所当然成为企业管理的关键内容。在知识经济时代，人力资源管理的实践将呈现出新的发展趋势。

1. 人力资源管理成为各级管理者的共同职责

在知识经济时代，单兵作战已经不适应社会与经济的发展，团队协作更具有竞争性。企业引入团队，形成知识型工作团队，团队成员共同挑选自己的成员、领导，确定工作程序和方法。这种被称为自我管理式团队（SMT）的组织结构逐渐成为企业的基本组织单位。

过去，人力资源管理仅是人事部的工作职责；现在，总裁成为人力资源的第一总监，高层管理者正成为企业人力资源管理的第一责任人，主持制订人力资源的政策。人力资源管理成为高层管理人员、直线管理人员、员工和人力资源管理人员共同的工作职责。美国哥伦比亚大学对 1 500 名高层经营管理人员进行的一项调查研究显示：企业 CEO 所应具备的知识和技能中，人力资源管理的重要性仅次于制订战略，排在第二位；市场营销、财务管理等都排在人力资源管理工作的后面。美国《人事杂志》对 100 名顶尖人力资源主管的工作汇报关系的调查发现：76% 的人力资源主管直接向董事长、CEO 或总裁汇报工作。

2. 提升智力资本价值是人力资源管理的核心功能

在知识经济时代，公司的价值主要不在于拥有多少厂房、设备等有形资产，而在于客户的信赖程度、与商业伙伴合作的能力、知识产权、信息基础结构，以及员工的创造能力和技能。企业价值增长越来越多地来源于智力资本的贡献。20 世纪 90 年代以来，人力资源管理职能发生了重大的转变，从辅助性的管理职能上升为具有重要战略意义的管理职能。人力资源管理的核心任务是通过人力资源的有效开发与管理，释放人的潜能，调动人的积极性和创造性，提升企业的智力资本价值。

随着技术日新月异的变化和知识员工队伍的扩大，企业管理者们逐渐认识到，不应像过去那样仅仅把注意力集中在人力资源成本控制上，而更应关注如何增加产出。人力资源管理的核心功能被确定为提高生产力和企业的经营绩效。正如管理大师德鲁克所说：人事部门要转变观念和行为模式，首先必须调整方向，将对员工成本的关心转到对员工产出的关心，提高生产力和效益才是人力资源管理的真正目的。具体来说，人力资源部门正在将工作重点放在如何提高生产力上，将事务性工作标准化，实现办公自动化。

3. 学习型组织与人力资源管理相结合

知识经济时代，激烈的竞争归结为人才的竞争，人才的竞争说到底是人的学习能力和学习速度的竞争。正如彼得·圣吉（Peter M. Senge）所说：未来企业唯一持久的优势，是有能力比你的竞争对手学习得更快。应在企业内外部为员工创造更多的学习机会，建立一个让员工乐于学习的环境。此外，还需要强调学习速度，如果一个企业内部的学习速度，赶不上外部环境的变革速度，这个企业将难以获得生存和发展的空间。组织学习的有效性和知识的贡献率成

为衡量人力资源工作绩效的重要标准,因此越来越多的企业开始致力于学习型组织的建设,加强对知识的管理。人力资源部门应努力在企业内部创造一种支持组织员工学习的环境,包括建立推动学习计划,明确学习责任,奖励学习过程等,给员工提供平等学习、交流以及自我发展的机会。

4. 人力资源管理职能的分化

人力资源管理的全部职能可以被概括为:人力资源配置(包括人力资源规划、招聘、选拔、录用、调配、晋升、降职、工作轮换等)、培训与开发(技能培训、潜能开发、职业生涯管理、组织学习等)、工资与福利(报酬、激励等)、制度建设(组织设计、工作分析、绩效考评、员工关系、员工参与等)四大类。然而,在知识经济时代,人力资源管理职能将再次分化,人力资源管理者将更多的精力集中在对企业价值贡献更大的核心功能,将部分非核心职能向社会化的人力资源管理服务网络转移。例如,人力资源管理外包现象在美国已越来越普遍,很多企业把人力资源管理部门最基本的业务——工资发放外包给专业咨询公司等机构。一项对美国500家公司的调查结果表明:人力资源管理职能中外包程度较高的内容分别是福利、培训和薪酬发放。

5. 知识型员工的开发与管理

随着知识经济的到来,知识和技能是企业的核心竞争力,而知识型员工是企业关键知识和技能的拥有者。在美国等发达国家中,唯一快速成长的职业群体就是知识型员工。在1993年到2000年间,美国知识型员工就业量以平均每年3.5%的速度增长。目前,知识型员工占美国劳动力的1/3,与工厂工人的比例为2∶1。

在知识经济时代,企业的人力资源管理发生了重大变革。由于知识型员工在个人特质、心理需求、价值观念及工作性质等方面有着诸多的特殊性,因此,对知识型员工的开发与管理有别于传统的人力资源管理,需要关注知识型员工的特点。

二、知识型员工的特征与管理

达尔·尼夫在《知识》一书的导言中写道:"在新的以知识为基础的经济中,企业已不能通过用低技能、低工资的雇员不断重复生产商品来保证增长。"在知识经济时代,由于知识可能带来的"杠杆效应",它的重要程度远远超出了资本、土地资源。随着知识经济的逐渐形成,知识型员工的价值正在被提升,他们具有和普通工人不同的特点。

1. 知识型员工的含义

管理大师德鲁克最早提出"知识工人"的概念,认为知识工人属于"掌握和运用符号和概念,利用知识或信息工作的人"。并且进一步提出未来的劳动力将由这些知识工人逐渐顶替。

1999年,比尔·盖茨在西雅图与一批企业界人士座谈时也提出了"知识工人"的概念。他认为:"知识工人"不仅仅是指那些坐在办公桌后面的员工,而是包括公司各部门,从总部到具体岗位的各种工作人员。高品质的连接技术使他们通过视频会议、电子报纸和其他同事交流共享知识技术,并且不再受墙壁和距离、时差的限制。

加拿大著名咨询师弗朗西斯·赫瑞比(F. Horibe)拓展了知识员工的内涵和外延,认为:"知识员工就是那些创造财富时用脑多于用手的人,他们通过自己的创意、分析、判断、综合、设计给产品带来附加值,如管理人员、专业技术人员和销售人员等。"

加拿大政府认为,随着知识成为经济增长的关键因素,以往的传统资源优势已逐渐丧失实力。并进一步提出面对知识经济,要相应调整以往的战略决策。例如:大量节约劳动力的新技术的使用,需要具有新技能的工人——"知识工人",这就使人力资源的开发与配置结构要发生改变。

我国学者吴季松在《知识经济》一书中认为,在知识经济时代,现在每小时可挣200美元以上高工资的同声传译译员将面临失业的威胁,而软件从业人员——"知识工人"的新岗位将大大增加。

对"知识工人"越来越重视,国内外关于"知识工人"的书籍和介绍文章很多,但是有关"知识工人"的概念说法不一。简而言之,知识型员工(knowledge worker)是知识经济时代的劳动者,即主要依靠脑力来直接创造社会财富的人员,其主要特点是从事信息产品的生产。

2. 知识型员工的特点

与普通员工相比,知识型员工在个人特质、心理需求、价值观念及工作性质等方面有其特殊性。研究表明,知识型员工具有如下主要特点。

1)个人素质高

知识型员工大多受过系统的专业教育和训练,拥有较高的学历和相关方面的能力素养。由于受教育程度较高,知识型员工一般都具有较高的个人素质;知识型员工拥有较宽广的经济、管理等专业知识,他们中有许多人掌握着新的技术和特殊岗位的操作技能,甚至在某一领域可能是专家。

2)自主性强

知识型员工具有较强的自主性,表现在工作场所、工作时间方面的灵活性要求以及宽松的组织气氛。知识型员工倾向于拥有宽松的、高度自主的工作环境,强调工作中的自我引导和自我管理。

3)从事创造性劳动

知识型员工主要从事创造性劳动,依靠脑力而非体力,劳动过程往往是无形的。此外,工作往往并没有固定的流程和步骤,呈现出很大的主观支配性。知识型员工的劳动成果常常以某种思想、创意、技术发明、管理创新等形式出现,不能被直接测量。而且,知识型员工的劳动成果受很多因素的影响,例如团队的协作完成。因此,知识型员工的劳动过程难以监控,劳动成果难以衡量。

4)注重自我价值实现

由于知识型员工可以凭借自己的知识和技能轻而易举地使自己在生理、安全方面的低层次需要得到满足,因此他们会有较高的需求层次,注重自我成长、自我发展及自我价值的实现,热衷于从事具有挑战性、创造性的工作,希望得到社会的认可和尊重。例如,知识管理专家马汉·坦姆仆(Mahan Tampoe)的研究表明,激励知识型员工的前四个因素依次是:"个体成长"(33.74%)、"工作自主"(30.51%)、"业务成就"(28.69%)、"金钱财富"(7.07%)。

3. 知识型员工的管理

德鲁克在其著作《21世纪对管理的挑战》中提出:"怎样提高知识型员工的生产力,怎样对知识型员工进行管理,是企业在21世纪面对的最大挑战。"知识型员工由于具有某种特殊技能,往往可以对其上级、同事和下属产生影响。因此,传统组织层级中的职位权威对他们往往不具有绝对的控制力和约束力。这种职位权威的丧失,增加了管理知识型员工的难度。

赫德利·多诺万(Hedleyw Donovan)是《时代》杂志的总编辑,花了近30年的时间研究如何管理这些"难以管理的人"。赫德利·多诺万认为,管理知识型员工的压力来源于:管理者迫

第十章 知识经济与人力资源管理及开发

切需要具有创造性而且能独立思考的人,同时又需要用一定的纪律约束他们;另外,管理者对知识型员工的工作不易作出明确的界定,并且工作衡量标准又极富主观性。

根据知识型员工的特殊性,对知识型员工的激励,不能仅以金钱刺激为主,而应以发展、成就和成长为主。

1) 创造自主的工作环境

由于知识型员工的自主性强,所以,应为他们提供一种自主的工作环境,最大限度地发挥他们的创造力。一方面需要根据工作任务要求充分授权,另一方面为其创新活动提供所需的资源,包括资金、物质和人力资源的支持。例如:深圳华为与中兴通讯两家高新技术公司,其人才流动率始终低于5%,远低于同类高新技术企业20%~50%的平均流动率。两家公司对知识型员工采取以人才的特长设岗、人尽其才的管理办法。谁有课题,公司就给谁配备助手、资金、设备;谁有销售才能,公司就对谁委以重任,并赋予相应人、财、物调动权,使其能够充分发挥所长。

2) 实行弹性工作制

由于知识型员工从事创造性劳动,劳动过程难以监控,劳动结果难以衡量,因此,固定的工作场所和工作时间对他们没有多大的意义。他们更倾向于独立自主的工作以及较具弹性的工作时间安排。例如:在德勤咨询公司,尽管工作必须在规定时间内完成,但大家都认为公司给予了员工很大的自由安排工作时间。一位员工评价说:"相对于公司的竞争对手而言,德勤尊重员工的私人事务,并鼓励员工做到工作、娱乐两不误。"例如:德勤咨询公司制订"3-4-5"政策——3天出差,第4天坐飞机返回,第5天可以在家办公。

3) 强调以人为本

知识型员工具有较高的个人素质,拥有相关专业知识。因此,对知识型员工强调以人为本,有利于激发他们的创新热情。例如:联想集团利用翁格玛利效应,提出"小马拉大车"的用人理论;坚持"尊重人就得委以重任"的用人原则,如果有十分之才,就交给十二分的重担。由于员工获得大于自身能力的舞台,"小马"感受到领导的信任,快速成长为"大马",使联想集团也获得了快速的发展。

4) 提供培训机会

人力资源管理的一项重要任务是吸引和留住优秀人才。然而,知识型员工更注重个体的成长需要,具有较强的流动意愿。因此,应注重对知识型员工进行人力资本投资,健全人才培养机制,重视职业生涯管理,为知识型员工提供受教育和不断提高自身技能的学习机会。例如:欧莱雅中国公司将对综合型、未来型人才的培养视为企业的生命之源。优秀的大学毕业生进入公司后,首先接受3~6个月的培训,培训内容一般为公司文化和价值观;然后,这些进入公司的大学毕业生分别到全国各地的不同分支机构实习,感受公司的运营状况;实习期结束后,新员工根据个人兴趣选择工作。在以后的工作过程中,员工还会不断得到长期或短期培训的机会。

5) 实施股权计划

股权计划有利于员工长期激励。知识型员工通过股权计划获得期权或股权,实现从"打工者"到"主人翁"的角色转换,有利于其把自己的前途和企业的命运相联系,有利于留住优秀人才并且最大限度地发挥他们的作用。例如:为了留住核心人才,调动高级人才的积极性并保障他们的根本利益,我国通讯行业的龙头企业之一——中兴通讯,自1997年深圳A股市场上市后,就开始探索国际通行的股票期权激励方式。2007年3月14日公司股东大会正式通过了《第一期股权激励计划》,一次性向21名董事和高级管理人员、3414名关键岗位员工授予4798万股标的股票额度,授予数量约占中兴通讯股本总额的5%,以计划公布日43.2元的股价计算,这将是一笔约20亿元的财富。通过股权激励,中兴通讯进一步完善了公司治理结构,也为员工戴上了"金手铐",将员工与企业、股东的利益捆绑得更紧密。

第三节 知识经济时代的人才开发

随着知识经济时代的来临,"知识经济"成为目前最时髦的名词之一。与此同时,描绘知识经济时代特征的词汇也令人眼花缭乱,例如信息化、数字化、网络化、全球化、虚拟化、无形化、模糊化、及时化、持续化、分子化、科技化、资本化、智能化、创新化等。这表明,当今社会正处在一个重要的转折时期,处在一个"加速发展"、"时空压缩"、"千变万化"的时代。未来学家断言,人类社会将面临巨大挑战,人们的生产方式、生活方式、管理方式,甚至思维方式都将发生根本性的变化。

信息是人与人之间的黏合剂。任何社会的管理都离不开信息。在农业社会,信息传输靠马车与驿站;进入工业社会,信息传输靠火车、汽车和电信工具;在信息社会,信息传输靠计算机及网络;在知识经济时代,如果你拥有一台计算机、一台电话机或一台电视机,只要你能上网,每个人都成为超大网络上的一个节点。每个人既是信(息)源,又是信(息)宿,也可能是信息中介。由于信息传导方式由纵向为主转为纵横交错,从而使得人类社会上众多的组织形式日益由"宝塔式"转化为"网络式"。节点化与网络化成为冲击现行人事管理制度的两个主要动力。既然人是网络上的节点,节点就存在节点质量和节点位移;既然人类社会是网络,网络就存在信息传导和协作互动。节点质量的实质是人力资源个体资本含量,也就是人才素质;节点位移的实质是人力资源个体位置移动,也就是人才配置;信息传导的实质是人力资源群体联系方式,也就是人力资源管理;协作互动的实质是人力资源群体合作增强,也就是文化整合。

一、人才素质

人才的标准和类型不但取决于社会需求和社会分工的发展程度,而且与社会需求的分化程度和知识的专业化程度有关。社会需求相对单调,社会分工相对简单,一般不会出现职业化的人才队伍,人才的通用性是衡量才能大小的主要标准。如果社会需求发生了足够的分化,那么,人才的类型也一定会呈现个性化的分布格局。

随着知识经济时代的来临,人才的需求正在发生着深刻的变化,知识经济的内在本质对新型人才提出了许多要求。未来学家有"21世纪的三张通行证"之说,三张通行证分别是:计算机、外语与汽车驾驶。联合国重新界定了"文盲":"其一,文化水平低,不识字,不能阅读的人是文盲;其二,看不懂现代信息符号、图表的人是文盲;其三,不能用计算机进行信息交流与管理的人是文盲。"比尔·盖茨曾经说过:"在21世纪,不会在网络上办事的人将成为文盲。"还有一种说法,未来社会就业者需要三张绿卡:第一张,要有知识;第二张,要有专业才能;第三张,要有创业本领。浙江大学潘云鹤对未来人才的培养提出KAQ模式,即知识、能力、素质。联合国教科文组织总干事马约尔博士提出,学生不仅仅要"学知识",而且要"学做事,学做人,学会与他人生活"。由以上种种说法,可以看出:在知识经济时代,人才素质挑战将是最为严峻的。

人才素质挑战之所以严峻,来源于未来社会的变革,也就是在人类从物质经济社会发展到知识经济社会的时刻,产业结构的变化带来职业结构的变化,计算机将冲击低层次人员的就业市场,新的职业需要更高素质的人充实就业岗位。也就是说,在未来社会,虽然就业面将会扩大,但就业台阶也相应提高。

知识经济时代所需的人才,不同于工业经济时代,知识社会对人才的素质要求普遍上升。从社会需要方面来描述未来职场的骄子是创造型人才、复合型人才与协作型人才。三才闪耀,争辉于未来时空。

1. 创造型人才

创造型人才就是具有创造性思维的人才,创造性思维不同于一般思维,往往表现为具有超常性、富有个性、开拓性、独创性和灵活性。也就是说,创造型人才指的是创造力很高的人,是能够在科研、经营、文学、艺术等领域不断提供新创意、新设想、新思路的人。

知识经济时代人才竞争激烈,创造型人才不仅能够积极参与竞争,而且能够超越竞争并在竞争中取胜。所谓超越竞争,就是不一窝蜂地往上赶,人家干什么,我也干什么,为了抢占利益不惜互相残杀;而是能够发现更有战略价值的新领域、新课题、新产品,不断形成"人无我有"的优势,从而最具创意与活力。

日本政府早在 1982 年就提出"创造力开发是通向 21 世纪的保证"。美国哈佛大学校长内森·马升·普西(Nathan Marsh Pusey)认为:"一个人是否具有创造力,是一流人才和二流人才的分水岭。"

江泽民同志曾指出:知识经济初露端倪,广大青少年要适应时代要求,发愤学习,弘扬创新精神,增强创新能力,为 21 世纪中华民族在社会主义基础上实现伟大的复兴作出应有的贡献。"创新是一个民族进步的灵魂,是一个国家兴旺发达的不竭动力","造就一批真正能站在世界科学技术前沿的学术带头人和尖子人才,以带动和促进民族科技水平和创新能力的提高"。

2. 复合型人才

复合型人才的特点是多才多艺,能够在很多领域大显身手,故又称为多功能人才或 T 型人才。

日本学者有一个明确的表述,"单一能力时代已经结束了,只有具备综合能力的人,才能在现在的竞争中获胜"。日本在 1985 年就提出"四合一"人才计划,要求培养有"科技内涵、艺术气质、经贸才干、外语本领"的复合型人才,以适应经济全球化带来的人类社会活动全球化的需要,并且预计他们是知识社会需求量最大的人才模式。

日本内阁在一份文件中写道:"君不见当前世界潮流之趋势,由于制约综合国力的主导力量在于文化、科技、经济、军事的总和值,因此,必须提高生产这种总和值基础——人才的全面总体素质。因此,要下大工夫,花大气力,不拘一格地造就全新力量的'四合一'人才。以此作为立国、立民、立家、立世、立新依据,从而扎根现在及将来的根基,以求发展当今,赢得未来。"

知识经济时代也向我们彰示了一个根本性的道理:只有促进人的全面发展,才能创造更多的财富。据上海市综合经济工作委员会主办的人才交流会统计,在当前上海人才市场上,复合型人才最吃香。有关消息报道,当前上海最受企业欢迎的人才类型是高级财务、审计师、资产资本经营者、施工监理工程师、财政税收研究与产业组织政策研究人员;素质要求则是"大学本科以上文化,三至五年工作经验,既懂专业又懂外语"。

3. 协作型人才

协作型人才是指具有协作精神、人际关系好的人才。在知识经济条件下，人与人之间的协作由于个人独立性的加强而显得更为重要。有的人才能很高，但是脾气古怪，难以与人共事；有的人才华是有的，但私心过重，只顾个人，不顾集体，这样的人也是难以协作的刺头。

美国学者比恩(Beane)等人认为，竞争是工业社会的价值观，而知识经济时代的价值观是合作。知识经济时代是合作取胜、协作竞争的时代，是"双赢"时代，是共同发展的时代。如果某个人不明白这个道理，只顾一己私利，那将是难以融入集体的孤雁，是只能成小才而不能成大器的人。有才华的人，不能恃才傲物，不能离群而独鸣。

与"三才闪耀"相类似的一种提法叫"三才走俏"。"三才走俏"就是"信息敏感"型人才、"才能复合型"人才和"心存感激型"人才。上文详细介绍了"才能复合型"人才，下面重点介绍"信息敏感型"人才与"心存感激型"人才。

"信息敏感型"人才是指对社会需求比较敏感的人才，也可以说，是机会意识比较强的人。"信息敏感型"人才能够不断地抓住机会，不断地创造价值，不断地升华人生。但是，不能忽视"命运＝机会＋抓住机会的能力"。只有不断抓住机会并锤炼自己才能的人，才能利用灵通的信息。

一般来说，"信息敏感型"人才有很好的"机遇观"。在信息社会，对信息持什么态度，可以推测他到底是一个什么样的人。有学者将人们的机遇观分为四类：农夫式、医生式、火车司机式和渔夫式。农夫式机遇观是最差劲的，因为农民只知道一年之计在于春，春种秋收；拥有农夫式机遇观的人才只知道一年有一次机遇，是典型看不到机遇的人。医生式机遇观也不好，因为医生的工作方式是坐等病人上门，缺少主动进取精神，被动对待机遇，无异于"守株待兔"。具有火车司机式机遇观的人才，是满足于"两点一线"的人；外面的世界很精彩，可惜他只看到"两点一线"，一个点是家，一个点是单位，"两点一线"即奔忙于两点之间的路程；这种人才能够捕捉到的信息太少，很多机会将从他的身旁溜掉。知识经济时代所推崇的应该是渔夫式的机遇观：首先注意鱼汛，一定不能错过大量鱼儿游来的机会；其次，哪儿鱼多，船往哪儿开，也就是说，不画地为牢，主动进取。

"心存感激型"人才，从字面上讲，是指心里总是充满感激之情的人才。其实，这种人，就是"心态平和"的人，就是"心态积极"的人，也就是"知足常乐"的人。有种人心里总是不满足，好像社会亏待了他，国家亏待了他，单位亏待了他，同事也亏待了他。持有这种心态的人心中充满不平之气，终日耿耿于怀，对人、对事、对国家都会得出错误的认识。人才素质包括政治素质、才能素质、身体素质，也包括心理素质。心理素质优秀的人才，能够更好地发挥出其他素质的功能，贡献于社会。为什么"心存感激型"人才走俏呢？"心存感激型"人才总想多以自己的奉献报答祖国，报答人民，报答社会；心存感激的人才敬业爱岗；心存感激的人才能与人和谐共事，所以这种人才走俏是必然的。

知识经济时代充满高风险。因此，无论哪类人才都必须有失败的思想准备。不怕失败是人才素质中的重要内容，在高科技的知识经济时代显得尤为可贵。最近，美国理论界又提出新理论：AQ 取代 EQ。AQ 是英文 adversity quotient 的缩写，被翻译为"逆境智商"。保罗·史托兹(Paul G. Stoltz)在《逆境商数》一书中提出，为什么有的企业家能够克服深不可测的逆境，而有的人则会败下阵来？这与企业家的 AQ 有关。保罗·史托兹采用量化方法研究了 AQ，将人分为三等：攀登者、半途而废者与放弃者。

第十章 知识经济与人力资源管理及开发

在知识经济时代,创造型人才、复合型人才、协作型人才三才闪耀,并不是说其他类型的人才就不需要,而是说这三类人才更加引人注目。怎样才能成为这样的人?对于在职人员来说,主要靠参加培训,从"终身就业"转变为"终身培训"。除了认识和思想观念的转变之外,还需要切实加大培训与自学投入。在投入方面,我国与国外发达国家差距甚大。《中国国民阅读报告》显示,国民图书阅读率1999年时达到60.4%,此后多年呈倒退趋势,2005年仅有48.7%。后经多年努力,2013年国民阅读率回升至57.8%,但增速依然缓慢。从阅读本数来看,2013年,中国国民人均纸质图书的阅读量仅为4.77本,比韩国的11本、法国的20本、日本的40本、犹太人的64本少得多。另有公开数据显示,中国人均购书额只有39.38元人民币,相当于德国的1/17和法国的1/12。根据公认的标准,一个国家人均购书达到7册,才算达到小康水平。由此可知,我国城乡居民的整体经济状况与图书消费离小康标准尚有不小的差距。

二、人才配置

伴随着信息流的加速,人才配置将发生三种变化:人才流动加速化;人才保护法制化;人才市场网络化。

1. 人才流动加速化

在一个国家或同一个国家的不同地区,经济愈是发达,人才流动愈快。美国人在一生中平均转换七种工作岗位。在美国的高科技区硅谷,人才流动更快,年平均淘汰率达到50%。在中国,上海、北京、广州的人才流动频率高于西北、西南地区大城市的流动频率,更高于西北、西南地区农村的人才流动频率。大城市经济发达,就业机会多,就业信息多,从而人才流动比较频繁。此外,资金流动对人才流动也有牵引功能,大笔资金的流向,也决定着人才的流向。

知识经济的到来促进国家产业结构的变动,产业结构的变动又引起了职业结构的变动,职业结构的变动再引起就业结构的变动,这是一个连续的逻辑过程。以美国为例,近一百年来,第一、第二产业(工农业)就业人数逐渐减少;第三、第四产业(信息、服务业)就业人数不断增加。有项统计显示,在美国,白领阶层占到就业人数的59%;蓝领阶层仅占29%。随着信息高速公路的建设,美国政府估计,单是"个人通信"这一项业务,就能够创造30万个新的就业机会;日本政府则估计,240万个新的就业机会将是由信息产业提供的。

在产业结构的变动中,丧失工作岗位的人是非专业人才,即初级劳动力;获得就业岗位的人是专业人才,即高级劳动力。发达国家的统计数据显示,中学文化程度者的失业率为10%,大学文化程度者的失业率为3.8%。

2. 人才保护法制化

信息产业是知识经济中的支柱产业。由于这个产业知识含量大、经济价值高,同时又极容易被大量复制、销售,所以应该加以特殊的保护。有人说,为什么比尔·盖茨年纪轻轻就能够崛起于世界富豪之列?就是得益于美国的比较有效的知识产权保护。西方发达国家对知识产权的保护已有上百年的历史,具体的法律有《专利法》、《著作权法》、《商标法》、《商业机密保护条例》、《计算机软件登记法》、《高科技工业园区法》等。除了这些专门立法之外,在《刑法》、《民法》、《合同法》、《税法》、《金融法》和《证券法》之中,对专利、知识产权等还有特别的规定。

在我国人才流动与人才市场活动中,知识产权、专利权往往伴随其间,为知识产权而发生的纠纷屡屡见诸报端。为此,不少专家建议,为了迎接知识经济的到来,应该加强法制建设,包括:司法机关确保有关知识产权的法律条文的有效执行;让知识产权保护成为广大公民的普遍意识。从这个意义上讲,对过去邓小平同志一再强调的"尊重知识、尊重人才"应该有更进一步的理解:尊重有知识的人,尊重有知识的人拥有的知识,尊重有知识的人拥有的知识产权。

3. 人才市场网络化

人才市场呈现出从有形到无形的转化趋势。无形市场就是网络市场,是信息化与网络化进程的必然结果。目前,已经上了互联网的北京人才中介机构有中国人才热线、中国劳动网(人力资源与社会保障部)、北京外企人力资源服务有限公司、中国国际技术智力合作公司、中国计算机人才网、智联招聘公司等十几家。人才中介机构上网运行标志着北京市的人才交流与服务水平上了新的台阶。中国银行、清华大学、韩国三星都从互联网上寻找自己所需要的人才。"网为媒"确实有取代"骡马大会"式有形人才市场的趋势。

网上人才市场前景可观,主要具有如下优点。

(1) 方便快捷。足不出户就可以实现应聘与招聘。求职者通过 E-mail 可以同时向众多招聘单位发送资料,所需时间可以分秒计。

(2) 节省费用。网上求职属于"无纸传输",不但可以省去印刷资料的费用,而且可以节省邮寄费用。上网费用只相当于报刊广告费用的十几分之一到几十分之一。

(3) 主动互动。网上求职者既可以提供网上信息,又可以修改网上信息,还可以删除网上信息;对于网上招聘单位来说,情况也是一样。

(4) 覆盖全球。在网上人才市场发布信息,可以传遍全球。即使求职人员在地球的北极,招聘单位在南极也可以实现"面对面交谈"。

英国学者雷·海蒙德(Ray Hammond)在其专著《数字化商业》中提出,招聘工作主要是在招聘者与求职者之间建立联系,而这正是网络的专长。招聘单位只要在公司网页上公布空缺的职位,求职者就会去访问公司的网站,在上面查找所需要的空缺职位,并在公司网站留下自己的简历。雷·海蒙德认为,网上人才市场成功的关键之处是"超垂直分类"。人们总是喜欢寻找与自身专业有关的招聘网点,一个会计师不会花时间去浏览传播业的招聘广告,一个设计师也不会去访问计算机行业的招聘网站。

三、人才管理

未来学家约翰·奈比斯特曾经预言,未来社会将有十个方面的发展趋势:从工业社会向信息社会转变;从强迫性技术向高技术与高情感相平衡转变;从一国经济向世界经济转变;从短期向长期转变;从集中向分散转变;从向组织机构求助向自助转变;从代议民主制向共同参与民主制转变;从等级制度向网络制度转变;从北部地区经济向南部地区经济转变;从非此即彼的相斥选择向多种选择转变。在以上十个方面的发展趋势中,第五与第八两种趋势的出现对人才管理的影响最大,就是"网络化"的冲击。随着计算机及其网络的出现,人才管理将发生结构性变化。网络化冲击的结果有"三化":人才管理柔性化、组织结构扁平化以及人才协调复杂化。

1. 人才管理柔性化

随着知识经济时代的到来,原来的金字塔式管理所带来的刚性管理开始柔性化。具体来说,人才管理开始逐步形成刚性管理与刚柔相济相结合的新管理方式。这其中的原因在于,知识经济时代条件下,劳资双方的关系将发生根本性变化。在工业经济时代,资方占有资本与劳动工具,可以支配雇员。在知识经济时代,情况发生了转变,正如管理大师德鲁克所指出的:"资本主义传统上所赖以生存的基础之一——生产工具,如今已为劳方所掌握,因为那些工具在他们的脑子里和指头上。"

郑其绪教授概括柔性管理的特征如下:内在重于外在,心理重于物理,身教重于言教,肯定重于否定,激励重于控制,务实重于务虚。显然,在人力资源管理柔性化之后,管理者更加关注员工的积极性和创造性,更加看重职工的主动精神和自我约束。

2. 组织结构扁平化

有学者将工业经济时代与知识经济时代管理组织之间的区别描述为:前者是以等级为基础、以命令为特征的金字塔结构,组织运作迟缓,缺少灵活性;后者显现为一种扁平化趋势,人员紧凑,富有弹性,是一种灵活、高效型组织。从信息学角度来分析,原来的信息传递是逐层进行的,一级一级往下传。高层占有的信息多,低层占有的信息少。信息分配的多少取决于权力的大小。这种组织形式保持了上级的权威性,但是信息传递慢,缺少必要的灵活性,极易丧失机会。在信息高速传递时代,金字塔式结构造成的叠床架屋与反应滞后,对企业发展的负面影响非常大,因此,精简中层,使组织扁平化成为一种潮流。

3. 人才协调复杂化

人才协调复杂化是由于办公分散化、个性凸显化、收入两极化所带来的。办公分散化,也就是原来大家聚在一起的办公方式将发生变化。无论企业的职工在哪里,一上互联网,"天涯若比邻",就可实现即时通信。即时通信使全体员工能够很好地联系在一起,从而可以互通信息,协同作战。《信息高速公路》一书描绘了未来办公分散化的图景:"办公方式由集中走向分散,使现有交通减少 30%~40%,并大大缓解能源交通紧张而引起的社会问题","有人预计,信息高速公路建成之日,70%~80%的人可以在家中工作。他们可以坐在家里了解有关商业行情,在屏幕上与远在天边的贸易伙伴进行'面对面'的会谈,并可立即签订合同;教师可以待在家里给分散的学员上课;科研工作者足不出户就可以了解世界各国同行刚刚取得的科研成果,或观察实验室的科研活动。"也就是说,分散化办公将是未来社会不可避免的发展趋势。

知识经济时代,是人才的时代。人才的本质是什么?就是创造性与进步性的统一。因此,可以预测在未来岁月里,个性突出的人会越来越多,而且更新速度日益加快。过去说"各领风骚数百年",现在说"各领风骚没几年"。

在知识经济时代,经济活动的中心由原来的物质生产演变为知识生产,知识成为最基本的生产要素,人类自身的创造性活动过程就是财富的创造过程。知识财富的增长具有爆炸性和突变性,也注定了财富分配差距的进一步拉大。美国未来学家早在 1996 年 1 月号《信息技术的未来》上撰文说:"信息技术肯定会带来财富,但是不保证平均分配财富。所以,可能仍然存在生活水平两极分化现象,甚至分化程度可能会比今天有过之而无不及。信息技术可能既造就富者,也造就穷人。"

复习思考题

1. 知识经济的特征是什么?在知识经济背景下,人力资源管理呈现出哪些发展趋势?
2. 为什么说知识型员工是"难以管理的人"?如何管理知识型员工?
3. 知识社会对人才有何要求?结合国内外的实际情况,谈谈国内企业如何形成完善的人才开发机制。

综合案例研讨

西门子公司的理念是:要想达到世界水平,就需要世界级的员工,而要得到世界级的员工,就需要世界级的领导、世界级的招聘和世界级的人才开发。人才开发体系可以用六个部分来表示,即时代背景与人才开发理念、人才开发定义、人才开发程序与形式、人才开发核心、人才开发内容与人才开发原则。下面,从六个方面详细介绍西门子公司的人才开发体系。

1. 时代背景与人才开发理念

人才开发离不开总的时代背景。也就是说,任何一种人才开发活动都是在一定的时代条件、时代特征下进行的。西门子公司认为,时代背景对人才开发有着决定性的影响。当前的时代背景主要有三点:①向着第三产业发展的趋势;②向着虚拟组织发展的趋势;③业务领先日益重要的趋势。

在这样一个总背景之下,企业家必须具备人才意识和人才开发理念。西门子公司的人才开发理念是:"当今,一个企业在经济上的成功,更加取决于这个企业里的员工,取决于他们的知识、能力;取决于他们的创造性和动力;取决于他们的工作效益和取得成功的决心;同时,也取决于他们的远见和敢于作出重大决断的勇气。"

2. 人才开发的定义

西门子公司认为:所谓人才开发,就是"为员工获取和保持专业知识、能力而服务的措施,以使其完成当今和未来的工作"。换言之,"人才开发是目标明确的专业知识和能力的发展,包括员工的能力和特点,并保证员工在他们的工作中取得较好的成绩"。

这样的定义与我们的定义意思相差不大。特点有三:一是强调开发活动的目标是"知识与能力";二是强调目的着眼于长远而不只是近期;三是强调开发活动是一种有利于员工提高工作业绩的"服务措施"。

3. 人才开发的程序与形式

西门子公司的人才开发程序有两个:其一为"招聘程序",其二为"发展程序"。"招聘程序"被视为"人才开发的桥梁",它是企业与人才相互认识、相互选择的过程,又是人才融入企业的必经阶段。这其间也包括不少人才开发的实践活动。所以,西门子的领导者称:"人才开发从招聘开始"。"发展程序"指的则是从进到出的全过程。

关于人才开发,西门子公司设计了两种形式:其一为"岗内开发",其二为"岗外开发"。"岗内开发"包括岗位指导、岗位轮换以及参与高水平的项目;"岗外开发"包括专门培训、参加研讨会与参加专业会议。无论是"岗内开发"还是"岗外开发",都必须明确,领导者要扮演"教练与促进者"的角色,开发活动成功与否的衡量标准是该员工的工作效果是否得到明显提升。

4. 人才开发的核心

西门子公司人才资源开发的核心是"爱发"谈话(EFA)。"EFA"是德文"开发、促进、承认"三个词的缩写。"EFA"音译为中文"爱发",有关"爱发"内容的谈话为"爱发谈话"。谈话成为人才开发的核心,这绝对是德国西门子公司的创造。

爱发谈话的三个原则是:坦诚、透明、信任。

爱发谈话的步骤为:前期谈话、圆桌谈话、爱发谈话。

爱发谈话是层层进行的,除最高领导者之外,每一个人都被纳入了谈话之中。

爱发谈话的被谈者,不是被动角色而是主动角色,谈话过程是互动的。

爱发谈话强调:员工要把自己的职业生涯掌握在自己的手中,制订开发计划、增长知识才干都是自己的责任,企业则应加以帮助和指导,而每一位员工的成长与发展都是与整个企业的发展战略相互协调的。

5. 人才开发的内容

西门子公司人才开发的内容有三项:知识、经验与能力。

知识包括:有关产品的技术诀窍,语言知识或程序语言知识,有关市场的知识。

经验包括:领导经验、项目经验和跨文化沟通经验。

能力包括:社会能力、方法能力与经营能力。

人才层次不同,开发的内容也不一样。

西门子公司对人才开发的主要要求是:让最合适的人,在最合适的时刻,以最优秀的专业技术和能力,出现在最需要他的岗位上。

6. 人才开发的原则

西门子公司人才开发有六个原则:

(1) 人才开发是针对每个员工个体的,只有在协商一致的前提下,才可实施;

(2) 人才开发不仅开发其能力,而且发展其人品;

(3) 人才开发是一个长期过程,不能只顾及短期目标;

(4) 人才开发不能脱离企业内部与外部的框架条件;

(5) 人才开发的一个重要目是选拔领导人员;

(6) 领导者在人才开发活动中扮演特别重要的角色。

通过以上六个环节和要点的介绍,具有德国特色的西门子公司人才资源开发体系已经凸现在我们的面前。

分析与讨论题

请根据案例背景材料归纳西门子公司人才资源开发的独到之处,并谈谈对国内企业的人才开发有何启示。

第十一章

人力资源开发与管理的发展趋势

第一节　超组织员工忠诚度管理

第二节　培训新思维：准时培训与即时学习

第三节　电子化人力资源管理

第四节　人力资源营销与外包

第五节　跨文化的人力资源管理

创新是唯一的出路，淘汰自己，否则竞争将淘汰我们。

——安迪·格罗夫

第十一章　人力资源开发与管理的发展趋势

学完本章后,你应当能够:
(1) 了解人力资源开发与管理的一些前沿问题;
(2) 理解人力资源开发与管理的发展趋势。

AES 公司是一家全球性的电力公司,由董事长罗杰·桑特和 CEO 丹尼斯·巴克于 1981 年创立,总部位于美国弗吉尼亚州的阿灵顿。目前,AES 公司经营分布于 13 个国家的大约 90 座发电厂,雇用了大约 4 万名员工。

在创建初期,AES 公司将企业目标定位为建立一家"员工愿意为之效力,并且能体现公正、诚信、社会责任以及乐趣的公司"。桑特和巴克认为,给员工的信任和尊重越多,员工达到的水平就越高。当员工真正可以自主管理时,就会有一种控制感,觉得所有的责任都应该承担起来。AES 公司的组织结构及工作方法处处体现了这种观点。

AES 公司的组织体系从一开始就没有等级制度,而是采用小组的形式建立公司的组织体系。AES 公司将下属的电厂和业务活动划分为两个区域,每个区域由一名经理领导。每个电厂设立一名经理,领导厂内 5~20 个小组,每个小组包括组长在内有 5~20 名员工。每个小组都对自己的领域完全负责,既负责操作也负责维护。AES 公司甚至没有任何专职部门,如市场部、环境部和人力资源部等。AES 公司现在唯一拥有的专门职能机构是会计部,有 25 名员工,设在公司总部,负责从公司各处收集财务信息,以便向公众公开。AES 公司总部的最高层领导主要扮演 4 个角色:第一是承担顾问的角色,向员工提供各种建议;第二是扮演公司制度的首要监护人角色,维护公司的价值观;第三是扮演首要责任人角色,代表公司对外承担责任;第四是扮演首要的鼓励者角色,如参加员工的派对、公司的庆典等活动。

AES 公司采用了很多办法来建立动态的管理系统,其中之一就是岗位轮换,让员工在各个小组和工厂之间流动。通过岗位轮换逐步提拔的事例在 AES 公司非常普遍。公司的泰晤士电厂在 1988 年创办之时雇用了 24 名员工,如今个个都成为通才,对公司内外业务相当了解。其中,2 人升职为副总裁和区域经理,8 人当上了电厂厂长,还有 7 人成为小组负责人。佩特·诺尔若在 AES 公司的职业生涯发展就是一个很好的例子。在加入 AES 公司位于康涅狄格州的泰晤士电厂之前,他是一位重型机械操作员。加入 AES 公司之后,他成为燃料处理小组的成员。在燃料处理小组呆了 6 个月,他被调到污水处理小组,然后又调到锅炉组。在入厂后的 3 年时间内,他一直在各个团队中轮岗,阅读了许多专业技术书籍(AES 公司备有各个业务方面的参考手册,员工可以利用这些手册来准备资格考试,只有通过了资格考试才能到相关部门工作)。在泰晤士电厂工作 3 年之后,佩特·诺尔若听说公司在英格兰的梅德韦电厂有一个工作机会,于是向公司领导申请到梅德韦电厂工作。在梅德韦电厂工作几年之后,他被任命为威尔士巴里电厂的厂长。

AES 公司对员工有很高的期待——必须接受公司的价值观,必须为重大决策负起全部责任,必须成为经营领域的多面手。AES 公司没有设立专门的人力资源部门,各个电厂自

— 315 —

已负责招聘。在招聘过程中,AES 公司将技术能力放在第二位,更加注重文化上的适应性。通常由小组对候选人进行面试,一起参与评估。面试的主要目的是确定候选人的责任意识,即是否愿意为所有的决策后果全权负责。

多年来,AES 公司的薪酬和绩效评估制度随着公司的发展而不断演变。目前,每名员工的薪酬约有 50% 是基于技术因素,例如公司的财务业绩、安全和环境影响等方面;另外 50% 是基于员工在理解和坚持公司价值观方面的表现。

AES 公司将"接受错误"视为企业价值观的一部分。如果员工在学习过程中犯了错误,而且没有造成重大的后果,便不会受到任何形式的处罚。桑特和巴克常常以他们自己的例子来证明,人孰能无过,越是在第一线打拼,出错的可能性就越大。

在引例中,AES 公司没有设立专门的人力资源管理职能部门,实现了充分授权,相关职能活动是由团队自己完成的。在管理实践中,相当数量的人力资源部门正在萎缩或消失,也有不少公司人力资源部门的地位随着经济的不景气而迅速提升。1996 年,美国知名的财经杂志登出《将最后一个官僚机构赶出企业》,曾一度引起对人力资源部门的地位争论。部分学者认为,人力资源部门应该重新审视过去;另外一些学者认为,人力资源部门应该转换成一个企业合作伙伴的精英战略集团;还有一些学者说,人力资源部门应该消失,它的功能可以由外包来实现。本章主要从人力资源管理的发展趋势探讨该领域的一些前沿问题,并且提出相关问题的研究展望。

第一节 超组织员工忠诚度管理

随着知识经济的发展,企业正面临着一种新的竞争环境——不间断的变革和高度的不确定性。在这种新的竞争环境下,企业应该专注于自己擅长的领域,紧紧把握核心竞争优势,具备灵活迅速的反应能力。企业不断地寻求自身的灵敏性与竞争优势,主动地建立、改进与客户或供应商之间的战略同盟、虚拟企业等超组织形式,超组织的经营理念便应运而生。超组织的经营理念激发企业最大限度地利用外部资源以赢得竞争优势。企业竞争优势的发挥需要企业外的机构或人员参与,于是导致超组织人力资源管理模式的出现。随着超组织人力资源管理模式的逐渐形成,企业和员工双方的关系将发生显著变化。

一、员工关系管理范围从企业内部扩展到合作网络

在传统的经营管理模式下,企业经营管理者主要注重企业内部员工关系的管理。随着外包等超组织经营形式的逐渐盛行,企业跨越传统的组织边界,把供应商和顾客都纳入其信任关系的文化中,"你中有我,我中有你"的合作竞争格局逐步形成。团结协作不再是单个企业内部的事务,而是整个合作伙伴网络内所有员工的团结协作。因此,超组织员工关系管理(SERM)已不仅仅局限于传统意义上的企业员工,而是需要关心更多的员工(见图 11-1)。也就是说,在超组织经营环境下,员工关系管理的范围不仅包括企业内部的员工,还扩展到企业外部合作伙伴(销售商、供应商)的员工,反映了一种新的思维方式。

随着供应商、制造商和销售商之间的合作关系日益紧密,特别是汽车行业,越来越多的零部件供应商员工被派往汽车整车制造商的生产车间,在那里,零部件供应商的员工和整

图 11-1　员工关系管理范围的扩展趋势

车制造商的员工在车间协同工作,形成了一个大的虚拟组织。

二、员工忠诚度在企业之间延伸

在全球化、数字化和网络化的商务环境下,员工的创新能力能帮助企业在不确定的市场环境中赢得竞争优势,然而,员工能力的充分发挥还有赖于员工的忠诚度。企业通过业务外包、战略联盟、虚拟组织和供应链关系等超组织形式增强核心竞争优势,遇到的挑战也会越来越多,其中,员工的忠诚度在一定程度上会受到影响。也就是说,随着超组织经营理念的出现,员工忠诚度从企业内部延伸到整个合作伙伴网络。正如弗兰克·耐坎内和雷内·蒂森所言,在网络化的环境下,员工不仅需要忠诚于自己的公司,也需要忠诚于伙伴公司。具体来说,员工忠诚度延伸的表现形式见图 11-2。在合作竞争的超组织经营环境中,图 11-2 中所描述的四种员工忠诚度表现形式是并存的。

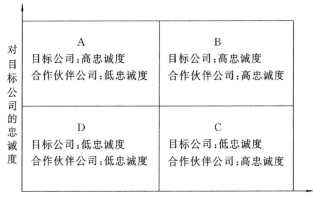

图 11-2　员工忠诚度的分布趋势

A 部分员工:对目标公司的忠诚度高,对合作伙伴公司的忠诚度低。
B 部分员工:既忠诚于目标公司,又忠诚于合作伙伴公司。
C 部分员工:对目标公司的忠诚度低,对合作伙伴公司的忠诚度高。
D 部分员工:既对目标公司的忠诚度低,也对合作伙伴公司的忠诚度低,即对整个合作伙伴网络的忠诚度低。

三、研究展望

麦德克夫(Medcof J. W.)、尼德汉(Needham B.)和王健友对超组织人力资源管理模式的产生背景、主要形式及其影响进行了系统的介绍,王忠从个人支配力和企业支配力角度考察了虚拟组织中企业对内部员工的关系管理。

然而,超组织经营的运作模式从业务外包到特许经营、合作伙伴、战略联盟,企业之间的联系和配合越来越复杂。在不同的超组织经营运行模式下,人力资源管理的重点任务、实现形式和具体举措,以及员工的激励和学习问题等是不相同的;并且,竞争对手在不断地采取措施吸引高素质的员工,员工的需求、偏好和期望也在不断地变化,员工关系不会自然而然地持续下去,是动态可变的。因此,在超组织经营环境下,员工的风险管理和忠诚度管理成为人力资源管理的新课题。

第二节 培训新思维:准时培训与即时学习

一、培训思想的研究视角

随着人类社会的进一步发展,培训理论也随着时间的演变和人类社会的进步而逐步向前推进。培训思想受到社会经济与科技发展速度等因素的影响,经历了一个不断发展和完善的过程,在不同时期显示出不同的主导思想。培训思想的演变趋势,从强调获取知识到强调实践性,再到强调时间,体现了在不同经营环境下的思维视角,如图11-3所示。

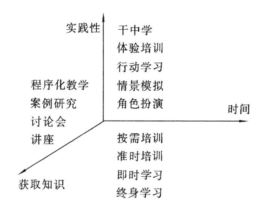

图 11-3 培训思想三维研究视角

1. 基于获取知识维度的培训思想

早期培训思想的基本观点是强调知识的获取,以讲师为中心。在早期的培训思想指导下,培训领域出现了讲座、讨论会、案例研究、程序化教学(B. F. Skinner,1954)等方法。面向获取知识的传统培训方法主要是在确定的时间将学员集中在固定的场所,采用指定的教材,由专业的讲师运用一定的教学手段,传授知识技能。正如著名教育心理学家让·皮亚杰(Jean Piaget,1972)所言,获得知识,必须通过对物体的积极主动的活动才能获得,仅凭言语教学是不行的。在培训活动中,高科技手段不断得到运用,例如视听技术、计算机和多媒体在培训中的作用日益显著。由于在获取知识过程中使用的信息传递工具不同,讲座、讨论会、案例研究和程序化教学等传统培训方法获取知识的有效性程度也是不同的。心理学研究也表明:人们从听觉获得的知识能够记忆15%,从视觉获得的知识能够记忆25%,从视听结合起来获得的知识能够记忆约65%。

"讲师讲、学员听"的传统培训方法存在两种分离:从企业角度来说,存在工作与学习的分离;从个人角度来看,存在工作所需知识与培训所获知识的分离。在学习与工作相分离的情况下,知识存在的时间越长,价值就会越少,产生知识贬值。美国研究协会发现:一堂课结束30分钟后,学生通常能记住其中58%的内容;到第2天,还有33%的内容能被记住;而3周后,只有15%的内容被记住。格洛伯森(Globerson,1998)通过研究也发现,从培训结束到知识被应用之间相隔时间越长,知识被遗忘得也越多。一般来说,间隔期为1个月时,知识被遗忘40%;6个月后,知识被遗忘比例提高到90%。因此,在早期的培训思想指导下,经验知识的移植性较弱,导致企业绩效难以通过传统的培训方法得到改善。

2. 基于实践性维度的培训思想

随着企业外部环境竞争的日益激烈,除了关注在培训过程中的知识获取之外,企业更加强调从培训中学到的知识、技能与态度能够应用到工作中,即培训迁移的有效性问题。由此而来,培训思想从强调知识的获取过渡到强调培训的实践性,出现了干中学(Arrow,1962)、行动学习法(Revans,1965)、体验培训(Pinei & Gilmore,1999)等培训方法。通过个人在培训过程中的充分参与,来获得个人体验和提升认识,从而提高培训迁移的有效程度。

然而,培训相关调查研究发现,教育培训系统和生产系统之间存在许多相似之处,按需(JIC)存货管理思想和传统的企业培训之间存在平行的匹配关系,正如JIC存货管理思想一样,传统的企业培训对员工需求响应滞后(Globerson & Korman,2001)。因此,在强调学习实践性的培训思想指导下,培训提供的知识或技能在时间上滞后于企业所需要的知识或技能的现象依然存在,经验知识的时效性较弱使培训活动难以成为支持企业获取竞争优势的有力工具。

3. 基于时间维度的培训思想

工业革命200多年后的今天,世界经济一直呈加速发展趋势,当今世界唯一不变的就是变化。在这样的背景下,时间成为取得竞争成功的最重要因素,只有具有速度、文化和善于应变的企业才有生存和发展的空间。基于时间基础上的速度管理与传统管理相比,在战略决策、组织结构、管理模式上存在许多不同之处,都有自己的特点。企业如果需要实施速度管理,必须要有素质高、能力强的员工来支撑。因为只有知识渊博、经验丰富的员工才能作出高效、及时的决策,快速决策能提高企业的运作速度。随着基于时间基础上的速度管理日益受到重视,培训的指导思想和方针政策也在不断地调整变化,培训活动的衡量标准从成本效益到培训效果,目前正转变为学习速度。学习速度成为涵盖学习时间和学习效果的首要衡量标准,企业对学习速度的需要促进了基于时间概念培训思维模式的出现,并且基于时间概念的培训问题正成为企业界人士和理论界学者关注的热点课题。

按照时间的直线性尺度,传统的培训周期分为以下时间段:需求响应时间、培训实施时间、培训间隔时间(break-no-work time)、知识运用时间。在满足培训针对性原则的基础上,心理学家、管理学家和教育学家等将时间概念引入培训领域,对速度的需要通过由学习的零滞后来配合,出现了所谓的准时培训(Rothwell,1996)和终身教育培训(Lengrand,1965;Sayles & Strauss,1999)。国内也有些文献将准时培训(just-in-time training)翻译为即时培训。市场变化的速度给快速传送培训增加了压力,提高速度的关键之处不是缩短培训流程的时间,而是突破时间的直线性尺度。于是,雷蒙德·叶、克瑞·皮尔逊和乔治·科兹梅特斯基(Raymond T. Yeh & Keri Pearlson & Kozmetsky G,2000)提出了即时学习(instant learning)的概念。

二、准时培训和即时学习

随着科学技术的迅速发展和社会的不断进步,员工的工作方式以小组或团队形式进行,员工不再属于传统的某个特定部门。新的工作方式模糊了员工之间的分工,要求员工能够面对多元多变的任务需求,也将对企业培训的方方面面提出挑战。特别是随着企业之间竞争因素过渡到时间,迅速学习和行动的能力日益成为企业获胜的主要因素。在基于时间概念的培训思想下,培训领域出现了准时培训和即时学习两种不同的思维模式。

1. 准时培训

国内外许多学者已经探讨了准时培训模式,对其内涵基本达成共识。霍伊特(Hoyt,1996)建议,将及时供应存货管理思想运用到企业培训中,企业提供的具体培训内容应该是学员在工作中所需要的技能,允许学员在合适的时间学习合适的课程。列斯伯士·克斯特和保罗·A. 克士纳等人(Liesbeth Kester & Paul A. Kirschner et al,2001)将及时供应存货管理思想特别是需求拉动原理,运用到旨在掌握认知技能的培训活动中,允许学员在合适的时间获得有用的信息。冯学斌(1999)认为,准时培训意味着一个人需要掌握新技能时,就能立刻得到相应的培训。格洛伯森和考尔曼(Globerson & Korman,2001)在比较常规培训模式和准时培训模式的基础上,指出准时培训是根据需要提供的培训,而不是为积累知识存量提供的培训。杉克(Schank,1995)是准时培训的积极倡导者,他指出学习仅在有所需要时去学才有效用,所学的内容必须针对其所需。

根据上述关于准时培训的论述,准时培训的含义是:把需要的知识、技能,在需要的时间和地点高效率地提供给所需要的人。准时培训体现了一种有效利用资源、降低成本、缩短响应时间的培训思想。目前,准时培训思想在许多公司得到体现,并初显成效,例如:美国邮寄服务公司和施乐公司都贯彻落实了准时培训,建立装配工作台的自习室。然而,准时培训仍然是在员工提出需求时才提供,属于一种"拉动"的思维模式。因此,准时培训实际上也存在工作与学习相分离的现象,从而必然存在滞后现象。

2. 即时学习

在基于时间竞争的经营环境下,员工必须持续不断地学习。为了消除学习过程和工作过程的分离,美国著名经济学家阿罗(Arrow,1962)曾经提出"干中学"的概念,强调在实践中学习,在学习中实践。从与任务的关联度来分析,干中学是最直接、最见成效的培训方法。但是,干中学的培训方法体现的一种在实践中的探索精神,仍然存在学习效果曲线,即在学习过程中出现学习高原现象,学习效果似乎是停滞的,既不会进步,也不会退步。

为了适应迅速崛起的全球数字化商业环境,应改善员工培训时间的延迟。雷蒙德·叶、克瑞·皮尔逊和乔治·科兹梅特斯基论述了即时学习的培训思想。即时学习是指学习就蕴藏在工作过程中,与工作不可分割,强调学习时间的持续性,使学习过程缩短为零,即利用预备时间建立即时学习体系。例如在戴尔电脑公司,随时随地都可以学习,学习已融入实际工作中,工作和学习在时间和空间上,都不再分离开来。在即时学习思想的指导下,信息是推动的,而不是拉动的。企业利用业务流程和信息系统跟踪员工的工作进程,发现何时需要知识,并且自动适时提供准确知识。

即时学习的提出如同准时培训一样,是对培训理论的一种新的发展。尽管即时学习与准时培训有许多相同之处,都是在满足按需培训(just in case)的基础上,加快学习速度,但是,即时学习和准时培训有明显的区别,如表 11-1 所示。

表 11-1　即时学习与准时培训的比较

项　目	准 时 培 训	即 时 学 习
学习时间	工作与学习存在间隙,离散型	学习与工作零间隙,连续型
思维方式	时间直线性尺度的浓缩	突破时间的直线性尺度
学习动力	需求拉动	推动学习
学习进度	有固定时间	无固定时间
学习地点	有固定场所	无固定场所
激励方法	外在性	内在性
实现平台	e-learning	知识管理、学习文化
理论基础	需要理论、期望理论	终身学习理论、持续培训理论

三、研究展望

如准时生产制管理模式一样,准时培训开始广为人们所接受,并且在许多公司得到应用。即时学习的出现使培训进入更高的层次和更高的境界,学习方式、学习地点、学习时间和学习过程等都将发生变化。如果企业认识不到这种变化,仍然按传统的培训体系来构建即时学习模式,就不能适应基于时间竞争的时代要求。

然而,已有研究文献表明,即时学习仅是提出一种思想,尚未深入探索即时学习模式的具体构建框架。诚然,即时学习模式的实现有赖于更深入的研究,它涉及具体的设计、实施等,这都是值得进一步研究的课题。

第三节　电子化人力资源管理

随着 Internet、Intranet 技术和电子商务的快速发展,电子化人力资源管理(e-HR)正日益成为一种发展趋势,以"人力资源管理"为理论基础而开发的人力资源管理系统(HRMS)越来越引起企业的关注。据美国 IDC(互联网数据中心)统计,在全球的企业管理信息系统中,人力资源管理系统的投资占 10%～15%。虽然针对企业人力资源电子化、网络化的产品逐渐丰富起来,然而,大多数企业对实施 e-HR 还是相当陌生的。

一、e-HR 的基本概念

e-HR 就是一套通过现代信息技术手段,提高人力资源管理效率,实现人力资源信息共享及有效整合的解决方案。e-HR 可以减少人力资源管理工作流程的重复操作,使工作流程自动化,减少不必要的人为干扰因素,使员工自主选择人力资源信息和服务。另外,e-HR 可以使人力资源管理部门从提供简单的人力资源信息转变为提供人力资源知识和解决方案,随时向管理层提供决策支持和建议。

e-HR 的"e"体现在以下三个方面:

(1) 基于 Internet 的人力资源管理流程化与自动化。"e"把有关人力资源的分散信息集中化并进行分析,优化人力资源管理流程,实现人力资源管理自动化,与企业内部的其他系统进行匹配。

(2) 实现人力资源管理的 B to B(即企业对企业)。人力资源管理人员通过 e-HR 能够有效利用外界的资源,例如获得人才网站、高级人才调查公司、薪酬咨询公司、福利设计公司、劳动事务代理公司、人才评价公司、培训公司等 HR 服务商提供的服务。

(3) 实现人力资源管理的 B to C(企业对客户)。e-HR 让员工和部门经理参与企业的人力资源管理,体现人力资源管理部门视员工为内部顾客的思想,建立员工自助服务平台,开辟全新的沟通渠道,充分达到互动和人本管理。

二、e-HR 的演变历程

1. 第一代 e-HR

e-HR 的发展历史可以追溯到 20 世纪 60 年代末期。由于当时计算机技术已经进入实用阶段,大型企业用手工来计算和发放薪资既费时费力又容易出差错,为了解决这个矛盾,第一代 e-HR 便应运而生。第一代 e-HR 利用计算机的高速和自动化替代手工,避免了手工操作的错误,使大规模集中处理薪资等成为可能。然而,由于技术条件和需求的限制,第一代 e-HR 仅仅是一种自动计算薪资等的辅助工具,既不包含非财务的信息,也不能提供薪资等的历史信息,几乎没有报表生成功能和薪资等数据分析功能。

2. 第二代 e-HR

第二代 e-HR 出现于 20 世纪 70 年代末。由于计算机技术的飞速发展,无论是计算机的普及性,还是计算机系统工具和数据库技术的发展,都为 e-HR 的阶段性发展提供了可能。第二代 e-HR 基本上解决了第一代 e-HR 的主要缺陷,对非财务的人力资源信息和薪资的历史信息给予考虑,其报表生成和薪资数据分析功能也有较大的改善。然而,第二代 e-HR 主要是由计算机专业人员开发研制的,没有考虑人力资源的需求和理念,而且非财务的人力资源信息不够系统和全面。

3. 第三代 e-HR

e-HR 的革命性变革出现在 20 世纪 90 年代末。由于市场竞争的需要,如何吸引和留住人才,激发员工的创造性、工作责任感和工作热情,已成为关系企业兴衰的重要因素。随着"公正、公平、合理"的管理理念的出现和管理水平的提高,企业对 e-HR 有了更高的需求;由于个人电脑的普及,数据库技术、客户/服务器技术,特别是 Internet、Intranet 技术的发展,使得第三代 e-HR 的出现成为必然。

第三代 e-HR 的特点是从人力资源管理的角度出发,用集中的数据库将所有与人力资源相关的数据(如薪资福利、招聘、个人职业生涯的设计、培训、职位管理、绩效管理、岗位描述、个人信息和历史资料)统一管理起来,形成集成的信息源。友好的用户界面,强有力的报表生成工具、分析工具和信息的共享,使得人力资源管理人员得以摆脱繁重的日常工作,集中精力从战略的角度来考虑企业人力资源规划和政策。

三、研究展望

众所周知,e-HR 中的"e"包含两层含义:不仅是"electronic"即电子化的人力资源管理,更重要的是"efficiency"即高效的人力资源管理。提高效率是 e-HR 的根本目的,而电子化则是实现这一目的的手段。但是,不管是第一代 e-HR 和第二代 e-HR,还是第三代 e-HR,都是从技术角度来分析和实现 e-HR,其功能多停留在对企业人员的人事管理和信息管理上。随着人工智能技术的发展,人力资源部门的服务模式也正在演变,从人力资源管理与开发的角度出发分析与实现 e-HR 已成为必然趋势。

第四节 人力资源营销与外包

一、人力资源营销

国外学者将交换理论引入人力资源管理领域,认为企业与员工之间的各种相互作用,从根本上说是一种交换关系所决定的交换过程。从而,随着人力资源管理理论的发展,出现了内部营销理论。

萨塞和阿伯特(Sasser & Arbeit,1976)首次提出"将雇员当作顾客"的思想。伯瑞(Berry,1981)认为,用以吸引外部顾客的营销工具,同样可以用来吸引和留住被看做是"内部顾客"的员工。

克里斯蒂安·格朗路斯(Christian Gronroos)在 1981 年的著作中认为,内部营销就是"把公司推销给被看做是'内部消费者'的雇员"。后来他将这一概念进一步扩展为"内部营销就是以一种积极的、通过营销方式进行的、互相协调的方法来推动公司以职员为内部市场,使他们成为顾客敏感型的、营销导向的并关心销售的人"。

伯瑞和帕诺舒曼(Bury & Parasarammman,1991)认为,内部营销是通过满足员工的需求来吸引、发展、激励、留住优秀的员工,体现了一种把员工当作顾客,取悦顾客的思想。

关于内部营销的种种界定,虽然说法各异,但达成共识的是:满意的员工产生满意的顾客是内部营销的基本前提。

如何实现内部营销?弗利波(Flipo,1986)以及皮尔斯和摩根(Piercy & Morgan,1991)都建议内部营销可以使用外部营销技术中的 4P 工具去处理内部员工市场中的问题。与此同时,柯林斯和佩恩(Collins & Payne,1991)则直接指出,内部营销是人力资源管理方面的一种新思想,并讨论了在人力资源管理中如何使用市场调研、STP 模型以及 4P 组合等营销方法。

二、人力资源职能外包

现代美国著名的管理大师德鲁克曾指出:"在 10 年至 15 年之内,任何企业中仅做后台支持而不创造营业额的工作都应该外包出去。""外包"(outsourcing)逐渐成为企业战略管理的新兴话题。随着生产和业务外包的扩展以及组织变革的实施,人力资源管理职能外包开始引起理论界和企业界的高度重视,并成为国内外研究的热点课题之一。

人力资源管理职能外包是指企业把非核心的人力资源管理交由专业的人力资源管理公司承担。布赖恩·S. 克拉斯和约翰·A. 麦克柯林敦(Brian S. Klaas & John A. Mcclendon,2001)等人将企业的人力资源职能外包行为分为四类:综合性活动(如人力资源规划、员工绩效评估等),交易性活动(如薪资支付),与人力资本有关的活动(如技能开发、人员培训),人力资源获取活动(如人员招募、选聘)。

国外企业人力资源管理职能外包的实践表明,实施人力资源管理职能外包,可以获得多方面的好处。归纳如下：①获得外部专业化的人力资源服务；②获得最新的人力资源信息技术；③可以消除时间压力，提供及时服务（具体来说，公司处在初创期或生产技术更新换代期，需要招聘众多新员工，而此时公司可以通过外包及时获得所需的员工）；④节约管理成本；⑤降低人力资源投资风险。企业对人力资源市场的了解远比不上猎头公司，将一些特殊人才或关键岗位核心员工的引进工作外包给猎头公司，可降低人力资源招聘风险。

三、研究展望

对企业而言，没有人否认合理的经济效益是企业最根本的目标。从这个意义上说，服务性企业必须把重心放在外部市场上，而不是内部员工。然而，影响顾客对企业的认识和未来的购买行为的关键因素是员工的服务技能、顾客导向和服务意识，所以，服务人员以及为服务人员提供服务的辅助人员是十分重要的。可以推论，内部营销的目标和外部营销的目标有时是相互矛盾的。

丹尼斯·克希尔（Dennis J. Cahill，1996）在他的著作《内部营销：公司成长的下一步》中给出了实例：某航空公司的航班都满员了，但公司却坚持安排几个员工在其他顾客之前买到机票，尽管他们可能有这样或那样的理由，但还是触犯众怒，当时就有人表示这将会对他们以后选择航班产生影响。而且，人力资源管理职能外包和内部营销有时是相互矛盾的。例如：有时由于采用人力资源职能外包，可能导致疏忽内部人才，从而会挫伤他们的工作积极性。

正如爱迪思（Adizes，1996）所说：组织的成功与外部营销和内部营销之间的差距是成正比的，内部营销越少，能够释放用于外部营销的能力就越多。因此，如何构建内部营销系统，处理内部与外部营销的冲突，是今后研究的方向。以此实现企业内部各种资源和力量的整合，培养出满意的员工，真正实现企业的顾客导向，使企业在激烈的市场竞争中赢得竞争优势。

第五节　跨文化的人力资源管理

随着知识经济时代的到来，国际竞争的深化推动着企业在全球范围内配置人力资源，人力资源的"跨文化管理"已成为企业国际化的一种内在需求。著名的美国《国际商业周刊》（International Business Week）中有一篇论文描述：在文化方面，19世纪工业革命的一个重大意义就是它把过去没有必要或没有机会彼此相互联系的人们联系到了一起……不同的语言、文化和价值都被国际商业的基本原理融合在一起……其结果是提高了生产力，增加了财富。美国未来学家奈斯比特在《大趋势》一书中指出："在日常生活中，随着日趋相互依赖的全球经济的发展，我认为语言和文化特点的复兴即将来临。简而言之，瑞典人会更瑞典化，中国人会更中国化，而法国人也会更法国化。"不同文化之间的冲突和融合管理，将成为企业人力资源管理的重要问题。跨文化的人力资源管理已经成为一种新的趋势与潮流，日益引起人们的关注。

一、跨文化管理的价值冲突及冲突的表现形式

按霍夫斯特德（G. Hofstede）教授的观点，文化是一个环境中的人的"共同的心理程序"，文化不是一种个体特征，而是具有相同教育和生活经验的许多人所共同拥有的心理程序。爱德华·泰勒（Edward Taylor，1871）的名著《原始文化》里给文化下了一个经典的定义："所谓文

化,就其广泛的民族志的意义上来说,是知识、信仰、艺术、道德、法律风俗及任何人作为社会成员而获得的所有能力和习惯的复合的总体。"由于历史或政治上的某些原因,在某一个地区或经济区域范围内存在着不同的地域文化。所谓跨文化,就是跨越不同的价值观、宗教、信仰、精神、原则、沟通模式、规章典范等的文化。

罗杰斯在创新理论的研究中认为,新思想的传播或交流,在文化背景相同的群体内部相对比较容易,在文化背景不同的群体之间则很困难。霍尔(Hall)把文化环境分为"高背景文化"和"低背景文化"两大类。在高背景文化环境中,内部文化较一致,共同的文化背景和共同文化的约定俗成使得许多关键信息的传播与交流甚至不需要语言就能使彼此心领神会。

实现人力资源的跨文化管理,识别不同文化之间存在的差异是首要问题。文化的地域差异对人力资源具有重要的影响。1980年,霍夫斯特德通过对来自60多个国家的11 600名IBM员工的研究,提出了文化价值观的四个基本维度:权力距离、个人主义/集体主义、避免不确定局面的意识与阳刚意识/阴柔意识。1991年,香港中文大学迈克尔·邦德(Michael Bond)教授通过对比东西方文化为霍夫斯特德文化价值观增加了第五个维度:长期导向/短期导向。2010年,迈克尔·明科夫(Micheal Minkov)的世界价值观调查(world values survey)又为霍夫斯特德文化价值观增加了第六个维度:放任与约束。至此形成了目前的霍夫斯特德六维度文化价值观理论(见图11-4),这对了解文化对组织的影响具有重要的帮助。

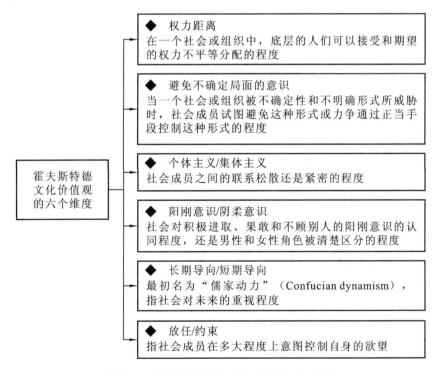

图 11-4 霍夫斯特德文化价值观的六个维度

霍夫斯特德的文化维度充分证明了地域文化对企业管理过程的影响,也说明了人力资源管理不可避免地带上地域文化的特点,员工参与性的强弱与权力距离有很大的关系,绩效考核中个人和团队评估所占的不同比例反映了个人与集体主义的侧重不同,女性管理者的晋升机会也与男性主义和女性主义有关。

许多学者认为,在当今和未来世界,不同文化之间的冲突会愈演愈烈。其中,文化冲突的表现形式是多种多样的,有的来自于风俗习惯,有的来自于价值观念,有的来自于行为举止,甚至有的来自于自然环境。总之,不同的文化之间的管理冲突的影响深度和冲突的主要表现方面是不同的。从人力资源管理的角度出发,冲突主要表现在人员的录用与调配、职位分类、人员的考核与激励、人员的培训、劳资关系、管理人员的任免与晋升、领导作用的发挥等人力资源管理的各个环节。

二、人力资源管理的文化融合

跨文化人力资源管理是指以提高劳动生产率、工作生活质量和取得经济效益为目的而对来自不同文化背景下的人力资源进行获取、保持、评价、发展和调整等一系列管理的过程。不论在什么文化背景之下,对人力资源取得最大的使用价值,发挥最大的主观能动性,培养全面发展的人,这一人力资源开发与管理的目标是相同的,这就为人力资源管理上的文化融合提供了基本前提。

随着世界经济一体化的进行,跨国之间的经济活动和企业活动,以及人才的流动必然越来越频繁。跨文化管理的中心任务是解决文化冲突。人力资源的跨文化管理包括三种情况,即强势文化与强势文化之间、强势文化与弱势文化之间、弱势文化与弱势文化之间的整合与交融。各种跨文化管理的方法和手段也在不断地接受实践的检验,概括起来,可以分成三种类型:文化移植、文化嫁接和文化合金。

1. 文化移植

文化移植是跨文化管理的最低层次,指的是直接将母公司的文化体系全套照搬到子公司所在的国家和地区,而忽视了子公司所在地的本土文化或合作方的原有组织文化。文化移植在通过兼并收购而重组的企业中特别明显。如果母公司的原有文化是强势文化,而子公司的原有文化是弱势文化,那么,移植过程中的冲突相对会小些。如果是两种强势文化的对撞,冲突势必激烈化。如果是两种弱势文化的交融,那么,移植的结果可能毫无意义。

例如,海尔集团兼并青岛红星电器厂时,海尔集团公平、公正的企业文化与青岛红星电器厂拉帮结派、办事讲圈子的企业文化是大相径庭的。海尔集团仅派了三名管理人员,没有增加一分钱的投资,没有换一台设备,主要是营造一种公开、公平、公正、竞争的文化氛围,灌输并实践海尔的生产经营理念和企业文化。结果,青岛红星电器厂在被兼并的当年就转亏为盈。应该说,正是因为海尔成功地实施了跨文化管理,才成功地救活了一个企业。

2. 文化嫁接

文化嫁接是指以子公司的地域或组织文化为主体,然后选择母公司文化中关键和适应的部分与之结合。这种跨文化的管理层次具有的优点在于:对当地文化充分认识和尊重。但容易出现的问题是母公司文化的特性不突出或者没有汲取精华,对当地文化中不适应的成分也没有充分地剥离,使协同效应无法充分发挥出来。

1999年,海尔集团在美国南卡罗来纳州的坎登(Camden)建设家用电器的生产基地。在工厂里,海尔的文化在很多场合都得到强化:海尔旗和美国国旗庄重地并排挂在车间上方。这里还有关于海尔早期创业史的照片。当然,海尔集团在坚持自己的企业文化的同时,也会根据美国的情况将其本土化。现在海尔在全球各地的工厂的车间里都有6S大脚印。在美国,开始有人接受不了,海尔的管理人员就和他沟通。最后,海尔的管理人员把6S大脚印变成谁干得好谁就有资格站在大脚印上接受表扬并进行演讲。一名海尔美国南卡工厂的女工还曾感叹："今天站到这个地方我非常激动。我注意保持安全、卫生、质量，在这方面我尽了最大努力。对我的表扬是工厂对我的工作的认可，我非常高兴。在今后的日子里我会继续努力，为海尔贡献我的力量。"

3. 文化合金

文化合金是跨文化管理的最高层次，也是实践中证明最有效的方式。文化合金是两种文化的有机结合与补充，选择各自精华的部分紧密融合为一体，成为兼容性强、多元化的合金。它不是单纯以哪一种文化为主体，而是两种文化的直接融合。具有这样性质的文化也可以兼容更多的文化，适应更多不同文化的环境，具有普遍推广的能力，因此，文化合金是全球化背景下的公司最强的核心竞争力。例如：日本企业的文化，就是融合中国优秀文化部分、美国优秀文化部分和日本传统文化的"合金"文化。

三、研究展望

不论在什么文化背景下，使人力资源取得最大的使用价值，发挥最大的主观能动性，培养全面发展的人才，这既是人力资源开发与管理的目标，也是人力资源跨文化管理的根本宗旨。文化是动态可变的，而非一成不变，这就是要实施跨文化管理的原因所在。

跨国公司的子公司遍布世界各地，员工往往达数万人以上。在跨国公司，不同价值观念、不同民族、不同文化等差异所造成的矛盾和摩擦比较多，对这些不同民族、不同价值观念的员工如何管理，跨文化企业内部门之间、不同文化背景的员工之间如何沟通，以及企业收购、兼并过程中企业文化如何整合，都是跨文化人力资源管理亟待解决的问题。

第六节　人力资源管理的新挑战

一、互联网环境下的人力资源管理

20世纪90年代以来，信息技术突破地域和时间的约束，极大地改变着人类的社会生活，人类社会已经进入互联网时代。互联网环境下现实与虚拟世界的交织改变了企业与员工、客户、合作伙伴之间的关系。人们在价值观念、思维方式、人际交往方式等方面正面临着一场革命。

互联网环境催生出了互联网思维，即在（移动）互联网、大数据、云计算等科技不断发展的背景下，对市场、用户、产品、企业价值链乃至对整个商业生态进行重新审视的思维方式。互联网思维主要表现为用户思维、简约思维、极致思维、迭代思维、流量思维、社会化思维、大数据思维、平台思维、跨界思维九个方面。

互联网时代，人力资源管理将进入"人才主权时代"，人力资源的价值以及知识资产将成为衡量企业整体竞争力的标志。大数据时代的到来也使得人力资源管理开始进入"数字人时代"。人力资源管理的众多事务都能够通过人与人之间的交流互动转换为大数据。由于人们的需求、情感与深度沟通都能够隐含在大数据中，因此互联网环境中的任何企业、任何人力资源管理都将面临着大数据和"数字人"的挑战。

互联网的发展正从"选、育、用、留"的各个环节上全面冲击着传统的人力资源管理。在互联网环境下如何将互联网思维运用到现代人力资源管理之中,如何应对互联网所带来的人力资源管理上的一系列新变化、新问题,是当前和未来人力资源管理实践探索和理论研究的一个重要方向。

二、服务环境下的人力资源管理

服务经济的飞速发展使得以服务为主导的产业结构正在形成。在服务日渐受到广泛关注的同时,服务环境下的人力资源管理问题也日益凸显出来。

随着社会的进步,服务已经成为当今人类社会的重要组成部分。《现代汉语词典》中对服务的解释是"为集体(或别人)的利益或为某种事业而工作"。在服务经济不断发展的背景下,IBM 在《创新美国》报告中率先提出了服务科学的概念:服务科学是对服务系统的研究,通过整合不同学科的知识,来实现服务的创新。服务环境下的工作主要是以顾客为中心的服务。服务的无形性、异质性,生产与消费的同步性、易逝性等特性,使得服务环境下的人力资源管理具有其特殊性,主要表现在以下四个方面:

一是员工流动率高。服务环境下员工的流动率受行业特点和服务需求季节性、周期性波动的影响。在企业提供服务的能力固定的情况下,当服务的需求超过企业所能提供最大服务数量时,服务质量就会降低,导致顾客与员工双方不满意。在这种情况下,企业就需要增加员工人数以确保提供需要的产品数量。

二是员工素质要求高。员工在服务过程中的行为及其职业素质会显著影响顾客对服务的感知,从而影响顾客对服务质量的评价。因此,服务环境下的员工除了应当具有较高的专业素质外,还应具有较好的综合素质。

三是员工培训任务重。员工的服务意识、服务技能、服务心理、服务质量等对组织绩效均产生很大的影响,员工职业素质和职业技能成为发展的"瓶颈",优质的服务需要由系统严格并且定期的员工培训来保证。服务环境下的培训是一项繁重而复杂的工作。不仅培训内容庞杂,而且培训时间长、成本高,对企业人力资源管理是一项极大的挑战。

四是员工获得授权面大。服务质量高低主要依赖于顾客的体验。面对顾客的差异化服务需求,员工需要具备较强的应变能力,根据顾客的要求作出决策。企业对员工授权,旨在增加一线服务人员自主决策的能力,提升服务产品的质量。

因此,如何针对服务环境下人力资源管理的特殊性,结合服务科学的研究探讨解决服务环境下人力资源管理中面临的各种新问题,也是人力资源管理实践和研究的一大挑战。

复习思考题

1. 根据人力资源管理的发展趋势,展望未来人力资源部门的地位和作用。
2. 请结合人力资源管理的发展趋势,分析 e-HR 系统今后的发展趋势。e-HR 系统将为企业提供哪些方面的服务?
3. 什么是即时学习和准时培训?二者有何区别?
4. 人力资源内部营销和职能外包之间有什么区别和联系?如何充分利用它们来优化企业的人力资源管理系统?

第十一章 人力资源开发与管理的发展趋势

 综合案例研讨

自从2002年安然公司造假案曝光以来,会计师事务所的审计独立性受到强烈质疑,来自监管当局和市场各方的压力,迫使普华永道分拆审计和咨询业务。IBM全球CEO彭明盛与普华永道的CEO格雷格·伯雷纳曼两人一拍即合,IBM以35亿美元的现金收购了普华永道的咨询部门。在普华永道的咨询部门归属到IBM的全球服务部旗下之后,所有普华永道的工作人员都产生如下感觉:为什么在IBM办公的规定这么复杂,速度这么慢?主要原因在于:IBM大公司的稳重文化与普华永道的简捷文化产生了明显的分歧。

1. 强弱文化的较量

在行业上,普华永道属于咨询服务,IBM属于IT,侧重于设备制造商;在公司制度上,普华永道是合伙人制,IBM是上市公司。这些差异决定了两者在文化上大相径庭,特别是IBM属于正统文化范畴,管理制度严密而且高压。

IBM在收购普华永道时就已经注意到公司文化上的融合与冲突问题,因此,IBM并没有将普华永道咨询部门简单地纳于全球服务部旗下,而是特别成立了一个新的部门,希望能够在新公司里形成有别于IBM作为IT公司的新企业文化。

然而,强弱文化的融合还是需要有一个习惯的过程。公司体制差别导致了公司在管理上的一系列冲突。在员工收入上,普华永道会在收益好的年份发给员工丰厚的"红包",而IBM更习惯于给员工稳定的收入。

在普华永道的服务产品架构中,经理的工作重心在做项目上,而在IBM全球服务部的按行业纵向划分的组织架构中,经理角色更偏重于抢单子、做市场。

在普华永道公司,因为公司的人数并不多,而且是以合伙人制度来进行管理的,所以决策速度非常快。以往因为项目繁多,所以普华永道的员工往往同时手上会有好几张机票,可以随时按工作需要改签。但是,在IBM公司里,出差要提前三天申请,层层汇报及审批,制度非常严格,尤其是在报销的审批上。另外,IBM的"大公司文化"还体现在决策的稳重上。以前,普华永道咨询的决策速度比较快,但是现在一份已经向客户递交的项目提案,需要在IBM公司内部先经过三遍审核,在变为待签的合同前还要再经过若干遍审核。往往客户都对项目提案表示同意了,IBM自己的审批流程还没有走完。

2. 文化冲突需要长期的磨合

普华永道的咨询专家队伍,对IBM来说可能是一把双刃剑。所以在收购前,IBM就开始进行了大量的准备工作,其中最主要的是用文化进行调和。

IBM对普华永道咨询顾问们的重视,可以从合并后IBM使出浑身解数消解"合并震荡"中看出。在半年的"适应期"里,普华永道咨询高层和IBM之间的电子邮件一直不断。普华永道咨询部门的高层领导就在NOTES邮件中号召大家"努力有机会让事情变得更好"。另外,IBM还有数目众多的培训,让普华永道咨询的顾问们熟悉IBM的企业文化、决策流程、行政架构等。

为了避免购并初期的剧烈动荡造成军心不稳,IBM允诺至少在2004年上半年之前,普华永道顾问们的薪酬基本不变,公司的总现金量基本保持不变。在合并后,IBM也没有宣布新的裁员计划,只是因为普华永道咨询部门原本计划上市融资,在融资计划中曾有裁员计划,所以 IBM 要求普华永道咨询部门按原计划进行了裁员调整。

由于普华永道的人员比 IBM 原有的咨询人员还要多，IBM 担心不能同化普华永道的人，自己的人反而乱了，于是决定分开办公。原普华永道的员工一直在嘉里中心办公，IBM 原有的人员在盈科办公，避免发生过于激烈的面对面冲突。

由于普华永道本身就有比较强的企业文化，所以 IBM 的文化融合策略一直没有多少进展。不过比较欣慰的是普华永道的人员流失并不多，客户也有 70％以上继续保持业务往来。尽管在合并后基本情况还是稳定的，但是 IBM 依然非常担心这些小矛盾。据悉，IBM 还会在考虑公司利益和员工利益的前提下对现有的咨询业务部进行调整。从现在的情况来分析，IBM 要使公司内部达到充分的融合，还需要进行长期的磨合。

分析与讨论题

1. IBM 在收购普华永道之后，遇到了哪些方面的文化冲突？采取了哪些措施？效果如何？

2. 通过本案例，你得到了什么启示？请谈谈我国国有企业与外国企业在合资和合作过程中如何处理员工之间的文化冲突。

教学支持说明

"普通高等学校管理类精品教材"之《人力资源开发与管理》(第二版)系华中科技大学出版社"十一五"规划重点教材。

为了改善教学效果,提高教材的使用效率,满足高校授课教师的教学需求,本套教材备有与纸质教材配套的教学课件(PPT 电子教案)。

为保证本教学课件及相关教学资料仅为教师个人所得,我们将向使用本套教材的高校授课教师免费赠送教学课件或者相关教学资料,烦请授课教师填写如下授课证明并寄出(发送电子邮件或传真、邮寄)至下列地址。

地址:湖北省武汉市珞喻路 1037 号华中科技大学出版社营销中心
邮编:430074
电话:400－6679－118
传真:027－87542424
E-mail:yingxiaoke2007@163.com

------------------------------✂---------------------------------

证　　明

兹证明 _____ 大学 _____ 系/院第 _____ 学年开设的 _____ 课程,采用华中科技大学出版社出版的 _____ 编写的 _____ 作为该课程教材,授课教师为 _____ ,学生共计 _____ 个班共计 _____ 人。

授课教师需要与本书配套的教学课件为:
授课教师的联系方式
联系地址:_____
邮编:_____
联系电话:_____
E-mail:_____

系主任/院长:_____(签字)
(系/院办公室盖章)
_____年_____月_____日